HISTORIOGRAFIA
Teoria e Prática

José Jobson de Andrade Arruda

HISTORIOGRAFIA
Teoria e Prática

Copyright © 2014 José Jobson de Andrade Arruda

Grafia atualizada segundo o Acordo Ortográfico da Língua Portuguesa de 1990, que entrou em vigor no Brasil em 2009.

EDIÇÃO: Joana Monteleone/Haroldo Ceravolo Sereza
EDITOR ASSISTENTE: João Paulo Putini
ASSISTENTE ACADÊMICA: Danuza Vallim
PROJETO GRÁFICO, DIAGRAMAÇÃO E REVISÃO: João Paulo Putini
ASSISTENTE DE PRODUÇÃO/CAPA: Camila Hama

CIP-BRASIL. CATALOGAÇÃO-NA-FONTE
SINDICATO NACIONAL DOS EDITORES DE LIVROS, RJ

A817h

Arruda, José Jobson de Andrade
HISTORIOGRAFIA : TEORIA E PRÁTICA
José Jobson de Andrade Arruda. - 1. ed.
São Paulo : Alameda, 2014.
476p. ; 23 cm.

Inclui bibliografia
ISBN 978-85-7939-209-2

1. História - Metodologia. 2. Historiografia. I. Título

14-15120   CDD: 907.2
                           CDU: 930.85

ALAMEDA CASA EDITORIAL
Rua Conselheiro Ramalho, 694 – Bela Vista
CEP: 01325-000 – São Paulo, SP
Tel.: (11) 3012-2400
www.alamedaeditorial.com.br

Do Vovoto,
Para minha Princesa,
Maria Isabel,
Bebel;

Para o pequeno Príncipe,
Otávio;
Em seus primeiros passos,
Na aventura da existência.

"Cinzenta, caro amigo, é toda Teoria/
E verde, a árvore dourada da Vida".

Goethe, Fausto, I
1ª ed., 1828, p. 57

SUMÁRIO

Apresentação 11

Historiografia: consciência crítica da produção histórica 17

Territórios historiográficos contemporâneos: 63
por uma nova síntese histórica

Alice Canabrava: história e mito 97

Christopher Hill: percurso intelectual 167

Fernando Novais: um marxista pascaliano? 251

Stuart Schwartz: um historiador em dois tempos 275

José da Silva Lisboa: texto e contexto 305

Modalidades imperiais: tipologia crítica dos 351
impérios coloniais ibéricos

O Império tripolar: história e historiografia 385

Fontes e bibliografia 431

APRESENTAÇÃO

os textos que compõem esta coletânea formam uma unidade. Referem-se, todos eles, à temática historiográfica, em sua face teórica e aplicada, fulcro que lhes dá coesão. A diversidade fica por conta da temporalidade de sua escrita, ao longo de duas décadas; de contemplarem reflexões focadas num só autor, ou numa determinada temática em torno da qual se arregimentam vários autores. Obviamente, a primeira opção ganha em verticalidade; a segunda, em horizontalidade.

Os textos que já mereceram algum tipo de publicação foram revisitados e ampliados. Caso dos dois textos que abrem a publicação, centrados na elaboração de proposições teórico-metodológicas sobre o que pessoalmente considero o significado mais apropriado de historiografia e o modo de exercitá-la. Ao que se segue a reflexão sobre a historiadora Alice Canabrava e o economista José da Silva Lisboa, o Visconde de Cairu e, finalmente, o painel envolvendo os principais intérpretes do período colonial no capítulo "O Império tripolar: história e historiografia". Os demais capítulos que compõe o livro são originais. O texto sobre "Christopher Hill" destinava-se, a *priori*, a compor a "Coleção Ensaios" da Editora Ática, dirigida pelo saudoso Florestan Fernandes; a reflexão sobre "Fernando Novais" é também uma forma de homenagem aos 40 anos da tese *Portugal e Brasil na crise do Antigo Sistema Colonial*; o ensaio sobre Stuart Schwartz focaliza sua trajetória intelectual em dois tempos; completando-se o elenco com o estudo "Modalidades imperiais", uma tipologia historiográfica sobre os impérios ibéricos, fruto de nossa participação no Projeto Temático "Dimensões do Império Português" (Fapesp, 2005-2010) e que serviu de base para o Relatório Final do mesmo. O capítulo "José da Silva Lisboa: texto e contexto" merece uma referência especial. Originalmente denominado "Prometeus e Atlantes na forja da Nação", escrito em parceria com Fernando Novais para ser uma introdução ao livro *Observações sobre a franqueza da indústria, e estabelecimento de fábricas no Brasil*, foi totalmente reformulado na presente edição, alterações pelas quais assumo inteira responsabilidade.

Todos os textos, sem exceção, foram arduamente trabalhados, ampliados, atualizados e contextualizados. Renasceram sob a égide de uma conjunção favorável de circunstâncias. A primeira foi a iniciativa da Alameda Casa Editorial, o empenho de sua editora, Joana Monteleone, que nos convidou a coordenar uma Coleção de História Econômica, tendo em vista a elevada e qualificada produção da área e a escassez de meios para sua divulgação, iniciativa da mais alta relevância. A Coleção oficialmente se inicia por este livro, mas, de fato, foi antecipada pela necessidade de lançar livros baseados em teses que foram chancelados e financiados pela Fapesp, especificamente as obras *A Presença Inglesa nas Finanças e no Comércio no Brasil Império*, de Carlos Gabriel Guimarães; *Guerra e Pacto Colonial*, de Wolfgang Lenk; *Estado e Capital Ferroviário*, de Guilherme Grandi; e, *O Banco da Ordem*, de Thiago Gambi. A segunda foi a consumação de mais uma etapa de minha trajetória acadêmica, ao concluir o tempo legal permitido para permanecer na ativa no Instituto de Economia da Unicamp, onde permaneci por mais de uma década, depois da aposentadoria no Departamento de História da FFLCH-USP, do qual efetivamente nunca me desliguei por integrar o corpo da Pós-Graduação em História Econômica na condição de Professor Pleno, ao qual retorno agora como Professor Sênior. Porém, mais do que estas razões de circunstância, a decisão de publicar este livro é a certeza de que após meio século de vivência e militância acadêmica ininterrupta, de pesquisa contínua, ainda há algo a dizer, sobretudo às novas gerações, para quem, talvez, a experiência acumulada neste longo itinerário possa instigar a imaginação histórica, sobretudo em tempos cinzentos para a história econômica, acossada pela história cultural.

Mas, verá o leitor, o livro não propõe um confronto. Pelo contrário, é um apelo ao diálogo. A busca de uma síntese que enleie velha e nova história numa urdidura criativa, rejuvenescedora para todos. Um reencontro entre história econômica e história da cultura, completamente desvinculada de qualquer *parti pris* hegemonizante, infensa a determinismos, uma história aberta. Por esta razão, a coletânea se inicia com dois textos teóricos voltados a esta questão, enfocando a problemática via reflexão analítica centrada no fazer historiográfico, a demarcação de seu lugar na produção dos historiadores. Seguem-se aplicações práticas dos procedimentos preconizados, assumindo-os literalmente como um caminho, um método, não uma camisa de força. Operação que se faz com maior propriedade em alguns textos e menos em outros, sobretudo naqueles escritos há mais tempo, quando a metodologia não se encontrava ainda devidamente refinada, sem o amadurecimento que se perceberá nos textos de composição mais recente, o que se comprovará na leitura dos capítulos sobre "Alice Canabrava" e "Christopher Hill". Ou na comparação entre os textos que visam autores em torno de um mesmo tema, tais como "O Império tripolar" e "Modalidades imperiais". Mais uma vez, o ensaio "José da Silva Lisboa" discrepa, pois não se trata de um historiador, nem de um autor contemporâneo. Para muitos, é mais documento do que bibliografia. Para nós, é uma oportunidade para reafirmar a importância fundamental da conexão autor, obra, meio, isto é, demonstrar, a partir de Cairu, que a economia política haurida em seus escritos continha uma proposta de gestão econômica, uma política econômica original, que somente se torna compreensível se referida a um contexto histórico específico. Além do mais, estimula a adoção da metodologia entranhada nesta abordagem historiográfica a grandes autores dos tempos passados, até aqui vistos quase que exclusivamente como peças de um antiquário.

Para a publicação deste livro recebi o apoio desprendido de Vera Lucia Amaral Felini, que o viabilizou através do Programa de Pós-Graduação em História Econômica do Departamento de História da FFLCH da Universidade de São Paulo. Na reformulação dos textos e nas novas composições, contei com a inestimável colaboração de muitas pessoas. Bruno Vilagra à frente, pelo trabalho extremamente competente de composição e recomposição dos materiais escritos. Leandro Vizin Villarino, jovem com notável capacidade de leitura textual e farta erudição no campo literário; Roberto Pereira Silva, pelo espírito crítico atilado e preciosas sugestões; e Eduardo Holderle Peruzzo, gratíssima revelação que demonstrou em suas proposições críticas a excelente formação que possui, apesar de sua juventude, contribuindo todos de forma decisiva para o aprimoramento do texto em termos formais e de conteúdo.

Lendo, revendo, comentando, propondo, criticando, estimulando, doando, todo o tempo, a qualquer tempo, a qualquer hora, em qualquer lugar, sempre esteve Armindinha, minha inspiração, de corpo e alma.

São Paulo, 6 de fevereiro de 2014

HISTORIOGRAFIA:
consciência crítica da produção histórica

Preâmbulo

ESTE CAPÍTULO TEM UM VIÉS TEORIZANTE. Conforma os experimentos práticos que se seguirão. Não se trata, portanto, de um pensar diletante, pura abstração voltada à contemplação, sem qualquer compromisso com o saber aplicado. Se bem que a teorização seja suscetível a certa dosagem de introspecção, sem o que não seria possível sobrevoar a materialidade imediata e alçar-se a um patamar de compreensividade intelectiva. A busca de um sistema coerente de proposições lógicas e sistemáticas sobre uma dada esfera do conhecimento histórico implica, necessariamente, um determinado grau de generalizações, proposições, princípios, critérios classificatórios, nos quais se reconhece um método, um caminho.

Assumir um dado *canon* teórico, como se faz neste caso, não quer dizer explicar a prática pela teoria. Pelo contrário, significa convalidar uma teoria alicerçada na experiência prática, o que implica uma total abertura às correções de rumo inscritas no protocolo inicial por estar permanentemente acessível às renovadas experiência práticas. Nesse sentido, toda construção assume a condição de hipóteses a serem testadas na fricção entre as ideias e a materialidade, pois as hipóteses erigem-se sobre a provisoriedade, pondo a reflexão em permanente estado de suspensão, da qual serão resgatadas no embate com evidências históricas consistentes, sem cujas generalizações, contudo, o conhecimento não se completa, pois a lógica da teoria é a lógica da prática.

É preciso cuidar, portanto, para que os princípios teóricos não sejam tomados como verdades absolutas, imutáveis, infensas à comprovação empírica, pois, do contrário, a teoria resvala para a ideologia. O segredo está no estabelecimento de liames entre precisão empírica e generalização, na justa dosagem. Por via deste equilíbrio, a teoria pode formular um conjunto de proposições de caráter geral, entrelaçadas de forma lógica e sistemática, voltadas à explicação de uma dada esfera da realidade. A teoria, neste caso, se propõe a ser um conjunto de enunciados sistemáticos e gerais, abstrações fundamentadas em observações empíricas ou postulados racionais, voltados à formulação de princípios universalizáveis que permitam a ordenação do real, buscando responder a problemas essenciais que propiciem o acesso ao conhecimento de uma dada esfera histórico-social.

O enlace entre teoria e prática é, portanto, a mola mestra deste livro. Nem só a retórica teórica se exercitando no vazio; nem somente a pletora de experimentos práticos sem uma costura teórica que os ilumine, pois interpenetração de teoria e prática conduzem ao *logos*, isto é, à razão compreensiva. Conhecimento que se busca nesta obra a partir da dialógica transtemporal entre os historiadores, suas obras e as circunstâncias de suas vidas postas no fulcro da análise historiográfica. Entendida não como a história das obras históricas ou de seu engastalhamento na sucessividade das escolas históricas, mas sim no modo pelo qual os historiadores e as sociedades reconstituíram o seu passado, apropriando-se de sua cultura histórica, campo constitutivo de significados e valores sobre os quais se nutre o conhecimento histórico. Acepção historiográfica que pressupõe um renovado conceito de temporalidade, a ruptura da tradicional tríplice compartimentação do tempo histórico, anunciando um novo regime de temporalidade, a dialógica da transtemporalidade, em que passado e futuro se enlaçam sob a égide do tempo presente, concepção que projeta o historiador à condição de mestre do enredo, senhor do tempo.

Capítulo teórico cujo enredo se decompõe em quatro movimentos: a demarcação dos territórios historiográficos em presença; a complexificação das temporalidades e o tempo do historiador; a historiografia como consciência crítica da história; e, por fim, a perspectiva de uma nova síntese entre componentes modernos e pós-modernos como horizonte de expectativa da história por vir.

Territorialidades historiográficas

Pensar historiograficamente é pensar a cultura histórica. Pensar a cultura histórica é refletir sobre os vários momentos de cristalização historiográfica quando se dá a instauração de linhagens mestras interpretativas, hegemônicas e hegemonizantes. É tentar pairar sobre cada um destes vários momentos historiográficos, ajuizados nos limites da neutralidade possível. É procurar entender por que aquelas diretrizes se tornaram dominantes, acabando por conformar sentidos e procedimentos caracterizadores de uma verdadeira "escola historiográfica", êmula das escolas históricas.[1]

Se nos fixarmos na segunda metade do século XX, constatamos a emergência de dois momentos coalescentes, caracterizados por conjuntos paradigmáticos que se expressam sob a forma de pares de opostos conceituais, configurações particulares, inseridas em territórios reflexivos diversos cuja resultante são formulações categoriais próprias. Pares de tipos ideais contrastados, expressões consumadas de conflitantes óticas da existência, leituras da materialidade histórica.

Qual o destino de tais conjuntos que, no fundo, para a escrita histórica, são instrumentos operacionais balizadores? Haverá lugar no futuro para o simples retorno à problemática metodológica e teórica dominante na primeira metade do século XX? Em que medida o conjunto dominante,

---

1 Cf. THUILLER, Guy; TULARD, Jean. *Les écoles historique*. Paris: PUF, 1995.

em sua segunda metade, teria condições de alargar seus horizontes e preservar ainda por algumas décadas sua hegemonia? Um diálogo cerrado entre as correntes que ora se apresentam como antagônicas não poderia vir a ser um novo paradigma analítico, capaz de dar conta da complexidade inerente ao esforço inelutável na busca do conhecimento histórico?

O equacionamento da problemática acima delineada exige, preliminarmente, a demarcação dos principais territórios historiográficos do século XX. O primeiro se firma de modo inconteste na primeira metade do século. Tem por referência emblemática a tese de Fernand Braudel, publicada em 1949, *O Mediterrâneo e o mundo mediterrânico na época de Felipe II*,[2] produto acabado de um movimento renovador no campo da História que vinha se pondo desde a terceira década do século. Um livro manifesto. Uma espécie de síntese máster do pensamento consolidado na Escola dos *Annales*, da qual se tornou a referência emblemática inquestionável, veículo portador da mensagem de uma nova história, aberta ao diálogo com as demais ciências sociais, "repensada e elaborada por nós", como dizia Braudel, "mas capaz de transpor as nossas fronteiras", ou seja, "uma história consciente de suas tarefas e responsabilidades", um combate sem tréguas em prol da unidade das ciências do homem, contra a ameaça permanente de fragmentação do conhecimento.

Suas ideias tornaram-se o farol de toda uma geração. Desbordou as fronteiras da França e adquiriu expressividade mundial. Um modo de fazer história, um modelo de procedimento historiográfico, que o próprio Braudel e todo seu grupo, especialmente Ernest Labrousse e Pierre Vilar, seus principais escudeiros, tratavam de impor. Disparavam em salva todas as armas das quais, em seu arsenal, poderiam dispor: o controle de postos acadêmicos na Universidade; a distribuição de recursos financeiros através das agências de fomento à pesquisa; a divulgação dos trabalhos por meio de veículos conceituados ou a recomendação de sua publicação integral pelas editoras especializadas. Instrumentos conferidores de poder historiográfico que emergem,

---

2 BRAUDEL, Fernand. *O mediterrâneo e o mundo mediterrânico na época de Felipe II*. São Paulo: Martins Fontes, 1983 [1949]. 2 vols.

nitidamente, no texto de François Dosse, *História do estruturalismo*, ao retraçar a trajetória de uma centena de intelectuais,[3] com especial ênfase em Braudel que, nos anos 1960, reinava sobre tudo que dissesse respeito ao mundo da produção histórica francesa.

Braudel conduziu sua empreitada como um soberano, como inconteste chefe de Estado, dizia Marc Ferro, um de seus leais discípulos. Foi um "verdadeiro construtor de impérios, ourives em matéria de organização, ocupava-se sobretudo em consolidar e dilatar o território do historiador". Como verdadeiro suserano, empenhava-se "em adubar seus vassalos e lhes delegar seus poderes sobre múltiplas parcelas do território em que ele reinava como mestre".[4] Assim como imperadores construíram seus impérios, Braudel erigiu seu próprio Império da História, dela e de si mesmo.[5] Seu projeto era ambicioso, pois ultrapassava o território circunscrito da História e se projetava sobre um campo amplificado das Ciências Humanas, almejando a criação de uma faculdade de Ciências Sociais, pretensão acoimada de "imperialista", pelo colegiado da Faculdade de Direito da Universidade de Paris.[6]

Esse território, denominado Velha História, exclusivamente por sua anterioridade em relação ao paradigma que o sucederia e não pelo seu arcaísmo, poderia, numa formulação generalizante, ser considerado o apanágio da História totalizante, de base prevalecentemente econômica e social. Contra a história *événementielle*, Braudel propunha uma história "profunda". A trajetória temporal dos homens vistos em suas realidades coletivas, em suas estruturas: do Estado, da economia, da sociedade e das

---

3   DOSSE, François. *História do estruturalismo*. Bauru: Edusc, 2007. 2 vols.

4   Cf. *Idem*. "L'histoire sociale 'à la française' à son apogée: Labrousse/Braudel". In: DELACROIX, Christian; DOSSE, François; GARCIA, Patrick. *Les courants historique en France*. Paris: Armand Colin, 1999, p. 155.

5   Cf. ARRUDA, José Jobson de Andrade. "O Império da História". *Revista Portuguesa de História*, Coimbra, t. XXXIII, 1999, p. 2.

6   DOSSE, François. "Les heritiers divisé". In: AYMARD, Maurice *et al* (orgs.). *Lire Braudel*. Paris: La Découvert, 1986, p. 159.

civilizações.[7] Seu fulcro eram as *macroabordagens*, vastos sujeitos coletivos cuja percepção exigia a ênfase no *estrutural*, nas linhas de força capazes de dar vida a um determinado sistema, a exemplo da natureza e da força dos liames entre o "capitalismo", os "capitalismos", "a vida econômica e o conjunto da sociedade"[8] e de criar uma "história geográfica", modesta pretensão sob a qual se dissimulava uma fantástica dilatação de nossas concepções aprioristicamente concebidas de espaço e tempo.[9]

Sua apreensão exigia um renhido esforço de *análise*, de *reflexão* sistemática e crítica permanente que, não obstante, para ser inteligível e fazer-se compreensiva aos homens do presente, precisava ser consubstanciada em *conceitos*. Ferramenta operacional, feixe de significados que confere inteligibilidade à essência do que pensamos. Palavras fortes, capazes de dar aos historiadores capacidade operacional, redução consciente, mas necessária, considerando-se a vastidão dos objetos reconhecidamente dotados de dignidade historiográfica. O enfeixamento da reflexão em um número finito de conceitos encerrava o procedimento e apontava, inevitavelmente, numa determinada direção, pois todas as virtualidades não realizadas, vencidas, foram inevitavelmente relegadas a um plano secundário, conformando-se à imagem de um determinado *sentido*. Sentido este que, entretanto, não se inscrevera previamente na mente do historiador, mas que se instala como resultante evidente no momento em que o processo se delineia e se consuma em sua arquitetura explicativa, fundamentada na pesquisa.

---

7 Para desqualificar a ilusão provocada pelos acontecimentos na mente do historiador, Fernand Braudel recorreu, por mais de uma vez em seus escritos, à metáfora da "multidão de vaga-lumes esvoaçantes no sertão brasileiro, brilhantes, mas que não iluminavam". Cf. POLONI-SIMARD, Jacques. "Fernand Braudel". In: *Les historiens*. Paris: Armand Colin, 2003, p. 138.

8 MORINEAU, Michel. "Um grand dessein: civilisation matérielle, économie e capitalisme (XVe-XVIIIe siècle)". In: AYMARD, Maurice *et al* (orgs.). *Op cit.*, p. 41.

9 FOURQUET, François, "Um nouvel espace-temps". In: AYMARD, Maurice *et al* (orgs.). *Op cit.*, p. 74.

O recorte de tempo inovador é a pedra de toque desse conjunto historiográfico. Privilegia a *média duração*, secundarizando a *curta duração*, o tempo do evento, emblemático do positivismo histórico, que passa a ser relegado à condição de porta de entrada para as durações alongadas.[10] Este novo recorte põe na média duração a responsabilidade pela apreensão do sentido da história, uma escala de tempo que medeia entre os 30 e os 50 anos, tempo crítico na percepção histórica porque se instala entre a fugacidade do tempo curto e a secularidade da *longa duração*. Nesse sentido, Braudel foi o primeiro historiador a romper com a mais antiga e venerável das tradições: a ordem cronológica, substituindo-a por uma ordem metodológica, dinâmica e genética ao mesmo tempo, "criando uma história que se desenrola em vários planos inclinados e superpostos, em perpétua comunicação, que vai do mais profundo e do mais constante ao mais superficial e efêmero".[11]

A história que se propunha desenrolava-se em planos sobrepostos, o tempo geográfico, o social e o individual, estratos temporais que iam da quase imobilidade, do eterno recomeçar, que privilegiava o homem e o entorno natural, ao tempo lento do movimento das economias, das sociedades, dos Estados, das civilizações, aos quais engastalhava-se o tempo mais célere, das oscilações breves, nervosas, tisnados pela dimensão das cóleras, dos sonhos e das ilusões dos seus contemporâneos. É aí que se aloja o domínio da desrazão, das paixões desenfreadas, imune à análise serena, cujo "sortilégio conjura-se ao talante das correntes profundas, silenciosas e tão somente perceptíveis no crivo da longa duração".[12] Auto

---

10 O tempo do século XIX ligava-se aos valores, tributário de um papel criador que alavancava a noção de progresso e justificava a ideia de que o presente era superior ao passado, além de depositar ampla confiança no futuro, portanto, um tempo prenhe de juízo de valores. Cf. POMIAN, Krzysztof. "Temporalité historique/temps". In: LE GOFF, Jacques; CHARTIER, Roger; REVEL, Jacques (dir.). *La Nouvelle Histoire*. Paris: Retz, 1978, p. 558.

11 ARRUDA, José Jobson de Andrade. "O Mediterrâneo de Braudel". In: *Anais do Museu Paulista*, São Paulo, t. XXXIII, 1984, p. 60.

12 *Ibidem*, p. 4

projetado como modelo de historiador, Braudel emerge como o "homem da conjuntura".[13]

O percurso analítico do historiador poderia inverter a ordem dos tempos. Partir do tempo curto, do imediato, da aparência sensível e buscar a essência compreensiva nos ritmos mais lentos dos tempos médios e da quase imobilidade da longa duração, acentuando a unidade histórica a partir da pluralidade, isto é, em cada nível a mesma realidade apreendida diferentemente. Procedimento que amplia consideravelmente os ângulos de ataque ao objeto de estudo, pois preserva a hegemonia da média duração, dos movimentos históricos situados entre o decenal e o semissecular, assumidos como o tempo real do historiador por condensar-se na charneira entre a curta e a longa duração.[14]

Apesar da força de suas ideias, da ampla receptividade de que foi alvo, Braudel não se deixou cristalizar em seu próprio receituário. A publicação dos três volumes de *Civilização material e capitalismo* em 1979[15] bem o demonstra. O clássico de 1949 era um livro de pesquisa, um livro de tese. Este um texto de síntese, concebido por um historiador mais liberto, mais livre para voar. Tanto que Christopher Hill, ao resenhá-lo, lamentou-se por considerá-lo "unfortunately undocumented",[16] observação que não perfilamos, pois o estudo sustenta-se sobre uma ampla gama de teses originais sobre os temas percorridos, em sua grande maioria produzidas por seus próprios discípulos, a partir de temas

---

13   Identificado com a escola braudeliana, Wallerstein diz que eles representavam um grupo de resistência que ajudou a "preservar um marxismo de resistência entre os marxistas" (WALLERSTEIN, Immanuel. "L'homme de la conjoncture". In: AYMARD, Maurice *et al* (orgs.). *Op. cit.*, p. 23).

14   A duração não existe como dado nas sociedades, existe como problema, sendo um movimento pelo qual as "sociedades selecionam, a cada instante do presente, o estoque de suas experiências, autorizando o retorno às técnicas e aos gestos da produção, permitindo ao passado estar novamente e plenamente lá". Cf. PERROT, J. C. "Le Présent e la Durée dans l'Oeuvre de Fernand Braudel". *Annales*, nº 1, 1981, p. 3-15.

15   O primeiro volume já for a publicado em 1979 na coleção Destins du Monde, dirigida por Lucien Febvre. A edição brasileira, pela Editora Martins Fontes, iniciou-se em 1995 (1º vol.) e 1996 (vols. 2 e 3).

16   Cf. HILL, Christopher. "Civilization Matérielle et Capitalisme". *History and Theory*, nº 2, 1969, p. 301-303.

por ele próprio sugeridos, respaldados em sua metodologia, uma plêiade de historiadores que figuravam, ou viriam a figurar, na primeira linhagem da historiografia francesa do pós-guerra. A mais, seria impossível realizar um livro alicerçado exclusivamente em pesquisa individual, considerando-se a abrangência temporal a que o recorte do projeto editorial impunha. Hill, por certo, pensava na documentação primária, arquivística, que Braudel compulsou sobejamente em sua pesquisa sobre o Mediterrâneo e, de cujas sobras, em grande parte se constitui *Civilização material e capitalismo*.

A maturidade de Braudel refletiu-se em sua flexibilização concernente à hierarquia das temporalidades. O próprio conteúdo da noção de tempo lento foi redimensionado, muda seu estatuto no concerto da obra braudeliana. Representa, no fundo, uma inversão. Em 1949, Braudel afirmava que o cotidiano pouco tinha a ver com a grande história. Em 1979 reformula, por considerar que os instantâneos surpreendidos em diversas sociedades podem revelar diferenças, "nem todas superficiais", pois é na somatória de "pequenos acidentes, de relatos de viagem, que uma sociedade se revela", afirmações cujo desdobramento natural é o reforço da intersecção temporal; pois são tempos que não apenas interagem, mas constituem uma densa teia relacional, sobrelevando a "verticalidade em detrimento da horizontalidade nos planos superpostos", acenando para uma dimensão temporal altamente complexificada, produzindo-se a imagem de uma permanente e sistemática incrustação temporal.

Esta reformulação conceitual da temporalidade breve significava, de fato, a introdução da vida cotidiana nos domínios da história. Para Braudel, o cotidiano continuava a ser a coleção de fatos miúdos que quase não deixam marca no tempo e no espaço, mas que, ao se repetirem infinitamente, teciam realidades em cadeia por servirem, cada um deles, de testemunho aos demais. Miuçalha, aparentemente insignificante, que acabava por atravessar a espessura de tempos silenciosos, e duram. Uma coleção episódica de *faits divers*, aos quais Braudel recusa a categoria de acontecimentos, pois isso seria elevar-lhes a importância e, assim, perder a sua natureza específica. É a poeira da história, uma micro-história, cuja expressão, quando captada na longa seriação, traça as linhas de fuga e o horizonte de todos estes cenários passados. Introduzem uma ordem, pressupõem equilíbrios, definem permanências. Ou seja, por sua recorrência, generalizam-se, tornam-se estruturas. Uma temporalidade intermitente, entremeada de avanços e recuos, que põe e repõe o fato em suas múltiplas durações, em variados espaços, plenos de vida, que lhe conferem profunda significação histórica.[17]

Acrescente-se ao novo status conferido ao tempo curto a cumplicidade da dialética passado/presente. Braudel assume que o presente é, em larga medida, a presa de um passado que se obstina em sobreviver, restando ao historiador a ingente tarefa de explicar as questões postas à sociedade presente, explicar o mundo ao mundo, retornando ao passado. O tempo, em si, seria um conceito vazio sem seus pertences, por não ser capaz de criar seu próprio conteúdo, sendo necessário dar-lhe uma forma, uma realidade, o que explicaria sua forte aderência ao movimento histórico das sociedades coevas, reforçando por esta via o papel da cronologia no engastalhamento dos dados no eixo do tempo, sem aderir, obviamente, à ilusão positivista de que a cronologia fina refina o conhecimento histórico. Destarte, a poeira da história incessantemente repetida cria uma realidade, e nos faz viver a cada instante no tempo curto e no tempo longo, uma heterogeneidade que se impõe como um dado imediato, complexidade que obriga ao historiador o manejo cuidadoso da descontinuidade."[18]

Inevitavelmente, as médias durações, mesmo que refinadas a partir da reconceituação do tempo curto, da recuperação do valor do cotidiano na história, preservam seu lugar distinguido na arquitetura mental de Braudel, pois nelas cristalizam-se as hegemonias econômicas, as dominações de classe e, por decorrência, sobrelevam o papel decisivo de sua especial visão de mundo, sua ideologia, na configuração do jogo do poder e no

---

17 Cf. HILL, C. *Op. cit.*, p. 9-13.
18 PERROT, J. C. "Le Présent e la Durée dans l'Oeuvre de Fernand Braudel", *op. cit.*

fazer girar a roda da história. Se reconhecemos que há uma íntima conexão entre todas as expressões escandidas até aqui na composição de um elenco conceitual comum no território historiográfico da velha história, que elas dialogam entre si, é inevitável adjudicar-lhes uma razão recôndita que as atravessa, uma inquestionável razão histórica, produtora de um discurso histórico impregnado da tradição estruturalista, concebido como objeto de significação e de comunicação, objeto de uma cultura historicamente fundamentada, considerando-se que as formas de expressão verbal não podem ser coartadas de suas condições de produção, tornando-se o signo "a arena onde se desenvolve a luta de classes".[19]

O segundo território historiográfico delineia-se por oposição ao primeiro. Inscreve-se na tradição epistemológica do pós-estruturalismo. Surge na crise dos anos 1970, do colapso e declínio das grandes potências e emergência de novos sujeitos, nações, etnias, gêneros, convicções religiosas, tempos de esmigalhamento da outrora grande história e, por desdobramento, da velha história. Instala-se como uma nova leitura da história a partir do impacto das transformações por ela sofridas naquele momento. Não se constitui, portanto, como território da criação original absoluta. Sua compreensão pressupõe o diálogo com o paradigma pré-existente, fruto de uma nova geração de historiadores, em sua grande maioria gestados nas entranhas dos grandes mestres do primeiro movimento, cujo pontificado aspiravam herdar.

A obra-símbolo desse movimento é, sem dúvida, *Montaillou*, publicada em 1975, escrita por Le Roy Ladurie,[20] autor de uma tese de doutoramento sobre a história do clima[21] dirigida por Ernest Labrousse,

---

19   BAKHTIN, Mikhail. *Marxismo e filosofia da linguagem*. 3ª ed. São Paulo: Hucitec, 1987 [1929].
20   LE ROY LADURIE, Emmanuel. *Montaillou: cátaros e católicos numa aldeia occitana, 1294-1324*. Lisboa: Edições 70, 2000 [1975].
21   Idem. *Histoire du climat depuis l'an mil*. Paris: Flammarion, 1967, retomada em seu livro mais recente, *Histoire humaine et comparée du climat: Canicules et glaciers XIIIe-XVIIIe siècles*. Paris: Fayard, 2004.

inextricavelmente identificado com o receituário da velha história. Ladurie cumpre, exemplarmente, os novos paradigmas historiográficos que haviam sido anunciados no lançamento da *Bibliotèques des histoires* e, mais objetivamente ainda, no livro-bíblia do novo movimento que é *Faire de l'histoire*.[22] Nascia aqui uma nova história, essencialmente cultural, que se aproximava da Antropologia e da Literatura; descartava a Economia e a Sociologia; mobilizava fontes até então consideradas secundárias ou exóticas, a exemplo dos repertórios inquisitoriais, deles extraindo uma nova história das mentalidades, que evoluiria para o estudo das representações sociais, dissecada em sua matriz teórico-metodológica no *Dicionário da Nova História*, publicado em 1978.[23]

O resultado é o surgimento de um novo olhar sobre e para a História. No lugar dos *macrossujeitos*, os *microrrecortes* são realçados. Novos sujeitos são incorporados. Objetos até então banalizados são revalorizados. O *pontual*, o singular, o contingente, a filigrana ganham evidência e assumem a ribalta, em detrimento das conexões *estruturais*. A redução dos objetos privilegia a *descrição* minuciosa, não qualquer descrição, mas aquela que fosse capaz de recriar esteticamente o passado, o que passa a exigir dos historiadores o talento dos grandes escritores, a erudição, o estilo, em lugar da capacidade da *análise*. As linguagens *narrativas* retornam, conferindo valor aos suportes literários com perda substancial da abordagem *reflexiva*. Uma revanche da história *événementielle* sob novas roupagens, agasalhadas por um renovado conjunto paradigmático. A *significação* leva a palma sobre o *sentido*, na qual símbolos e signos se entrelaçam e passam a ter lugar de destaque nesta narrativa rejuvenescida, formas metafóricas ou alegóricas por meio das quais se

---

22 LE GOFF, Jacques; NORA, Pierre (dir.). *Faire de l'histoire*. Paris: Gallimard, 1974. 3 vols. A divulgação da nova doutrina histórica ficou por conta do *Dicionaire de l'Nouvelle Histoire* (Paris: Éditions Retz, 1978).

23 LE GOFF, Jacques; CHARTIER, Roger; REVEL, Jacques (dir.). *Dicionaire de La Nouvelle Histoire*. Paris: Éditions Retz, 1978.

expressam as *representações* sociais, o que obriga o historiador a recorrer a um entrecruzamento permanente entre o *tempo curto* e o *tempo longo*, o engastalhamento do tempo curto da descrição/narração no longo tempo estrutural, indispensável à apreensão das representações sociais inscritas nos imaginários culturais, fechando o campo de conhecimento histórico para o aparato *conceitual*, em que o *imaginário* suplanta a *ideologia* como chave mestra da história. Uma História instalada mais ao nível da *sensibilidade* do que da inteligibilidade, um *troisième niveau* inacessível aos exercícios da razão. Configuração de uma fatura histórica que recusa a noção de *processo*, que privilegia os estados de *latência*, que põe o contexto no lugar do movimento, a permanência em substituição à mudança, a continuidade em detrimento da transformação, que troca a diacronia pela sincronia.

Postos frente a frente, os pares de oposições conceituais referidos nos remetem, ao mesmo tempo, aos limites do necessário diálogo entre memória e história. Se pensarmos como Maurice Halbwachs,[24] que do lado da memória está tudo que flutua, o múltiplo, o sagrado, o mágico, a imagem, e que do lado da história alinha-se o laicizante, o problemático, o crítico e o conceitual,[25] não seria equivocado afirmar que o primeiro conjunto paradigmático está mais do lado da história e que o segundo remete à memória, ou, como quer Paul Ricoeur, de um lado estaria a fidelidade da memória e, de outro, a verdade da história?[26]

Pares de oposições conceituais, que se transformarão em pares de configurações dialogais, se pensarmos numa possível síntese criativa entre a tendência universalizante da primeira e a valorização das especificidades, na segunda.

---

24 HALBWACHS, Maurice. *Les cadres sociaux de la memóire*. Paris: Albin Michel, 1994.
25 Polarização sugerida por François Dosse em "L'histoire et la guerre des mémoires". *Saeculum – Revista de História*, vol. 16, jan./jul. 2007, p. 11-24.
26 RICOEUR, Paul. *La Memóire, l'Histoire, l'Oubli*. Paris: Seuil, 2000, p. 1.

Presente e passado

Pensar historiograficamente é pensar as temporalidades. É assumir que a urdidura do tecido histórico se faz a partir dos impulsos do presente. Que é o presente, em sua fugacidade incontrolável que, num átimo de tempo, reverte o presente em passado, num jogo de contrastes permanente pois, concomitantemente, ilumina-obscurece, silencia-exalta, congela-reaquece, e também nubla o lugar de onde se fala, transformando o passado "sob os influxos do presente, uma vez que as trajetórias pessoais e coletivas são incessantemente repostas".[27] Cria-se um tecido imaginário, por força do "sujeito que lembra e significa o que foi previamente significado, num processo de ressignificação recorrente que constitui o próprio tecido do imaginário".[28] O presente destrói o passado, dele se alimenta, prescindindo de sua experiência social concreta. Mas dele não se livra tão facilmente. A herança do passado se projeta sobre o presente: o presente mimetiza o passado, veste-se de passado no afã de legitimar suas criações inovadoras.[29] Do encontro, passado e presente ressurgem transformados, pois a "narrativa sobre o passado via rememoração não implica apenas na tentativa de restauração do passado, mas alavanca também uma transformação do presente" e, portanto, "já não teremos mais um passado como ele realmente foi e nem um presente incólume à interferência do passado".[30] O presente realiza as aspirações futuristas do passado, nesse sentido, "o presente é a efetuação do futuro rememorado".[31]

---

27 ARRUDA, Maria Arminda do Nascimento. "Prismas da memória: emigração e desenraizamento". *Revista do CEPFAM*, Faculdade de Letras da Universidade do Porto, vol. 4, 1998, p. 18.

28 *Ibidem*.

29 "A tradição de todas as gerações mortas oprime como um pesadelo o cérebro dos vivos", antecipou Karl Marx. Cf. MARX, Karl. *O 18 Brumário de Luís Bonaparte*. São Paulo: Escriba, 1968, p. 15.

30 Cf. DIHEL, Astor Antônio. *Cultura historiográfica: memória, identidade, representação*. Bauru: Edusc, 2002, p. 101.

31 RICOEUR, Paul. *Temps et Récit*. Paris: Seuil, 1983, p. 68.

A história é uma construção cujo objeto privilegiado não é o tempo homogêneo sequencial, mas o tempo "saturado de agoras", crivado de situações, de circunstâncias, de temporalidades múltiplas que ao historiador cabe fazer "explodir do *continuum* da história" ao inteligir seu movimento, ao perscrutar suas fissuras, ao delinear a profundidade das rupturas; "saltos de tigre", movimento incoercível da história em que é perceptível "a inveja de cada presente em relação ao seu futuro" e o sentimento de propriedade em relação ao passado cujas vozes escutamos, "ecos que emudeceram", mas que agendaram um "encontro secreto marcado entre as gerações precedentes e a nossa".[32] Dialógica temporal sublime que porta em si as aspirações do passado e os eflúvios que emanam do futuro.

A imagem do passado é fugaz e passa velozmente pela mente dos contemporâneos e somente "se deixa fixar como imagem que relampeja, irreversivelmente, no momento em que é reconhecido", obviamente por um sujeito postado na temporalidade presente, por via de cuja interpretação, da captação dos sons, vozes, imagens, símbolos, representações do passado, mas, sobretudo, por intuir o significado que confere sentido ao movimento da história em sua essencialidade, assim tornado, o passado, aos olhos do presente, uma tradução do passado não exatamente "como ele de fato foi", uma impossibilidade absoluta, mas uma apropriação singular de qualquer uma de suas reminiscências.[33]

O evento passado é, portanto, plenamente reorganizado e assimilado pelo presente, exprimindo, nesse passo, a busca de unificação do presente pelo evento pretérito, reduzindo o passado às suas expressões mínimas, apreensíveis e validadas pelo presente.[34] Reversamente, as reconstruções memoriallísticas do passado revelam o tecido esgarçado da sociedade que comemora,

---

32 BENJAMIN, Walter. "Sobre o conceito de História". In: *Magia e técnica, arte e política*. 2ª ed. São Paulo: Brasiliense, 1986, p. 229, 230, 222 e 223.
33 *Ibidem*, p. 224.
34 CARDOSO, Irene Ribeiro. "A comemoração possível". *Tempo Social* – Revista de Sociologia da USP, vol. 10, nº 2, out. 1998, p. 11.

porque comporta discursos e contradiscursos, construções e desconstruções, que apontam para a dimensão fugaz do presente histórico e a validade das comemorações como espaços criativos de reflexão histórica que enlaçam, vigorosamente, a tríplice temporalidade numa unidade de sentido. É exatamente essa pletora de possibilidades que permite a imensa variedade de apropriações indentitárias do passado.

Nos exercícios de rememoração, a história recordada esgarça a cronologia, desborda o espaço, preenche as lacunas entre os acontecimentos, presentifica as ausências. Por isso, apesar de a memória ensejar uma história narrada, a reconstrução memorialística "não precisa de matéria", no sentido preciso de que ela fia a própria substância.[35]

Essa é a questão de fundo. John Burrow inquieta-se com as motivações para a escrita da história realizada no passado. O que as gentes do passado consideravam significativo em seu próprio passado e por que assim pensavam? Sobre que passados lançavam sua atenção, de que modo os apresentavam e por quais razões modificaram suas explicações no avançar dos tempos? Em suma, "que passados escolheram para si mesmo... e de que forma o investigaram e apresentaram".[36] Equivale dizer, trilhando as sendas de Johan Huizinga, que máscaras estas épocas escolheram para estabelecer sua identidade, para representá-los.[37]

O Renascimento escolheu a Antiguidade. Para Petrarca, os *moderni* eram homens das *dark ages*, mas com uma importante diferença: eles sabiam que o futuro restauraria a radiação pura da Antiguidade, tinham consciência de que aí se iniciava um novo ciclo na história, instalando uma ideológica e revolucionária aliança com o tempo. Sua concepção total do tempo baseava-se na convicção de que a história tinha um sentido específico, não como padrão transcendental predeterminado, mas como expressão

---

35 ARRUDA, Maria Arminda do Nascimento. *Op. cit.*, p. 17.
36 BURROW, John. *A history of histories: epics, chronicles, romances and inquiries from Herodotus and Thycydides to the twentieth century*. Nova York: Vingate Books, 2008, p. XV.
37 *Ibidem*, p. 448.

interativa de forças imanentes. Em decorrência, o homem deveria participar conscientemente da criação do futuro, convertendo-se em agente de mudança num mundo intensamente dinâmico.[38]

A memória é, de fato, a matéria-prima da história. Mas não qualquer memória, a memória singular, a memória indizível, mas, sim, a memória que existe na consciência coletiva, em "especial na consciência social histórica".[39] Noção esta que deve ser entendida como uma "noção difícil", pois, "despojada de toda evidência própria [...] anunciará, a seu termo, o suicídio da história".[40] Rompe-se aqui o velho idílio entre a história e a memória. A história é um pensamento sobre o passado e não uma rememoração, diz-nos Jean Pierre Rioux. A "história forja suas próprias armas e codifica suas leis". Em decorrência, o historiador não é um memorialista, pois ele produz um texto escrito, a "récita de uma representação do passado".[41] O esforço de memorização do historiador não encontra eco na memória do passado. A memória social depende das memórias individuais, sujeitas ao mecanismo de evasão da má e da retenção da boa memória. "Nós reparamos a memória através de filtros róseos", e tais filtros estão sujeitos a complexas travessias neurológicas, que impedem memórias de serem réplicas perfeitas da realidade externa. Nesse sentido, todas as memórias são "criadas" mais do que propriamente "recebidas".[42] Mais complexo ainda é o processo de retenção e retransmissão da memória, por via oral, escrita, artística, iconográfica, monumental, suportes incontornáveis da elaboração histórica.

Nesta perspectiva, é inestimável a contribuição de Paul Ricoeur para o refinamento do arsenal mobilizado pelo historiador em suas incursões

---

38 Cf. CALINESCU, Matei. *Five faces os modernity*. Durham: Duke University Press, 1987, p. 22.
39 LE GOFF, Jacques. *História e Memória*. Campinas: Editora da Unicamp, 1996, p. 204.
40 RICOEUR, Paul. *Temps et Récit*. Vol. 3: *Le temps raconté*. Paris: Seuil, 1985, p. 174.
41 RIOUX, Jean-Pierre. "La mémoire collective". In: RIOUX, Jean-Pierre; SIRINELLI, Jean-François. *Por une Histoire Culturelle*. Paris: Seuil, 1997, p. 326.
42 FERNÁNDEZ-ARNESTO, Felipe. "Epilogue". In: CANNADINE, David (org.). *What is history now?*. Londres: Palgrave Macmillan, 2002, p. 156.

no passado, por municiá-lo com um farto instrumental que agrega inteligibilidade ao seu procedimento metodológico. Reciprocamente, Ricoeur beneficiou-se dos trabalhos realizados pelos historiadores, aportes significativos na elaboração de suas teses sobre a "filosofia do tempo, a epistemologia do conhecimento e a fenomenologia da memória",[43] tríade fundamental nas reflexões sobre a complexificação da temporalidade histórica.

Presente e futuro

Jacques Le Goff lembra que, no primeiro número da revista *Past and Present*, declarava-se que "a história não pode, logicamente, separar o estudo do passado do estudo do presente e do futuro".[44] Enlaçamento temporal que Paul Ricoeur explica: "À dialética do espaço vivido, do espaço geométrico e do espaço habitado, corresponde uma dialética semelhante do tempo vivido, do tempo cósmico e do tempo histórico", em que a localização na ordem do espaço corresponde igualmente à datação na ordem do tempo.[45] Uma ampla variedade de aproximações ao significado do tempo se pôs no transcorrer dos séculos. O tempo formal contraposto ao material; o ideal ao real; o subjetivo ao objetivo; o contínuo ao descontínuo; o linear ao circular; o perfeito ao vicioso; aporias que resistem, duram, sobretudo as da constituição do tempo, que o revelam ser uma realidade contraditória.[46]

Se pensado no plano do tempo mitológico, todas as modalidades do tempo estão dispostas num mesmo nível e são, em certo sentido, simultâneas. O "tempo é vivido da mesma forma que o espaço, e o presente não está separado do bloco temporal formado pelo passado e o futuro", que

---

43 DOSSE, François. "Mémoire et oubli. Lire avec Ricouer". In: DELACROIX, Christian; DOSSE, François; GARCIA, Patrick. *Paul Ricoeur et les science humaines*. Paris: La Decouverte, 2007, p. 231.

44 LE GOFF, Jacques. *História e Memória*, op. cit., p. 224.

45 RICOEUR, Paul. *La mémoire, l'histoire, l'oubli*, op. cit., p. 191.

46 CHENET, François. *Les temps, temps cosmique, temps vécu*. Paris: Armand Colin, 2000, p. 207.

permite ao "passado não cessar de durar", isto porque o tempo é categoria essencial na caracterização das culturas e o modo de sua representação expõe as características essenciais da sociedade, das classes, dos grupos ou dos indivíduos que a formam, sendo, portanto, "uma componente essencial da consciência social", cuja estrutura reflete "os ritmos e as cadências que marcam a evolução da sociedade e da cultura". Sua diferenciação não se dá apenas na comparação entre as diferentes culturas e sociedades, mas também em função de sua estrutura interna, concepção que implode a ideia de um tempo monolítico e expande sua pluralidade.[47]

Em suma, não há lugar para o presentismo exacerbado, nem para o passadismo renitente. "Só me interessa o presente e a maneira de me movimentar no espaço e no tempo em que vivo", equivale dizer, "só me atrai, no passado, aquilo que me permite compreender e viver o presente" e, mais, "a História não é a comemoração do passado, mas uma forma de interpretar o presente", manifesto radical de José Mattoso, medievalista de notório saber.[48] No sentido oposto, enfoca-se o passado por si mesmo, para seu próprio bem, partindo-se do pressuposto de que o "passado é um país estranho", pois "eles fazem coisas de modo diferente" por lá.[49]

De fato, "a simples narração de um presente do passado torna-se uma presentificação refletida no passado",[50] ultrapassando as limitações inerentes ao presentismo exacerbado, bem como o passadismo impositivo que transforma a história em disciplina investigativa do passado. Nesse contexto, entendida como forma de história intelectual, a historiografia impõe-se como pensamento que busca refletir sobre o modo pelo qual "em cada presente, as dimensões temporais do passado e do futuro foram

---

47 Cf. GOUREVITH, A. Y. "Le temps comme problème d'histoire culturelle". In: RICOEUR, Paul. *Les cultures et le temps*. Paris: Unesco/Payot, 1975, p. 260, 257, 268.
48 Cf. MATTOSO, José. "A escrita da História". In: TENGARRINHA, José Manuel (coord.). *A historiografia portuguesa hoje*. São Paulo: Hucitec, 1999, p. 20.
49 Cf. HARLEY, L. P. *The go between*. Londres: H. Hamilton, 1953.
50 Cf. KOSELLECK, Reinhardt. *Futuro passado: contribuição à semântica dos tempos históricos*. Rio de Janeiro: Contraponto/Editora PUC Rio, 2006 [1979], p. 174.

postas em relação".[51] Postas em relação, reiteramos, uma relação de sentido e não relação causal. É o passado tido como *passado do presente*, sem que obrigatoriamente o presente tenha se tornado futuro pré-fixado por aquele passado, isto é, o *futuro presente*. Mas o passado pode se alongar e atravessar o presente, superpondo as temporalidades, um passado que se recusa a morrer, um passado que não passa,[52] um passado incessantemente reposto, reforçando o lugar da memória na história, responsável pela "crise do futuro em nossa sociedade ocidental",[53] cuja resultante é um presente imensamente dilatado, função da busca de compreensão de nós mesmos.[54]

Em Paul Ricoeur, a refiguração do passado faz com que o presente seja o momento vivido e realizador das antecipações de um determinado passado que foi rememorado, fazendo com que, por essa via, "o presente seja a efetuação do futuro rememorado",[55] um tempo lotado de referências temporais, saturado de urgências, um tempo que se esforça por concentrar, em si mesmo, todas as durações.[56]

A dialógica transtemporal não pode ser segmentada. Entre o passado e o presente, entre o presente e o futuro, não há descontinuidade. Assim como o passado anunciou o presente, o futuro possível também se inclui no *organon* da interpretação histórica, por integrar planos, expectativas, desejos, vontades que fazem parte de ambas as temporalidades, da futura e da presente, fundindo as dimensões do tempo numa perspectiva antropológica.

---

51 *Ibidem*, p. 307.
52 Cf. ROUSSO, H.; CONAN, V. *Vichy, um passé que ne passé pas*. Paris: Fayard, 1994.
53 DOSSE, François. *L'histoire ou le temps réflechi*. Paris: Hatier, 1999, p. 65.
54 Cf. NORA, Pierre. "Entre história e memória: a problemática dos lugares". *Revista Projeto História*, São Paulo, vol. 10, 1993, p. 7-28.
55 RICOEUR, Paul. *Temps et Récit, op. cit.*, p. 68.
56 Exatamente o oposto da concepção de tempo presente fugaz, átimo de tempo, como deixa entrever esta formulação: "Tudo que fazemos ou pensamos, tudo que imaginamos sobre o futuro passa instantaneamente para o passado e se torna um objeto próprio para a pesquisa histórica" (FERNÁNDEZ-ARNESTO, Felipe. "Epilogue". In: CANNADINE, David (org.). *What is history now?*. Londres: Palgrave Macmillan, 2002, p. 151).

Concepção ameaçada nos tempos que correm, pois o homem moderno, sem heranças e sem projetos, vê crescer as barreiras que o impedem de pensar o porvir, por estar excessivamente focado na vivência do imediato. "Nas sociedades modernas, o tempo-sistema é rigidamente estruturado e instrumentalizado", experimentado sob múltiplas tensões do tempo social, que é, sobretudo, o tempo da produção e o tempo do consumo. A consequência é estar o homem moderno sob o "efeito de um *stress de temporalité*", anestesiador da história corrente, mas não da *prise du temps* do historiador.[57]

A interpenetração passado e presente não se esgota em si mesma. Ela inclui um *horizon d'attente*, como quer Paul Ricoeur.[58] Uma certa expectativa de futuro à qual os atores históricos, sejam sujeito ou objeto das construções historiográficas, estão inexoravelmente submetidos. Ao vivenciar o presente, fazem-no sob o impacto de *flashes* luminosos que se anunciam no porvir, exatamente como alguém que se põe à *guetter l'aurore*[59] da História, reforçando a noção de pluralidade temporal que institui um novo regime de historicidade.[60]

Como categorias históricas, os conceitos de experiência e de expectativa equivalem aos de espaço e tempo. Plenos de realidade, integram campos semânticos que em princípio se excluem, mas que estão estreitamente relacionados entre si, pois não há expectativa sem experiência, nem experiência sem expectativa.[61] Categorias que, por relacionarem passado

---

57 "Os meios de comunicação e, sobretudo, a televisão, criam um tempo irreal, um tempo ficcional, que pode congelar o fluxo do tempo transmitindo a sensação de um presente eterno possibilitando viagens imaginárias de volta ao passado ou de projeção ao futuro". Cf. CHENET, François. *Op. cit.*, p. 158-159.

58 Paul Ricoeur fala de um horizonte de expectativa, um regime de historicidade aberto em direção ao futuro, face à ausência de projeto de nossa sociedade moderna. Cf. RICOEUR, Paul. *Du texte à l'action*. Paris: Seuil, 1986, p. 391.

59 Paráfrase inspirada no livro de Jean Delumeau, *Guetter l'aurore: un christianisme pour demain* (Paris: Bernard Grasset, 2003).

60 Cf. HARTOG, François. *Régimes d'historicité: presentisme et expériences du temps*. Paris: Éditions du Seuil, 2003.

61 KOSELLECK, Reinhart. *Op. cit.*, p. 307-308.

e futuro, são categorias adequadas para refletir sobre o tempo histórico. Desde que a expectativa se realiza no tempo presente, portanto, para o "ainda-não", para aquilo que não foi ainda experimentado, e que somente pode ser previsto, a experiência futura se decompõe numa infinitude de momentos temporais. "Horizonte quer dizer aquela linha por trás da qual se abre no futuro um novo espaço de experiência", ainda que não possa ser efetivamente contemplado, porque não pode ser experimentado por antecipação e configurar-se, apenas, nos prognósticos, tanto mais prováveis quanto maior for o "espaço de experiência aberto para o futuro", uma vez que "as experiências liberam os prognósticos e os orientam". De qualquer forma, a noção de expectativa utilizada histórica ou teoricamente, saturada de experiência histórica, converte-se em "conceito de expectativa".[62]

Assumir esta formulação pressupõe incorporar a nova concepção de temporalidade, essencial à compreensão dos fenômenos históricos, concepção essa que supera a clássica compartimentação passado, presente, futuro, que elegia o passado como tempo unívoco da História; que recusava o presente como o produto mais acabado da História, como sempre quis Wiltold Kula.[63] Exige assumir a noção de complexificação da temporalidade histórica, na qual os tempos se entrelaçam realizando uma dialógica transtemporal.

Se é possível pensar num futuro passado, como o faz Koselleck, pode-se também elucubrar sobre um futuro presente, isto é, o futuro imediato colado no presente, que o afeta diretamente, a exemplo do mercado futuro de ações que, no fundo, é um mercado presente, mas pode provocar, a partir de um futuro apenas presumível, violentas crises no presente. Mas não está descartado um futuro do futuro, ou seja, o futuro mais distante

---

62 *Ibidem*, p. 310, 311, 313, 325.
63 "Se as fontes históricas são todos os vestígios do passado, toda a obra dos tempos pretéritos, o mais importante dos vestígios, a mais importante das obras, é a realidade que nos rodeia. A maior, a mais rica, a menos aproveitada das 'fontes históricas'". KULA, Witold. *Problemas y métodos de la historia económica*. Barcelona: Ediciones Península, 1973, p. 594. (Tradução nossa).

do que aquele futuro que nos acostumamos a imaginar, pensado como um tempo insondável. Assim, poderíamos falar de um presente do passado, do futuro do passado, do presente imediato, do presente passado, do presente futuro, do presente do futuro, do futuro do futuro, expressões plausíveis e tipificadoras da complexificação da temporalidade histórica.

Um tempo presente dilatado se faz às expensas do passado e do futuro, um tempo que, ao produzir sua própria luminosidade, absorve o brilho do passado e do futuro, eclipsando o próprio tempo histórico, tornando-se o tempo da memória, da amnésia cotidiana, uma espécie de "presente monstro", paráfrase do que Pierre Nora denominava "evento monstro", por ser multiforme e multívoco, sendo ao mesmo tempo tudo e quase nada, por estar sujeito à tirania do imediato.[64] Presentismo, conceitua François Hartog, responsável pelo recuo do futuro, como se o "presente, o do capitalismo financeiro, da revolução da informação, da globalização, absorvesse nele as categorias...do passado e do futuro. Como se, tornando-se seu próprio horizonte, ele se transformasse em um presente perpétuo". Não é o presente barqueiro de François Dosse, "lugar transitório de passagem entre um passado animado por um motor da história que permite dirigir-se com confiança para um futuro pré-determinado".[65] Muito menos o instante, unidade de tempo privilegiada por Paul Valery. "Esse presente presentista cerca-se igualmente de denotações ou de conceitos destemporalizados, tais como o de modernidade, de pós-moderno, mas também de globalização",[66] portanto, uma dimensão quase epocal.

Temporalidades entrelaçadas que borram os seus limites e gestam múltiplas acepções do tempo, tisnadas por um aparente *nonsense*, pois fala de um "futuro do passado"; "um passado que não passou"; "um passado que traga o presente"; "um passado que se recusa a morrer"; "um passado

---

64 *Apud* HARTOG, François. *Op. cit.*, p. 217.
65 DOSSE, François. *O Império do sentido*. Bauru: Edusc, 2003, p. 286.
66 HARTOG, François. "Situações postas à história". *Revista de História*, São Paulo, nº 166, 2012, p. 32.

que se quer eterno"; "um passado eterno"; "o futuro como um presente que se alargou"; "o presente como passado do futuro". Se para Hannah Arendt o presente se introduz como uma "brecha entre o passado e o futuro", preferimos considerá-lo "uma cristalização do passado e do futuro", uma articulação temporal que valoriza o papel do presente, um presente recomposto, adensado, o tempo da historicidade sobre o qual se deve debruçar o historiador, atento à sua pluralidade, isto é, à multiplicidade de temporalidades entranhadas no presente permeado por variadas fontes discursivas, profusão temporal que não se revela de imediato ao observador, que precisa ser destrinchada, pois o tempo atravessado por múltiplas temoralidades, "tempos em desacordo, que se friccionam, se batem, se enfrentam",[67] exigem senso aguçado para nele instaurar a ordem da compreesividade. Uma temporalidade densa, oposta à concepção de átimo evanescente fixada por Santo Agostinho[68] ou da precariedade transitória de Bergson.[69]

De qualquer modo existem dois tempos – o passado e o futuro –, se o passado já não existe e o futuro ainda não veio? Quanto ao presente, se fosse sempre presente, e não passasse para o pretérito, já não seria tempo, mas eternidade. Mas se o presente, para ser tempo, tem necessariamente de passar para o pretérito, como podemos afirmar que ele existe, se a causa de sua existência é a mesma pela qual deixará de existir?[70]

Dialógica temporal essa já pensada por Martin Heidegger em 1926,[71] para quem o homem é o único animal que sabe de sua morte, um ser que caminha para o "haver sido", o que lhe dá a percepção do passado a partir do futuro, sendo a História nada mais do que a consciência que os homens têm desta temporalidade, fazendo do presente uma permanente antecipação do

---

67　*Ibidem.*
68　Cf. AGOSTINHO, Santo. *Confissões.* São Paulo: Abril Cultural, 1973, vol. VI, livro XI (Coleção "Os Pensadores").
69　BERGSON, H. *Cartas, conferências e outros escritos.* São Paulo: Abril Cultural, 1974.
70　*Ibidem*, p. 244.
71　Cf. HEIDEGGER, Martin. *El concepto de tiempo.* Madri: Trotta, 1999. p. 28-29 (Conferência publicada na Alemanha em 1926).

futuro, pois ele sabe, em cada caso, "ser futuro", pois o mundo que está por vir se acha embutido no presente inteiramente modelado.[72]

Portanto, é sobre o intervalo de tempo transcorrido entre o nascimento e a morte do indivíduo que Heidegger constrói filosoficamente sua concepção de historicidade,[73] propondo uma temporalidade que articule as três instâncias temporais do futuro, do passado e do presente. A qualidade passada do passado, a *passéité*, não se compreende em sua constituição distinta se não acoplada à qualidade futura do futuro e à qualidade presente do presente. "A cultura da memória, como *ars memoriae*, se constrói sobre uma semelhante abstração do futuro. Mas é, sobretudo, à história que concerne, metodologicamente, esta eclipse do futuro".[74] Para Heidegger, "a temporalidade é mais objetiva que todo objeto e mais subjetiva que todo sujeito" e deve ser pensada como horizonte do Ser, a partir do qual o Ser pode ser pensado, portanto, se o "Ser é o Tempo, o Tempo é o Ser". Equivale dizer, "o Ser fala através do tempo, e o tempo através do Ser".[75] É sobre a ideia diretriz de Ser-para-a-morte que Paul Ricoeur afirma que a temporalidade não somente molda uma das características essenciais do que nós somos, mas que acima de tudo estabelece a relação entre "ser a ser enquanto ser". A futuridade entranhada na concepção Ser-para-a-morte submete o tempo indefinido da "natureza e da história à dura lei da finitude mortal". A história emerge não somente como evocação dos mortos, mas como "*mise en scène* dos vivos de outrora". Justifica-se assim o duplo sentido da história: a coleção dos fatos havidos, presentes e por vir; os discursos produzidos sobre estes

---

72 Cf. KOSELLECK, Reinhart. *Op. cit.*, p. 34.

73 Obviamente, esta linhagem interpretativa teria que ser relativizada a considerarem-se as opiniões recentes, segundo as quais, em sua obra-prima *Ser e tempo*, Heidegger não apresenta uma filosofia da existência individual e, sim, uma doutrina do autossacrifício radical, na qual o individualismo é admitido somente para o propósito do heroísmo de guerra. Cf. FAYE, Emmanuel. *Heidegger*. Yale: Yale University Press, 2009.

74 RICOEUR, Paul. *Temps et Récit, op. cit.*, p. 451-453. A obra de Martin Heidegger foi publicada em 1927, *Sein und Zeit*, e as citações de Paul Ricoeur e François Chenet referem-se à tradução francesa de E. Martineau, publicada pela Authentica, em 1985, e revisada por F. Vezin, na publicação da Gallimard, de 1987.

75 Cf. CHENET, François. *Op. cit.*, p. 114-115.

mesmos acontecimentos extraídos dos testemunhos e, por fim, uma representação histórica do passado, pois "nós fazemos a história e a fazemos porque nós somos homens históricos".[76]

A abordagem heideggeriana tem precedência na ontologia de Santo Agostinho, para quem o homem avança no tempo, "mas ele avança para a finitude e para a morte, e é a partir desta morte que se mede o tempo que lhe advém porque ele o vive". O presente se faz a partir do futuro, e o presente recua até os segredos do passado.[77] Seu ponto de partida é um paradoxo que pesa sobre a concepção de passado e de futuro, na medida em que, no tempo presente, o passado já não mais existe e o futuro ainda não "chegou", portanto, o pensar sobre o tempo é uma reflexão sobre o inexistente.[78] Pois o "modo de *ser* do tempo é de *não ser*", pois o "futuro não é ainda; o passado não é mais; o instante presente acabou de ser".[79]

É pelo movimento de *distensão* que a alma se expande para o passado ou para o futuro nas "operações de lembrar e esperar (*expectare*) e assim torna essas dimensões presentes". A transitoriedade do tempo é assumida como "movimentos de consciência", destarte "o passado cresce nos arcanos da memória à medida que recolho um futuro que posso visar também cada vez mais longe".[80] É a Santo Agostinho, portanto, que se deve a compartimentação tridimensional da história, inscrita em seu clássico *Confissões*. "Há três presentes, o presente do passado que é a memória; o presente do futuro que é a expectativa; o presente do presente que é a intuição", princípio organizador da temporalidade, diferentemente de Heidegger, que acentua o papel do futuro e não do presente.[81]

---

76 Cf. RICOEUR, Paul. *Temps et Récit, op. cit.*, p. 452, 457, 458, 456.
77 Cf. BOUTANG, Pierre. *Les temps: essai sur l'origine*. Paris: Hatier, 1993, p. 37.
78 Cf. DOSSE, François. *A História*. Bauru: Edusc, 2003, p. 152.
79 PIETRE, Bernard. *Filosofia e Ciência do Tempo*. Bauru: Edusc, 1997, p. 31.
80 Cf. SILVA, Franklin Leopoldo e. "Tempo: experiência e pensamento". *Revista USP*, Tempo II, São Paulo, mar./abr./maio 2009, p. 11.
81 RICOEUR, Paul. *Op. cit.*, p. 454.

Historicamente, a ideia de morte transitou, na civilização ocidental, da aceitação à rejeição, da convivência ao expurgo. À espetacularização da morte se segue, em plena sociedade burguesa oitocentista, a sua depuração, o banimento. Da morte exemplar amparada pela comunidade à morte solitária, higienizada, enclausurada nos hospitais, nas casas de morrer. O usufruir pleno da vida fáustica conduz a sociedade burguesa a expulsar a morte do convívio dos vivos, a postergar o máximo possível a imagem da finitude na máscara da morte. Em vão. A morte é incoercível. De nada valem os artifícios: ela entranha a consciência, baliza e ritma a existência. Cria um inelutável horizonte de expectativa que tem na finitude a certeza última e põe o pensamento a serviço do porvir, da temporalidade futura. "A morte é a sanção de tudo que o narrador pode contar. É da morte que ele deriva sua autoridade."[82]

O historiador, na essência um narrador provido de instrumental sofisticado, tem na morte, na sua morte, na morte de sua narrativa histórica, um *telos* último, baliza temporal que estabelece a decalagem entre o momento presente e o futuro expectado, a consciência da temporalidade histórica, coartada da temporalidade sideral e, por esta via, descola-se do simples narrador, toma as vestes do historiador, em cuja obra a morte estará sempre presente na "procissão das criaturas", seja à "frente do cortejo", seja como "retardatária miserável", pois o "sujeito só pode ultrapassar o dualismo da interioridade e da exterioridade quando percebe a unidade de toda a sua vida [...] na corrente vital do seu passado, resumida na reminiscência"[83] e necessariamente referida ao seu porvir.

Acepções historiográficas

A tudo isto reporta o conceito renovado de historiografia grafado em múltiplas acepções. Etimologias à parte, o termo foi entendido como

---
82 BENJAMIN, Walter. *Op. cit.*, p. 208.
83 *Ibidem.*

substitutivo para a história em si, identificada com a sucessão de fatos, com a cadeia de eventos que conformam o processo histórico; mas também, numa segunda possibilidade, com o inventário de obras históricas, sinônimo de rol, de elenco de obras históricas produzidas, referidas a um tema específico, a um determinado período ou mesmo a um recorte mais abrangente. Sua fatura pode ser simplesmente a relação das obras inventariadas, contexto em que a noção de historiografia se traveste em sinônimo de bibliografia, de literatura histórica pertinente ao tema, que pode variar no sentido de seleção de autores considerados relevantes num determinado elenco, cujas ideias-chave são simplesmente resumidas. Ambos procedimentos que esvaziam o significado mais denso do conceito de historiografia, remetendo-o à vala do senso comum.

Numa terceira vertente, partindo-se do pressuposto de que o modo atual de fazer história carece de reflexão densa, de teorização que pressupõe diálogo cerrado com as ciências humanas, propõe-se a renomeação da História, entendida como disciplina, pela expressão Historiografia. Nesse sentido, os cursos universitários de História passariam a denominarem-se cursos de Historiografia, ficando sob o rótulo História a matéria histórica propriamente dita, seu percurso temporal retido nos arquivos e nos suportes da memória. Esta proposição é de Júlio Aróstegui, em seu livro *Pesquisa histórica*, em que a história surge como "ciência do tempo",[84] e não apenas como mimese do tempo.[85] É exatamente o pensar a história como ciência que leva Aróstegui a pleitear um lugar para a história no âmbito das ciências humanas, projeto que, segundo ele, exige o diálogo interdisciplinar e, portanto, o indispensável recurso à teorização de porte elevado.

De forma mais abrangente, a historiografia também foi entendida como expressão de uma totalidade cultural, a representação cultural

---

84 "A historiografia [...] é a ciência da temporalidade humana", pois "os fatos, as mudanças, os eventos, não acontecem no tempo, mas eles criam o tempo" (ARÓSTEGUI, Julio. *A pesquisa histórica: teoria e método*. Bauru: Edusc, 2001, p. 278-279).
85 "A história é êmula do tempo". Cf. CERVANTES, Miguel de. *Dom Quixote*. Porto Alegre: L&P Editores, 2005, 2ª parte, cap. IX.

de uma determinada época, identificando-se historiografia com cultura, como pensa John Burrow, ao recompor o panorama evolutivo da cultura ocidental desde os gregos até nós. Para ele, a historiografia não é somente um gênero amplo em si mesmo, mas é também "parte da cultura ocidental como um todo", sendo que, em determinados momentos, foi muito influente e até mesmo essencial, isto porque as sociedades europeias, em diferentes situações, deram enorme importância às versões sobre seu passado e a noções sobre o desenvolvimento histórico, de modo que "ideias de história e aspectos do passado entrecruzaram-se e parcialmente constituíram idéias sobre religião, moral e política [...] ajudando a constituí-las".[86] Portanto, recuperando e trazendo até nós a personalidade dos historiadores surpreendida em seus escritos; destacando a forma de sua moldagem por seu próprio tempo e por sua própria experiência.

A derradeira proposição remete à historiografia como dialógica transtemporal. Nessa vertente, historiografia passa a significar a análise crítica da produção gerada pelos historiadores em sua imersão temporal.[87] Em decorrência, o rótulo produção histórica ocupa o lugar do vocábulo historiografia, no modo pelo qual ele é utilizado em seu senso comum, vulgar. Não se falaria, portanto, em historiografia brasileira, ou historiografia do Brasil colônia, falar-se-ia, sim, da produção histórica brasileira, ou da produção histórica do Brasil colônia, reservando-se para a expressão historiografia a reflexão crítica sobre a história contida nas obras produzidas, num cerrado diálogo entre autor, meio e obra, cientes de que "as ideias sobre o passado expressa nos escritos dos historiadores e o modo pelo qual se põe em relação a ele também é parte desta história".[88]

86　Cf. BURROW, John. *Op. cit.*, p. XVII.
87　Praticamente, o mesmo que dizer "A historio-grafia (isto é, a maneira de escrever a história) é uma produção social" (GARCIA, Patrick. "La naissance de l'histoire contemporaine". In: DELACROIX, Christian; DOSSE; François; GARCIA, Patrick. *Op. cit.*, p. 11).
88　Cf. BURROW, John. *Op. cit.*, p. XVII.

Vale dizer, toda obra histórica é, a um só tempo, criação e narrativa e, por via de consequência, no cerne dessa construção, aloja-se um autor, um historiador, tornando inevitável a projeção de si mesmo sobre a escritura realizada. Não sua projeção como indivíduo, mas como *persona*, na forma de uma máscara social, de um eu criado, do intelectual/profissional dotado de uma formação específica por suas experiências, expectativas, vivências, leituras, conceitos, representações, informações, cujo controle, em favor da cientificidade histórica, está em concebê-la como "ciência da cultura", produzida por "homens de cultura" e, portanto, "dotados da capacidade e da vontade de assumir uma posição consciente diante do mundo e de lhe conferir um sentido".[89]

Nessa perspectiva, lembra-nos Krzysztof Pomian, invocando Benedetto Croce, toda história é uma história contemporânea, na medida em que "aloca os escritos dos historiadores no contexto das lutas políticas e das controvérsias ideológicas do seu tempo; tira o véu do *partis pris* e das pressuposições que presidiram a elaboração das imagens do passado e do presente", o que o leva a concluir que a "história não é uma ciência", estando antes "do lado da ideologia", e o historiador, por decorrência, "um forjador de mitos", cujas obras refletem "o curso da história que lhe é contemporânea",[90] análise que reforça o valor e a utilidade da concepção de historiografia assumida como consciência crítica da história.

Congelada nos dicionários, a historiografia seria "a arte e o trabalho do historiador".[91] Se é sua arte e seu trabalho, significa que é uma criação sobre base documental, nestes termos enlaçando arte e artesania. A matéria sobre a qual o historiador trabalha o lança ao passado e exige trabalho de história, no sentido original de pesquisa consagrado por Heródoto; mas

---

89 Cf. WEBER, Max. *A "objetividade" do conhecimento nas Ciências Sociais*. São Paulo: Ática, 2006, p. 58.
90 Cf. POMIAN, Krzysztof. *Sur l'histoire*. Paris: Gallimard, 1999, p. 123 e 125.
91 INSTITUTO ANTONIO HOUAISS. *Dicionário Houaiss da Língua Portuguesa*. Rio de Janeiro: Objetiva, 2001, p. 1543.

a arte da reflexão sobre esta base empírica o atrela ao presente, presente magnífico porque se expande rumo ao passado e na direção do futuro, como vimos. Perspectiva analítica que posiciona o historiador numa charneira de múltiplas temporalidades e, por isso mesmo, no vértice entre a ciência e a arte, antinomia já apontada por Chartier ao lembrar a estreiteza do caminho para quem pretende rechaçar, ao mesmo tempo, a redução da história a uma atividade literária, curiosa, livre, aleatória, e a assunção de sua cientificidade a partir de um modelo unívoco do mundo físico.[92] Clivagem da qual discordaria Nietzche, por afirmar que "a história não é uma ciência, é uma arte", pois nela só se logra êxito pela imaginação.[93] Imaginação historiográfica, acrescentamos. Eis o caminho apontado pelo filósofo alemão, cuja realização pressupõe, contudo, a reformulação do conceito de tempo, de sua sequência linear, acorrentado ao tempo astronômico que flui do passado para o futuro, atravessando o presente; vertente interpretativa que dá solidez à ideia de complexificação da temporalidade histórica, uma leitura transtemporal do tempo.

É esta concepção de temporalidade que rege o conceito de historiografia em sua dimensão mais refinada, que é a de ser uma análise crítica das obras históricas produzidas pelos historiadores e dos próprios historiadores em sua imersão temporal. Vale dizer, pensar as obras produzidas não em si mesmas, nos objetos sobre os quais se debruçam, mas naquilo que são capazes de expressar o entorno problematizado das múltiplas temporalidades que nela se entrecruzam, necessariamente, escandindo o tempo a partir do qual falam seus atores e agentes, bem como os universos

---

92 Cf. CHARTIER, Roger. *L'Histoire aujourd'hui: doutes, defies, propositions.* Valência: Episteme, 1994, p. 21.

93 NIETZSCHE, Friedrich W. *A gaia ciência.* São Paulo: Companhia das Letras, 2001. Demonstração eloquente do entendimento dos escritos históricos como arte é o já citado livro de John Burrow, *History of histories,* que tem a virtude de nos recordar que as narrativas dos grandes historiadores recendem a obras literárias de porte elevado, e cujo traço de unidade é dado pelo esforço comum em buscar os significados mais recônditos dos eventos particulares, contribuindo para a compreensão do modo pelo qual os indivíduos agem como atores sociais.

sociais, a ambientação cultural e as motivações pessoais de seus construtores.[94] Todavia, como o tempo não é uma entidade abstrata, uma vez que a percepção que dele temos é o significado que a ele atribuímos, socialmente engendrado e filtrado na imensa variedade de experiências vividas pelos historiadores, os estudos historiográficos guardam relação próxima de parentesco com a sociologia do conhecimento, nos termos de sua formulação clássica por Karl Mannheim,[95] sobretudo nas análises voltadas ao estudo dos intelectuais,[96] na ênfase sobre a indispensável reflexão do quadro institucional em que se realiza a atividade intelectual. Pois, reflete o sociólogo, somente o indivíduo é capaz de pensar, mas não pensa isoladamente, fala a linguagem de seu grupo social, a linguagem dos homens sociabilizados, produto de um contexto histórico-social concreto. Por decorrência, a finalidade última da sociologia do conhecimento é desentranhar o enraizar desse conhecimento na textura social, os modos de pensar aí secretados.[97] O diferencial destas proposições em relação aos termos propostos em nossa reflexão está na concepção de dialógica transtemporal, acessória para o sociólogo, mas imprescindível para o conhecimento histórico e para a reflexão historiográfica, pois o sentido transmitido pela polifonia das vozes carregada pelo discurso e pela história "se combina de maneira dialógica entre as gerações sucessivas", reconfigurando-se permanentemente.[98]

---

94 Para Julio Aróstegui, a fundamentação última da historiografia "não se baseia no que os historiadores fazem, senão, e antes, na crítica do que fazem". Cf. ARÓSTEGUI, Julio. *A pesquisa histórica: teoria e método*. Bauru: Edusc, 2001, p. 14.

95 Cf. MANNHEIN, Karl. *Ideologia e utopia*. Rio de Janeiro: Zahar, 1968 [1929].

96 Karl Mannhein enquadra-se aqui na primeira categoria dos intérpretes da história intelectual, os que enfatizam a prioridade do social. "Assistimos então a uma oscilação constante entre uma concepção substancialista que tende a assimilar os intelectuais a um grupo social particular e uma forma de nominalismo que os situa antes de tudo por seu engajamento nas lutas ideológicas e políticas." Cf. DOSSE, François. *La marche des idées: histoire des intellectuels-histoire intellectuelle*. Paris: La Découverte, 2003, p. 15.

97 *Ibidem*.

98 BAKHTIN, Michael. *La poétique de Dostoievski*. Paris: Seuil, 1970, p. 78.

Nessa linhagem, pode-se pensar na extensão desse conceito para outros campos do conhecimento. Seria possível, por exemplo, falar-se de uma antropografia, não apenas no senso comum de distribuição dos povos sobre o ecúmeno e sua relação meio ambiental, que reflete o significado grego de grafia (descrição), mas que enfatizaria sobretudo sua dimensão escrita, uma inquirição sobre a natureza mesma da escrita antropológica e seus circunstanciamentos históricos, ou seja, a sua dimensão *logos*. Um passo além seria a reflexão sobre a história das obras historiográficas, isto é, uma reflexão sobre as sínteses produzidas sobre os estudos históricos realizados, tarefa complexa a que se propôs, com êxito, Rogério Forastieri.[99] A noção de complexificação da temporalidade não é apanágio da história, estende-se à totalidade do conhecimento humano, explicitando-se de modo sublime no campo da literatura, terreno em que o transporte temporal é quase a regra, desentranhando e combinando as fantasias do sujeito, recurso de escrita típico de Álvaro de Campos, heterônimo de Fernando Pessoa, em cuja poesia o "momento presente opera como um recorte do tempo posto em suspensão em face do movimento constante pelo qual o poeta se arremessa desejosamente para momentos outros que não o presente, *complexificando a linearidade desse tempo*".[100]

A pergunta que subjaz a estas constatações é a explicação do porquê a expressão historiografia adquiriu tal visibilidade,[101] a ponto de seus cultores reivindicarem para ela um lugar próprio no concerto das disciplinas das Ciências Humanas.

A primeira aproximação é assumir que se a História é, em sua acepção mais elevada, a consciência crítica da experiência social da humanidade, a

---

99 SILVA, Rogério Forastieri da. *História da historiografia: capítulos para uma história das histórias da historiografia*. Bauru: Edusc, 2001.
100 TEIXEIRA, Ana Lúcia. *Álvaro de Campos, ele mesmo*. Bauru: Edusc/Fapesp, 2007, p. 161. Grifo nosso.
101 ARRUDA, José Jobson de Andrade. "Historiografia: a História da História do Brasil (1945-2005)". *Clio*, Revista do Centro de História da Universidade de Lisboa, Lisboa, nova série, vol. 14-15, 2006, p. 15-32.

historiografia acaba por ser a consciência crítica da própria História, sua chave de segurança que realiza, preferencialmente no longo prazo, a avaliação do conhecimento produzido, apontando as fragilidades, expondo os excessos, exibindo as lacunas, denunciando as ideologias. Seu avultamento perante a própria História é uma espécie de catarse frente à crise dos paradigmas das grandes narrativas, um esgotamento já anunciado por George Duby, em 1987.[102] Crise explicada por François Furet em 1995, ao afirmar que a humanidade privada de Deus, das utopias redentoras, da ilusória segurança da ciência, viu tremer sob seus pés a divindade da história. Crise de crescimento, por certo, tal é a vitalidade da produção de obras históricas, disponível em quantidade e velocidade jamais imaginada, viabilizada pelas modernas tecnologias de informação, marca indelével da sociedade em rede pensada por Castells.[103] Uma pletora tão intensa de informações que tolda o pensamento e reforça o relativismo, ao mesmo tempo em que põe diante de nossos talentos a necessidade de buscar novos paradigmas, somente alcançáveis pela reflexão historiográfica, que põe no centro da História "sujeitos corpóreos", seres que "constituem e modificam classes, estruturas e sistemas".[104] Uma história severa, crítica permanente de si mesma, que eleva a historiografia à condição de seu aparato controlador, sua consciência propriamente histórica, seu *dieu cachet*, que nos autoriza a resgatar a ideia de um sentido para a História, totalmente descolada de seu corolário teleológico, tornado possível pelo colapso das ideologias hegemonizantes e dos finalismos utópicos.

Se a representação do passado inscrita nos suportes da memória permite ao historiador o acúmulo de experiências que lhe autorizem a avançar um certo horizonte de expectativa, como nos ensinaram Paul Ricoeur e Reinhardt Koselleck, também é possível pensar-se num horizonte de expectativa em relação à coalescência do porvir historiográfico. Tal possibilidade se sustenta em

---

102 Cf. DUBY, George. *Magazine Littéraire*, nº 248, 1987.
103 Cf. CASTELLS, Manuel. *A sociedade em rede*. Vol. 1: *A era da informação: economia, sociedade e cultura*. Rio de Janeiro: Paz e Terra, 2003.
104 Cf. ARÓSTEGUI, Julio. *Op. cit.*, p. 13.

dois registros básicos. O primeiro refere-se à já considerada complexificação temporal, que estreita os liames entre as múltiplas dimensões temporais, em que o presente tenderá a se dilatar infinitamente como as galáxias cósmicas, sugando o passado e o futuro, no já referido "presente monstro". A segunda, a constatação teórica do inelutável retorno a paradigmas que haviam sido superados pelo repertório historiográfico anterior, e que haviam se transformado na peça de resistência de sua afirmação como pensamento hegemônico. Equivale dizer, todo esforço da velha história para demolir a empiria entranhada no positivismo prevalecente entre as últimas décadas do século XIX e as três primeiras do século XX. O bom combate travado pelo marxismo e pelos analistas foi por água abaixo quando a Nova História revalorizou a crença ilimitada no poder dos arquivos, revitalizou a história política,[105] requalificou as biografias, desqualificou as estruturas em favor dos eventos, promovendo o retorno da narrativa, agora adensada pelas influências da antropologia, recolonizando "positivamente" a mente dos historiadores.[106]

As batalhas no campo historiográfico justificam o retorno a territórios pretensamente vencidos,[107] mas cujos paradigmas redivivos não retornariam à cena exatamente como dantes. Ressurgiriam transformados pela experiência histórica acumulada e ganhariam nova roupagem, sobretudo porque não conseguiriam manter-se imunes aos valores concebidos na coalescência historiográfica que se proporiam superar. Por isso mesmo, o evento que retorna "não é aquele mesmo que foi reduzido no sentido explicativo nem aquele infra-significado exterior ao discurso. Ele engendra o sentido".[108] Não é o

---

105 *Ibidem*, p. 259.

106 Que significa cair na ilusão positivista de que a cronologia fina refina o conhecimento histórico, a metaforização da realidade, "a dissolver os problemas reais em palavras e símbolos". Cf. FONTANA, Josep. *História: análise do passado e projeto social*. Bauru: Edusc, 1999, p. 271.

107 Isto é, a defatalização do passado, o retorno às potencialidades não cumpridas do passado segundo a moral da ação de Paul Ricoeur (*ibidem*).

108 Cf. RICOEUR, Paul. "Évenement et Sens". *Raisons pratiques*, n° 2, 1999, p. 51-52 *apud* DOSSE, François. *L'Histoire ou le temps réflechi*. Paris: Hatier, 1999, p. 69.

mesmo evento fixado pela concepção da escola metódico/positivista do século XIX, diabolizado pelos *Annales* e circunscrito ao estabelecimento puramente factual das fontes. Mas o evento cujo retorno Pierre Nora proclamou em 1972, seguindo as pegadas de Michel Foucault feitas no ano anterior, que fizera uma crítica radical a toda a continuidade continuísta, toda absolutização e naturalização dos valores, autodefinindo-se como um "positivista feliz", apelando às descontinuidades, ao descritivo das positividades materiais e à singularidade dos eventos, afirmando que a história efetiva fazia ressurgir o evento naquilo que ele poderia ter de único e agudo.[109]

A requalificação das biografias é outro exemplo paradigmático. Os anos 1980 assistem à explosão do gênero biográfico na França. Somente em 1985 foram publicadas 200 novas biografias por 50 diferentes editoras; em 1996, foram 611 e em 1999, ultrapassaram a casa das mil, o que fez o gênero desprezado e visto com desconfiança pelos acadêmicos tornar-se um filão de ouro para as casas editoriais, porque "a biografia gera uma parte da memória, liofiliza o passado em módulos prontos para o consumo".[110] Mais próxima da arte literária do que da ciência histórica, a biografia se presta aos arrojos da ficção, abriga mercenários, biógrafos que se apossam de seus biografados ao ressuscitá-los da morte, mas também cede espaço a obras modelares no gênero, como as biografias de Paul Ricoeur[111] e Michel de Certeau,[112] cujo subproduto foi um encontro intelectual hipotético entre os dois grandes pensadores em torno da temática crucial da escrita da história.[113] De outra natureza, mas ainda enquadrada no gênero, são as biografias cruzadas do filósofo Gilles Deleuze e do psicanalista Félix Guattari, em sua longa trajetória de cumplicidade afetiva

---

109 Cf. DOSSE, François. *Op. cit.*, p. 68.
110 MADELÉNAT, Daniel. "La biographie aujourd'hui". *Mesure*, p. 55 *apud* DOSSE, François. *Le Pari biographique: écrire une vie*. Paris: La Découverte, 2005, p. 12-13.
111 DOSSE, François. *Le sens d'une vie*. Paris: La Découverte, 1977.
112 Idem. *Michel de Certeau: le marcheur blessé*. Paris: La Découverte, 2002.
113 Idem. *Paul Ricoeur, Michel de Certeau. L'Histoire: entre le dire e le faire*. Paris: Éditions de l'Herne, 2006.

e intelectual.[114] O denominador comum entre todas elas, expressão máxima da renovação do gênero biográfico, é o de serem verdadeiras biografias sociais, espelhos reflexos de uma época. A arte de capturar numa trajetória individual "uma época inteira".[115]

Tais constatações apontam no sentido de que a linhagem historiográfica que se vislumbra no horizonte comporá um novo arranjo entre as constelações dominantes no século XX, uma síntese entre velha e nova história, uma aproximação dialógica entre os conceitos até aqui opostos, entre pontual e estrutural, descrição e conceituação, narração e análise, signo e sentido, imaginário e ideologia, sensibilidade e racionalidade. Não se trata de mera elucubração, mas uma possibilidade inscrita na experiência do passado e nas intelecções do presente saturado de futuros.

Cada momento do passado não contém apenas a semente de um futuro pré-determinado e inescapável, mas sim a de toda uma diversidade de futuros possíveis, um dos quais pode acabar convertendo-se em dominante, por razões complexas, sem que isso signifique que é o melhor, nem, por outra parte, que os outros estejam totalmente descartados.[116]

Já se disse que é possível profetizar o futuro, desde que não se queira prevê-lo nos detalhes. As possibilidades e os limites de um futuro distinto delineiam-se a partir de "estruturas que estabelecem ao mesmo tempo as condições e os limites da ação futura", ou seja, "as mudanças estruturais de longo prazo, com intervalo de tempo cada vez mais curtos, resultam em predições que têm por objeto não mais eventos concretos singulares, mas sim as condições de um determinado futuro possível".[117] Se o futuro parece-nos nebuloso é porque não o inserimos numa estrutura lógica, nem o vemos como culminância prevista do passado, como uma espécie de fronteira do presente que avança ininterruptamente. Sua inescrutabilidade

---

114 Idem. *Gilles Deleuze Félix Guattari: biographie croisée*. Paris: La Découverte, 2007.
115 Cf. *Idem. Le Pari biographique... op. cit.*, p. 7.
116 Cf. FONTANA, Josep. *História: análise do passado e projeto social*. Bauru: Edusc, 1999, p. 275.
117 Cf. KOSELLECK, Reinhart. *Op. cit.*, p. 144-145.

para cada um de nós, "individualmente, não significa que seja igualmente impenetrável para todos coletivamente", "uma vez que caminhamos para o futuro na grande dinâmica da história".[118] Mais do que isso, a história que não se propõe a dominar o futuro terá que se defrontar com profecias escatológicas, ensina Jacques Le Goff; ficando sob a ameaça das hecatombes nucleares, de um lado, e das promessas do desenvolvimento científico e tecnológico, do outro, o homem teve que se voltar para o "passado com nostalgia, e para o futuro, com temor ou esperança".[119]

Isto é, a história da humanidade no século XXI caminha para a revalorização das histórias gerais, não de uma história total, mas da construção total articulada de uma pluralidade de objetos,[120] uma tendência à universalização que obrigará o recurso a categorias mais amplas, mais elásticas, capazes de absorver a enorme diversidade, impondo o recurso à busca das linhas mestras de conexão capazes de conferir inteligibilidade a um conjunto tão vasto e complexo.[121] Ao mesmo tempo, resta a resistência à voragem globalizante – experiência tormentosa e insólita, torvelinho sem horizontes do qual não se pode evadir –, a oposição por via do estímulo à valorização das especificidades conferidoras de identidade que, ao se aprofundarem, acabarão por alimentar a complexidade das redes de generalização. A micro-história torna-se, destarte, matéria-prima básica das macrointerpretações, pondo por terra a vã esperança de se oporem a uma história de feição mundial, de se "recusarem a uma homologação planetária".[122] Estaríamos voltando à era de afirmação dos universalismos alimentados pelos particularismos em detrimento dos nacionalismos e, por analogia, de todos os macrossujeitos que deram sentido à história? Pura

---

118 Cf. HEILBRONER, Robert L. *O futuro como história*. Rio de Janeiro: Zahar, 1963, p. 12-13.
119 LE GOFF, Jacques. *História e Memória, op. cit.*, p. 214-220.
120 Cf. REVEL, J. "Entretien". *Espaces-Temps*, n°s 34-35, dez. 1986 apud DOSSE, François. *Histoires en miettes*. Paris: La Découvert, 1987, p. 179.
121 Inteligibilidade, compreensividade, ou simplesmente sentido, desencarnado de toda e qualquer conotação finalista, ou seja, "a busca dos denominadores comuns ou a descoberta do mesmo debaixo da aparência do outro". Cf. MATTOSO, José. *Op. cit.*, p. 31.
122 Cf. BODEI, Remo. *A História tem um sentido?* Bauru: Edusc, 2001, p. 78.

imaginação? Não, pois imaginação não é um desvio de caráter do historiador, ainda mais quando caucionada pela experiência histórica na travessia dos tempos. De fato: "Não há reflexão séria sobre o passado se não consideramos a articulação do passado, do presente e do porvir".[123]

O procedimento historiográfico em sua concepção crítica não se restringe ao campo de conhecimento da história, como já foi dito. Pode ser aplicado ao conhecimento da escrita antropográfica, geográfica, etnográfica ou sociográfica, enfatizando a dimensão da escrita em lugar da descrição, a temporalidade em lugar da espacialidade. Remete, portanto, ao itinerário intelectual da humanidade, das especialidades científicas incumbidas de entendê-lo, despertando a consciência intelectiva que estimule a faculdade de apreender por via dos sentidos, da percepção de representações mentais dos objetos e das sensações viabilizadas pela vivência socioambiental e, numa instância superior, buscar as percepções que envolvem o complexo feixe de liames entre os objetos observados pelo historiador em relação a objetos similares e diferenciados, viabilizando apreensões totalizadoras, transformadas pela reflexão na produção de um fluxo contínuo de conhecimentos entre a experiência empírica e o universo das representações que possibilitarão ao historiador, sujeito da história, a compreensão de si, do mundo que o cerca, da intrincada rede de temporalidades que nessa operação histórica se entretece.

Por que os historiadores escreveram o que escreveram? Por que o fizeram? Que influência as interpretações tiveram sobre o desenvolvimento histórico ulterior? São essas as questões de fundo que movem a historiografia em sua perspectiva crítica. Busca-se a ressignificação da história por meio da reconceituação da escrita historiográfica, especialidade que se aloja mais propriamente no campo da reflexão intelectual e que não pode ser enclausurada em temporalidades estanques, que recusa a unidirecionalidade do fluxo temporal, voltada à apreensão do seu direcionamento múltiplo, entrelaçamento e simultaneidade, cuja percepção é apanágio do

---

123 Cf. CHENEAUX, Jean. "L'axe passé/present/avenir. Cet obscur objet de l'histoire". *Espaces-Temps*, Centre Nationale de la Recherche Scientifique (CNRS), Paris, n° 117, 1985, p. 14.

ser pensante, do ser no tempo, com sensibilidade para o tempo, que em termos imagéticos não se identifica com o rio de sentido unívoco, e sim com as nuvens de fluxos múltiplos.

A história em si corre num sentido único, irreversivelmente. Escorre do passado para o futuro atravessando o presente, cinge-se ao tempo físico-matemático, à inevitabilidade do tempo cósmico. A sensibilidade para o tempo, a percepção de sua transtemporalidade, de sua dialógica, é atributo do historiador, o que faz deste tempo o tempo do historiador, que não é o mesmo tempo da história. Dualidade intuída por François Chenet que, mesmo assumindo a noção de transtemporalidade, observa: o fluxo do tempo em si mesmo é irreversível. "O pensar sobre o tempo supõe que possamos remontar pelo próprio pensamento a curso dos acontecimentos, por exemplo, voltado a um acontecimento anterior e considerar uma outra sucessão temporal; ou por colocar em ordem de maneira sistemática as fases de um processo temporal."[124]

Para o teólogo Santo Agostinho, o *ser* é o *tempo* e o *tempo* é o *ser*, restando para a história ser o coletivo dos *seres* no *tempo*, e ao historiador, o raro apanágio de ser o *senhor* do *tempo*. Sua especial virtude de apreensão do tempo como "imagem móvel da eternidade", na chave da transcendência platônica, ou por sua especial acuidade em "distinguir na mesma realidade os elementos que se referem ao conteúdo sensível e aqueles que, do ponto de vista inteligível e lógico, terão a função de ordenar a multiplicidade para que ela ganhe coerência e sentido", concebendo o tempo, na chave aristotélica, como "divisão e articulação da realidade em instantes". Nessa linhagem, somente a consciência histórica "pode afirmar a existência do passado (pela lembrança) e a 'existência' do futuro pela expectativa ou antecipação". Em suma, ao falarmos do passado e do futuro, nós os tornamos presentes. Falamos do passado e do futuro porque somos capazes de presentificá-los. Noutros termos, "não falamos propriamente do passado e do futuro; falamos do presente do passado e

---

124 CHENET, François. *Op. cit.*, p. 37.

do presente do futuro porque os visamos através desses movimentos que são a lembrança e a expectativa",[125] atributos exclusivos do ser pensante.

Velocidade, aceleração, retração, crise, ritmo são medidas do tempo social que somente o homem como sujeito e objeto da história pode sentir, intuir, interpretar, portanto, são virtualidades do ser historiador. A história em si não reflete sobre si mesma. Apenas cria materiais e vivências que embasarão a percepção crítica dos historiadores. Alimentando sua capacidade de perceber a aceleração ou contração do tempo histórico. Num sentido, aceleração, porque produz a mudança; noutro, a contração, quando eventos de alta significação ocorrem mais próximos uns dos outros, dando a ilusão de que o tempo se acelerou, como se dá nas crises, nas revoluções, nas guerras. A percepção do tempo é uma virtude amplificada pelo alargamento do campo de experiência. Quanto mais alargado for o campo de experiência, mais numerosas serão as constâncias que adensam os prognósticos e intensificam o horizonte de expectativas, fortalecendo as relações de reciprocidade entre os tempos por sua saturação histórica. O historiador, colocado no divisor de águas das temporalidades, ou seja, no tempo presente, elabora sua interpretação, confecciona seu artefato, cria, realiza sua *poiesis* histórica, a poesia das temporalidades.

Operação intelectiva para a qual as categorias temporais "não podem ser confundidas com o tempo subjetivo, ou sequer, com o tempo físico-matemático", postura teórica que faz de "cada presente o passado de seu próprio futuro".[126] Presente adensado que só faz sentido se vislumbrado prospectivamente a partir do futuro e, retrospectivamente, em direção ao passado. É essa sensibilidade que dá ao historiador o poder de conferir inteligibilidade ao passado, pois é a partir do futuro que se elegem as prioridades de vanguarda, recusando-se a transformá-lo na pura e simples certificação do presente, sua mera e inócua reprodução.

---

125 Cf. SILVA, Franklin Leopoldo e. *Op. cit.*, p. 11.
126 CATROGA, Fernando. "A historiologia de Sílvio Lima". In: POLÓNIA, Amélia; RIBEIRO, Jorge Martins; RAMOS, Luís António de Oliveira (coord.). *Estudos em homenagem a João Francisco Marques*. Porto: FLUP, 2001, p. 337 e 345.

É nesse cenário que o historiador, postado no vértice da tríplice temporalidade, colige, avalia, sintetiza os materiais disponibilizados nos arquivos e bibliotecas, pois, dotado da capacidade única de abstrair e simbolizar, pode pensá-los no amálgama das temporalidades circundantes, produzindo um discurso histórico, ao mesmo tempo individual e coletivo. Nesta configuração, desbordamos os limites da proposição historiográfica. Adentramos o campo da historiologia, conceito capaz de abarcar, com maior precisão, toda esta dimensão ontológica da história que se quer capturar, a ultrapassagem dos estreitos limites da mera opinião irrefletida, amparada no senso comum, que se preserva cativa das evidências empíricas e das aparências sensíveis.

O historiador torna-se o mestre do enredo que ocupa a posição central entre o acontecimento e a história, como quer Ricoeur. "A poética da narrativa elabora um terceiro tempo, o tempo histórico, ele próprio ediador entre tempo vivido e tempo cósmico".[127] Equivale dizer, sobre o tempo da história que transcorre em sua factualidade cotidiana e o tempo sideral, sobrepõe-se o tempo do historiador, que borra a linearidade ao flutuar sobre as demais temporalidades, constituindo-se por excelência no tempo da historiografia que ele, o historiador, entretece na fronteira entre a narrativa e o discurso formal, preservando a "tensão interna à escrita histórica, que partilha com a ficção as mesmas figuras retóricas, mas que se pretende também e, sobretudo, [ser] um discurso de verdade, de representação do real, de um passado referente", na expressão vívida de Roger Chartier. Portanto, um discurso científico banhado em arte, a arte da escrita que, contudo, não somente mira o passado, pois estar no *terceiro tempo* pressupõe inexoravelmente a consciência do futuro, e o recurso permanente ao conceito de apropriação que permite "recompor a configuração da experiência do tempo".[128]

---

127 *Apud* DOSSE, François. *O Império do sentido... op. cit.*, p. 188.
128 *Apud ibidem*, p. 189-190.

A história, o historiador e a própria historiografia são o objeto de uma reconstrução permanente. Ao reconstruir a história, o historiador reconstrói-se a si mesmo, torna-se sujeito e objeto de sua própria ação historiológica, operando num tempo humanizado que lhe permite detectar os momentos privilegiados, saturados de agoras, e usufruir dessa singular oportunidade para extrair do curso aparentemente homogêneo da história uma época determinada e, na obra produzida, reproduzir a totalidade do processo histórico surpreendido nessa época, "preservado e transcendido", procedimento que distingue o cronista do historiador, sempre obrigado a explicar de uma ou outra forma os episódios com os quais lida, não podendo, em absoluto, contentar-se em "representá-los como modelos da história do mundo".[129]

---

[129] BENJAMIN, Walter. *Op. cit.*, p. 209.

TERRITÓRIOS HISTORIOGRÁFICOS CONTEMPORÂNEOS:
por uma nova síntese histórica

os territórios historiográficos contemporâneos, definidos a partixr dos repertórios que dominaram a reflexão na área ao longo do século xx, oferecem rico material à proposição de novas sínteses analíticas, por se constituírem em paradigmas interpretativos referenciais. Partindo-se da concepção de historiografia como consciência crítica da história, para a qual a produção histórica refere-se tanto ao conjunto da criação humana, produzido pelas ações e práticas sociais, quanto às obras históricas escritas pelos historiadores em sua imersão temporal, o tratamento desses campos reflexivos revela-se como objeto privilegiado de consideração do historiador, na medida em que a história em si, isto é, a vivida pelos sujeitos, é, em essência, dificilmente apreensível. Cabe à historiografia, portanto, dedicar-se à história-conhecimento, cuja operação permite acercar-se do tecido histórico, por meio do tratamento do modo como os acontecimentos históricos foram interpretados. Nestes termos, nenhuma reflexão sobre a produção histórica pode descuidar-se dos circunstanciametos mais gerais que estabelecem a conexão entre autor-obra-meio, ou seja, uma relação produzida no interior da vida social em sua mais ampla acepção.

Neste passo, é preciso ter em conta que os fundamentos do conhecimento histórico residem na ultrapassagem do *eu* e do *tu* para o *nós*. Equivale dizer, como ensina Lucien Goldmann, que o embasamento ontológico da história é a "relação do homem com os outros homens, o fato de que o 'eu' individual só existe enquanto pano de fundo da comunidade" e que somente uma atitude que ultrapasse os sujeitos individuais se apodera da "consciência histórica".[1] Por via de consequência, a consciência histórica, que é parte fundante do conhecimento histórico, pressupõe a ultrapassagem do "eu individualista", facultando o acesso às interpretações realizadas pelos historiadores das ações, dos móveis que as animam e dos fins que as norteiam; vale dizer, o próprio universo simbólico e as significações atribuídas pelos sujeitos. Nessa linha de consideração, a história é um universo permeado não apenas por significações atribuídas pelos homens às suas ações, mas também por significações construídas pelos historiadores, segundo critérios metodicamente elaborados. Advém, daí, a complexidade do exercício historiográfico, empreendimento exigente, pois obriga à análise integrada da história filtrada pelas obras históricas, da história das visões ou teorias que as orientaram, as condições que as circunstanciaram, bem como o pensar sobre as representações que entranham as obras. Ou ainda, vista na perspectiva mais alargada de Louis Dumont, para quem a ideologia surge como o conjunto de ideias ou representações comuns a uma dada sociedade, por meio da qual se revelam seus valores essenciais.[2] A abordagem historiográfica é, portanto, aparentada da teoria da ideologia e da sociologia do conhecimento, especialmente das atuais abordagens realizadas na chave da história dos intelectuais.

Esta aproximação com a sociologia do conhecimento não prescinde, como às vezes se pensa, da conexão entre as obras e as diferentes formas de inserção social dos historiadores, "a posição social do sujeito",

---

[1] GOLDMANN, Lucien. *Ciências Humanas e Filosofia*. São Paulo: Difel, 1967, p. 22.

[2] DUMONT, Louis. *Homo Aequalis*. Bauru: Edusc, 2000, p. 29-31.

que orienta o interesse para certas temáticas, determinadas escolhas teóricas, fixação de pressupostos, seleção de materiais e a arquitetura dos problemas, intervindo diretamente no processo de investigação;[3] estabelece-se, assim, um nexo de dupla mão entre o autor, a obra produzida e o meio circundante. Neste contexto, a reflexão historiográfica pressupõe, necessariamente, o reconhecimento dos limites científicos da produção dos historiadores que, em decorrência, são os limites próprios às ciências humanas, acentuando a dimensão das representações no processo de conhecimento, constatação que teria levado Pomian a afirmar que "para a história da história, a história não é uma ciência", pelo contrário, ela "se situa antes, do lado da ideologia".[4]

Em última instância, a reflexão sobre a produção histórica implica certa ruptura da episteme, para utilizarmos a categoria desenvolvida por Michel Foucault. Nesta perspectiva, "o homem nunca surge na sua positividade sem que esta seja logo limitada pelo ilimitado da História", no sentido de que tudo que já foi pensado "o será ainda por um pensamento que ainda não veio à luz". Isso equivale dizer que o conhecimento positivo do homem e, portanto, de sua história, "é limitado pela positividade histórica do sujeito que conhece", pois "todo conhecimento se enraíza numa vida, numa sociedade, numa linguagem que têm uma história",[5] repondo de maneira sempre renovada os problemas da investigação histórica. Equivale dizer, o ilimitado da história é o ilimitado do conhecimento sobre ela e o ilimitado da reflexão sobre esse conhecimento, significando reconhecer que as relações entre a produção intelectual e a própria história que a produziu são conexões complexas e que escapam, frequentemente, a uma abordagem assentada em critérios rígidos de classificação.

---

3   MERTON, Robert K. *Sociologia teoria e estrutura*. São Paulo, Editora Mestre Jou, 1970, p. 593.
4   POMIAN, Krzysztof. "L'histoire de la science et l'histoire de l'histoire". *Annales*, set./out., 1975, p. 932-35.
5   FOUCAULT, Michel. *As palavras e as coisas*. São Paulo: Martins Fontes, 2000, p. 514, 515, 516.

Nouvelle Histoire e Nova Nouvelle Histoire

É no escopo destes circunstanciamentos que abordamos o fenômeno *nouvelle histoire*, por alguns intérpretes entendida como um *continuum* encadeado pela sucessão de gerações de historiadores que dominara o poder historiográfico na quase totalidade do século XX, como entende Coutau-Begarie.[6] Ou, como querem outros, um corte que faz diferir essencialmente a *nouvelle histoire* descrita nos manifestos de Le Goff e Nora de sua matriz geradora, o manifesto *Analles* de 1929, sobretudo na diferença essencial que se explicita na comparação entre duas de suas obras fundadoras e emblemáticas: o *Mediterrâneo* de Braudel, de 1949, e *Montaillou* de Le Roy-Ladurie, publicada em 1975.

As condições para emergência da *Nouvelle histoire* tornaram-se propícias já no final dos anos 1920, quando os paradigmas empiricistas de Langlois e Seignobos começaram a ser postos em xeque na França por Marc Bloch e Lucien Febvre. Influenciados pela historiografia alemã,[7] deram início ao movimento que, de imediato, acolheu novos militantes, Fernand Braudel e Ernest Labrousse à frente, tendo na retaguarda a revista *Annales*, um veículo essencial de difusão de suas ideias, com uma estratégia de ação bem pensada que passava pela formação de estudantes e de sua alocação nos postos universitários; pela multiplicação de artigos metodológicos, de debates, de textos, de teses, com a "finalidade de se apresentar às disciplinas concorrentes como a imagem de uma história nova e dinâmica e, assim, legitimar a reivindicação de um lugar central". A vitória do novo *canon* historiográfico passava pela instalação sistemática dos discípulos aderidos às novas concepções no aparelho universitário; no controle das casas editoriais, visando o monitoramento da produção histórica destinada ao público; na mobilização da mídia, criando uma verdadeira geração de historiadores *midiáticos*.[8]

---

6   COUTAU-BÉGARIE, Hervé. *Le Phenomene "Nouvelle Historie"*. Paris: Economica, 1983.

7   *Ibidem*, p. 19.

8   DOSSE, François. "Les héritiers divisés". In: AYMARD, Maurice *et al* (orgs.). *Lire Braudel*. Paris: La Découverte, 1988, p. 157-170.

Um movimento poderosamente agregador que se beneficiou dos órfãos do PCF, que haviam aderido ao stalinismo com ardor e que, neste momento, preparavam suas teses de agregação, entre os quais se contam F. Furet, J. Ozouf, D. Richet, E. Le Roy Ladurie, A. Besançon, M. Aguilhon, entre outros, cujo senso de organização foi posto a serviço da batalha pela hegemonia no campo da história, aos quais vieram se juntar os adeptos de uma segunda geração de comunistas desiludidos, J. Julliard, P. Nora, M. Ferro, M. Winock, corpo heterogêneo de intelectuais que se reuniram em torno de uma "verdadeira operação sincrética em torno de um credo comum e que teve por lugar a escola dos *annales*".[9]

Um exemplo notável deste arco de poder historiográfico é o êxito retumbante e largamente merecido da obra capital de Fernand Braudel, *O Mediterrâneo*, publicada em 1949; e o ostracismo quase absoluto ao qual foi relegada a obra de Philippe Ariès, *l'Histoire des populations françaises et leurs attitudes devant la vie*, de 1948, que trazia inovações ponderáveis para o estudo das mentalidades e que poderia ter, precocemente, deslocado o poder dos historiadores economicistas no grupo dos *Annales* em favor dos estudos de viés cultural, que ficaram emudecidos por três décadas, pelo menos. A diferença é que Braudel tinha um corpo de sustentação robusto, ancorado nos pais fundadores dos *Annales*, nos fiéis escudeiros da VI Seção da Escola de Altos Estudos, especialmente Pierre Vilar e Ernest Labrousse, núcleo referencial do marxismo renovado, enquanto Ariès era um pesquisador isolado, um "historiador de domingo", acantonado num instituto especializado em frutas tropicais, que não formava alunos, nem tinha meios para difundir seus trabalhos e, através deles, suas concepções pioneiras para o tempo.

Como grupo gerador de ideias e com projeto hegemônico, a *Escola dos Annales* utilizou todos os meios usuais e inusuais para se impor. A começar pela desvalorização sistemática dos predecessores, pelo o afastamento dos adversários que foram excluídos da ribalta e pela cooptação daqueles que poderiam ser assimilados. A *nouvelle histoire* buscava legitimação

---

9   *Ibidem*, p. 167.

no reconhecimento da *media* e ensaiava seus primeiros passos rumo à sua sacralização. Braudel tornou-se gradativamente uma figura mitológica, juntando-se a Bloch e a Febvre no panteão dos novos historiadores, com a diferença de que sua canonização começou ainda em vida.[10]

A desconstrução e a reconstrução de um novo cânon, no concerto da *nouvelle histoire*, já se anunciava em 1971, quando Pierre Nora, profundamente influenciado por Michel Foucault, deu início à publicação de uma nova coleção de história, sugestivamente intitulada *La bibliothèque des histoires*; e não *La bibliothèque de histoire*. Era evidente a inflexão epistemológica. No lugar de uma grande História, surgiam pequenas e variadas histórias. Implosão detectada por François Dosse no texto de apresentação da coleção, vincado pela filosofia *foucautiana*, que explicitamente anunciava o desmantelamento da história segundo as concepções vigentes, inclusive aquelas concebidas e assumidas pela tradição dos *Annales* da geração em voga. Apesar de assumir-se como continuidade em relação a ela, de fato representava um corte visceral, pois era o produto de interrogações fecundadas pelas ciências sociais vizinhas à história, propunha a extensão da consciência histórica que tinha sido privilégio da Europa ao mundo, à incorporação de novos procedimentos metodológicos, novos recortes do passado e, sobretudo, novos objetos. Corte abrupto, ironicamente simbolizado nas gargalhadas sonoras de Nora e Foucault, quando souberam do ataque de raiva que se apoderara de Braudel ao ler o manifesto dos novos historiadores, que passavam a ocupar a cena da história. O riso significava a profanação de Braudel e de tudo que representava a velha *nouvelle histoire*, em face da nascente *nouvelle histoire*.

A publicação, em 1974, da coletânea *Faire de l'histoire*, dirigida por Le Goff e Nora, consolida a posição da nova geração chegada ao poder historiográfico.[11] Consuma-se o assalto ao bivaque braudeliano. Fala-se em novos problemas, que impõe repensar os próprios fundamentos da história;

---

10 COUTAU-BÉGARIE, Hervé. *Op. cit.*, p. 270.
11 LE GOFF, Jacques; NORA, Pierre (dir.). *Faire de l'histoire*. Paris: Gallimard, 1974. 3 vols.

propõem-se novas formas de acercamento do passado, que não somente modificam e enriquecem, mas revolucionam os setores tradicionais da história; por fim, alardeiam-se os novos objetos emergentes no campo epistemológico da história. Apelava-se à cooperação entre as ciências humanas, a antropologia, as ciências econômicas, a sociologia e a psicanálise, evidenciando o papel distinguido dos métodos quantitativos, aplicados sobre uma base documental seriada, alargando-se o campo de observação do historiador. Le Goff reafirmava sua convicção de estar diante de uma nova história. Não a história de uma equipe ou de uma escola, como se dera até então. Sem nenhuma ortodoxia, o novo território da história apresentava-se totalmente aberto.[12] Isto se fazia, argumentava-se, em defesa da própria história, partindo-se do pressuposto de que a posição até então por ela ocupada– a condição de ser uma ciência capaz de explicar a dinâmica histórica, e, portanto, a de ser o coração pulsante das Ciências Humanas – vinha sendo invadida por suas vizinhas de contornos mal definidos, ameaçando aspirá-la, dissolvê-la, não lhe restando alternativa que não fosse abdicar de sua vocação hegemônica em favor de uma história geral, de um espaço de dispersão.

Literalmente, a nova história poderia fazer-se sem os homens. Sob a inspiração de Foucault, apegava-se muito mais ao procedimento do que à explicação. Interessava-lhe saber como as coisas se passaram, muito mais do que descobrir o porquê de terem acontecido. Em decorrência, privilegiava-se a dimensão descritiva do arquivo, dando vez e voz ao documento, ao testemunho, aos vestígios retidos do passado e à verificação do modo pelo qual seus enunciados se projetavam no presente, enfatizando-se a dimensão narrativa e a recuperação das camadas de deposição mitológica entranhada na retórica do discurso histórico. Operação discursiva levada ao extremo, a tal ponto que o excesso de "significação exauriu as suas figuras históricas" e passou a não significar mais nada, a não ser a "si mesma".[13]

---

12   Ibidem, *Nouveaux problèmes*, p. IX.
13   Cf. AGAMBEN, Giorgio. *A linguagem e a morte*. Belo Horizonte: Editora UFMG, 2006, p. 15 e segs.

Concepção duramente criticada por Pierre Vilar num longo artigo publicado na mesma coletânea, *Faire de l'histoire*,[14] artigo dissonante em relação à tônica geral da publicação, produzido por um verdadeiro intruso no ninho da pretendida nova história, artigo que provocou a ira de Michel Foucault e obrigou Pierre Nora a administrar um sério contencioso entre ambos, pois Foucault exigia que as críticas ácidas que lhe movera Vilar fossem retiradas numa segunda edição da obra. Demanda inócua, por ele prometida, mas não cumprida, em função dos interesses particulares do próprio Nora, que ambicionava ocupar postos de mando na *École des Haute Études en Science Sociale*, dirigida por Vilar, magnífico exemplo do que pode o poder historiográfico.[15]

Se o propósito da nova *nouvelle histoire* era a ampliação de seu território, com vistas a impedir sua sucção pelas demais ciências sociais, deu-se exatamente o inverso. Sobretudo quando pensamos a natureza dos novos procedimentos e o perfil das novas temáticas, *vis-à-vis* aos da antropologia e da etnologia. É uma rendição. "Trata-se sempre de descobrir a figura do *outro*, não em lugares distantes, mas a alteridade no próprio interior da civilização ocidental, nas profundezas do passado."[16] Em decorrência, a sensibilidade histórica voltava-se para os domínios da história cultural, para o estudo das mentalidades, primeiro, dos imaginários, depois. O exemplo mais acabado desta história antropologizada é *Montaillou*, de Le Roy-Ladurie, que vendeu mais de 300 mil exemplares e instalou a história no lucrativo mercado da indústria cultural, assegurando o êxito da antropologização do discurso histórico, presente nos textos sobre sexualidade, família, medo, morte.

Assumem-se, neste cenário, que antropologia e etnologia são termos sinônimos para os novos historiadores. Para Le Goff, é o estudo do homem

---

14 VILAR, Pierre. "Histoire marxist, histoire en construction". In: LE GOFF, Jacques *et* NORA, Pierre (dir.). *Faire de l'histoire*, vol. 1, Nouveaux problème. Paris: Éditions Gallimard, 1974, p. 160-209.

15 DOSSE, François. *História do estruturalismo*. Campinas: Editora da Unicamp/Ensaio, 1994, p. 296.

16 *Ibidem*, p. 299.

cotidiano; para André Burghière, dos costumes, gestos, ritos, pensamentos e comportamentos e, para Carlo Ginzburg, a ciência do vivido, portanto, é tudo, é a própria história. Conceituações que revelam um evidente desacordo quanto ao seu real sentido. Bem como de sua originalidade. As sementes desta antropologia histórica remontam a Marc Bloch, Norbert Elias e Johan Huizinga,[17] com a qual Le Goff a princípio se identificava, sobretudo com as proposições de Marc Bloch, mas que, sob o acicate da torrente mudancista, acaba por aderir à história de feição antropológica, em 1972. Quatro anos após, em 1976, sintomaticamente trocou a denominação do seminário por ele mantido na IV Seção, que se intitulava *Histoire et sociologie de l'Occident médieval* para *Antropologie historique de l'Occident médieval*. Nem a concessão mínima, que seria denominá-lo *Histoire antropologique de l'Occident médieval*, se fez. O termo história é secundarizado em favor da preeminência da antropologia. A história e suas aliadas preferenciais, a economia e a sociologia, estavam derreadas. A prova inconteste da vitória do novo *canon* interpretativo foi exibida pelo próprio Le Goff, em 1992, quando deu publicidade a um balanço arrasador sobre a história medieval na França, relacionando mais de 120 títulos inscritos na temática da antropologia histórica.

O olhar do historiador sobre a história, informado pela etno-história, na perspectiva dos novos historiadores, dá-lhes melhor compreensão do que há de litúrgico nestas sociedades históricas, obrigando-o a recorrer a diferenciadas temporalidades, realçando o papel dos fenômenos tradicionais, cuja evolução somente pode ser captada na escala da longa duração.[18] Por isso, o tempo longo de Braudel é o tempo privilegiado dos novos historiadores. Os tempos médios, estruturais, são descartados em favor do tempo curto,

---

17 Referência a *Reis taumaturgos* (1924); *O processo civilizador* (1939); e *O Outono da Idade Média* (1919).

18 CARBONELL, Charles-Olivier. "Antropologia, etnologia e historia: la tercera generación em Francia". In: ANDRÉS-GALLEGO, José (dir.). *New History, Nouvelle Histoire: hacia uma Nueva Historia*. Madri: Editorial Actas, 1993, p. 97.

dos eventos, referido aos movimentos de longa duração. Subsumidos pela antropologia retrospectiva, o cardápio estava pronto, não restando aos novos historiadores mais do que explorações, invenções historiográficas.[19]

A nova fatura temática inclui um cardápio variado, a começar pela história da alimentação: hábitos, gostos, sensibilidade; do corpo: constituição, enfermidades, socialização, sexualidade, atitudes diante da vida e da morte. Escudado na antropologia econômica, o historiador antropólogo, ou o antropólogo historiador, dependendo da ênfase ou da preferência, punha em evidência as lógicas não econômicas, e até mesmo as antieconômicas, mas que tivessem condicionado os hábitos econômicos. Assim, tomou-se emprestado a Mauss a teoria do dom; a Sahlins a do gosto ostentatório; a Polanyi o conceito de economia camponesa; a Evans-Pritchard o de sociedade fragmentária.[20] Amparadas nestes experimentos matriciais, emerge um vasto leque de opções envolucradas na antropologia cultural e política: o estudo das crenças populares; dos gestos cotidianos assumidos como expressão de uma representação do mundo; da cultura de elite e da cultura popular; das ideias políticas e dos mitos. "Assim, a antropologia histórica permitirá a revanche do irracional (o sagrado, as pulsões, os mitos) sobre o racional; do banal, o cotidiano, sobre o excepcional; do 'baixo' (os esquecidos, os marginalizados) sobre o 'alto' (os privilegiados, a elite)."[21]

A subsunção real e formal do historiador à antropologia histórica envolve ambiguidades lamentáveis. A formalização do procedimento da antropologia e da etnologia decorre de uma experiência única que, repassada aos procedimentos e à escrita da história, produz incompreensões brutais: na apropriação de conceitos, no estudo das fontes, na diferença entre sociedades primitivas e sociedades históricas, na forma regressiva de tratamento do

---

19 Ibidem, p. 98.

20 Teorias assumidas respectivamente por Georges Duby em *Guerrier et Paysans*, onde mobilizou Mauss e Sahlins na reinterpretação econômica da Idade Média; L. Valensi, que incorporou Evans-Pritchard no seu estudo sobre a Tunísia no século XVIII e XIX; E. Plantagean, que se apoiou em Polanyi para reinterpretar Bizâncio.

21 CARBONELL, Charles-Olivier. *Op. cit.*, p. 98.

tempo em um e evolutiva no outro. O historiador renuncia ao seu ofício, à sua personalidade científica, e acaba por produzir uma história impressionista, na qual a falta de explicação teórica, de análise abstrata, sobreleva a descrição das práticas, estressando a força da narração, da qual o livro de Natalie Davis sobre o regresso de Martin Guerre é um insigne exemplo.[22] A micro-história se sobrepõe à macro-história; uma personalidade no lugar de uma classe ou uma sociedade inteira; uma vida, ou mesmo poucos dias, ao invés de um século; um povo no lugar de um império. E, como os novos historiadores da nova história se opunham ao manejo de conceitos teóricos, restava-lhes mais uma vez o apelo ao arsenal antropológico, o recurso à noção de *thick description*, de Clifford Geertz. Ou seja, a ideia de que uma descrição densa em substituição à conceitualização do passado teria a vantagem de repor sua específica significação, subtraindo-se às teorias genéticas e reforçando uma renovada aproximação hermenêutica aos seres pretéritos, enfatizando a forma pela qual estes mesmos seres experimentavam e interpretavam seu próprio mundo e a si mesmos, inquirindo sobre sua consciência e condições de vida, almejando devolver-lhes sua autonomia cultural. Uma recuperação cirúrgica do passado, protegida de toda e qualquer contaminação que a interferência das demais temporalidades e do analista nele pudesse inocular. Uma neutralidade (im)possível?

O resultado final teria que ser o contar de uma boa história. Amparada na descrição densa, a narração tem que produzir um quadro, uma imagem estética do passado, sem contar com os recursos da teorização. É possível? Não haveria uma teoria oculta na proposta da descrição densa? Existe uma descrição logicamente possível sem o concurso de categorias teóricas? Ou teorizáveis? Talvez o alcance hermenêutico da nova história pudesse ser amplificado a partir do concurso cognitivo da teorização.

Como duas ciências que nasceram apartadas na história acabaram por unir-se, de forma tão indelével, na nova *Nouvelle histoire*? De fato, a antropologia nasceu com o descobrimento pelos europeus das sociedades

---

22 DAVIS, Natalie. *O retorno de Martin Guerre*. São Paulo: Paz e Terra, 1987.

exóticas e com a preocupação do Iluminismo em dar uma fundamentação racional para as descontinuidades culturais. Como lembra Carbonell, foi a oposição entre o mundo civilizado, cujo conhecimento seria responsabilidade da história, e o mundo selvagem, que se acreditava primitivo e imóvel e cuja exploração caberia aos etnólogos, que definiu dois tipos de humanidades às quais corresponderiam dois tipos de saberes.[23] Mas o movimento da história incumbiu-se de borrar esta especialização de campos de conhecimento. Os últimos cinquenta anos consumaram o projeto universalista da ilustração, marcando o fim da história como um processo gradativo de emancipação. "De um lado, a crise do colonialismo e do imperialismo europeus, de outro, o desenvolvimento das *mass media*, expuseram diante da opinião pública todo tipo de culturas e subculturas, marcando a passagem à pós-modernidade",[24] unificando o campo de conhecimento e comprometendo o valor das especialidades.

A problemática era, contudo, bem mais complexa. Não se tratava apenas do confronto com as culturas extraeuropeias, era o dilaceramento da própria Europa tragada por uma convulsão, pelo avanço de uma pluralização irrefreável que tornava impossível a apreensão da história e do mundo com base nos antigos paradigmas compreensivos. Finda a ideia de uma racionalidade central na história, multiplicaram-se as racionalidades locais, na forma de minorias étnicas, sexuais, religiosas, estéticas, que romperam o silêncio e tornaram audíveis suas vozes. A atomização, o estilhaçamento, o esgarçamento, sobrelevam as individualidades limitadas, contingentes, fugazes. Fazem crescer a complexidade e rompem o mito da transparência, facultando a emergência de incontáveis experiências históricas em oposição à grande história. A queda do comunismo, por seu turno, arrastou consigo todos os projetos de transformação da sociedade através do Estado e criou um vazio que extinguiu as utopias

---

23 CARBONELL, Charles-Olivier. *Op. cit.*, p. 93.
24 RÜSEN, Jörn. "La historia, entre modernidad y postmodernidad". In: ANDRÉS-GALLEGO, José (dir.). *Op. cit.*, p. 131.

e matou as teorias. Para a nova *nouvelle histoire*, a materialidade não se traduz na realidade. A realidade seria o resultado do entrecruzamento de uma multiplicidade de imagens, interpretações e reconstruções num mundo competitivo, dominado pelas comunicações.

Esta fragmentação do real e do conhecimento levou ao questionamento do edifício hegeliano que, em larga medida, lastreava o discurso histórico. Promoveu a implosão do elemento unificador do campo de conhecimento: o homem, enquanto sujeito individual ou coletivo dessa história. "Essa excentração do homem une-se à temática de uma escritura estruturalista ao proclamar a morte do homem, a insignificância do sujeito. Permite ao historiador, assim como ao linguista ou antropólogo, promover um discurso que se apresenta como científico, na medida em que marginaliza a menos manejável de suas variáveis para uma história quantitativa."[25]

Diante da morte do sujeito, do rompimento das identidades tradicionais, do abandono da historicidade, da desintegração do sentido do tempo, sobreveio a ascendência do espacial sobre o temporal pela unificação virtual do planeta, redundando no completo esboroamento das fronteiras disciplinares.[26] A perda de senso do passado e de expectativa do futuro exacerba o *presentismo*, acentua a tendência à submissão às leis de mercado, abre espaço aos pastiches, aos romances históricos com ampla liberdade poética para produzir uma alquimia entre fatos documentados e fertilidade imaginativa, um mundo de "superficialidade e ausência de afetos", fascinado pelo sublime: "oscilando entre a euforia do entusiasmo consumidor e a depressão niilista, o mundo pós-moderno encontra aqui a sua patologia existencial".[27] Patologia da qual a Nova História, em parte, é vítima, por sucumbir ao império da invenção sem limites de novos objetos, privilegiando as margens.

---

25 DOSSE, François. *Op. cit.*, p. 295.
26 JAMESON, Frederic. *A lógica cultural do capitalismo tardio*. São Paulo: Ática, 2006, p. 13 e segs.
27 BARROS, José d'Assunção. "A historiografia pós-moderna". *Ler História*, Lisboa, nº 61, 2011, p. 152.

Não as margens da estratificação social, mas o fragmento que pode não "ter deixado nenhum vestígio do curso de sua existência", objeto selecionado por via de critérios absolutamente acidentais, a opção consciente do acaso como procedimento, que torna o anônimo desconhecido importante exatamente por sua insignificância, como defende Alain Corbin, em sua experimentação exótica da história.[28] Experimento historiográfico sedutor para os leitores médios, atraente para os editores, prazeroso para o autor por sua satisfação estética e monetária,[29] que pode assim exilar-se em prisões douradas onde não reconstrói: produz a história. Decididamente, tal concepção pretensamente inovadora no bojo da nova história pode ser tudo, menos história, por exigir do historiador uma severa intervenção na forma do preenchimento dos buracos deixados pela documentação, acabando por produzir um artefato que se inscreve mais nos domínios da tão criticada *counterfactual history*, domínio absoluto da imaginação histórica levada ao seu paroxismo.

Pressentindo os descaminhos da história, dez anos antes da publicação deste livro de Alain Corbin, em dezembro de 1987, Georges Duby fez, no *Magazine Litteraire*, um desabafo com valor de manifesto: "Tenho a sensação de sufocamento". Referia-se ao momento crítico vivido pela tradição dos *Annales*, enredada em seus próprios liames. Quais as alternativas para os impasses da nova *nouvelle histoire*, que tendia a desembocar no mais absoluto relativismo?[30]

De fato, a perda da dimensão pública da vida social, anunciadora da barbárie, suscitou resistências. Conforme François Dosse, Jurgen Habermas manteve seus projetos ancorados nos ideais da ilustração, a chamada teoria comunicativa da ação que, mediante uma síntese dialética, buscava a reordenação dos diferentes níveis da racionalidade; enquanto Claude Meillasoux

---

28 CORBIN, Alain. *Le monde retrouvé de Louis-François Pinagot: sur les traces dun inconnu (1798-1876)*. Paris: Flamarion, 1998.

29 BARROS, José d'Assunção. *Op. cit.*, p. 167.

30 DUBY, George. *Magazine Littéraire*, nº 248, dez. 1987 *apud* DOSSE, François. *História do Estruturalismo*. Vol. II: *O canto do cisne*. Bauru: Edusc, 2007, p. 462.

retomava a ideia de uma identidade social fundamental que se perpetuava em diversos modos de produção, a chamada comunidade doméstica, que permitiria assegurar a reprodução sob diversas formas, apresentando-se as relações de produção e reprodução como substrato de relações jurídico-ideológicas de parentesco; quase ao mesmo tempo em que Maurice Godelier abria um campo de investigação antropológica para a dimensão econômica e para as relações sociais de produção, recuperando a ideia de totalidade social, voltada à preocupação em investigar uma hierarquia de coerções e de funções que permitem a reprodução, definindo-se seu meio ambiente por uma dimensão imaginária que amplificava sua concepção de forças produtivas pela assimilação do horizonte estrutural do pensamento e da linguagem, assumidas como dimensões essenciais do conhecimento.[31]

Por outro lado, levantamento realizado pela revista *L'homme*, em 1986, revelara "uma fragmentação do campo antropológico, tanto em virtude da multiplicidade dos objetos constitutivos da disciplina, quanto pela pluralidade de seus métodos". E, se a vitalidade da disciplina ainda era muito grande, já não se apresenta mais como modo de pensamento com vocação hegemonizante em relação às demais disciplinas na esfera das humanidades. "Já não tem o otimismo de uma rápida acomodação científica em torno do seu sistema de modelização."[32] Para seu alívio, no campo da história, as perspectivas não seriam mais otimistas, pois os historiadores estariam condenados pelo corporativismo da profissão, como denunciara Chesneaux.[33]

Mas havia um raio de luz a resplandecer sobre o campo da história. O retorno da historicidade, segundo François Dosse, era um fato. Dava-se por caminhos inesperados. Como, por exemplo, pela recuperação da temporalidade no discurso científico, pois, onde a ciência até então falava de leis eternas, passou-se a falar de história do universo ou da matéria. Significava a abdicação por parte do cientista de sua insularidade, a reaproximação de

---

31 DOSSE, François. *Op. cit.*, p. 496, 436, 470.
32 *Ibidem*, p. 437.
33 CHESNEAUX, Jean. *Du passe faisons table rase*. Paris: Maspero, 1976.

seus modelos e sua ciência global do homem, ao recuperar a historicidade das ciências humanas, enlace clássico da modernidade. Num mundo cada vez mais complexo, busca-se a fixação de novos paradigmas, capazes de fundamentar lógicas interdisciplinares.

Mas o sopro efetivamente renovador, reitera Dosse, vinha das ciências da linguagem, exatamente o campo do conhecimento que fora duramente marcado pelo formalismo, pelo estruturalismo, pela extinção total do criador literário e de sua transformação em simples objeto de procedimentos que, no limite, extingue o escritor e o sujeito. A excessiva formalização da linguística havia eliminado o histórico, o social, transformando a dimensão humana da criação numa abstração destituída de todo e qualquer significado. Ao contrário dos ensinamentos de Noam Chomsky, portanto, o linguista deveria "fazer-se historiador para apreender as várias etapas na estruturação das línguas". Dá-se o estabelecimento do "princípio da dupla estruturação", pelo qual, ao falar do mundo, as línguas o reinventam pela criação de categorias abstratas, ao mesmo tempo em que todas as línguas organizam-se em sua sincronia em redes de solidariedade, autonomizando-as enquanto modelos produtores de sentido, levando-as a funcionar como reservatórios conceituais e princípios classificatórios.[34]

Nesse contexto, ganha realce o termo dialógica, noção que, para Edgard Morin, nada mais seria do que outra palavra para a conhecida dialética, mas que tinha a vantagem suplementar de pensar a contradição sem o necessário corolário da ultrapassagem, a partir da fratura da unidade. Noutra perspectiva, que remonta a Mikhail Bakhtin, Julia Kristeva e Tzvetan Todorov, Gèrard Genette privilegia a noção de transtextualidade, definida como a relação manifesta, ou secreta, de um texto com outros textos, pressupondo-se uma arquitextualidade. Uma relação intrínseca, silenciosa, entre um texto anterior e outro posterior, de todos os textos anteriores que contribuíram para um texto posterior. "É nessa polifonia de vozes, a do autor, do leitor e do crítico, que essa liberdade pode encontrar

---

34 DOSSE, François. *Op. cit.*, p. 495.

um lugar de exercício: não falar das obras, mas com as obras",[35] diálogo privilegiado entre o texto e o contexto cultural que o rodeia, na sua contiguidade e na sua diacronia.

Em Tzvetan Todorov, o apelo à história é ainda mais radical, acercando-se do terreno da ideologia. Usando a ferramenta da transtextualidade, enfrenta as concepções dos formalistas russos sobre a autonomia da poética em relação à linguagem, recuperando sua função de comunicação, sua capacidade para consignar valores, visões de mundo, não sendo ela própria uma ideologia.[36] Nessa órbita, sujeito e história estão decididamente de volta, e os pressupostos da dialógica estabelecem paradigmas, firmam protocolos, que ultrapassam o momento estruturalista, sem uma ruptura virtual.

Em marcha, portanto, a recuperação da realidade, do sujeito, do sentido da história, do retorno da razão. Pois o historiador pós-moderno renuncia à racionalidade, à integração da realidade, optando por privilegiar objetos isolados sem qualquer relação entre si; dominado por um completo relativismo, resultante do abandono da noção de totalidade da experiência histórica e da recusa ao manuseio de categorias teóricas, fechará o horizonte de suas possibilidades e dos próprios horizontes da nova história, por ser levado a uma prática que o fará transitar dos micro-objetos à ego-história, senão à poética e à mística, assoberbado pela tarefa inextricável que se porá diante de seus talentos.[37]

Nova *Nouvelle Histoire* e História Econômica

A nova *Nouvelle histoire*, como vimos, emerge num mundo dilacerado, da morte das utopias, da dessacralização da razão, da emergência da personalidade narcísica, vincada por uma excessiva mentalização, e que se vê constrangida a recorrer a uma psicologia sem método e a conceitos sem estatuto.

---

35   Ibidem, p. 494.
36   TODOROV, Tzevetan. *Critique de la critique* (cf. DOSSE, François. *Op. cit.*, p. 493).
37   RÜSEN, J. *Op. cit.*, p. 133.

Não se vislumbra o rio denso da grande história, mas sim uma multidão de pequenos riachos esgalhados, metáfora simbólica de uma multidão de experiências pontuais, descritivas, narrativas, que não conduzem ao oceano do saber, da história-conhecimento, da inteligibilidade. Destituídos dos sujeitos, individuais ou coletivos, descarnados de sentido, torna-se o império do "como", o soterramento do "porquê", a morte da interrogação, do sentido da vida social, que é o próprio sentido da história. Uma ciência negada; uma diletância instaurada. Amargo retorno aos pródromos positivistas, banhada numa arte literária tomada de empréstimo, domínio do imediato, do contingente, do fugaz, do instantâneo e, sobretudo, do evento, do aparente sem raízes.

Qual o lugar da história econômica neste cenário dominado pela polifonia da velha história das mentalidades vertida em imaginários, representações, simbolizações?

A história econômica teve um lugar privilegiado na segunda geração dos historiadores do grupo dos *Annales* comandada por Fernand Braudel. Como já dissemos, seu domínio fechou os espaços para o crescimento da história das mentalidades, que despontava promissora na obra de Philippe Ariès, já em 1948. Deu margem ao surgimento de uma ampla variedade de possíveis faturas da história econômica, desde a modalidade da história serial de Pierre Chaunu, da história quantitativa de Jean Marczewski, da *new economic history* de Robert Fogel que, de resto, guardavam minguadas diferenças entre seus modos conceituais e operacionais, até a diferenciada história econômica de Ernest Labrousse e Pierre Vilar, fundamentada estatisticamente, mas concebidas em seu lastreamento profundamente fincado na história social, informada pelo marxismo em termos teóricos e conceituais, procedimento metodológico emblematicamente representado pelo texto clássico de Maurice Dobb sobre a evolução do capitalismo. Como obra de síntese, talvez a melhor história econômica geral produzida na linhagem estabelecida pelos *Annales* tenha sido o livro de Valentin Vasquez de Prada, publicado em 1964.

Mas, como sabemos, a revolução representada pela cesura epistemológica dos anos 1970 criou uma barreira quase intransponível entre os adeptos da história econômica e os seguidores da nova história cultural. Duas formas antípodas de penetração no conhecimento histórico e que não são, necessariamente, excludentes. O estudo do tempo, do trabalho e da cultura no Ocidente Medieval de Jacques Le Goff não apontaria no sentido de uma interpenetração possível? Senão mesmo necessária! Suas conclusões partem de subsídios preciosos extraídos da obra de historiadores de historia econômica reconhecidos, como Henri Pirenne, cujas concepções sobre o nascimento de uma nova sociedade na Baixa Idade Média não são refutadas e sim confirmadas pelas conclusões de Le Goff, ao surpreender aí uma nova temporalidade emblematizada na passagem dos sinos (1284) aos relógios (1354), simbolização nítida da substituição do tempo eclesiástico pelo tempo laico, o emergir da mentalidade calculadora no mundo do trabalho,[38] mensuração temporal decisiva na emergência da sociedade burguesa, do mundo regido pelo capitalismo sob o império da produção de mercadorias.

A retomada do diálogo se verifica até mesmo no campo minado do enfrentamento metodológico e de seu impacto sobre as análises objetivas. Basta ler o prefácio de Le Goff ao livro de Alain Guerreau sobre o feudalismo,[39] lastreado no marxismo. Assume, com Guerreau, que a denominação feudalismo é aquela que melhor indica o fato de se estar perante um sistema, pois ela permite unificar "elementos demasiadas vezes dissociados pela análise histórica e tê-los estruturado solidamente num sistema",[40] que aponta no sentido de uma história total, como queria Braudel. Conceito de sistema que "melhor exprime a ordenação, a interdependência hierarquizada dos elementos que o compõem", um conceito mais útil que o de estrutura por ser mais plástico, por exprimir a "coesão daquilo que descreve sem daí excluir [...] as possibilidades de contradições internas, a vulnerabilida-

---

38   LE GOFF, Jacques. *Para um novo conceito de Idade Média: tempo, trabalho e cultura no Ocidente*. Lisboa: Editorial Estampa, 1980, especialmente "O tempo do trabalho na crise do século XIV; do tempo medieval ao tempo moderno", p. 61-73.
39   GUERREAU, Alain. *O Feudalismo: um horizonte teórico*. Lisboa: Edições 70, s/d. [Edição francesa – Paris: Le Sycomore, 1980].
40   *Ibidem*, p. 16.

de relativa às agressões exteriores e, principalmente, o fundamental estado de evolução permanente, embora o ritmo, a intensidade e as modalidades dessa evolução variem no tempo".[41] Arquitetura teórica que se manifesta nos resultados obtidos por Guerreau na análise do feudalismo, reconhecidos e valorizados por Le Goff, que em seu prefácio destaca quatro aspectos fundamentais trabalhados na obra: a relação de *dominium;* a restituição da relação de parentesco ao seu legítimo lugar; a visão do feudalismo como ecossistema e, finalmente, o posicionamento da Igreja num lugar central na estrutura e funcionamento do sistema, lugar que textos clássicos de inspiração marxista não outorgaram, como se verifica, por exemplo, no estudo clássico de Maurice Dobb, interpretação que por certo facilitou o reconhecimento da obra por Le Goff.

Desse encontro nasceria, por certo, uma nova história econômica, que se realizaria no espaço ampliado da grande história, recuperando a um só tempo as relações sociais de produção, a circulação e o consumo de mercadorias, bem como o universo mental e simbólico de produtores e consumidores. Um exemplo paradigmático desta possibilidade seria a compreensão do papel do consumo na sociedade pós-moderna a partir do universo simbólico conectado às aspirações sociais. Não como etapa complementar e subordinada ao processo de produção, mas como elemento estratégico desse mesmo movimento. Nesse sentido, parte-se do pressuposto de que não somente as forças materiais são reais; as simbólicas também o são, o que faz da economia a "primeira área de produção simbólica" na cultura ocidental, na qual "o simbolismo econômico é estruturalmente determinante", como quer Sahlins.[42] Para ele, o que se produz nas sociedades burguesas maduras não são necessidades, mas sim símbolos, caso dos Estados Unidos, país em que as relações sociais surgem travestidas de objetos manufaturados, que conferem aos consu-

---

41 *Ibidem*, p. 14.
42 SAHLINS, Marshal. *Culture and practical reason*. Chicago: University of Chicago Press, 1976, p. 221.

midores não apenas um lugar específico na sociedade, pois criam uma dinâmica, gerando a cada momento novas necessidades, indutoras da produção de novas manufaturas configuradoras de identidades sociais. Nestes termos, as relações sociais são produzidas pelas mercadorias que atuam como símbolos, transformando os capitalistas em produtores de "imagens de identidades que ainda serão criadas".[43]

Se nos causa espécie a possibilidade de tal inversão, que o processo de produção e reprodução das mercadorias possa ser comandado pelo modo de consumo, é certo que o comando exclusivo do modo de produção (que inclui o consumo) não se sustenta no estágio atual de desenvolvimento do sistema capitalista globalizado, exatamente porque nele a cultura ocupa um lugar central. Isto significa que a historia econômica não pode prescindir da história cultural; que o historiador da economia deve olhar para alem dos estreitos limites da materialidade.

Um exemplo concreto desse possível enlace entre estas duas dimensões aparentemente antípodas na produção do conhecimento histórico pode ser exemplificada com a temática da Revolução Industrial, marco referencial para toda história da civilização ocidental por seu enorme impacto transformador à escala mundial. Se para além da abordagem tradicional que privilegia as condições objetivas responsáveis pelo deslanche do processo, tais como capital, trabalho, matéria-prima e mercado consumidor, cardápio básico neste tipo de abordagem, atentarmos para o universo das representações coletivas expressas no ambiente cultural, manifestas no imaginário expresso na literatura, teremos um ângulo de ataque estratégico e inovador para a penetração num mundo ainda a devassar dos liames produzidos pela relação homem/máquina, especialmente se a reflexão privilegiar a literatura policial, produto inequívoco da sociedade industrial nascente, veículo a partir do qual poderíamos descortinar vieses insuspeitos e realizar uma operação histórica densa, de alta significação.

---

43 KUPER, Adam. *Cultura: a visão dos antropólogos*. Bauru: Edusc, 2002, p. 221.

Esta literatura policial, por vezes considerada uma literatura menor, o *roman noir*, tido como literatura de evasão, não era apenas ficção. Em larga medida recendia às memórias, aparentada das crônicas judiciais tão em voga nos séculos XVIII e XIX, tanto na França quanto na Inglaterra.[44] Já em 1698, publicava-se na prisão de Newgate, com grande êxito, uma série de confissões de condenados à morte disputadíssimas pelos editores, sequiosos por explorar a fixação do público na vida de criminosos notórios e, sobretudo, nos pormenores de seus atos delituosos. Livretos publicados a partir de sínteses extraídas dos documentos oficiais da corte de Old Bailey, em Londres, estavam recheados de detalhes mórbidos e se transformaram no repertório base para a composição de *The newgate calendar* e *The malefactor's register*, dando origem a biografias romanceadas de sicários e facínoras que se tornaram célebres, a exemplo John Sheppard, Jonathan Wild e Mandrin, publicadas por Daniel Defoe.[45]

Na mesma linhagem se inscrevem as *Mémories* de François Eugène Vidocq, publicadas em 1828.[46] Desertor, falsário, ladrão, escápulo incontáveis vezes das malhas da lei, tornou-se informante e, mais tarde, agente policial, atingindo o ápice da carreira policial ao tornar-se o chefe da primeira polícia realmente moderna do mundo, a *Sùreté*, da qual foi o criador. Uma fantástica caminhada do mundo da contravenção para o mundo da repressão. Mestre do disfarce, percorreu a França em todos os seus quadrantes. Amigo e terror dos malfeitores, entre os quais preferencialmente colhia seus subordinados, que disfarçavam-se de pessoas comuns, infiltravam-se nos tugúrios da pobreza e da miséria, onde a criminalidade campeava, para ganhar a confiança dos próprios delinquentes e, depois, levá-los às malhas da justiça. Espécie de agentes secretos informais, mantinham com o organismo policial de Vidocq

---

44 Cf. TODOROV, Tzevetan. "Tipologia do romance policial". In: *As estruturas narrativas*. São Paulo: Perspectiva, 1979; DUBOIS, Jacques. *Le roman policier ou la modernité*. Paris: Nathan, 1992

45 BENVENUTI, Stefano; RIZZONI, Gianni; LEBRUN, Michel. *Le roman criminel*. Nantes: L'Atalante Éditeur, 1982 [1ª ed. Arnoldo Montadori Editore, 1979].

46 VIDOCQ, François Eugène. *Les Mèmoire de Vidocq*. Paris: Prodifu, 1979.

um pacto de remuneração singular: o direito de reter para si todo butim dos roubos dos quais haviam participado, além de receberem imunidade por seus atos delituosos em troca da delação de seus companheiros de crime.

Figura histórica excepcional, sabedor de todas as mazelas sociais da França profunda, então em pleno processo de mutação populacional e social, serviu de modelo vivo a Victor Hugo na personalização de Jean Valjean, de *Os Miseráveis*. Inspirou, igualmente, a Honoré de Balzac, que lhe deve o título e a ideia de sua imortal *Comédie Humaine*.[47] Testemunha ocular da história francesa do século XIX, privou da intimidade de figuras exponenciais como o deputado Lamartine e Eugène Sue, além do célebre Alexandre Dumas.

Desta modesta exemplificação, emerge a estreita vinculação entre a alta literatura, em seus variados escalões, e a realidade social. Significando que, através dos textos de Hugo, Balzac, Poe, Defoe, calcados em memórias e experiências vivenciais concretas, muito se poderia recuperar da simbologia e da ideologia prevalecente nos anos de constituição da sociedade industrial. Nesse mister, até mesmo a literatura ficcional tem o seu lugar, pois será sempre possível delas desentranhar um mundo projetado pelas representações sociais. *Frankenstein*, de Mary Godwin Shelley, publicado em 1818, traduz um Fausto do mundo industrial. Representa o medo do homem diante da revolução tecnológica avassaladora, produtora de forças incontroláveis, capazes de criar e destruir, como Frankenstein tão bem simboliza. Corporifica dois medos essenciais: da técnica e do homem. Teme-se a força ameaçadora da massa urbana, constituída por um múltiplo de homens, um coletivo, a classe operária produzida pela concentração industrial, fruto do desenvolvimento tecnológico e científico, portanto, uma força de duplo sentido, pois representa a mão científica do homem capaz de gestar a vida e anunciar a morte. Tema replicado em *Dr. Jekyll and Mr. Hide*, publicado em 1886 por Robert Louis Stevenson, no qual a dualidade

---

47 *Ibidem*, "Prefácio", p. 6.

científica, que pode ser ao mesmo tempo criadora e destruidora, é retomada e desenvolvida.[48]

A Revolução Industrial promove uma revolução demográfica e espacial. Arrasta parcelas substanciais das massas rurais para os centros urbanos, transformados pela elevada densidade populacional com a proliferação dos subúrbios, espaços de pobreza, miséria, criminalidade, selvageria, um mundo enigmático que desafia a compreensão e promove o mistério insondável da noite, um mundo a interrogar. Medo e emoção a desafiar o desvendamento do mistério da esfinge, contexto que faz emergir o romance policial. A defesa da ordem contra a simbologia do crime, nascido, invariavelmente, nos valhacoutos da exclusão social, tugúrios propícios ao desenvolvimento da pulsão inata do homem para a criminalidade, ao afrontamento da ordem social e política constituída. É nesse cenário de convulsão da vida social engendrada pela industrialização vertiginosa que Sherlock Holmes, criado por Artur Conan Doyle,[49] converte-se no arquétipo do herói representativo da elite branca, intelectualizada, calculista e cientificista, em relação ao mundo das massas sediciosas emergentes; do proletariado industrial tornado sinônimo de classes perigosas, potencialmente transgressoras, dispostas a subverter a ordem social burguesa. Ele é o protótipo do homem racional gestado no mundo da ciência e da administração, iluminado, observador, um silogista dominado pelas operações mentais lógicas.

Era capaz de tudo deduzir. "A partir de uma gota de água, um [ser] lógico poderia inferir a possibilidade de um Atlântico ou um Niágara, sem jamais tê-los visto ou ouvido falar que existem." A partir de "um único elo" seria capaz de deduzir a corrente "de toda uma existência".[50] O

---

48 Cf. TALMON, J. L. *Romantismo e revolta: Europa (1815-1848)*. Lisboa, 1967; BOWRA, B. M. *La imaginación romantica*. Madri: s/n, 1972.

49 TRUZZI, Marcelo. "Sherlock Holmes: psicólogo social aplicado". In: ECO, Umberto; SEBEOK, T. A. (orgs.). *O Signo de Três: Dupin, Holmes e Poirot*. São Paulo: Perspectiva, 1991; ALMEIDA, Marco Antônio. "Elementar, meu caro Durkheim! Reflexões sobre a sociologia e o romance policial". *Revista de Ciências Sociais*, Fortaleza, vol. 22, n°s 1-2, 1991.

50 DOYLE, Conan. *Um estudo em vermelho*. São Paulo: Ática, 1996 [1887], p. 33.

ser mentado surge em sua plenitude nesta passagem célebre de uma de suas novelas:

> Em minha opinião o cérebro humano originalmente é como uma casa vazia que vai sendo equipada com os móveis que a pessoa escolhe. Os tolos levam para dentro todos os trastes que encontram, de modo que os conhecimentos que poderiam ser-lhes úteis ficam completamente atravancados, ou, na melhor das hipóteses, misturados com um monte de outras coisas, de modo que essas pessoas têm dificuldade para atingir o que desejam. Já o trabalhador eficiente tem o maior cuidado quanto ao que leva para dentro de seu cérebro-casa. Ele só se interessa pelas ferramentas capazes de ajudá-lo a fazer seu trabalho, mas dessas tem um enorme sortimento, tudo na mais perfeita ordem. É um engano imaginar que aquela salinha tem paredes elásticas, capazes de se distenderem o quanto se queira. Pode acreditar, chega um momento em que todo acréscimo de conhecimento significa esquecer alguma coisa que antes se sabia. É da maior importância, portanto, não ter fatos inúteis tirando o lugar dos úteis.[51]

Exemplo notável do homem gestado pela sociedade industrial. Personagem ficcional impressa no imaginário das elites brancas europeias, que o transformaram no seu herói imbatível, onipresente, imortal. A tal ponto que, quando em 1893 Conan Doyle, movido por suas pretensões literárias mais elevadas, sacrificou seu personagem na novela denominada *O Problema Final*, fazendo-o perecer nas mãos de seu tradicional inimigo, o professor Moriarty, a reação face ao "crime" de Doyle foi instantânea. Os empresários londrinos reuniram-se na *City* para protestar; alguns milhares de trabalhadores fizeram greve; Sua Majestade, a Rainha Vitória, foi duramente interpelada em pleno Parlamento, o que o forçou a ressuscitar a heroica personagem em 1902, para distender a pressão, mas também para

---

51 *Ibidem*, p. 30.

corresponder à expectativa criada que se traduziria, por certo, em pingues lucros editoriais.[52]

Não é difícil entender que a elite burguesa, financeira e aristocrática protestasse contra a finitude e o passamento de seu herói. Mas como explicar que um herói branco, de educação aprimorada, *dandy, flanêur e voyeur*, representasse igualmente o imaginário das camadas populares, das massas urbanas que nesse momento se contavam aos milhões na Londres britânica, e que também reivindicaram o retorno desse herói que também chamavam de seu? Este é um exemplo primoroso de como o enlace entre velha e nova história poderia, ao mesmo tempo, preservar a estética e dar profundidade ao conhecimento histórico. De um lado, o conceito de ideologia, inscrito na média duração, que explicaria a imposição do herói burguês ao conjunto da população, pois, através dele, entendemos que uma classe somente se torna dominante se fizer com que as classes dominadas assimilem e pensem com seus valores, fruto de sua especial inserção no mundo. Doutro, a noção de imaginário, que opera na longa duração e que, portanto, consolidou uma figura de herói como produto de uma secular deposição retórica que remonta à Idade Média, de Robin Hood ao Capitão Swing, cujo corpo de virtudes, popularizados pela tradição literária de alcance popular, cristalizou-se na imagem de Sherlock Holmes.

A Era Vitoriana, vincada por uma forte repressão institucional, expõe sua complexidade ao transformar cruéis assassinos em higienistas sociais, cujos alvos eram exatamente as camadas populares proletarizadas, a exemplo de Jack, o Estripador, este sim, um herói sem máscara. Um enigma indecifrável? Basta ver a quem atacava. Filhas da elite branca? Certamente que não. Todas as cinco vítimas por ele assassinadas e esquartejadas eram de baixa extração social. Dentre elas apenas uma era bonita, as demais eram prostitutas esquálidas, sofridas, acabadas, alcoólatras e que representavam a escória da marginália social, um corpo estranho formado pelas prostitutas londrinas nas últimas décadas do século XIX, cujo número se elevava a mais de 80 mil

---

52 BENVENUTI, S. *et al. Op. cit.*, p. 32.

almas. O que fica exposto? A natureza da sociedade, na qual as mulheres de baixa condição social, se não encontrassem guarida no casamento, ficassem viúvas ou órfãs, não tinham outra escolha para sobreviver a não ser o infame comércio. Elas evidenciam as chagas sociais da Londres monstruosa, onde chafurdavam no reino da bebida, das enfermidades venéreas, na mais completa degradação humana, para as quais até mesmo o encontro com o estripador Jack poderia representar certa forma de redenção, o resgate do aviltamento moral ao qual foram lançadas pela própria sociedade. Portanto, Jack, realidade ou mito, representa o rígido corte de classes da Inglaterra oitocentista, um contraponto ao herói Sherlock Holmes, que simbolizava a acomodação do conflito de classes por via do apelo ao imaginário social.

Mas não é tudo. O conto policial, e em especial o fenômeno Sherlock Holmes, gênero intelectual totalmente fictício,[53] é fruto de duas circunstâncias históricas, que possuem em comum o fato de ser um dos produtos mais representativos da sociedade burguesa, consolidada na segunda metade do século XIX: a emergência da indústria cultural e o intenso processo de racionalização do mundo, quando os gêneros ficcionais de massa apresentam-se como matrizes simbólicas, espelham e refletem o imaginário contemporâneo, em que a narrativa policial une, de um lado, as transgressões sociais expressas na forma do crime e, de outro, a própria lógica de concentração e centralização do capital.[54]

O consumo desse tipo de literatura pressupõe, liminarmente, saber ler. O domínio da leitura, difundido a partir da obrigatoriedade de leitura do texto bíblico, mais do que o domínio da escrita, resulta intenso nos países de confissão protestante, como a Inglaterra, pela atuação persistente das mães no ensino de seus filhos, cujo resultado indireto foi a expansão da literacidade. A simples capacidade de ler e entender o que se lia estimulou o surgimento de minúsculas editoras, conduzidas por pequenos editores,

---

53 BORGES, Jorge Luis: "O conto policial". In: *Cinco visões pessoais*. Brasília: Editora unb, 1985.
54 MANDEL, Ernest. *Delicias do crime: história social do romance policial*. São Paulo: Busca Vida, 1988.

intermediárias entre o autor e o público que, a um só tempo, acolhiam e divulgavam o gosto das camadas intermediárias, acabando por criar um vasto mercado para panfletos, folhetins, magazines, jornais e livros, sem o que não haveria leitores regulares capazes de consumir, por exemplo, até 250 mil exemplares de uma novela publicada pela *Revista Strand*, que editava Conan Doyle, autor comprometido a publicar contos em série, de tal modo que cada número contivesse uma história completa, mas que guardasse relações com o número precedente e criasse expectativas em relação ao vindouro, para manter cativo o leitor.

Binômio ao qual outros elementos devem ser associados, para que se possa delinear o cenário compreensivo em que o fenômeno cultural se instala, ou seja, "a criação de um aparelho policial com bases científicas por parte do Estado; a metrópole e a problemática urbana como pano de fundo (as massas, a pobreza, a delinquência): a ambientação do crime e a sua solução como centro da intriga; a emergência do indivíduo e a problemática da constituição da identidade".[55]

Por trás do arranque da indústria cultural, que por si só é parte integrante do processo geral de industrialização, portanto, inserida no bojo da própria Revolução Industrial, está o processo de racionalização do mundo encetado pela sociedade burguesa. "O desenvolvimento da literatura de *crime*, *policial*, ou de *mistério* referiu-se diretamente ao desenvolvimento, à hegemonia, às crises e impasses desse modelo de razão". O crime é entendido como um atentado à racionalidade, não importando o grau de racionalidade interveniente em sua consumação, havendo, portanto, uma estreita "conexão entre a racionalidade e a consciência coletiva", que leva à condenação do crime, não por causa do crime em si, por sua ofensa à moralidade pública, mas por uma motivação pedagógica, a de "devolver aos homens a crença na razão como elemento resolutivo fundamental da

---

55 ALMEIDA, Marco Antônio. *Narrativa policial e modernidade: imaginários urbano, sociabilidade e formas culturais*. Dissertação (mestrado) – FFLCH-USP, São Paulo, 1995, p. 44.

problemática humana", desiderato que explica porque nos contos policiais de Conan Doyle o crime não se constitui em peça central do enredo, mas a habilidade do detetive em solucioná-lo; seu foco é o detetive, uma "máquina pensante" dotada de fortes traços de humanidade. Do horror a uma dada irracionalidade objetiva a ser conjurada, passa-se à "apologia da racionalidade". O crime é um fato social. Ele se configura nas fímbrias da estrutura social. "A racionalidade criminosa torna-se irracional em face de uma sociedade organizada", não se tratando, portanto, de uma simples luta entre o bem e o mal, "mas de situar o plano onde ela se situa no crime ou no castigo, cuja ocorrência implica a inevitabilidade da ordem, mas não necessariamente da justiça".[56]

O crime, a criminalidade, as instituições repressivas, as casas de correção, as prisões e mesmo a literatura policial adquirem sua própria historicidade, temporalidades próprias que compõe o universo da racionalidade burguesa, matizados por "leis internas de funcionamento em que sua cronologia se desenvolve segundo um tempo que decorre primeiramente da sua coerência singular".[57]

Como se vê, o romance policial é uma via fascinante para adentrar os segredos da história por ser, ao mesmo tempo, ponto de partida e de chegada do conhecimento; por seu enorme potencial para enlaçar velha e nova história de modo criativo e substantivo. Desafio ao qual o historiador, um investigador sempre ao encalço de pistas sinalizadas por paradigmas indiciários, um *Sherlock* a serviço da ciência do tempo, não pode se furtar. A exemplo do repto que significaria buscar a tradução histórica do contexto que levou o escritor Alexis Lecaye a imaginar uma cena literária, que se passa em Londres no mês de abril de 1871, na qual o jovem detetive Sherlock Holmes recebe uma visita inesperada, a de certo Karl Marx, chefe da Internacional

---

56 MIRANDA, Orlando P. "O mistério dos mistérios (esboço de uma tipologia sociológica da literatura policial)". *Cadernos de Sociologia* – Série Textos, FFLCH-USP, São Paulo, n° 3, 1994, p. 4, 9, 16, 41, 18.
57 FOUCAULT, Michel. *Op. cit.*, p. 509.

Comunista, que pedia proteção por se dizer ameaçado por um assassino louco a soldo de Thiers e de Bismarck, tarefa aceita por Holmes, que se põe a persegui-lo sem tréguas, em plena primavera da Comuna de Paris.[58]

Por uma Nova Síntese

Vislumbra-se, na trajetória deste empreendimento, a possibilidade de uma nova síntese, que recusa peremptoriamente a história exclusivamente cultural e etnográfica, que realiza uma descrição magnífica da cultura material, porém, "sem contradição alguma"; mas que repudia igualmente "a generalização teórica abstrata desvinculada do real e da descrição de casos singulares".[59] Propõe entre estes dois extremos uma mediação criativa, como o faz Jörn Rüsen, capaz de recriar a história-conhecimento. Síntese de elementos modernos e pós-modernos, que enlace micro e macro-história, gestando uma estrutura cognoscitiva que represente uma renovada aproximação com a experiência histórica e que abarque, ao mesmo tempo, a unidade do gênero humano em seu desenvolvimento temporal e o movimento coetâneo da complexa variedade cultural. Equivale dizer, criar uma hermenêutica que incorpore renovadas estratégias de aproximação em relação ao passado, assimilando o valor inextricável da subjetividade humana, sem perder de vista os fenômenos estruturais, as classes, os grupos e as formas coletivas de vida, integrando a descontinuidade, a quebra de relações entre autoconhecimento e autointerpretação das pessoas e das circunstâncias de suas vidas, ruptura esta que deveria ser observada e interpretada pelos historiadores transcendendo o horizonte cultural do passado.[60]

Eis o balizamento do caminho possível na trajetória rumo à história-conhecimento. Entre a ficção e a realidade, entre a escrita e a poética, a

---

58 LACAYE, Alexis. *Marx & Sherlock Holmes*. Paris: Fayard/Noir, 1981.
59 DOSSE, François. *A História em Migalhas*... op. cit., p. 258.
60 RÜSEN, Jörn. *Op. cit.*, p. 134 e segs.

viagem do historiador é inescapável. Transitar do sensível ao inteligível, das névoas densas do imaginário ao brilho ofuscante da realidade imediata. Se a literatura desentranha e combina as fantasias do sujeito, a ideologia fixa signos e ideias, fechando sempre que possível o universo do sentido. As estruturas sociais e campos de significação se tangenciam, enquanto vias de dupla mão entre o social e o imaginário, cuja expressão não exclui a própria ideologia enquanto tecido de representações e valores integrados na escrita da História. Obviamente o imaginário, ao compor sínteses originais, combina e produz imagens fantásticas, numa dinâmica de construção por vezes próxima, por vezes afastada, da experiência sensível, como delineado por Roger Bastide.

Um movimento complexo resta, pois, como tarefa inexaurível ao historiador. Não descuidar dos detalhes, da filigrana, mas também não deixar de inscrevê-la na teia ampla da macro-história, na sua cadeia relacional, e daí, retornar ao pontual, ao contingente, ao aparentemente insignificante, conforme o protocolo requerido por Carlo Ginzburg. Depois dessa primeira aproximação, impõe-se uma segunda viagem metodológica que transcorre da descrição à análise, da narração à reflexão teórica. Nesse entrelace, signos e sentidos se explicitam, conceitos e símbolos se completam, iluminando desvãos outrora obscuros da história. Enfim, busca-se atingir os patrimônios ocultos do subconsciente, expressos no imaginário, e realizar a travessia rumo às formações mentais dominantes, de caráter ideológico, cujo ideário é, inequivocamente, produzido nas clivagens, tensões e fissuras sociais. Nesse passo, instala-se a hegemonia da razão, não a razão prévia, mas a razão dialógica, cuja unicidade, entretanto, é rompida pela ação da sensibilidade que, ao iluminar os múltiplos perfis trabalhados pela singularidade repõe, de maneira adensada e renovada, os objetos da percepção, amplificando, verticalizando, adensando a história-conhecimento.

ALICE CANABRAVA:
história e mito*

---
* Noção de *mito* assumida de modo livre, no sentido da representação idealizada de uma personagem histórica no imaginário coletivo (ou da comunidade acadêmica).

Breve perfil

ALICE PIFFER CANABRAVA alcançou o topo da carreira universitária com apenas 40 anos de idade, quando se tornou Professora Catedrática de História Econômica Geral e Formação Econômica do Brasil. Um fenômeno. Certamente uma das carreiras mais rápidas entre as mulheres instaladas na vida acadêmica brasileira. Um espanto, se considerarmos as trajetórias de anos mais recentes. Uma pequena notável que havia ingressado no Curso de História e Geografia da recentemente criada Universidade de São Paulo no ano de 1935, tendo levado minguados 16 anos para atingir o cume da carreira acadêmica, em 1951, posição que reteve por três décadas até entrar na compulsória, em 1981, espaço de tempo em que reinou absoluta em seu território na Faculdade de Economia e Administração. Caso ímpar de mulher pública. Caso raro de discrição. Pois se tudo se sabe de suas atividades acadêmicas, científicas e profissionais, pouco se sabe de sua vida privada, menos ainda de sua intimidade. Não se casou, não teve filhos. Se namorou, não sei.

Visitei-a apenas uma vez. Levado por Fernando Novais, que fora um de seus assistentes diletos. Tive a sensação de estar em um ambiente solitário, quase lúgubre. Mas retive dela uma imagem de grandeza, de força. Queria que ela integrasse minha banca de doutoramento, ocorrida em 1973, não sem um certo temor inspirado por ela e pelo terrível sobrenome: Canabrava. Fiquei decepcionado e, ao mesmo tempo, aliviado, quando o professor Eduardo D'Oliveira França, meu orientador, informou-me que por motivos pessoais ela não poderia compor a banca, cedendo lugar a um suplente. Nunca soube diretamente o que ela pensava da tese que lhe fora dada a examinar. Restava uma curiosidade que, de forma indireta, foi satisfeita. Em Fortaleza, numa das reuniões da Sociedade Brasileira para o Progresso da Ciência (SBPC), em que a Associação Nacional de História (Anpuh) realizava uma atividade científica, tive a oportunidade de falar da tese. Recebi dela fartos elogios, que abrandaram meus temores e me reconciliaram com sua ausência em minha banca. Mas ela não se furtou a estar presente na festa de minha titulatura quando o convite, um tanto formal, foi acolhido por ela com indisfarçável demonstração de alegria.

Alice vivenciou a ruralidade e o ambiente urbano, a fremência da paulistanidade dos anos 1930, a vontade manifesta, veiculada por todos os canais de expressão social, em transformar São Paulo na metrópole símbolo dos trópicos. É a sensibilidade aguda para esta necessidade ingente do tempo presente transformada em projeto de futuro que transporta Alice de volta ao passado recente, não muito distante, cujos ruídos ressoavam nitidamente na memória de quem bem viveu a experiência da faina rural em comunidades médias e minúsculas do interior paulista. Aqui, entrelaçam-se os tempos, temporalidades se mesclam e fazem-na encontrar o objeto que os emblematiza, o crescimento vertiginoso da cultura algodoeira que expressava nossa tradição histórica: ascensão, auge e decadência. Decadência transmutada em novo renascer, pois as herbáceas disseminadas deitaram raízes, hibernaram à espreita no novo ciclo industrial.

Nos anos 1860, no meio do século XIX, as terras de Piratininga vestiram-se de branco, entremeado ao verde escuro dos cafezais atacados pela praga que ameaçava a trajetória heroica do produto-rei, que assumira a primazia nos anos 1830, mas que somente atingiria o pináculo de sua glória nos anos 1870, uma espécie de anunciação do futuro: o enlace agricultura/indústria, precedida pela aliança algodão/manufaturas, tema central de sua tese de cátedra.[1]

O estabelecimento do texto

As causas da euforia algodoeira

A problemática é enfrentada objetivamente na primeira parte da tese. Estilo direto, fluente, sem rodeios. O impacto externo remete aos ingleses. O bloqueio dos estados confederados do sul pelo norte, na segunda metade de 1861, pouco afetaria as fábricas inglesas que atravessavam uma euforia de superprodução, patentes em estoques de produtos acabados e matérias-primas. Mas no ano seguinte as coisas mudaram. Escasseiam as entradas de algodão em rama, exatamente quando o mercado para os têxteis ingleses se expandia em razão do tratado comercial anglo-francês de 1860.

Em fins de 1862, grassava o desemprego nas indústrias têxteis da Inglaterra, onerando os cofres públicos com dispêndios assistenciais, enquanto o preço do algodão em rama disparava. A crise alcança a França. Em 1863 adaptam-se os teares ao algodão indiano de fios mais finos, menos resistentes, mas capazes de abastecer 50% do mercado. Os ingleses interessam-se pelo Brasil para fugir à dependência americana, como, aliás, já haviam feito por ocasião da segunda guerra de independência das 13 colônias, quando o algodão brasileiro teve papel estratégico no abastecimento das fábricas britânicas, cultura que feneceu vencida pelos cafezais, mas que resistiu em pontos isolados até que o interesse inglês ressurgisse na forma de estímulos objetivos: mercado, preços, sementes, descaroçadores, ensino técnico, motivação. O fim último das iniciativas inglesas eram os interesses de suas próprias fábricas. Seu

---

1 CANABRAVA, Alice P. *O desenvolvimento da cultura do algodão na Província de São Paulo – 1861-1875*. São Paulo: Indústria Gráfica Siqueira, 1951.

abastecimento numa conjuntura desfavorável. O meio para consumá-lo seria a expansão do cultivo adequado nas Províncias de São Paulo, conjugando-se para tanto o esforço das associações inglesas para o suprimento de algodão e de agentes diretos, atuando em cooperação com lideranças imperiais e provinciais brasileiras.

Dado o caráter centralizado do sistema político imperial e a inexistência de autoridades competentes no âmbito local, a iniciativa coube ao poder central que, à falta de um ministério específico para a agricultura, delegou a uma simples diretoria a tarefa de alta magnitude. Órgão burocrático, sem qualquer aparato técnico, que a 7 de agosto de 1961 expedia sua primeira mensagem exortando as autoridades provinciais a adotarem medidas de estímulo à cultura do algodão e do trigo, pois se esperava que o conflito na América do Norte provocasse escassez de ambos os produtos. A tarefa mais urgente seria a conversão da cotonicultura paulista para as variedades de algodão herbáceo, pouco conhecido, porém o mais apreciado por sua adequação ao maquinário instalado nos grandes centros produtores europeus, especialmente na Inglaterra e na França, transformando-se a distribuição gratuita de sementes na prática política mais efetiva, adotada pelo órgão ministerial.

Apesar de não possuir aparatos técnicos, os inquéritos enviados às câmaras demonstraram o interesse em coligir informações essenciais ao incremento da cultura algodoeira. Encontram-se dados referentes à qualidade dos solos, das sementes mais produtivas, da produtividade por área plantada, da relação entre algodão bruto e descaroçado, do desperdício de trabalho nas capinas, do número de descaroçadores empregados, do volume de produção previsto, do preço no local da produção, do custo do transporte até os portos de embarque, da avaliação global sobre o estado da lavoura na localidade, das técnicas de cultivo e dos instrumentos utilizados, dos animais adestrados à faina agrícola, da situação do comércio, das estradas e outros problemas supervenientes que pudessem travar o incremento da produção.

Acervo de informações vitais repassadas ao Ministério da Fazenda que, interessado na criação de estabelecimentos voltados ao crédito agrícola, ansiava por números sobre os fluxos produtivos, preços e condições dos empréstimos já outorgados aos produtores. Conjunto riquíssimo de indicadores, pareceres, opiniões, sistematicamente arquivados e que jamais se transformaram numa avaliação global do estado da agricultura no país, capaz de orientar uma política agrícola racional para o setor, o que se explica pela natureza burocrática do órgão que os coligia, relegando a uma instituição privada, a Sociedade Auxiliadora de Indústria Nacional, uma espécie de braço auxiliar do Ministério, a tarefa de receber e distribuir as sementes de algodão e divulgar os procedimentos técnicos através de seu periódico e da publicação de manuais referentes ao tema.

Na esfera provincial, as autoridades assumiram a tarefa de despertar o interesse pela cultura da fibra, de modo a criar uma opinião pública favorável ao plantio do algodão, em meio ao predomínio da cafeicultura, que já se alongava por meio século e que, nesse momento, padecia do "mal dos cafezais", levando alguns fazendeiros alarmados a migrar da cafeicultura para a cotonicultura, pois, na opinião geral, seria a cultura mais segura, face ao café e à cana-de-açúcar, pois poderia ser abandonada a qualquer tempo sem perda significativa de capitais, em virtude de sua baixa imobilização de recursos.

Medidas mais ousadas, a exemplo da Comissão criada ainda em 1858 para visitar a Europa, Estados Unidos e Cuba com a finalidade de absorver os conhecimentos mais atualizados, comprar máquinas e implementos agrícolas, contratar especialistas em manejá-las, não saíram do papel. A exceção fica por conta do empréstimo concedido, contra hipoteca, à fazenda São Carlos de Itu, para que seu proprietário, Carlos Ilidro da Silva, adotasse as práticas agrícolas mais modernas, transformando seu empreendimento em laboratório experimental, aberto à visitação dos interessados; verdadeira fazenda modelo. Comprometia-se ainda a publicar por sua conta um folhetim agrícola no *Correio Paulistano* para divulgar os conhecimentos adquiridos, configurando-se nessa experiência o único investimento público de vulto na história da produção algodoeira da Província no século XIX, alçando o fazendeiro Carlos Ilidro da Silva ao *status* de um "grande idealista", na avaliação de Alice Canabrava.

A expansão da cultura algodoeira

A expansão algodoeira é abordada na parte II, depois de estabelecida a relação direta entre o embargo dos portos sulistas no contexto da Guerra de Secessão e as iniciativas imperiais e provinciais para alavancar a produção brasileira e, sobretudo, paulista. Nesse passo, a grande historiadora passa a delinear o quadro geográfico da expansão da cultura algodoeira, mobilizando os conhecimentos hauridos no curso de Geografia. Exibe nesta parte de sua tese notável capacidade de trabalho com as fontes primárias manuscritas, atravessando Relatórios, Ofícios e Atas de 53 municípios existentes no Arquivo do Estado de São Paulo, além de Ofícios e Atas dos arquivos da Câmara de Sorocaba e São Roque, complementados por fontes primárias impressas, num amplo leque que inclui jornais, periódicos, anuários e leis provinciais, relatórios ministeriais, relatórios dos Presidentes da Província de São Paulo, relatórios e catálogos de exposições nacionais e internacionais, almanaques, textos de viajantes, memórias, depoimentos, monografias específicas sobre o algodão, finalizados com as fontes ditas secundárias e que compõe, mais propriamente, a bibliografia, esta sim não muito extensa e que comporta lacunas significativas, das quais trataremos oportunamente.

Em suma, uma catadupa documental, largamente constituída por fontes primárias manuscritas, que faculta à historiadora sustentar com referência original apropriada cada uma de suas afirmações, um experimento historiográfico regido pelos arquivos mobilizados para a compreensão de uma problemática específica: a trajetória através da qual o algodão produzido na Província e exportado via Santos, no ano de 1869, acabou por equivaler a toda exportação brasileira dos dez anos anteriores.

Mas, reconhece Alice, o ideal seria ter dados que facultassem a quantificação desse desempenho, restando, à sua falta, as manifestações de particulares e das autoridades públicas entusiasmadas com as possibilidades propiciadas pelo novo cultivo. Mais um retrato psicológico das possibilidades do que a avaliação real do significado concreto da expansão algodoeira em seus números objetivos, o que seria certamente mais desejável, considerando-se a natureza da tese.

Sua presença se fez sentir em praticamente todos os rincões da Província. Com menor receptividade das faixas litorâneas em função da umidade, prejudicial ao desenvolvimento da fibra, tornou-se cultura dominante no sul da Província, tendo Sorocaba por epicentro; avançou rumo ao Oeste até os limites de Botucatu e Lençóis Paulista; no sentido Leste até as divisas com Minas Gerais e, para o Norte, concentrou-se em Jaboticabal e Batatais; no vale do Paraíba, ainda dominado pelo café, aclimou-se em Jacareí e nos contrafortes da serra do Mar, especialmente em lugares como São Luís do Paraitinga, onde as geadas barravam o café e havia disponibilidade de gente ociosa, o que estimulava a produção de algodão atraindo fazendeiros para o novo produto.

Se o algodão não se transformou em êxito absoluto, a exemplo da cafeicultura, também não foi um rotundo fracasso. Os entraves interpostos à cotonicultura na Província foram drásticos. O primeiro obstáculo era a própria hegemonia cafeeira. Mesmo em regiões de terras quase esgotadas como as do vale do Paraíba, produzia-se ainda 40% das colheitas de café da Província, galvanizando todos os recursos de capital disponíveis na região, levando o algodão a conviver com outras culturas. Foi semeado nos interstícios da cana ou do café como planta subsidiária no sombreamento dos cafezais jovens, como cultura simultânea nas lavouras praguejadas até que as mesmas se reconstituíssem, mas jamais como opção de longo curso, pois, para muitos, a produção do algodão era mais trabalhosa que a do café, menos duradoura e mais esgotante em relação ao solo, não estando de modo algum infensa às pragas que molestavam os cafezais.

Em consequência, apesar dos ingentes esforços encetados pelas autoridades, foi impossível enraizar na opinião pública a convicção de que o algodão era uma alternativa confiável em relação às dúvidas existentes sobre o futuro do café. Conscientes de que os altos preços que lhe conferiam atratividade eram passageiros, fruto de uma conjuntura excepcional, a empreitada se afigurava efêmera, sobretudo porque os preços firmes do café no mercado externo, conforme o conhecimento acumulado nessa atividade, não autorizava correr riscos.

Rejeitado nas grandes fazendas de terras férteis adequadas ao café, o algodão foi acolhido nas pequenas propriedades, por agricultores de posses reduzidas, cujo espaço de cultivo predominante não ultrapassava quatro alqueires, sendo raras as áreas entre 40 e 50 alqueires e excepcional, exemplo único, em plantação de 130 alqueires, como a de José Vergueiro em Ibicaba. Ainda assim, as pequenas unidades familiares também não eram especializadas. Produziam café, cana e gêneros alimentícios ao lado do algodão. Investiam minguados recursos de capital, operando com mão de obra familial, agregando camaradas, trabalhadores livres colhidos no seio da pobreza, o que lhes conferia um caráter pseudodemocrático, com reduzida ou nenhuma intervenção de escravos. Atividade essa que se encaixava como uma luva no perfil dos imigrantes, porque se liquidava anualmente, facilitando o acerto de contas entre proprietários e trabalhadores em regime de meação. Um desdobramento nocivo da introdução dessa atividade foi a redução do número de braços destinados à produção de subsistência, pois eram exatamente as pequenas propriedades que a ela se dedicavam, resultando em carestia alimentar, agravada pela atração da mão de obra livre para as fileiras do exército e construção ferroviária.

De qualquer forma, essa cultura alterou, mesmo que moderadamente, a estrutura social por incorporar os estratos médios da sociedade provincial, acentuando a mobilidade vertical pela integração de desqualificados, convertidos à condição superior de assalariados, o que levou comentaristas da época a vaticinar o nascimento de "uma nova classe" no país. Nesse passo, Alice revela toda sua sensibilidade de historiadora alerta para as possibilidades imanentes da cultura popular, trazendo em apoio de suas interpretações trovas populares do tempo que dão sabor literário à sua escrita, voltada à confecção de uma ciência histórica.

As condições da expansão algodoeira

A prática efetiva da economia algodoeira é abordada na parte III. A precariedade dos transportes não era o menor dos males a assombrar os produtores de algodão. Adaptado ao planalto, depois de colhido, beneficiado e fardado, o algodão percorria ínvios caminhos até os portos litorâneos para daí ganhar o mercado externo. Estradas tortuosas, insalubres, alcantiladas, de tão difícil transposição que projetava os fretes às alturas, níveis tão absurdos que corroíam parte substancial da lucratividade e somente poderiam ser compensados se os preços do produto se mantivessem elevados, situação que apenas uma conjuntura externa excepcional poderia sustentar, mesmo que o torna-viagem provesse cargas compensadoras, a exemplo do sal. Quando a alternativa mais econômica representada pela estrada de ferro começava a se anunciar, a Guerra de Secessão chegava ao fim. Assim, as principais regiões produtoras de algodão no interior da província teriam que alcançá-las por transporte em lombo de burro ou carros de eixo fixo, até as cidades de Jundiaí ou Campinas, onde o trem chegou em 1867 e 1872, respectivamente.

A parte da tese relativa à produção propriamente dita envolve três unidades: sementes, cultivo, beneficiamento e enfardamento. Note-se, *en passant*, que as condições essenciais à produção excluem as relações de propriedade ou de uso da terra, bem como as relações de trabalho nas suas múltiplas formas presentes nas unidades produtoras de algodão.

Em relação ao quesito semente, partiu-se do zero, pois a variedade apreciada pelos consumidores da fibra era desconhecida entre nós, faltando-nos experiência, organização e conhecimentos técnicos. Foram importadas dos Estados Unidos, da Inglaterra e do Peru, sendo mais rápida e eficiente a provisão de sementes realizadas por iniciativas particulares do que as viabilizadas pelo poder público, sendo sua escassez o principal obstáculo à expansão do cultivo. As autoridades governamentais, imperiais e provinciais, inexperientes na matéria, não tinham meios para viabilizar com rapidez as necessidades do empreendimento. Faltavam conhecimentos e recursos financeiros que lhes permitissem abastecer os agricultores com a diligência que a emergência requeria. Face às dificuldades, sequer foi cogitada a instalação de fazendas experimentais especializadas na variedade do algodão herbáceo, tardando a adoção de medidas simples e de execução imediata, tais como a isenção alfandegária para a importação de sementes, medida somente adotada em 1865, data a partir da qual cessaram as reclamações concernentes à falta de sementes, o que se explica pelo fim do conflito nos Estados Unidos. A inércia política entorpeceu a velocidade da expansão da cultura algodoeira.

O traço dominante no cultivo do algodão foi seu caráter experimental. Havia um descompasso gritante entre as técnicas propaladas pelos publicistas, jornais e periódicos em relação à prática cotidiana adotada pela massa dos pequenos cultivadores. Ignorantes sobre os procedimentos mais sofisticados, tornavam as experiências exitosas das grandes propriedades uma aberração: o cultivo concomitante de variedades diversas em campos separados, o uso de sementes selecionadas e de maquinaria moderna para arar e beneficiar, inclusive as movidas a vapor. A regra geral era o transplante do conhecimento do cultivo de outras culturas, responsável pelo elevado índice de fracasso, que levava ao desânimo e consequente abandono da atividade. Não havia um sistema agrícola estabelecido. Daí as práticas dissonantes: semear em dezembro ou janeiro; em terras virgens ou cansadas; covas fundas ou rasas; capinas muitas ou poucas; unicidade de sementes ou variedade; covas próximas ou distantes. Em suma, uma pletora de dúvidas que somente a prática poderia escoimar, não sem o custo oneroso representado pelo aprendizado tardio diante do êxito esperado, face à urgência do problema. Machado, foice, enxada e fogo eram os instrumentos e o elemento mais frequentes no processo que, no fundo, evocava as práticas tradicionais enraizadas em séculos de história. Tecnologias modernas, simbolizadas nos arados para amanho de terra, eram novidades rarefeitas. Utilizados pelos fazendeiros nas plantações de cana-de-açúcar, passaram a ser aplicados também no cultivo do algodão, quando integrados como cultura subsidiária.

Contribuição significativa, nesse sentido, deve ser creditada aos imigrantes norte-americanos instalados entre Campinas e Santa Bárbara pela adoção de métodos mais sofisticados em propriedades de escala reduzida, onde praticavam a policultura à base de arados tradicionais de madeira ou inovadores arados a disco. Trabalhando preferencialmente terras consideradas estéreis, desgastadas por outros cultivos, terras de baixo preço que, pelo resultado surpreendente de suas colheitas, foram revalorizadas, transitaram do mero emprego de arados importados à sua fabricação e comercialização regional. Este exemplo estimulou a disseminação do uso de instrumentos mecânicos e o resultado, em termos de produtividade por área de terra considerada, foi significativo, saltando de 200 arrobas de algodão por alqueire plantado para 450, fruto de lavras e limpezas repetidas com arado, sem qualquer emprego de enxada. Outra prática inovadora foi a utilização da charrua para revolver a terra, o rodo para desfazer os torrões, o gradeamento, o repasse do rolo, que deixava o solo fofo e poroso, seguindo-se, em outras experiências, o afolhamento pela adoção de culturas sucessivas de algodão, cana e milho.

Quanto ao tipo de solo, já se disse, o algodão preferia os arenosos de boa qualidade. Os virgens eram impróprios por acelerem excessivamente o processo de amadurecimento do fruto. Terras cansadas, argilosas, selicosas, calcárias eram as mais produtivas, ao contrário das terras roxas, que a experiência provou serem produtivas apenas nos dois primeiros anos. O momento ideal para semeadura gerou polêmicas, parecendo ser os meses de setembro a novembro os mais apropriados, o mesmo se dando com as dúvidas existentes sobre a profundidade e distanciamento das covas, sobre o número adequado de capinas ou roçadas desejáveis.

Se a praga do bicho mineiro atacava os cafezais, os algodoais não estavam menos infensos às suas próprias doenças. Com menos de cinco anos de sua introdução na Província, entre 1865 e 1866, a praga do curuquerê fez suas primeiras vítimas. Lagartas rapidamente devoravam folhas e talos das plantas mais tenras, devastando lavouras inteiras, sendo combatidas com métodos rústicos e até risíveis: sacudir as plantas e pisoteá-las! Mas talvez fossem as formigas, saúva ou quenquém, as maiores inimigas dos algodoais; um verdadeiro flagelo.

Mais do que o conhecimento elitizado, incorporado e divulgado pelos grandes fazendeiros, tais como as lavras profundas ou afolhamentos, foi o conhecimento obtido na faina diária pelos pequenos agricultores que produziu um método generalizado de cultivo, um conjunto de experiências resultantes da prática efetiva, escassamente influenciada pela literatura especializada sobre o tema em virtude de sua rarefeita divulgação, práticas que podem ser creditadas à revivescência das experiências com o algodão arbóreo primitivo, mas que também pode advir da escassez de braços para as lavouras, o que explicaria a constante das queimadas. A comparação entre a tendência média das práticas utilizadas e os procedimentos coevos à época de Alice demonstram ter havido um progresso técnico efetivo no que tange ao conhecimento da cotonicultura, progresso que permitiu à produtividade das lavouras atingirem a média de 250 arrobas nas terras de boa qualidade e 150 nas terras fracas. Apesar da rotinização entranhada na prática dos agricultores, restou espaço e tempo para experiências com sementes, tipos de solos, adequação climática e periodização das culturas.

Do ponto de vista técnico, a etapa do beneficiamento e do enfardamento do algodão foi a que menos progrediu. Exatamente a fase de finalização do produto e da qual dependia para alcançar bons preços no mercado externo. Foi também o momento mais negligenciado pelas ações governamentais, pois se medidas visaram à importação de sementes, nada se fez para viabilizar a importação de máquinas para descaroçar e enfardar a fibra, limitando-se a divulgar sua existência e utilidade através das instituições especializadas que, de resto, inócuas no desempenho de suas tarefas, deixavam aos agricultores o recurso às casas importadoras que ofereciam tipos variados de descaroçadores a preços considerados cômodos pelos grandes fazendeiros, mas certamente incômodos para os pequenos produtores. Tal situação resultou na escassez de máquinas na Província, carência que obrigou alguns produtores a remeterem algodão em caroço para os portos de embarque, sofrendo, em consequência, grandes perdas por conta do frete sobrelevado.

O problema central da economia algodoeira era de ordem financeira. Uma alternativa seria a coletivização solidária do uso dos equipamentos. Se fossem adquiridos por um proprietário com recursos de capital e alugados a pequenos produtores, que o remunerariam pelos serviços prestados, seria incrementada a qualidade da mercadoria e eliminado o tempo ocioso do equipamento. Outra possibilidade seria a aquisição, pelo detentor do equipamento, da totalidade ou de parte da produção das pequenas unidades, separando-se as tarefas de cultivar e beneficiar, o trabalho e o capital.

O arranque da produção algodoeira estimulou o mercado de máquinas e equipamentos, surgindo casas comerciais especializadas, sobretudo em Campinas, onde se poderia encontrar uma grande variedade de descaroçadores, desde os pequenos, de cilindro, aos maiores e mais modernos, os descaroçadores de serra, além de prensas para o enfardamento e embalagens de aniagem. As formas de pagamento foram aprimoradas, facilitando a aquisição, que poderia ser paga em mensalidades garantidas por letras sobre diversas praças.

As informações sobre o número de descaroçadores instalados é imprecisa. A tendência foi a concentração do beneficiamento nos grandes centros produtores, havendo máquinas operando em fazendas, mas que, preferencialmente, foram instaladas nos centros urbanos, verdadeiras fábricas de descaroçar e enfardar algodão, o que não significou a eliminação dos primitivos descaroçadores manuais de dois cilindros, lentos, de baixa produtividade, mas que ainda cumpriam o seu papel nos rincões mais afastados da Província. Os descaroçadores a vapor eram raros, mesmo nas cidades e ainda mais nas fazendas, sendo a energia hidráulica a principal força motriz a acionar os descaroçadores mecânicos existentes, o que exigia seu deslocamento para sítios onde as correntes fluviais pudessem ser captadas. Tais descaroçadores se rivalizavam com aqueles tracionados por animais de tiro, mais econômicos por imobilizarem menores investimentos e por serem realizados *in loco*, economizando assim gastos de transporte para os centros urbanos. Em função da recorrência de incêndios, posturas municipais tenderam a proibir a instalação de descaroçadores a vapor no recinto da cidade, deslocando-os para a periferia, para os subúrbios. O problema quase insolúvel na operação de descaroçadores movidos a energia hidráulica era o regime climático, pois estiagens prolongadas poderiam torná-los inoperantes, sobretudo pela coincidência das vazantes com a época das colheitas.

Prensar o algodão e acondicioná-lo apropriadamente para exportação era tão importante quanto seu cultivo e beneficiamento. O processo de prensar com os pés, ainda praticado, foi amplamente substituído pelas prensas comuns de madeira tracionadas por animais, de fácil transporte, mas de eficiência precária, cujo resultado eram fardos volumosos que ocupavam enormes espaços nos armazéns e, sobretudo, nos meios de transporte, o que levou as ferrovias a fixar o volume e o peso de cada fardo, estabelecidos em três arrobas e meia, depois de acondicionados em mantas de algodão grosseiro ou em sacos de aniagem importada. De modo geral, era péssimo o sistema de enfardamento. Amarrados com taquara e cipó, não resistiam às baldeações. Chegavam aos mercados consumidores deteriorados, misturados a impurezas, falsificados no peso. Problema que os produtores paulistas se puseram com maior objetividade no momento em que tiveram que enfrentar a concorrência da produção norte-americana, após a normalização do mercado internacional. A relação entre a predominância do trabalho escravo na agricultura e as técnicas rudimentares adotadas surge de modo pontual no texto de Alice Canabrava, sem maiores desdobramentos, questão a ser retomada mais à frente.

A qualidade do produto exportado esteve largamente associada ao tipo de descaroçador empregado no beneficiamento da fibra. Menos eficientes, os descaroçadores de cilindro preservavam melhor a qualidade da fibra; mais eficientes, os de serra maltratavam a matéria-prima, rompendo-as e, por via de consequência, desvalorizando-as em mais de 30%, problema tolerado enquanto durou o conflito nos Estados Unidos, mas que se tornou motivo de rejeição de nossa fibra ao findar a Guerra Civil. Sem dúvida, sua qualidade deixava a desejar, mas não era muito diferente da produção de outros países, pois o beneficiamento com descaroçadores de serra dominava o mercado mundial de máquinas.

A decadência

O enredo da tese se completa na quarta e última parte, o epílogo pré-anunciado na primeira parte, quando foram delineados os motivos exógenos da expansão algodoeira. Um roteiro traçado segundo o *script* da polaridade ascensão e queda. Uma experiência fragilizada por sua própria natureza, totalmente dependente de condições externas ao país, evento anômalo fadado à duração efêmera, avaliação que Alice Canabrava sustenta com a evidência estatística das exportações da Província, do Brasil e dos Estados Unidos, cuja leitura a leva a concluir que se caracterizam dois momentos de rápida inflexão das exportações, entre 1867/1868 e 1870/1871, assertiva que a análise minuciosa dos gráficos deixa de corroborar, como se verá.

A notícia devastadora, anunciando o fim do conflito nos Estados Unidos, disseminou o pânico entre os produtores, prontos a se refugiarem nas antigas culturas que haviam abandonado. A flutuação dos preços é um termômetro eficiente da intranquilidade que grassava no mercado. Especulações sobre a demora na retomada das exportações americanas adiaram o desenlace por dois ou três anos, tranquilizando momentaneamente o mercado, mas não para sempre. Notícias que falavam da desorganização do sistema produtivo americano pela abolição da escravatura e pelas perdas humanas durante o conflito pareciam mais sólidas, mas não passavam de prognósticos. Se o ritmo dos dois primeiros anos do pós-guerra parecia confirmá-las, o aumento considerável da produção nos anos subsequentes rebaixou os preços, impactando negativamente na produção e no ânimo dos produtores paulistas, pois tudo apontava para a tendência à estabilização dos preços internacionais nos patamares anteriores à guerra civil, retirando dos nossos produtores o elã vital.

Um frenesi negativista percorreu todos os quadrantes da Província, com raríssimos fiéis ainda resistentes. Não eram capazes de perceber, por exemplo, que a elevação dos preços do algodão, após 1867, se devia à desvalorização da moeda nacional forçada pela Guerra do Paraguai, tanto que a área cultivada cresceu em 1870. Intempéries, secas prolongadas ou excesso de chuvas ocorridas nos anos subsequentes também contribuíram para a retração inexorável das exportações, enquanto a produção americana se reestruturava à base de imigrantes *coolies* e libertos, agora em regime assalariado, o que deu um estímulo inesperado à produtividade, projetando as exportações a índices expressivos, motivo de desespero para os círculos algodoeiros paulistas. Em decorrência, o algodão foi erradicado nas fazendas em que penetrou como cultura subsidiária, abandonado pelos pequenos produtores que dele derivavam os ganhos que proviam sua subsistência. Mas não desapareceu de todo, tanto que, em 1874, exportava-se ainda a metade de seu índice mais elevado nos tempos de apogeu.

Por iniciativa do Governo Provincial fez-se, através dos Conselhos Municipais, um balanço das dificuldades existentes, um inquérito sobre os males que afligiam a lavoura algodoeira no contexto de uma conjuntura francamente desfavorável. Os baixos preços emergem como o principal empecilho, por não compensarem investimentos, esforços e sacrifícios. Mas pouco seriam sentidos, se os impostos de exportação imperiais e provinciais, fretes e tributos externos fossem readequados. A desoneração fiscal realizada através da redução da taxa de impostos de 6% para 4%, e sua total eliminação a partir de 1875 no âmbito provincial, não foi suficiente para reanimar os produtores, pois a grande competição no plano interno lhes era movida pela cultura hegemônica do café, sustentada em preços firmes, mercados sólidos, recursos financeiros e oferta de braços. Razões de fundo, às quais se somaram os danos causados pela praga do curuquerê, geadas, falta de braços, qualidade do produto, preço dos transportes, técnicas arcaicas, precário sistema bancário, difícil acesso ao financiamento e juros elevados. De toda evidência, a grande maioria dos problemas apontados não era exclusiva da agricultura paulista, era uma constante na agricultura do Império, cuja produção de algodão em rama era a terceira na escala mundial, liderada pelos Estados Unidos e secundada pela Índia.

Preocupados com a quantidade, traço comum de nossa produção voltada à exportação, a qualidade ficava em segundo plano, pois se espreitava permanentemente as condições favoráveis do mercado externo, agravada no caso do algodão pela natureza da produção, dominada por pequenos produtores incapazes de aprimorar seus métodos pela exiguidade de capitais que eram capazes de mobilizar em benefício de suas culturas. E, quando o faziam, caíam na dependência dos capitalistas que dominavam a comercialização do produto, exatamente os que mais lucravam em todo circuito da economia algodoeira. Efeito deletério da escassez ou do acesso aos capitais foi o impacto sobre a mão de obra, amplamente constituída por homens livres, camaradas assalariados. Em suma, os graves problemas que entorpeciam o avanço da cotonicultura paulista não diferiam estruturalmente daqueles sentidos pelas demais culturas da Província. Solucioná-las envolveria equacionar os problemas cruciais do Império brasileiro. O problema era estrutural e as condições propiciadas pela conjuntura desfavorável só faziam explicitá-los.

Ambientação institucional: a historiadora e suas condições

Uma obra histórica não surge por acaso. Muito menos as que se destinam a cumprir a função de serem teses universitárias, que nascem dotadas de sentido, o de cumprir o ritual da carreira acadêmica. Emergem, portanto, banhadas por uma historicidade específica que é a do contexto particular de sua elaboração, por seu compromisso com a geração de conhecimento, de ser ciência e, excepcionalmente, obra de arte.

A obra em foco, *O desenvolvimento da cultura do algodão na Província de São Paulo (1861-1875)*, é o fruto de uma necessidade objetiva em circunstâncias especiais, a de ser a tese que alçaria sua autora à condição de Professora Catedrática da Faculdade de Ciências Econômicas e Administrativas da USP (FCEA), uma alternativa à perda tormentosa de posto equivalente na Faculdade de Filosofia, seis anos antes. Este fato não é destituído de significado, pois a tese produzida entre 1946 e 1951[2] destinava-se a promover justa reparação.

Inquestionavelmente, um dos fatos momentosos na trajetória profissional e acadêmica de Alice Canabrava foi o concurso para provimento da cátedra de História da América, em 1946. O concurso, vencido por seu opositor, o professor Astrogildo Rodrigues de Mello, apesar da nota final obtida por Alice ser superior, transformou-a num ícone do movimento de afirmação feminina na academia, interpretada como um exemplo candente da perfídia orquestrada pela corporação masculina em defesa de seu espaço acadêmico e, por conseguinte, de seus privilégios de gênero.[3] Ao crucificar de modo genérico a banca examinadora pelo resultado desfavorável e ao interpretá-lo como fruto da "arraigada consciência de superioridade, a tradição do meio quanto à predominância dos padrões masculinos",[4] Alice sublima o fato, por ela mesma relatado, de que dois dos membros da banca, homens, ficaram a seu favor,

---

2   Esse foi o interstício mais prolífero de Alice Canabrava, pois nele surgiram 11 dos 33 artigos publicados em periódicos especializados em toda sua carreira, além da colaboração com Rubens Borba de Moraes em cinco verbetes na obra coletiva *Manual bibliográfico de estudos brasileiros* (MORAES, Rubens Borba de; BERRIEN, William. *Manual bibliográfico de estudos brasileiros*. Rio de Janeiro: Souza, 1949). Cf. Bibliografia de Alice Piffer Canabrava. In: CANABRAVA, Alice P. *História econômica: estudos e pesquisas*. São Paulo: Hucitec/Editora da Unesp, 2004, p. 17-21.

3   BLAY, Eva A.; LANG, Alice B. "A Universidade de São Paulo e a profissionalização das mulheres". In: *Anais do Seminário Internacional Mercado de Trabalho e Gênero: comparações Brasil-França*. São Paulo/Rio de Janeiro, 9-12 abr. 2007, p. 12.

4   CANABRAVA, Alice P. *Op. cit.*, p. 32.

exigindo do presidente da mesa o voto de Minerva, que acabou por favorecer seu oponente. Elide, igualmente, o fato de ter sido o professor André Dreyfus, diretor da Faculdade de Filosofia, quem a consultou "sobre a possibilidade de concorrer ao concurso da carreira de História da América, pois não desejava abri-lo para um único candidato".[5] Finalmente, não faz justiça aos colegas homens da Faculdade de Filosofia, que não lhe recusaram amparo no momento traumático em que o resultado foi anunciado, deixando perplexa grande parte da plateia que havia acompanhado o concurso e, sobretudo, a candidata vencida, casos de Antonio Candido de Mello e Souza e Florestan Fernandes.

O concurso foi um acontecimento marcante na história da Faculdade. As informações extraídas das atas disponíveis nos arquivos da FFLCH e os depoimentos daqueles que o vivenciaram permitem uma reconstituição dos fatos, nos limites das possibilidades inscritas em toda reconstituição histórica.[6]

Inscreveram-se para o concurso três candidatos: o então regente da Cadeira de História da Civilização Americana, Astrogildo Rodrigues de Mello; Alice Piffer Canabrava – assistente da mesma cadeira – e Odilon de Araujo Grellet – bacharel em Ciências Jurídicas e Sociais, professor por concurso do Ginásio Franklin Roosevelt, que mais tarde se tornaria professor catedrático de Relações Internacionais na Faculdade de Direito, para o qual a simples aprovação no concurso em apreço significaria título de grande valia.

A comissão examinadora foi eleita em parte pelo Conselho Técnico-Administrativo da Faculdade de Filosofia,[7] os professores Sérgio Buarque de Holanda (diretor do Museu Paulista), Eremildo Luiz Vianna (Faculdade

---

5   *Ibidem*.
6   A pesquisa nos arquivos da FFLCH/USP foi realizada por Manuela Mielniczenko Penteado de Aguiar, bolsista de Iniciação Científica do CNPq, sob minha orientação, que desenvolveu o projeto intitulado "Uma capitania dos novos tempos: economia, sociedade e política na São Paulo restaurada (1765-1822)", vinculado ao projeto de Bolsa Produtividade em Pesquisa do CNPq, intitulado "A época da Revolução Industrial: Inglaterra, França, Portugal e Brasil".
7   Por não ter número suficiente de professores catedráticos, a FFCL estava impedida de constituir Congregação.

Nacional de Filosofia, Rio de Janeiro), Jaime Coelho (Faculdade Nacional de Filosofia, Rio de Janeiro) e complementada pelos membros eleitos do Conselho Universitário, os professores Jorge Americano (Faculdade de Direito da USP) e Celestino Bourroul (Faculdade de Medicina da USP), cujo impedimento, por motivos particulares, propiciou a entrada na banca do professor Zeferino Vaz (Faculdade de Medicina Veterinária), seu suplente.

As provas se realizaram entre 30 de julho e 7 de agosto de 1946, ao final das quais os três candidatos foram considerados habilitados, isto é, aprovados por terem obtido nota acima de 7 com todos os membros da banca, o que lhes garantia minimamente o título de Livre-docente. O apontado para ocupar a cátedra foi o candidato Astrogildo Rodrigues de Mello, com base na indicação da maioria dos membros da banca e no parecer do presidente da Comissão Examinadora, professor Jorge Americano, escrito de próprio punho e vazado nos seguintes termos: "Declaro que havendo empate entre os candidatos Astrogildo Rodrigues de Mello e Alice Piffer Canabrava, desempatei pelo primeiro, levando em conta o exercício anterior da Cátedra nesta Faculdade",[8] ao qual se segue o boletim geral de notas:

Quadro 1. Boletim geral das notas aferidas aos candidatos à cadeira de História da Civilização Americana

CANDIDATO	TÍTULOS	PROVA ESCRITA	DEFESA DE TESE	PROVA DIDÁTICA	MÉDIA
Astrogildo Rodrigues de Mello	10	9	9	9	9,25
Alice Piffer Canabrava	9	9	10	9	9,25
Odilon de Araújo Grellet	6	8	6	8	7,00

Fonte: *Atas do concurso para provimento da cadeira de História da Civilização Americana da Faculdade de Filosofia, Ciências e Letras da Universidade de São Paulo*. São Paulo, 17 ago. 1946.

Mas não houve empate. Alice Canabrava venceu o concurso. O empate houve somente nas notas individuais outorgadas pelo presidente da Comissão, 9,25, pois, consideradas todas as notas consignadas pelos demais

---

8 *Atas do Concurso de História da Civilização Americana*, Faculdade de Filosofia, Ciências e Letras, 17 ago. 1946, p. 3.

membros da banca, Alice Canabrava obteve 9,3 contra os 9,15 de Astrogildo de Mello, conforme se pode constatar no quadro de notas abaixo:

Quadro 2. Notas individuais atribuídas pelos membros da banca examinadora

ASTROGILDO RODRIGUES DE MELLO

EXAMINADORES	TÍTULOS	PROVA ESCRITA	DEFESA DE TESE	PROVA DIDÁTICA	MÉDIA
Jorge Americano	10	9	9	9	9,25
Zeferino Vaz	10	9	8	9	9
Jaime Coelho	10	10	10	9	9,75
Eremildo Luiz Vianna	10	10	10	9	9,75
Sérgio Buarque de Holanda	9	9	8	8	8,50

ALICE PIFFER CANABRAVA

EXAMINADORES	TÍTULOS	PROVA ESCRITA	DEFESA DE TESE	PROVA DIDÁTICA	MÉDIA
Jorge Americano	9	9	10	9	9,25
Zeferino Vaz	10	9	10	10	9,75
Jaime Coelho	9	9	9	9	9
Eremildo Luiz Vianna	9	9	9	9	9
Sérgio Buarque de Holanda	9	10	10	10	9,75

ODILON DE ARAÚJO GRELLET

EXAMINADORES	TÍTULOS	PROVA ESCRITA	DEFESA DE TESE	PROVA DIDÁTICA	MÉDIA
Jorge Americano	6	8	6	8	7
Zeferino Vaz	6	8	6	8	7
Jaime Coelho	6	8	6	8	7
Eremildo Luiz Vianna	6	8	6	8	7
Sérgio Buarque de Holanda	6	8	6	7	6,75

Fonte: *Atas do concurso para provimento da cadeira de História da Civilização Americana da Faculdade de Filosofia, Ciências e Letras da Universidade de São Paulo.* São Paulo, 17 ago. 1946.

Os números são inequívocos. Demonstram que, na prova de títulos, o candidato Astrogildo Rodrigues de Mello jamais poderia ter a nota final 10, pois ele não tirou nota 10 com Sérgio Buarque de Holanda.

E mais, todas as notas quebradas do candidato declarado vencedor foram arredondadas para cima, de títulos e didática, enquanto as de Alice Canabrava o foram para baixo, títulos, escrita e didática, com exceção da nota de defesa de tese, que foi elevada de 9,6 para 10. O arranjo beneficiou também Odilon de Araújo Grellet, pois sua nota final não atingiu 7, devendo, portanto, ter sido reprovado e não habilitado.

As notas revelam também que Jorge Americano se protegeu atribuindo notas iguais para os dois principais competidores. Já os outros dois examinadores, Zeferino Vaz e Sérgio Buarque de Holanda, deram notas mais altas a Alice Canabrava, que seria certamente a indicada se suas notas prevalecessem. Quem decidiu o concurso e, por decorrência, o destino da professora Alice foram os examinadores de fora, oriundos do Departamento de História da Faculdade Nacional de Filosofia do Rio de Janeiro, Eremildo Vianna e Jaime Coelho, que atribuíram a três diferentes candidatos, em quatro tipos de provas, um total de 24 notas absolutamente iguais; evidência inconteste de que esses dois membros da banca combinavam as notas. Atribuíram nota 9 a Alice em todas as provas e nota 10 a Astrogildo em três delas. Esse procedimento fez toda a diferença, acentuada pela manipulação dos resultados realizada, ou acoitada, pelo presidente da Comissão Examinadora, configurando-se uma situação anômala, pois a nota final efetiva de Alice não foi 9,25 e sim 9,3, enquanto Astrogildo alcançara somente 9,15. Se conluio houve, portanto, deu-se na origem da indicação dos membros da banca pelo Conselho Técnico e Administrativo da Faculdade de Filosofia, Ciências e Letras da USP (FFCL). O *partipris* dos dois membros que assinam a avaliação da prova de títulos, Eremildo Vianna e Jaime Coelho, já indicava o argumento que viria a ser utilizado pelo presidente da Comissão para escolher o seu catedrático no concurso, escudado no princípio da prevalência da indicação sobre o elenco de notas obtidas:

> Entre os srs. Astrogildo Rodrigues de Mello e Alice Piffer Canabrava há, a favor do primeiro, a circunstância de

ocupar o cargo de professor em comissão de História da Civilização Americana e possuir o título de Bacharel em Ciências Jurídicas e Sociais, enquanto a Professora Alice Canabrava é assistente do mesmo, não tendo feito o curso jurídico, que é de grande auxílio para melhor entendimento das instituições políticas, sociais e econômicas.[9]

Por esse critério, o segundo colocado no concurso deveria ter sido Odilon de Araújo Grellet, por ser bacharel em Ciências Jurídicas.

Antonio Candido, então assistente na seção de Ciências Sociais, presenciou a todas as provas do concurso. Para ele, de um lado, o concurso representou o "confronto entre a escola *événementielle* e a escola dos *Annales*". Do outro, simbolizou "a prova da iniquidade dos homens em relação às mulheres", consideradas "muito boas para serem assistentes, mas só até aí". A comparação entre as teses ofertadas ao concurso não deixa margem a dúvidas.[10] "A tese da Alice era uma verdadeira tese de pesquisa documental original, baseada em microfilmes vindos do exterior, uma das primeiras a usar documentação desse tipo aqui." E ela tinha consciência disso, pois ironizava os concorrentes dizendo: "minha tese não tem crônica". Evidência reconhecida tanto por Sérgio Buarque de Holanda quanto por Zeferino Vaz, membros realmente independentes da comissão julgadora.

Se na letra da lei o resultado era legal, efetivamente carecia de legitimidade. Ao ser anunciado o resultado, contudo, a grande maioria dos presentes encaminhou-se na direção do vencedor para cumprimentá-lo, pois jamais poderiam imaginar o que se passara nas coxias do concurso. Mas Antonio Candido avançou na direção contrária, a de Alice, que, em pé,

---

9   *Atas do Concurso de História da Civilização Americana*, op. cit., p. 12.
10 A tese apresentada por Odilon de Araújo Grellet intitulava-se *A escravidão vermelha na América Espanhola* e tinha 45 páginas; a tese apresentada por Astrogildo Rodrigues de Mello intitulava-se *História da civilização americana: as encomiendas e a política colonial de Espanha* e tinha 88 páginas, ambas baseadas em bibliografia. A de Alice Piffer Canabrava intitulava-se *Indústria de açúcar nas ilhas inglesas e francesas do mar das Antilhas*, com 128 páginas, e era sustentada integralmente em pesquisa empírica primária.

do outro lado do salão nobre, permanecia abismada, protagonizando um protesto simbólico. Ofereceu-lhe o braço, amparando-a em sua retirada, não sem provocar certo burburinho e manifestações de reprovação. Caso do professor Alfredo Ellis, catedrático de História do Brasil, que comentou com alguns colegas: "O que deu no Antonio Candido? Ele está com as mulheres?". Sim, estava. E não estava só. "Florestan Fernandes também ficou inteiramente ao lado de Alice."[11]

Mesmo recusando a condição de "heroína", a experiência traumática vivenciada pela jovem professora impregnou o imaginário de suas colegas na academia. "Foi um acontecimento!", exclamou Olga Pantaleão, colega de turma e de Faculdade de Alice, pois era assistente da Cadeira de História Geral, indicada pelo professor Jean Gagé. E aduziu, mas "este absurdo era possível, então, por força do regulamento do concurso, o qual permitia à banca votar no candidato que ficaria em primeiro lugar".[12] Legal era, mas injusto. Desconforto que também a atingiu ao ser preterida na Cadeira de História da Civilização Moderna e Contemporânea, da qual fora regente por quase um ano, entre 1946 e 1947, vendo-se na contingência de se transferir para a Faculdade de Filosofia, Ciências e Letras de Marília, onde foi uma das fundadoras e líder inconteste, mas cuja decisão significou uma espécie de exílio voluntário e inevitável.

A muralha masculina que contra ela se ergueu, entretanto, surgiu no momento em que a carreira se afunilou, pois até então, ela não havia sentido qualquer tipo de discriminação ou, como disse, se houve "eu não percebi".[13] Se a disputa por lugares de prestígio suscitou disputas mais renhidas, como no caso de Alice, "houve colegas nossas que nunca foram inquietadas e puderam permanecer pelo tempo que quiseram nos seus

---

11 SOUZA, Antonio Candido de Mello e. Entrevista sobre Alice Piffer Canabrava concedida ao autor, 15 de maio de 2010.
12 "Olga Pantaleão, historiadora: depoimento". In: BLAY, Eva Alterman; LANG, Alice Beatriz. *Mulheres na USP: horizontes que se abrem*. São Paulo: Humanitas, 2004, p. 114.
13 *Ibidem*, p. 109.

postos".[14] O que Alice exacerba, a partir de sua experiência pessoal, Olga relativiza, recusando a existência de discriminação *latu sensu*, mas reconhecendo sua existência em situações específicas.

Perspectiva semelhante tem a professora Maria da Conceição Vicente de Carvalho, convidada pelo professor Pierre Monbeig para ser sua assistente no curso de Geografia. Reconhece a existência de uma certa animosidade por parte do corpo masculino em relação à ascensão das mulheres na Faculdade, destacando a disputa pela cátedra de História da América e considerando a preterição de Alice injusta face às críticas que ambos os candidatos receberam durante a arguição, muito mais duras para o candidato vencedor. Ameniza, porém, quando fala de sua experiência pessoal. Na Geografia, diz ela, não surgiu o mesmo problema, que se explica pelo companheirismo curtido no trabalho de campo, nas viagens recorrentes, por isso, nunca percebeu "a menor discriminação quanto a nossa presença (feminina)". Nem mesmo quando atingiu a condição de professora assistente houve qualquer manifestação negativa por parte de seu colega e primeiro assistente, o professor João Dias da Silveira, o que talvez se entenda pela postura do professor Monbeig que, ao indicá-la, perguntou sobre o relacionamento entre ambos, pois trabalhariam juntos, e seria desejável "o bom entendimento entre nós".[15]

Vozes da mesma geração verbalizam imagens diferentes do mesmo problema. Alice sentiu-se perseguida, alvo de uma verdadeira conspiração para que ela não atingisse o cimo da carreira na FFCL, vencida na competição com o sexo oposto. Mesmo sem querer, foi transformada em mártir da causa de gênero na academia. Questões sem dúvida complexas, que somente visões e contravisões podem iluminar. Nesse quesito particular, o olhar da professora Gilda de Melo e Souza, formada na primeira turma do curso de Filosofia, torna-se emblemático.

---

14 *Ibidem*, p. 112.
15 "Maria Conceição Vicente de Carvalho, geógrafa: depoimento". In: BLAY, Eva A.; LANG, Alice B. *Mulheres na USP, op. cit.*, p. 121-122.

Vinham ambas, Gilda e Alice, de cidades do interior, Araraquara e Leme. Gilda, filha de família abastada de fazendeiros.[16] Alice, da média burguesia interiorana. Ambas criadas em ambientes polidos e cultos. Não por acaso, foram destinadas por seus pais a frequentar na cidade de São Paulo o mesmo colégio leigo, o Stafford. Alice ingressou na Escola Normal Caetano de Campos e Gilda no Colégio Universitário da Faculdade de Direito.[17] Cursaram a primeira e a segunda turma da FFCL, respectivamente, uma na Filosofia, a outra na História. A partir daí as semelhanças acabam. Alice rememora sua infância feliz, na qual recusava as bonecas e preferia as correrias pelos quintais das casas de Leme em companhia de meninos, portanto, sem sentir qualquer tipo de discriminação, que também não surge no curso Normal, nem na Faculdade, mas que explode de forma violenta na disputa pela cátedra de História da América.

Gilda, envolvida pela atmosfera maciçamente afrancesada da Faculdade, deixava-se hipnotizar pela psicanálise e pelo marxismo, presentes nas aulas de Maugüé e Lévi-Strauss, o que não a impedia de sentir intensamente os preconceitos masculinos vivenciados em sua juventude agora renascidos no espaço da academia, palco do confronto entre masculino e feminino, onde o embate "intelectual se feria com grande *fair-play*", mas que se transformava, às vezes, em resistência agressiva por parte da falange masculina. Gilda sentia-se dilacerada entre dois discursos contraditórios. Um libertário, voltado à ruptura com a sujeição milenar; outro, culpabilizador, que a devolvia ao surrado estereótipo feminino. Em decorrência, sentia-se invadida por um sentimento de culpa e da necessidade do castigo reparador.[18] Medo e insegurança, não um "temor

---

16 Gilda se dizia proveniente de "uma família da burguesia média" ("Gilda de Melo e Souza, filósofa: depoimento". In: BLAY, Eva A.; LANG, Alice B. *Mulheres na USP, op. cit.*, p. 64).

17 Gilda de Melo e Souza cursou 5 anos no Colégio Stafford, o que a habilitava ao ingresso na Faculdade de Filosofia, mas tinha somente 15 anos, o que a obrigou a frequentar um ano no Colégio Universitário da Faculdade de Direito, propedêutico para os alunos que se destinavam à área de Humanidades, Direito, História, Geografia, Ciências Sociais e Filosofia (Entrevista concedida por Antonio Candido de Mello e Souza ao autor, 15 de maio de 2010).

18 BLAY, Eva A.; LANG, Alice B. *Mulheres na USP, op. cit.*, p. 70.

pessoal, mas o medo de toda uma geração insubmissa que ameaçava evadir-se desconfiando de suas próprias forças".[19] A especial sociabilidade vivenciada na Faculdade de Filosofia impactou de modo indelével todas aquelas que "tentaram inventar para si um novo destino, como foi o caso de Gilda. Mas isso não se fez sem dano, dilemas, conflitos, inseguranças".[20]

Insegurança. Para Gilda, um *karma* geracional e de gênero. De mulheres emparedadas entre um novo modelo feminino e o tradicional. Questionando-se se não foi esta "uma das causas de tantas carreiras indecisas, marcadas ora pelo diletantismo, ora pela dedicação intermitente ao trabalho". As mais sensíveis, mais vulneráveis, timoratas, foram perseguidas pelos escrúpulos excessivos, questão de personalidade, mas exacerbáveis pelos condicionamentos de ordem cultural. As outras, intimoratas, vitoriosas, que superaram suas angústias e venceram o medo, ou simplesmente dele se desvencilharam, "lançaram-no para fora", contra o mundo e contra o *outro*? Pois a própria garra, a determinação inabalável de se realizarem à custa de qualquer sacrifício, não seriam indícios novos de ressentimento, uma afirmação raivosa de quem se supunha "perseguida e injustiçada"? Uma visão deformada dos acontecimentos, "a crença num mundo maniqueísta que castigava sempre as mulheres, distribuindo sempre, entre os homens, as vantagens e as glórias", visão que fecha os olhos para a avaliação igualmente injusta que também atingiu a carreira de professores homens. De resto, uma ótica particular, impregnada de *self-pitty*, diz Gilda, interpretando como desforra dos poderosos o que na verdade era "um sintoma bem mais geral da luta do espírito acadêmico, velho e esclerosado, contra o sopro renovador que a Faculdade de Filosofia começava a instaurar".[21]

Mutatis mutandis, Alice enquadrava-se no perfil vitorioso. Orgulhava-se de ter "crescido sem medo"; de ter sido "uma criança

---

19 Ibidem, p. 72.
20 PONTES, Heloísa. *Intérpretes da Metrópole: história social e relações de gênero no teatro e no campo intelectual, 1940-1968*. São Paulo: Edusp, 2010, p. 118.
21 Ibidem, p. 74.

destemida",[22] qualidade essencial para quem se predispôs a arrostar o poderio da confraria masculina, "personalidade incapaz de se acomodar a situações fáceis, jamais poupou esforços quando se tratava de alcançar objetivos determinados".[23]

Se o destemor era uma de suas virtudes, a vocação para o trabalho era a outra. "Meus trabalhos sempre foram individuais, pois nunca pude dispor de ajudantes. Sempre trabalhei sozinha. Não havia dentro da Universidade uma estrutura de apoio aos pesquisadores."[24] Se a afirmação pode ser válida para as duas primeiras teses, para o estudo em tela, sobre o algodão, precisa ser relativizada, pois desde 1946 Alice contava com pelo menos um assistente de pesquisa, no caso, a historiadora Maria Celestina Teixeira Mendes Torres, substituída pela socióloga Miriam Lifchitz Moreira Leite, que Alice convidou para ser sua assistente no ano de 1949 em substituição a Maria Celestina, exatamente o período em que, tendo se transferido da Faculdade de Filosofia para a FCEA, Alice preparava sua tese de cátedra. Miriam relata que foi contratada em tempo integral, mas que, sob o argumento de que o salário era muito alto, Alice o dividiu entre duas pessoas, que trabalhavam em horários alternados e com tarefas específicas, tendo passado meses a "copiar documentos em arquivos, referentes às pesquisas da professora que nem sabíamos quais eram". Mais tarde, Alice as "ensinou a compor dossiês de documentação e a discuti-los", corrigindo com todo rigor o trabalho realizado, sem "nunca mencionar, quando era o caso, a colaboração dada".[25]

Se a conspiração antifeminina era geracional e grassava tradicionalmente em todos os setores, fica sem explicação a acolhida que Alice teve na

---

22 "O caminho percorrido". In: CANABRAVA, Alice P. *História econômica*, op. cit., p. 31.
23 Cf. SAES, Flávio A. M. "Introdução". In: CANABRAVA, Alice P. *História econômica, op. cit.*, p. 8.
24 CANABRAVA, Alice P. "Minhas reminiscências". *Economia aplicada*, vol. 1, nº 1, jan.-mar. 1997, p. 157-163.
25 LEITE, Miriam Lifchtiz Moreira. Depoimento sobre Alice Piffer Canabrava concedido ao autor, 28 de abril de 2010. Não conseguimos identificar o nome da segunda pesquisadora, que sabemos ser formada pela Fundação Escola de Sociologia e Política (Fesp).

Faculdade de Ciências Econômicas e Administrativas, tão logo se desligou da Faculdade de Filosofia, onde, segundo ela mesma, "jamais encontrei a menor restrição, tanto eu como outras colegas, seja em trabalho de docência como de pesquisa, e em funções administrativas".[26] O problema não era, portanto, de caráter estrutural, senão pontual, localizado num contexto específico em que uma disputa se feriu e, nesse caso extremo, o espírito de corpo masculino prevaleceu.

A Faculdade de Ciências Econômicas e Administrativas para a qual Alice se transferiu era bem diferente de sua Faculdade de origem. Criada em 1946, tinha perfil semelhante às antigas escolas e institutos cuja fusão deu origem à Universidade. Direito, Medicina, Engenharia, Agronomia destinavam-se a formar profissionais qualificados de nível superior. Seus quadros docentes foram constituídos por professores recrutados na "capital paulista, na própria Universidade de São Paulo, e em outros Institutos", sendo que o corpo de professores estrangeiros contou com a colaboração de mestres franceses que ficaram apenas um ano, a exemplo de René Courtin (1937) e Pierre Fromont (1938); e Paul Hugon, que tendo chegado em 1936 permaneceu por três décadas e formou grande número de discípulos.[27]

À Faculdade de Filosofia coubera um papel singular na criação da USP. O de ser "o lugar da formação e reprodução do 'público novo', das elites dirigentes, e ao mesmo tempo a condição da conservação e reprodução do projeto de hegemonia cultural e política de São Paulo".[28] Seria uma espécie de microcosmo da USP, pois fora incumbida da formação de professores para o ensino secundário e de profissionais para a pesquisa básica, a vocação para dar aos seus alunos uma formação abrangente "nos diferentes campos da Universidade", mas que acabou por se transformar num foco de

---

26 "O caminho percorrido". In: CANABRAVA, Alice P. *História econômica, op. cit.*, p. 33.
27 PINHO, Diva B. "O Departamento de Ciências Econômicas". In: CANABRAVA, Alice P. (coord.). *História da Faculdade de Economia e Administração da Universidade de São Paulo – 1946-1981*. São Paulo: FEA-USP, 1984, p. 38.
28 CARDOSO, Irene R. *A universidade da comunhão paulista*. São Paulo: Cortez, 1982, p. 156.

questionamento do quadro simbólico até então rigidamente estruturado.[29] Ao atrair especialistas estrangeiros para compor seus quadros – franceses, alemães, italianos, ingleses, portugueses, norte-americanos –, assumiu a feição de um "centro internacional de cultura".[30] Outro diferencial foram seus alunos. Ao contrário das grandes escolas frequentadas pelos filhos da burguesia, a Faculdade de Filosofia incorporou "segmentos até então excluídos dos cursos superiores",[31] sobretudo alunos extraídos de famílias imigrantes, disponíveis e ansiosos em ascenderem socialmente por via da educação e da cultura,[32] onde praticavam novos modelos de sociabilidade, constituíam grupos de solidariedade, incorporavam novas práticas e representações referentes às mulheres, posições de vanguarda em que elas surgem primeiro como colegas e, depois, como concorrentes.[33]

A acolhida calorosa na nova Faculdade, sem qualquer discriminação por sua condição feminina, marcou indelevelmente a memória de Alice, pois os professores "ligavam-se mais à vida ordinária, dos fatos, do cotidiano"; eram pessoas diferentes da Faculdade de Filosofia, onde "havia muitos 'intelectualoides' que se diziam avançados, liberais, mas que, no fundo, eram extremamente preconceituosos para com uma mulher", revelando que as feridas abertas pelo infausto concurso ainda não tinham cicatrizado, que a batalha pela cátedra produzira sequelas duradouras, as quais, visivelmente, toldaram sua capacidade de avaliação, igualmente preconceituosa e sobretudo injusta para com a Faculdade à

---

29 LEITE, Miriam L. M. "Memória da Faculdade de Filosofia (1934-1994)". *Estudos Avançados*, vol. 8, nº 22, 1994, p. 169.

30 CONTREIRAS, Cintia F. *et al. Retrato da USP aos cinquenta anos*. Vol. I. São Paulo: Centro de Estudos Rurais e Urbanos, 1986, p. 29.

31 TRIGO, Maria H. B. *Espaços e tempos vividos: estudos sobre os códigos de sociabilidade e relações de gênero na Faculdade de Filosofia da USP (1934-1970)*. Tese (doutorado) – FFLCH-USP, São Paulo, 1971, p. 99.

32 MICELI, Sergio. "Condicionantes do desenvolvimento das Ciências Sociais". In: MICELI, Sergio (org.). *História das Ciências Sociais no Brasil*. São Paulo: Vértice/Revista dos Tribunais/Idesp, 1989, p. 14.

33 TRIGO, Maria H. B. *Op. cit.*, p. 187-8.

qual devia a formação que a projetou para a carreira acadêmica e que, ela mesma, repetidas vezes, não cansara de elogiar. Além do que, bem sabemos, o ambiente acadêmico é extremamente competitivo, e o comportamento de Alice demonstra que ela não havia ensarilhado as armas, nem deixara de ter uma visão conspirativa do mundo ao se instalar na FCEA, como deixa entrever em seu depoimento Miriam Lifchitz Moreira Leite: "Ela não mantinha relações com os colegas, a quem se referia com o maior desprezo e recomendava-nos que não permitíssemos a ninguém a entrada em sua sala".[34] Em 2004, decorridos 58 anos da momentosa batalha pela cátedra de História da América, Alice exibia ainda a firme convicção de que fizera o certo, pois, quando instada por seus colegas a desistir, respondera sem hesitação: "eu faço o concurso, caberá à banca me reprovar".[35] Porém, alguns anos antes, em 1997, reconhecera um certo açodamento em sua decisão de concorrer, ao dizer: "eu tive a audácia de concorrer com o meu chefe. Pecado de juventude".[36]

A garra demonstrada por Alice na defesa de seus direitos de prosseguir na carreira universitária é admirável, mas a transformação de sua ação em um momento privilegiado da defesa do feminismo e da história de gênero é excessiva. Ela não se envolveu com os movimentos sociais e políticos empreendidos pelas mulheres naqueles anos. Não há qualquer referência em suas memórias a tais agitações, nem sua identificação com as mesmas. Se Alice era muito jovem em 1922, quando foi criada a Federação Brasileira para o Progresso do Feminismo sob a liderança de Bertha Lutz, já não era quando o movimento contra o antifeminismo instalou-se na Faculdade de Filosofia, objetivando formar uma associação própria de ajuda e apoio ao gênero no âmbito da academia ao invés de entrar nas lutas feministas propriamente ditas, iniciativas das quais Alice não tomou

---

34 LEITE, Miriam Lifchtiz Moreira. Depoimento sobre Alice Piffer Canabrava concedido ao autor, 28 de abril de 2010.
35 "O caminho percorrido". In: CANABRAVA, Alice P. *História econômica, op. cit.*, p. 31.
36 CANABRAVA, Alice P. "Minhas reminiscências", *op. cit.*, p. 162.

conhecimento, nem aderiu, ao contrário de colegas historiadoras, como a professora Olga Pantaleão.[37]

Texto e contexto historiográfico

A energia vital de que era especialmente dotada a autora de *O desenvolvimento da cultura do algodão na Província de São Paulo* fez com que se tornasse a primeira mulher catedrática da USP, em uma carreira sobre todos os pontos de vista brilhante e meteórica, e pode ter espicaçado ainda mais a resistência, segundo ela irada, de seus pares masculinos.

Desde seu ingresso como professora assistente na Cadeira de História da Civilização Americana, em 1938, decorreram apenas oito anos entre apresentar-se para o concurso de cátedra, em que foi preterida, e tornar-se Regente da Cátedra de História Econômica Geral e Formação Econômica do Brasil da FCEA da USP.[38] E 13 anos para tornar-se catedrática efetiva, cargo assumido com a idade de 39 anos, e no qual se manteve por mais 31 anos, até ser colhida pela aposentadoria compulsória em 1981. Neste período, reinou absoluta no comando do ensino e da pesquisa em história econômica produzida na FEA, dela e de seus subordinados, orientandos e assistentes.[39] Se tivesse vencido o concurso na Faculdade de Filosofia em 1946, teria se preservado catedrática por 35 anos, pois mesmo com a reforma universitária de 1970, que extinguiu a cátedra e instaurou as titulaturas, restringindo o poder de que estavam investidos os professores catedráticos, cerceados que foram

---

37 As reuniões eram feitas na casa de Helena Silveira ("Olga Pantaleão, historiadora: depoimento". In: BLAY, Eva A.; LANG, Alice B. *Mulheres na USP, op. cit.*, p. 115).

38 Alice foi contratada em 29 de agosto de 1946, na função de técnico administrativo junto ao Instituto de Administração e, no ano seguinte, em 27 de agosto, foi elevada à função de professora catedrática, sem concurso.

39 Alice estendeu sua influência para outras Unidades da Federação: junto ao Instituto Central de Ciências Humanas (ICCH) da Universidade de Brasília (1964); à FCE da Universidade de Pernambuco (1969-1971), bem como ao exterior, na Facultad de Filosofia y Educación da Universidade do Chile (1964-1965). Cf. CANABRAVA, Alice P. (coord.). *História da Faculdade de Economia e Administração da Universidade de São Paulo, op. cit.*, vol. 2, Personália, p. 84.

em sua autonomia absoluta pelos colegiados departamentais, os velhos catedráticos continuarem a se comportar como se nada houvesse mudado, operando exatamente como antes no trato com alunos, funcionários e professores, sobretudo com estes últimos que, apesar de alforriados pela reforma, continuavam a ser *assistentes*. Distribuição dos cursos a serem ministrados, conteúdo programático, orientação de pesquisa, tudo continuou a ter a sua participação decisória, em muitos casos mais pela memória de seu antigo poder e prestígio do que por sua legitimidade.

Os depoimentos de ex-assistentes da professora Alice são autoexplicativos. Deles surge uma personagem dúplice, que oscilava entre o perfil liberal e o conservador. A face liberal emerge na abertura de espaço para professores assistentes que professavam convicções políticas, ideológicas e orientações metodológicas antípodas em relação à sua. Casos de José Albertino Rodrigues, Fernando Henrique Cardoso e Fernando Novais, justamente ela que jamais demonstrou qualquer proximidade com a corrente marxista que os identificava, o que não impediu de elegê-los para comporem seu quadro de assistentes.

Sua face conservadora é um bem de raiz. Deriva de sua própria estrutura familiar. Traço que caracteriza a grande maioria dos alunos formados nas primeiras turmas da Faculdade de Filosofia, apesar de suas ilhas de vanguarda.

> Os alunos das primeiras turmas, nascidos e educados nos anos 20, ainda que sensíveis às mudanças que começavam a se operar, traziam interiorizadas regras de comportamento e valores gerados por uma sociedade conservadora em suas práticas e visões de mundo.[40]

E Alice não é exceção à regra. Pelo contrário. Revela-se, por exemplo, na preferência por assistentes homens,[41] não criando condições para que suas

---

40 TRIGO, Maria H. B. *Op. cit.*, p. 60.
41 Foram assistentes de Alice, diretamente escolhidos por ela, na condição de professora catedrática: Maria Celestina Teixeira Mendes Torres (1947-1948);

assistentes mulheres pudessem crescer, em um campo em que ela mesma fora objeto de discriminação. Maria Celestina Teixeira Mendes Torres[42] e Miriam Lifchitz Moreira Leite foram as suas duas primeiras assistentes, mas não vingaram, explicitando-se, na relação severa que mantinha com seus subordinados, o mesmo comportamento que tipificava seus colegas catedráticos.

Do testemunho de seus assistentes emergem duas personagens. Uma da professora Alice nos tempos da cátedra; outra na fase das titulaturas. Os trechos já citados, extraídos do depoimento da professora Miriam Lifchtz Moreira Leite, compõem uma figura rígida, exigente, de trato difícil, nada generosa, insensível. De Miriam, exigia dedicação total ao trabalho, apesar de seu salário de tempo integral haver sido dividido. O cumprimento estrito do horário de trabalho tornou-se exigência difícil de ser atendida após o seu casamento com Dante Moreira Leite, pois não poderia mais estar "sempre à disposição para atender as solicitações", o que esfriou as relações entre ambas. A professora Alice, na avaliação de Miriam, "não suportou que eu fosse servidora de dois amos" e, ato contínuo, "despediu-me sem mais",[43] apesar de seu histórico na Faculdade anotar rescisão de contrato, a pedido.[44]

Miriam Lifchitz Moreira Leite (1949-1952); Fernando Henrique Cardoso (1951-1953); José Albertino Rosário Rodrigues (1952-1957); Fernando Antonio Novais (1955-1961); Hans Bruno Eduardo Schellenberg (1961-1970); Antonio Emilio Muniz Barreto (1967-1984). Após a reforma universitária de 1969, que cassou os plenos poderes dos professores catedráticos e instituiu o regime departamental, tornaram-se seus assistentes: Ronaldo Marcos dos Santos (1969); Flávio Azevedo Marques Saes (1972-); Iraci del Nero da Costa (1973); Francisco Vidal Luna (1973); Nelson Hideiki Nozoe (1975); Zélia Maria Cardoso de Mello (1978). Cf. CANABRAVA, Alice P. (coord.). *História da Faculdade de Economia e Administração da Universidade de São Paulo, op. cit.*, vol. II.

42 Maria Celestina Teixeira Mendes Torres foi contemporânea de Alice na segunda turma da FFCL, tornando-se sua assistente no período de 1947 a 1948, tendo sido, concomitantemente, professora da FFCL. Especialista na história dos bairros de São Paulo e de Piracicaba, publicou em colaboração com Alice Canabrava o artigo "A região de Piracicaba" (*Revista do Arquivo Municipal*, São Paulo, vol. 45, 1938, p. 275-339).

43 LEITE, Miriam Lifchtiz Moreira. Depoimento sobre Alice Piffer Canabrava concedido ao autor, 28 de abril de 2010.

44 PINHO, Diva B. *Op. cit.*, p. 230.

As relações com seu terceiro assistente foram mais breves ainda. Não passaram de dois anos. E terminaram da mesma forma, com um ato de demissão. Era Fernando Henrique Cardoso, contratado pelo Instituto de Administração por indicação do Florestan Fernandes, para substituir Miriam Moreira Leite, que a professora Alice acabara de dispensar. Fernando era então muito jovem, quartanista de Ciências Sociais, para o qual foi dada uma autorização especial para poder lecionar sem ser ainda formado. Contratado como assistente, recebeu duas tarefas principais: ministrar um curso de história econômica da Europa, com base em bibliografia em inglês que ela lhe adiantou, e fazer pesquisa na documentação manuscrita da Câmara de São Paulo sobre o tema do abastecimento no período colonial. Da primeira tarefa desincumbiu-se com facilidade, baseando-se em suas leituras de Weber e Marx. Já a segunda criou dificuldades, obrigando-o a iniciar-se em paleografia para ler os documentos de época.

Suas orientações para a realização da pesquisa eram simples e diretas: "copie tudo que diga respeito ao tema do abastecimento na documentação". Diretrizes muito diferentes do que estava acostumado a receber sob a orientação de Florestan Fernandes, onde os conceitos, as concepções abrangentes, eram prioritários, exatamente o que Fernando Henrique considerava faltar à professora Alice: "sofisticação, apesar de ser uma pessoa muito competente, muito rigorosa e que trabalhava furiosamente". O desenlace não poderia ser outro. O tratamento dispensado ao seu novo assistente passou a ser distante, frio, "ríspido" mesmo, dando vez a avaliações do tipo "você nunca vai ser um pesquisador, é igual ao Antonio Candido, um ensaísta", culminando na dispensa pura e simples: "vou mudar de assistente". A demissão inesperada alcançou Fernando Henrique numa situação extremamente difícil, pois acabara de se casar, tendo sido salvo por Florestan Fernandes, que o indicou para ser assistente de Roger Bastide. O casamento pode ter influenciado na decisão da professora Alice, considera Fernando, pois não teria mais o mesmo tempo para dedicar-se a ela, às suas pesquisas. Experiência pessoal que o levou, mais tarde, a advertir seu amigo Fernando Novais: "quando você se casar vai brigar com a Alice".[45] O correto talvez fosse: "quando você se casar Alice vai brigar com você".

Quando Fernando Henrique saiu, exonerado "a pedido", já havia um quarto assistente contratado desde o ano anterior, José Albertino Rosário Rodrigues, cuja permanência foi mais duradoura, mas com desfecho semelhante. Albertino foi seu assistente por cinco anos, uma longa duração à luz das experiências anteriores. Formado pela Escola de Sociologia e Política, tornou-se auxiliar de ensino do professor Oracy Nogueira, na mesma escola, mas passou a ser severamente hostilizado na Instituição por conta de sua militância estudantil e política. Sem ambiente para continuar, o professor Oracy intermediou sua ida para a FCEA da USP, recorrendo ao professor Mário Wagner Vieira da Cunha, responsável pelo Instituto de Administração, que o indicou para a professora Alice, sendo incorporado como auxiliar e, depois, assistente de ensino e pesquisa. Atitude sem dúvida solidária e generosa de Alice, pois Albertino perseverou em suas ações políticas, tanto que, em 1952, realizou o projeto mais exitoso de sua carreira, a criação do Departamento Intersindical de Estatística e Estudos Socioeconômicos (Dieese).[46]

Talvez por achar que seu assistente não se dedicasse integralmente à pesquisa, como era seu desejo, que estava demasiadamente envolvido com a militância política, o que de resto era verdade – mas isso não havia impedido que ele permanecesse por vários anos na cadeira –, a professora Alice, de um momento para outro, congelou as relações com Albertino, demonstrando sua insatisfação de maneira pouco cortês, em se tratando de um ambiente acadêmico. Simplesmente "parou de falar com ele, mal o cumprimentava", conta Fernando Novais que, incomodado, chegou a perguntar ao colega como ele suportava aquela situação tão constrangedora, ao que ele

---

45 CARDOSO, Fernando Henrique. Entrevista sobre Alice Piffer Canabrava concedida ao autor em 13 de julho de 2010.

46 NOGUEIRA, Oracy. "José Albertino Rosário Rodrigues". *Tempo Social*, São Paulo, vol. 4, nos 1-2, 1992, p. 199-203.

respondeu: "Eu não fiz nada, preciso do emprego, ela que decida". E decidiu, "não renovou o contrato dele", e isso muito me desagradou, "a maneira pela qual ela mandou o Albertino embora".[47]

Fernando Novais vivenciou de perto essa situação porque já era auxiliar de ensino da professora Alice desde 1955, portanto, convivendo com Albertino, que era o primeiro assistente. Ainda no terceiro ano do curso de História e Geografia, foi indicado pela professora Gioconda Mussolini, amicíssima de Alice, por preencher o perfil por ela delineado, "de ser do curso de História, aluno ou recém-formado e que pudesse fazer carreira". Era uma função subalterna que, naquele momento, significava "apagar a lousa, datilografar, carregar pasta", situação transformada pela exoneração de Albertino, pois foi elevado à condição de assistente, aproximando-o mais intensamente da professora catedrática. "Importantíssima em minha formação", diz Fernando, pois muitas foram as reuniões de trabalho em que discutiram minuciosamente as teses de Alice, extremamente relevantes, sobretudo a primeira, "uma obra-prima". "Gostava muito dela, tinha enorme valor pessoal" e, tenho certeza, "ela também gostava de mim". Mas isso não foi o suficiente para contornar algumas situações mais críticas, como a saída de Albertino e certa invasão de sua privacidade, pois "ela não era fácil, muito enfática, complicada".

Fernando recorda que o primeiro contato que teve com a professora Alice foi no terceiro andar do prédio da Faculdade, na rua Doutor Vila Nova, e que ela lhe disse que a indicação da professora Gioconda para que ele fosse contratado era decisiva, mas que se tratava de uma experiência, "um estágio probatório, um investimento", expressão que Fernando disse não ter gostado, nem esquecido.

O rompimento com Fernando seguiu um roteiro previsível, à luz das experiências anteriores. A professora Alice foi ministrar um curso na França durante um mês, no ano de 1959, período no qual tinha muitos afazeres, pois

---

[47] NOVAIS, Fernando Antonio. Entrevista sobre Alice Piffer Canabrava concedida ao autor, 21 de abril de 2010.

era diretora da Faculdade. Por isso, "ela ia pouco à cadeira, não delegava e não tinha tempo de fazer as coisas. Não corrigia os trabalhos dos alunos e não me deixava corrigir". Fernando ministrava então o curso de História Econômica Geral, um curso pesado sobre a formação do capitalismo, que exigia horas de preparação, e não entendeu porque Alice não lhe disse que, na sua ausência, ele deveria dar também as aulas dela no curso de História Econômica do Brasil. Jamais disse "dê o meu curso"[48] e ele não se atreveu a fazê-lo sem suas ordens expressas.

Quando a professora Alice retornou, transformou-se. Passou a dar ao Fernando o mesmo tratamento que dera ao Albertino, cena *déjà vu*. "Cumprimentava-me secamente, sentava-se à mesma mesa, falava com a secretária, mas não comigo." Premido pelas circunstâncias, pois seu primeiro filho estava para nascer e o contrato de trabalhar por terminar no fim de maio, prevendo o mesmo desenlace que se abatera sobre seu antecessor, Fernando procurou o professor Eduardo D'Oliveira França, catedrático de História Moderna e Contemporânea da FFCL da USP, que o acolheu, mas disse que somente poderia contratá-lo em tempo parcial, pois não tinha verba para tempo integral. Quando a professora Alice soube dessas iniciativas, ficou furiosa. Chamou Fernando para conversar, depois de meses de silêncio absoluto. Recebeu-o aos berros, reclamando porque ele não lhe havia dito nada. A resposta foi: "A senhora não fala comigo, sou assalariado, tenho um filho para nascer".[49] Cumpriu-se o vaticínio de Fernando Henrique.

O rompimento foi doloroso para Fernando. Perdeu o tempo integral, a regência do curso noturno, cerca de 2/3 do seu salário, necessitando do apoio da família para sobreviver. Para recuperar o tempo integral, contou com a ajuda decisiva do amigo Fernando Henrique que, membro do Conselho Universitário, onde representava a Faculdade de Filosofia, da qual passara a ser professor depois de ser descartado pela professora Alice, pressionou o então diretor Mario Guimarães Ferri para que uma verba de

---

48 *Ibidem*.

49 *Ibidem*.

professor em tempo integral fosse alocada na cadeira do professor França, destinada a Fernando Novais. Recompôs seu salário, mas não tudo, pois a regência do noturno se fora para sempre.

A recomposição pessoal se deu uma década após. Por ocasião do Congresso de História Quantitativa realizado em Paris em 1971, Frédéric Mauro, seu organizador, disse a Fernando que, convidada, a professora Alice declinou dizendo que não poderia ir, mas desejava que em seu lugar fosse o Fernando, que disso ela fazia questão, e mais, "que ela queria fazer as pazes". Sensibilizado, Fernando telefonou para a professora Alice a fim de agradecer a indicação, ao que ela respondeu: "ah, que bom que você vai". A partir daí, o diálogo retornou e Fernando passou a visitá-la todos os anos, por ocasião do aniversário dela, em companhia de seus assistentes da nova geração.

Hans Bruno Eduardo Schellenberg foi o último assistente da velha guarda. De aluno, tornara-se substituto de Fernando Novais. Foi também o primeiro formado na própria Faculdade de Economia, quebrando a série de cinco assistentes provenientes da FFCL, inaugurando a fase "prata da casa". Traço indicativo do apreço da professora Alice para com suas raízes, tanto que impôs ao professor Hans fazer o curso de História, onde foi meu colega de turma e de Boris Fausto. Contratado em 1961 como auxiliar de pesquisa, passou a instrutor e, finalmente, catedrático substituto em 1963, tendo sido alocado no Departamento de Economia a partir de 1970.

Iniciava-se, assim, a segunda geração: professores incorporados à cadeira de História Econômica via regime departamental. Foi nessas condições, de esvaziamento do poder catedrático, que Flávio Saes ingressou na FEA para dar aulas no setor de História Econômica, sem ter sido aluno da professora Alice na graduação, contando apenas com a indicação de seus assistentes, procedimento impensável na fase anterior, sinal evidente dos novos tempos. Tanto que ela somente o conheceu mais tarde, em uma reunião de professores da área de História Econômica. Acolheu-o para fazer a dissertação de mestrado sob sua orientação. Não se opôs a que ele fizesse seu doutoramento no Departamento de Ciências Sociais da Faculdade de Filosofia, apesar de ter sinalizado sua preferência pela FEA.[50] Ato significativo, considerando-se o perfil da professora Alice, que aponta no sentido de uma relação cordial e de respeito mútuo, que se estendeu pelo resto da existência da professora Alice, durante o qual, diz Flávio Saes, "não tive problema de ordem profissional ou pessoal com ela, diversamente do que parece ter ocorrido com outros professores de períodos anteriores".[51]

A frase é sintomática, pois Flávio parece ter sido o primeiro de seus assistentes a não registrar problemas de relacionamento pessoal, com exceção de Maria Celestina Torres e Hans Schellenberg, cujos depoimentos não possuímos. Mas ele tem uma explicação plausível. A professora Alice entendia a carreira universitária como um sacerdócio, que exigia dedicação integral, especialmente no que concerne à pesquisa e, diz ele,

> entre os colegas de área, havia alguns que, diante dos baixos salários dos auxiliares de ensino, mantinham outros empregos a fim de garantir sua sobrevivência. Nesses casos, a professora Alice exercia pressão para que abandonassem seus empregos fora da USP, ingressassem no RDIDP e se dedicassem à pesquisa ou então que se desligassem da área de História.[52]

Isso significa que "ela era exigente e não autoritária, pois sempre deu autonomia aos professores para que realizassem suas pesquisas desde que efetivamente se dedicassem a elas".[53] Essa interpretação traz uma nova perspectiva para certos comportamentos considerados excessivamente autoritários por parte da professora Alice, como o episódio relatado por

---

50 SAES, Flávio Azevedo Marques. Entrevista sobre Alice Piffer Canabrava concedida ao autor, 17 de maio de 2010.
51 Ibidem.
52 Ibidem.
53 Ibidem.

Miriam Moreira Leite, que motivou sua demissão da cadeira de História Econômica. Nesse viés, muitas das objeções ao seu comportamento poderiam ser creditadas ao seu empenho, "determinado a preservar a qualidade da área de História", como lembra Nelson Nozoe.[54] O que muitos interpretaram como defeito poderia ser exatamente sua principal virtude: o sentimento de coerência.

O relacionamento com seus assistentes da nova geração parece ter mudado substancialmente. A pesquisa contínua agregou um número considerável de alunos, atividade que se estendeu para além de sua aposentadoria compulsória, encerrando-se apenas em torno de 1990, quando findaram suas pesquisas na FEA. Convivência que, se por um lado "inspirava certo temor pela exigência em relação à frequência e à intensidade do trabalho", por outro, propiciou o desenvolvimento de relações muito próximas, de que são exemplos Ronaldo Rocha Vecchia e Zélia Cardoso de Mello, por quem a professora Alice "demonstrava grande apreço". Um traço marcante de sua personalidade, o de procurar estabelecer "uma relação quase 'maternal' com aqueles que apreciava e se 'abriam' para esse tipo de contato".[55] Visão que Nelson Nozoe de certa forma compartilha, ao afirmar que ela era "enérgica, porém protetora", e que "praticamente todos os problemas podiam ser tratados com ela", apesar de ser "uma pessoa de relacionamento difícil".[56]

Figura ímpar, na opinião de Flávio Saes que, em uma só frase, assim a resume: "A professora Alice dedicou sua vida ao ensino e à pesquisa; começou alfabetizando crianças no interior do estado de São Paulo; e em todas as suas atividades demonstrou o mesmo empenho, a mesma seriedade e o mesmo rigor que estão registrados em suas obras e na memória daqueles

---

54 NOZOE, Nelson H. Entrevista sobre Alice Piffer Canabrava concedida ao autor, 10 de maio de 2010.

55 SAES, Flávio Azevedo Marques. Entrevista sobre Alice Piffer Canabrava concedida ao autor, 17 de maio de 2010.

56 NOZOE, Nelson H. Entrevista sobre Alice Piffer Canabrava concedida ao autor, 10 de maio de 2010.

que tiveram o privilégio de trabalhar ao seu lado".[57] Personagem notável, sem dúvida, porque sua trajetória revela a capacidade de transformar, de fazer e viver a história, de ensinar e aprender.

O traço conservador em Alice é persistente. Atravessa sua produção histórica. Explicita-se em seus conteúdos. Afirmação que pode, à luz de outras análises coevas, causar um certo paroxismo. Especialmente quando rememoramos a formação acadêmica sabidamente influenciada pela *missão francesa*.[58] Sobretudo por ter sido aluna de Fernand Braudel e dele ter recebido o agasalhamento de sua intimidade familial, privilégio exclusivamente concedido aos alunos considerados eleitos,[59] de quem muito se esperava na difusão futura das ideias involucradas no projeto da escola dos *Annales* no Brasil. Mesmo que a concepção de escola não estivesse ainda plenamente configurada, não havia dúvidas quanto ao desejo dos missionários de enraizar suas concepções, técnicas e métodos de pesquisa e fazer prosélitos.

Mas também é certo que, a esta altura, o próprio Braudel estava ainda em fase de maturação de sua metodologia, que somente ficaria delineada depois da elaboração de *O Mediterrâneo* e efetivamente sistematizada nos escritos teóricos realizados muito mais tarde.[60] O tempo disponível mal dava para cobrir o vasto programa do curso de História da Civilização

---

57 SAES, Flávio Azevedo Marques. Entrevista sobre Alice Piffer Canabrava concedida ao autor, 17 de maio de 2010.

58 A expressão "missão francesa" é polêmica. Tem uma carga negativa se entendermos que a iniciativa, *sponte sua*, coube aos forâneos, enviados investidos de uma tarefa civilizatória. Mas eles foram convidados, instados a vir, e foi a cultura nativa, habituada às missões históricas, que assim os rotulou.

59 A expressão deriva das observações do professor Eduardo D'Oliveira França ao comentar a figura de Braudel, que diferenciava "os alunos" dos "seus alunos", no fundo cultivados por serem os seus sucessores e, de certa forma, continuadores das propostas da missão francesa, entre os quais se incluíam o próprio França e Alice (FRANÇA, Eduardo D. "Eduardo D'Oliveira França: um professor de História. Entrevista". *Revista Estudos Avançados*, vol. 8, n° 22, 1994, p. 152).

60 Fernando Novais relembra que os membros da missão francesa eram muito jovens quando vieram ao Brasil e que "Braudel, quando veio para São Paulo, ainda não tinha

Ocidental, não lhe sobrando tempo para falar de pesquisa, como reconhece Alice, apesar de estar empenhado na organização do material destinado à sua própria tese. Mesmo rejeitado como paradigma negativo, o livro clássico de Langlois e Seignobos continuava a lastrear a formação de professores e pesquisadores da jovem Faculdade de Filosofia. Fundamentava a obra e as aulas de Afonso Taunay, seu professor de História do Brasil, afeiçoado a uma visão mais tradicional de História.[61] Este texto clássico da Escola Metódica traduzia os passos típicos da metodologia: pesquisa documental, análise e síntese histórica, etapas estas plenamente realizadas nos três trabalhos acadêmicos de maior relevância realizados por Alice, suas teses de doutoramento, livre-docência e cátedra.[62]

O apego à documentação é uma de suas maiores virtudes. Mas também a sua prisão. Recusava-se a realizar grandes sínteses; preferia a segurança dos arquivos. Para cada afirmação uma fonte, manuscrita ou impressa. A recusa aos voos de longo curso explica a preferência por temporalidades médias, variando entre o ciclo Kondratieff, semissecular, e o ciclo Juglar, de amplitude decenal, o chamado interciclo na tipologia de Ernest Labrousse, sem o indispensável engastalhamento na longa duração, como requeria o protocolo *Annales*. O diálogo transtemporal se faz mais intensamente entre a média e a curta duração, a duração propriamente *événementielle*, rescaldo incontornável da tradição positivista, a "poeira da história", alegoria conceitual de Braudel no prefácio da primeira edição de *Civilização material, economia e capitalismo*, poeira que, constantemente repetida, estruturaliza-se.[63] A ênfase na média duração impede Alice de

---

publicado sua tese, apenas uma ou outra resenha" (NOVAIS, Fernando A. "Braudel e a 'missão francesa': depoimento". *Estudos Avançados*, vol. 8, n° 22, 1994, p. 161).

61   *Ibidem*, p. 155.

62   CANABRAVA, Alice Piffer. *O comércio português no Rio da Prata – 1580-1640*. São Paulo: FFCL, 1944; Idem. *A indústria do açúcar no mar das Antilhas – 1697-1755*. São Paulo: S.C.P., 1946; Idem. *O desenvolvimento da cultura do algodão na Província de São Paulo, op. cit.*

63   "O acontecimento quer-se, crê-se único, a ocorrência repete-se e, ao repetir-se, torna-se generalidade, ou melhor, estrutura". Cf. BRAUDEL, Fernand. *Civilização material*

estabelecer uma relação promissora entre a "segunda fome do algodão",[64] nos meados do século XIX, e a "primeira fome do algodão", da qual somente se deu conta no texto sobre *A grande lavoura*, de 1971, impedindo-a de alargar o escopo de suas conclusões, preferência que a aproximava das formas consideradas ultrapassadas de procedimento metodológico pelo grupo dos *Annales*; que a retinha num patamar conservador, *vis-à-vis* a modernização que a escola se empenhava em instaurar.

Por outro lado, como ensinava a escola, assumia o tempo presente como a motivação fundamental para regressar ao passado; a necessidade absoluta de problematização da história; o balizamento das evidências quantitativas a partir do enquadramento qualitativo; a produção histórica como construção prenhe de significado, portanto, de sentido,[65] incluindo-se nos procedimentos arquitetados pelos analistas, mas preservando-se na vertente mais empiricista da tendência historiográfica em vias de hegemonização.

Alice foi reconhecida pelo grupo como uma *performer* da nova história? Uma das referências recorrentes em seus biógrafos e nela própria é o fato de ter tido suas teses resenhadas por membros insignes dos *Annales*. De fato o foram. Mas eles também resenharam outros colegas seus, especificamente Olga Pantaleão e Astrogildo Rodrigues de Mello, acolhidos, evidentemente, com menor entusiasmo.[66]

Coube a Vitorino Magalhães Godinho recepcionar a tese sobre *A indústria do açúcar*, exatamente aquela que poderia ter propiciado a

---

 e capitalismo: séculos XV-XVIII. Vol. I: *As estruturas do cotidiano*. São Paulo: Martins Fontes, 1995 [1979], p. 17.

64 A expressão vem do livro de W. O. Henderson, *The Lancashire Cotton Famine, 1861-1865* (Manchester: Manchester University Press, 1934), largamente utilizado por Alice.

65 BRAUDEL, Fernand. *Op. cit.*, p. 273-275.

66 GODINHO, Vitorino Magalhães. "Le problème des découvertes". *Annales: Économies, Sociétés, Civilisations*, Paris, vol. 3, nº 4, 1948, p. 522-4; Idem. "Le travail forcé dans le mexiquecoloniale". *Annales... op. cit.*, p. 488-90; Idem. "Le commerce anglais et l'Amérique espagnole au XIIIe siécle". *Annales... op. cit.*, p. 551-4.

Alice a ascensão à cátedra de História da América. Objeto de larga envergadura, diz Godinho, talvez o mais notável da jovem literatura histórica brasileira. "É, verdadeiramente, no sentido que nós entendemos nos *Annales*: total, humana." Nela, "tomamos uma consciência clara e minuciosa das técnicas agrícolas, industriais e comerciais; onde aprendemos sobre o regime de propriedade e de exploração, como se buscavam os indispensáveis capitais e qual era a escala dos lucros; enfim, de onde vinha a mão-de-obra e como viviam". A historiadora descreve "de maneira concreta as condições materiais das viagens, e não se esqueceu, finalmente, de nos introduzir no coração do problema dos escoadouros e da concorrência pela conquista de mercado". As reservas críticas que se seguem são ínfimas, limitam-se ao desejo de que a tese apresentasse estatísticas mais completas, solicitação que seria normal esperar-se de Godinho, cobrança que ele mesmo considera insignificante, pois a obra é plena de inteligência, à qual não falta jamais o "sentido do essencial", obra que, naquele momento, "não tinha equivalente na literatura internacional", revelando a autora talento e força para empreender o estudo da problemática do açúcar em toda a América dos séculos XVI ao XVIII, pois o que fizera revelava competência para enfrentar esta enorme tarefa.[67]

A resenha crítica de Fernand Braudel sobre *O comércio português no Rio da Prata* segue o mesmo diapasão, porém, mais comedido. Alice é anunciada como uma jovem historiadora brasileira "formada e orientada, posso assegurar, pela leitura e conhecimento de nossos *Annales*". Uma obra de grande importância, "clara, exata, metódica, isenta de literatura fácil, de escrita notável", que reúne textos publicados pelos eruditos argentinos, espanhóis, portugueses e brasileiros, e os comentários abundantes aos quais eles deram lugar "foram analisados com desvelo e segurança". Mais do que isso, trata-se "de um livro que jamais fica limitado à erudição: o dossiê é bem estudado, as conclusões desentranhadas

---

67 Idem. "Surle sucre des Antilles". *Annales... op. cit.*, p. 541-5.

com força e nitidez".[68] Elogios fartos e qualificados, sobretudo vindos de quem vinha.

Há, porém, ressalvas. Braudel não aceita a explicação dada por Alice para o esgotamento do tráfico monetário via Potosi, em torno de 1625, pela criação da Alfândega de Córdoba, em 1623. Argumenta que seria mais apropriado situar o problema na "ampla história da América, do mundo e do Atlântico". De fato, "uma só e mesma história".[69] Nesse passo, o pontual torna-se relevante, sobretudo se projetado à escala teórica e metodológica. A restrição, aparentemente insignificante, face aos merecidos elogios ofertados a Alice, adquire significado ímpar se entendermos que Braudel reclama uma visão de conjunto mais elaborada, em termos espaciais e temporais. Cobra, em suma, uma história mais abrangente, uma história total, mais inserida no arcabouço interpretativo proposto nos *Annales*. Nestes termos, a excepcional acolhida de que Alice foi objeto precisa ser relativizada e pensada também no quadro mais amplo da competição historiográfica encetada pelo grupo naquele momento, a vontade de ver suas propostas acolhidas em todos os rincões do planeta, numa fase heroica dos *Annales*, "fase em que estavam abrindo caminho, marcando posição, assumindo o poder do ponto de vista institucional, e quando seus historiadores eram mais militantes".[70] Isso explicaria a inclusão neste número dos *Annales* especialmente dedicado à América do Sul, intitulado *L'Amérique Du Sud devantl'Histoire*, de autores e textos que nada têm a ver com as diretrizes da escola, a exemplo da resenha crítica sobre *Pernambuco e as capitanias do Norte do Brasil (1530-1630)*, de J. F. de Almeida Prado, feita a quatro mãos por Émile Coornaert e Fernand Braudel.[71]

---

68 BRAUDEL, Fernand. "Du Potosi à Buenos Aires: une route clandestine de l'argent". *Annales – Économies, Sociétés, Civilisations*, Paris, ano III, n° 4, 1948, p. 547.
69 *Ibidem*, p. 550.
70 Cf. NOVAIS, Fernando A. "Braudel e a 'missão francesa': depoimento", *op. cit.*, p. 163.
71 COORNAERT, Émile; BRAUDEL, Fernand. "Aux origines du Brésil du Nord et du Centre". *Annales*, *op. cit.*, p. 528-530.

Ao fazer da pesquisa sua trincheira, seu reduto inexpugnável, a professora Alice pagava um tributo à sua formação, em sua vertente mais tradicional.

O depoimento "Minhas reminiscências"[72] é sintomático. Alice declara seu amor pela pesquisa. Um amor de geração espontânea. Autoconstruído, pois, diz ela, na abertura de suas reminiscências: "meus trabalhos sempre foram feitos a partir de fontes primárias e eu não sei exatamente como fui conduzida a esse tipo de pesquisa nos arquivos".[73] Mas na sequência, apesar de negar que seu apreço pela pesquisa tivesse origem em Afonso D'Escragnolle Taunay, diz que a bibliografia sobre História do Brasil "resumia-se à obra de Taunay" e que ele foi um compilador incansável, um pioneiro, que importou cópias de arquivos espanhóis e que, portanto, teve algo a ver com a germinação de seu gosto pela pesquisa, que não poderia ter surgido espontaneamente, e que, se esta foi uma de suas raízes, ela estava vincada pela matriz de base positivista que entranhava os escritos de Taunay.

E não somente dele. De todos aqueles informados pela mesma vertente metodológica e que compunham a maioria dos membros do corpo docente da área de História, de Paul Vanorden Shaw e do próprio Astrogildo Rodrigues de Mello. Afinal de contas, já se fazia história no Brasil muito antes da criação da USP[74] e, portanto, a ação formadora dos franceses não se fez em um terreno virgem. Pelo contrário, "floresceu num ambiente intelectual propício", onde havia um caldo de cultura historiográfica fértil "voltada para os temas paulistas, expressas nas obras de Taunay e Alfredo Ellis".[75]

---

72 CANABRAVA, Alice Piffer. "Minhas reminiscências", *op. cit.*
73 *Ibidem*, p. 157.
74 NOVAIS, Fernando Antônio. "Braudel e a 'missão francesa': depoimento", *op. cit.*, p. 165.
75 CAPELATO, Maria Helena Rolim; FERLINI, Vera Lúcia Amaral; GLEZER, Raquel. "Escola uspiana de História". *Estudos Avançados – 60 anos de USP: ciências básicas e humanidades; origens e linhas de pesquisa, perfis de mestres*, São Paulo, vol. 8, nº 22, set./dez. 1994, p. 351.

Seria ingênuo supor que suas leituras de história, realizadas no ensino secundário, na escola normal, informadas pela dita história tradicional, não a tivessem influenciado de alguma maneira. Mais fácil isso do que imaginá-la totalmente absorvida pelo novo cânon historiográfico que nem os seus construtores sabiam muito bem o que era naquela altura. Sobretudo porque "a influência modernizadora dos professores estrangeiros foi neutralizada por aqueles professores brasileiros comprometidos com uma visão tradicional da História".[76]

Tradicional aqui não tem conotação despectiva, eram "tradicionais no sentido de ficarem à margem da modernização historiográfica que se deu na historiografia mundial, sobretudo a francesa". Isso explica porque a renovação no campo da história fez-se no espaço da "Cátedra de História Geral da Civilização",[77] isto é, sob a égide de Jean Gagé, Émile Coornaert, Fernand Braudel, Émile Léonard e, na sequência, por seus discípulos, sobretudo Eduardo D'Oliveira França, isso apesar da missão francesa na História ter sido de curta duração, quando comparada com as longas permanências de Pierre Monbeig na Geografia, Roger Bastide na Sociologia e Jean Maugüé na Filosofia.

Além do mais, não se pode esquecer que os ecos do modernismo ainda ressoavam fortemente e a aceitação de estrangeiros ditando os rumos da cultura histórica brasileira não era consensual. Na história geral, talvez, mas na história do Brasil, jamais, razão pela qual, sob a liderança de Taunay, primeiramente, e Alfredo Ellis, depois, a cadeira de História do Brasil preservou-se arcaica, à espera de Sérgio Buarque de Holanda para modernizá-la. Portanto, não se pode afirmar, sem incorrer em erro, que os benefícios da tradição francesa marcaram o curso de História e Geografia – 5ª Subseção de Ciências da FFCL – desde a fundação da Universidade até os anos 1970, pois sua influência fez-se sentir mais intensamente em um determinado setor.[78]

---

76 FRANÇA, Eduardo D'Oliveira. "Eduardo de Oliveira França: um professor de História: entrevista". *Op. cit.*, p. 155.

77 NOVAIS, Fernando Antonio. "Braudel e a 'missão francesa': depoimento", *op. cit.*, p. 165.

78 Maria Helena Rolim Capelato *et al* (*op. cit.*) afirmam que a tradição francesa e o sistema de cátedra marcaram o Departamento de História desde 1934 até a década de 1970.

Com relação ao débito para com Braudel no campo da pesquisa, Alice tergiversa. Primeiro reconhece nele qualidades intelectuais insuperáveis, mas afirma que suas aulas dirigiam-se mais para o ensino, ou seja, para ensinar a ensinar, que era, de resto, uma das metas principais dos criadores da Faculdade de Filosofia. Diz que seu orientador, Jean Gagé, assumira formalmente sua orientação, mas que ele nada teve a ver com seu trabalho, como ele próprio reconhecera na defesa da tese e que, portanto, fizera o trabalho sozinha. Mas se contradiz a seguir, ao afirmar que "nós somos filhos da pesquisa histórica da França, por causa dos grandes professores que tivemos" e, mais explicitamente, "eu ajudei (Braudel) no fichamento de muitos documentos dos Arquivos de Sevilha". E arremata: "eu aprendi muito ao ajudá-lo nesse trabalho".[79] Então, como ficamos? Vocação inata ou adquirida?

A corrente da história positiva não se identifica apenas por seu viés *événementielle*, de corte político. Identifica-se, sobretudo, pela forma de abordagem da documentação. Se ela fala pela história, ou não. Concordamos, em termos, com Nelson Nozoe, que defende de modo enfático e consistente o engajamento de Alice na esteira da produção histórica renovada, ao afirmar que ela não se prende apenas às fontes oficiais, mas que busca um leque de opções, como propunham os *annalistas*.[80] Mas, ressalvamos que, em sua tese sobre o algodão, as fontes oficiais são majoritárias e embasam a parte mais substantiva do trabalho, que o próprio Nelson reconhece ao dizer, no preâmbulo do seu artigo, que as fontes primárias são, principalmente, a "correspondência dos Conselhos Municipais com o Presidente da Província e as notícias publicadas em jornais",[81] aos quais acrescentaríamos os inquéritos ministeriais dirigidos às Câmaras Provinciais, cujas respostas alimentam parte substantiva da interpretação realizada pela historiadora sobre o papel

---

79 CANABRAVA, Alice P. "Minhas reminiscências", *op. cit.*, p. 159.
80 MELLO, Zélia Maria Cardoso de; SAES, Flávio Azevedo Marques de; NOZOE, Nelson Hideiki. "Três pesquisas pioneiras em história econômica (as teses universitárias de Alice Piffer Canabrava)". *Estudos Econômicos*, vol. 15, n° especial, 1985, p. 169-179.
81 *Ibidem*, p. 174.

desempenhado pelos agentes públicos imperiais e provinciais, sustentando sua caracterização da problemática algodoeira na conjuntura estudada.

O tratamento crítico do documento, outra virtude apontada por Nelson Nozoe, vazado na crítica interna e externa, na constatação de sua autenticidade e veracidade, não é exclusividade da renovação metodológica em curso. Já estava contida nos manuais produzidos pela escola metódica e intensamente divulgada por Langlois e Seignobos,[82] inúmeras vezes reiterada por Taunay em seus escritos teóricos, onde se encontram verdadeiras paráfrases daqueles.[83] Se generalizações infundadas eram malvistas pelos renovadores da história, a excessiva colagem na documentação, impedindo ilações de mais longo alcance, sem as quais ficava inviabilizada a tão ambicionada "história total", também o era.

Sem dúvida, o enquadramento geográfico da história é uma das premissas da escola e assumido por Alice. Mas a geografia não estava ausente das práticas historiográficas primevas, lastreadas nos textos clássicos dos grandes geógrafos como Vidal de La Blache, que muito influenciou Braudel,[84] mas que perdera na nova arquitetura seu caráter determinista, causal, para ganhar um corolário novo, que a lançava em um patamar superior, a de ser elevada à categoria de personagem histórica central, como o fez Braudel com *O Mediterrâneo*. Perspectiva que não habita o trabalho de Alice, nem poderia fazê-lo, pois *O Mediterrâneo* foi publicado em 1949, quando ela já estava com sua tese de cátedra bem avançada. A geografia

---

82 Cf. LANGLOIS, Charles-Victor; SEIGNOBOS, Charles. *Introduction aux études historiques*. Paris: Kimé, 1992 [1ª ed. – Hachette, 1898].

83 TAUNAY, Afonso D'Escrangnolle. "Os princípios gerais da moderna crítica histórica". *Revista do Instituto Histórico e Geográfico de São Paulo*, São Paulo, vol. 16, 1914, p. 323-344.

84 No topo da lista dos livros considerados essenciais por Braudel está o de Vidal de La Blache. Braudel diz: "li e reli as páginas que Vidal de La Blache devota ao Mediterrâneo no *Principe de géographie humaine*. Paris: E. Martone, 1922", reconhecimento que transparece na composição do primeiro volume de sua tese em que se descreve a geografia e o clima do Mediterrâneo e a forma pela qual moldaram sua história subsequente, realizado com tal zelo que Hugh Trevor Roper diz: "Ele parece conhecer todos os detalhes destas montanhas, todas as respostas humanas que elas suscitaram".

surge aí mais como pano de fundo, conjunto de elementos a favorecer ou constranger as atividades econômicas, mas nunca como interação complexa homem/natureza. E se havia um tema que se prestava a esse tipo de abordagem, era a tese sobre o algodão.

Os agregados quantitativos são muito caros ao grupo, muito particularmente para um de seus membros mais destacados, Ernest Labrousse, cujos trabalhos ela não frequenta.[85] Um bom exemplo é o tratamento dispensado aos gráficos relativos à exportação de algodão pela província de São Paulo, Brasil e Estados Unidos, como veremos *a posteriori*. O quantitativo a serviço do qualitativo. Os números a serviço da interpretação. Os ciclos a serviço da história social. As crises como momentos cruciais na alteração dos rendimentos, entendida não como instante breve, a simples inversão das tendências de alta para baixa de um determinado ciclo, mas crise entendida na medida de seu impacto sobre os atores sociais, sua capacidade de explicitar tensões, de explicar revoluções, lições presentes em sua primeira tese, *Esquisse Du mouvement de prix et de revenues en France au XVIIIe siècle* (1932), e na de cátedra, *La crise de l'économie française à la fin de l'ancien regime et au debut de la Révolution* (1943), que por certo engalanavam a biblioteca da Cadeira e das quais Alice não se valeu.

O encadeamento dos fatos no corpo do texto é outro aspecto a revelar a postura metodológica de Alice e os limites de sua inclusão no aparato dos *Annales*. Diz Nelson Nozoe, de cujo *approach* muito nos beneficiamos sobre seu procedimento metodológico: "um fato não explica outro que o sucede no tempo por sua condição de antecedência", razão pela qual a exposição obedece à sequência cronológica dos mesmos, pois eles "devem ser articulados logicamente tendo em vista a discussão das hipóteses que orientam a pesquisa".[86] Sem dúvida, o procedimento desejável. Mas, *data venia*, não é o que Alice faz em sua tese sobre o algodão. O texto parte

---

85 Nem mesmo em seus textos teóricos, que reverenciam Pierre Vilar, mas não Ernest Labrousse (CANABRAVA, Alice P. *História econômica, op. cit.*, p. 275-278).

86 MELLO, Zélia Maria Cardoso de *et al. Op. cit.*, p. 178.

de uma constatação, não de uma problemática. A sequência é lógica e temporalmente linear. Os tempos não se superpõem, não dialogam entre si.

O evento primacial, a Guerra de Secessão, determina o *boom* algodoeiro. O fim do conflito, sua extinção. Trata-se de um encadeamento direto dos eventos na escala do tempo, regidos pela noção de causa e consequência. A síntese que a própria Alice faz sobre o objeto de sua tese, a de que foi elaborada para "averiguar em que medida o algodão fora uma opção para o café, em função da Guerra de Secessão nos EUA",[87] não corresponde ao seu conteúdo, uma espécie de *wishful thinking* elaborado *a posteriori*. A ordem da exposição não parte da problematização da economia cafeeira naquele momento em que se vivencia uma conjuntura excepcional. É exatamente o contrário.

O acantonamento de Alice na vertente mais tradicional da linhagem interpretativa caucionada pelos *Annales* transparece em seu aparato conceitual, explícita ou implicitamente. Ao resumir, nas páginas iniciais de sua tese, o conteúdo de sua problemática, retoma a concepção de dependência externa como força motriz para os sucessivos momentos econômicos, rememorando a noção de ciclos econômicos, na forma como foi trabalhada por João Lúcio de Azevedo e incorporada por vários historiadores brasileiros, a exemplo de Roberto Simonsen.[88] O algodão surge como alternativa para o café atingido pelas pragas, ao mesmo tempo em que prepara um novo renascer econômico na forma de um possível arranque industrial, futuro este que Alice vivenciava nos meados do século XX. Visão de cunho progressista, que encerra um sentido de evolução inscrito na estrutura da tese, que se distribui por três etapas previsíveis: ascensão, apogeu e queda, que aponta para um novo renascer. O movimento cíclico é recorrente. Depois do *boom*, o algodão herbáceo aclimado vegeta e energiza as condições internas para um novo surto, por estimular a criação de fábricas que dele se alimentam, além de gerar excedentes em menor escala para a exportação, à espera da redenção por via da industrialização.

---

87 CANABRAVA, Alice P. "Minhas reminiscências", *op. cit.*, p. 159.

88 Sobre a crítica à noção de ciclo na economia colonial brasileira, ver ARRUDA, José Jobson de Andrade. *O Brasil no comércio colonial*. São Paulo: Ática, 1980, p. 605-612.

Desenvolvimento, vocábulo que abre o título de sua tese, é mera palavra. Não tem densidade conceitual. O desenvolvimento no caso não passa de um espasmo, um surto algodoeiro, como se o corpo social fosse acometido de uma disfunção passageira. Boa. Mas breve. O mais apropriado seriam os vocábulos difusão, disseminação, termos compromissados com linhagens interpretativas não perfiladas na obra, mas condizentes com a formação de geógrafa prodigalizada por seu curso de licenciatura. Igualmente, fala-se no prefácio em "processo de desenvolvimento da cultura do algodão", totalmente desprovido de sua carga teórica, em que processo também não é assumido como conceito e poderia ser tranquilamente substituído pela palavra movimento, pois é neste sentido que a expressão processo transparece ao longo da tese, nas raras vezes em que foi utilizada.

Causas e consequências, expressões-chave da corrente historiográfica dita tradicional, combatidas pelos adeptos da metodologia dos *Annales* mas entranhadas no arcabouço mental e na prática concreta da história na produção de extração positivista que se buscava superar, frequentam as páginas escritas por Alice. Ao invés de motivos, condições, razões, desdobramentos, impactos, transformações, compartimenta a tese em causa (a Guerra de Secessão), fenômeno (a cultura algodoeira), consequência (a decadência) e a consequência da consequência, representada pela alforria do mercado externo por via da industrialização. O enredo é totalmente previsível por seu emparedamento conceitual, distante do arcabouço teórico erigido pelos *Annales*.

A análise não penetra no âmago das questões. Tangencia os problemas. Aos "fatores" e "consequências" do fenômeno algodoeiro, abordados na parte I, segue-se o núcleo duro, restrito ao mapeamento da expansão em suas constrições climáticas e edáficas, institucionais, técnicas (sementes, beneficiamento, enfardamento) e de transportes, esgotando as partes II e III. Um olhar para a história econômica do algodão, um tanto oblíquo porque realizado do ponto de vista de um administrador que visa à detecção de problemas que pudessem ser equacionados por via da gestão pública apropriada. Normativo. Pedagógico. Uma espécie de reflexão sobre o cabedal que hão de ter as autoridades públicas, os gestores, para bem conduzirem o desenvolvimento da economia algodoeira e, por mimetização, os demais setores das atividades produtivas. Problemas de fundo, tais como relações de trabalho, regime de propriedade, níveis de apropriação, capitalização, formas de parceria ou meação, não são contemplados, o que poderia ser explicado pelo curto espaço de tempo em que o trabalho foi realizado, entre 1946 e 1951, mas também pode ser indicativo das opções teórico-metodológicas da pesquisadora.

Se a face *Annales* de Alice pode ser mais facilmente reconhecida nos dois primeiros trabalhos, sobre o comércio no Rio da Prata e sobre a indústria açucareira nas Antilhas – com as ressalvas já apontadas por Fernand Braudel –, com muita dificuldade poder-se-ia dizer o mesmo sobre a tese em apreço.[89] Os dois primeiros trabalhos são exponenciais. O primeiro excepcional, um clássico, na opinião de Fernando Novais.[90] A tese de cátedra é um *low key*, um trabalho menor, que não faz jus aos dois primeiros estudos nem à autora, que, mais tarde, retomaria com força suas pesquisas nos maços populacionais à busca da natureza íntima da estrutura agrária em São Paulo, estudo fundamental para a compreensão da transformação do trabalho escravo, das formas de repartição da terra e dos níveis de riqueza.[91]

---

89 Avaliação compartilhada por Nelzon Nozoe, para quem as três teses acadêmicas têm peso igual. Cf. NOZOE, Nelson H. Entrevista sobre Alice Piffer Canabrava concedida ao autor, 10 de maio de 2010.

90 NOVAIS, Fernando Antonio. Entrevista sobre Alice Piffer Canabrava concedida ao autor, 21 de abril de 2010.

91 CANABRAVA, Alice Piffer. "Uma economia de decadência: os níveis de riqueza na Capitania de São Paulo – 1765-1767". *Revista Brasileira de Economia*, Rio de Janeiro, vol. XXVI, nº 4, 1972, p. 193-221; Idem. "A repartição da terra na Capitania de São Paulo, 1818". *Estudos Econômicos*, São Paulo, Instituto de Pesquisas Econômicas, vol. II, nº 6, 1972, p. 77-130; Idem. "Decadência e Riqueza". *Revista de História*, São Paulo, vol. 50, nº 100, 1974, p. 335-366, exatamente os trabalhos mais apreciados tanto por Nelson Nozoe quanto por Flávio Saes. Cf. NOZOE, Nelson H. Entrevista sobre Alice Piffer Canabrava concedida ao autor, 10 de maio de 2010; SAES, Flávio Azevedo Marques. Entrevista sobre Alice Piffer Canabrava concedida ao autor, 17 de maio de 2010.

Pode-se reconhecer neste trabalho de Alice os princípios metodológicos da escola dos *Annales*? Um profundo conhecedor de sua obra, Flávio Saes, responde afirmativamente.[92] Tenho dúvidas. Em parte sim, em parte não. Quanto aos requisitos do enquadramento geográfico e quanto à eleição de uma personagem histórica que catalise um movimento massivo da produção num momento crucial, sim. Mas, se avaliarmos que o movimento é mais das coisas e menos dos homens, da população, que a personagem social coletiva não emerge, obliterada pela distinção de figuras históricas proeminentes, não. O oposto dos ensinamentos de Braudel, que enfatizava a necessidade de priorizar os tempos coletivos, a indispensável ultrapassagem dos tempos individuais por sua integração numa complexidade temporal mais densa. Menos ainda se pensarmos no procedimento metodológico. Na subsunção às fontes.

Um dos traços fundamentais da nova metodologia é a postura crítica face aos documentos, tidos como ponto de partida e não de chegada da história. O documento entendido como aparência e não como essência na operação empreendida pelo historiador. Mas não é isto que faz Alice ao destacar a história particular do fazendeiro Carlos Ilidro da Silva, que transformou sua propriedade de café em Itu numa fazenda modelo às custas do erário público, pois recebeu um empréstimo substancial de 15 contos de réis, sem juros, pelo prazo de cinco anos, e que seriam reembolsados ao tesouro provincial em prestações anuais de três contos de réis. E mais, que a dívida poderia ser perdoada, convertida em prêmio, se o tomador se fizesse merecedor, por aplicar corretamente os ditos recursos no desenvolvimento de sua fazenda, cujas porteiras seriam franqueadas aos interessados para se inteirarem de suas inovações no campo da agricultura. Empréstimo tão oneroso aos cofres públicos que precisou ser repactuado face às dificuldades financeiras da Província. Empreendedor notável na visão de Alice, para quem, "podemos considerá-lo antes de tudo, um grande idealista".[93]

---

92 SAES, Flàvio Azevedo Marques. "Introdução". In: CANABRAVA, Alice Piffer. *História econômica, op. cit.*, p. 14.

93 CANABRAVA, Alice Piffer. *O desenvolvimento da cultura do algodão... op. cit.*, p. 38.

Será? Ou seria antes de tudo um empresário financiado por recursos públicos em condições excepcionais, recursos que faltavam à quase totalidade dos produtores da Província, sobretudo aos pequenos, que viviam à míngua de capitais, como reconhece a pesquisadora nos momentos em que reflete sobre os entraves ao desenvolvimento da cultura algodoeira na Província. A documentação, neste caso, foi tomada por seu valor de face. O grande fazendeiro Carlos Ilidro foi heroicizado. Exprime certo encantamento de Alice com as iniciativas do empresário inovador. O que não deixa de revelar o traço mais conservador do perfil da historiadora. Nesse passo sucumbe à ideologia do tempo e à retórica do texto, como se observa noutro momento menos inspirado, mas sintomático, ao tratar do problema da mão de obra no município de São Luiz do Paraitinga, quando se deixa trair pelas fontes ao dizer que "a cultura do algodão exercia também função importante de higiene social, desde que fornecia trabalho a desocupados e ociosos, aos braços inúteis que não se enquadravam nas lavouras cafeeiras ou nos ofícios livres".[94] Higiene social?!

Interessante observar que, apesar do faro fino para as sutilezas da documentação e seu treinamento no campo da história econômica propiciado por seus professores, especialmente Braudel, a leitura dos gráficos situados nas páginas 225 e 226 não batem com a interpretação de Alice, demonstrando que os ensinamentos de Ernest Labrousse não foram incorporados. Diz ela:

> A decadência da cultura do algodão na Província, não se apresenta como lento e imperceptível declínio de interesse e atividades. Muito ao contrário, ela é caracterizada por dois momentos de queda rápida e brusca, nitidamente estabelecidos pela baixa dos preços, 1867-1868 e 1870-1871, que levaram ao seu término o ciclo de desenvolvimento provocado pela Guerra Civil Americana.[95]

---

94 *Ibidem*, p. 108.
95 *Ibidem*, p. 228.

Mas os gráficos referem-se às quantidades exportadas, ao peso, não aos preços. No gráfico sobre a exportação da Província de São Paulo, o período ascendente se inicia em 1863-1864, brevemente interrompido em 1868-1869, quando começa um novo ciclo ascendente, que vai de 1869 a 1872, ano em que se atinge o máximo das exportações ao baterem em 85 mil toneladas. Segue-se um recuo brutal entre 1872-1873, pois o volume exportado cai para 40 mil toneladas, portanto, uma perda volumétrica de mais de 100%. Isso significa que o fim do conflito nos Estados Unidos não marcou a retração imediata da produção. Pelo contrário, afora o interstício 1866-1867, as exportações cresceram vertiginosamente até os anos de 1871-1872. Outro problema é o fato de Alice reportar-se em sua análise à correlação quantidade/preços, mas estes, como já foi dito, não figuram em seus gráficos.

Não há também qualquer reflexão sobre o gráfico das exportações de algodão do Império Brasileiro colocado, significativamente, na mesma página. Este gráfico demonstra que a fase ascensional das exportações brasileiras, excluídas as de São Paulo, se iniciara em 1864-1865, culminando em 1867-1868, sem mostrar a retração no período de 1866-1867. A retração se dá entre 1867-1868 e 1870-1871, recuperando-se prontamente no ano seguinte para, definitivamente, degringolar a partir de 1871-1872. Conclui-se, portanto, que não há sincronia entre os movimentos de exportação da Província e do Império, prova do descolamento da economia paulista neste período. A análise do gráfico sobre as exportações de algodão dos Estados Unidos também exibe um descompasso em relação à interpretação. Para Alice, "o primeiro aumento ponderável das colheitas de algodão norte-americano, registrado em 1867-1868, repercutiu no mercado europeu com um novo rebaixamento de preços".[96] Mas o gráfico demonstra que o aumento deu-se a partir de 1868 e durou apenas dois anos; a queda brusca começou em 1870, praticamente anulando os ganhos de exportação auferidos no período anterior, pois o volume exportado recuou de quase 700 para 400 toneladas.

---

96   *Ibidem*, p. 232.

Escravos e, sobretudo, escravidão estão ausentes dessa obra. Tem-se a sensação de que o trabalho livre imperava na Província de São Paulo na segunda metade do século XIX. Não se percebe que ele era uma exceção no conjunto do sistema produtivo, sustentado pelos braços escravos, nas fazendas de café ou cana. Quando surgem, surgem naturalizados, não problematizados como, aliás, a escola dos *Annales* gostaria de vê-los abordados. Aparecem em momentos raros. Por exemplo, quando se fala das garantias oferecidas para a contração do aludido empréstimo concedido a Carlos Ilidro, surgem "dezoito escravos". Estabelece-se uma tênue relação entre as técnicas rudimentares incorporadas ao sistema produtivo e o trabalho escravo ao se dizer que "contávamos, sobretudo, com a mão de obra escrava, que apenas sabia manejar a enxada, a foice e o machado",[97] remetendo o atraso técnico à sujeição histórica ao mercado externo.[98] Interpretação que realça a faceta conservadora de sua postura como historiadora. E, por que não dizer, de sua inclusão ideológica.

Ausências sentidas em sua bibliografia emitem sinais sobre suas preferências valorativas. A história econômica norte-americana e inglesa está presente. Não se deixou enredar pela produção histórica francesa. Sua biblioteca na Faculdade de Economia exibia os autores mais representativos e atualizados, em língua inglesa. Apesar de exibirem também os textos marxistas e de autores marxistas, publicados pela Fondo de Cultura Económica,[99] não há indícios de sua presença em seu texto: muito menos de seu aristocrata e brilhante colega de curso, não de turma, Caio Prado Junior. Dele cita um artigo sobre o fator geográfico na formação e desenvolvimento da cidade de São Paulo,[100] portanto, um texto menor em sua obra. Mas não cita os livros que

---

97 *Ibidem*, p. 215.
98 *Ibidem*, p. 219.
99 NOVAIS, Fernando Antonio. Entrevista sobre Alice Piffer Canabrava concedida ao autor, 21 de abril de 2010.
100 PRADO JR., Caio. "O fator geográfico na formação e desenvolvimento da cidade de São Paulo". *Geografia*, São Paulo, ano I, nº 3, 1935, p. 239-262.

se tornariam referências obrigatórias para os estudos históricos no Brasil, fosse a *Evolução política do Brasil*, publicada em 1933, fosse a *Formação do Brasil contemporâneo*, de 1942, que se restringe ao período colonial, mas dá a tônica da interpretação geral. Seja, por fim, a própria *História econômica*, publicada em 1945 e que adentra o período por ela historiado. Ausências sentidas porque, certamente, dariam uma feição diferente ao trabalho. Instigaria Alice a extrair mais da documentação por expô-la a uma contravisão de forte conteúdo crítico.

Lembrança tanto mais insidiosa quanto nos reportamos à explicação central para a problemática da meteórica experiência algodoeira na Província: a determinação do mercado externo.

> Sendo orientada a economia brasileira, desde os primórdios da história colonial, exclusivamente para as necessidades dos mercados do exterior, a produção algodoeira paulista havia seguido as vicissitudes daqueles mercados, conforma a tradição já estabelecida pelos outros produtos nacionais.[101]

Portanto, não há margem para qualquer dúvida: a economia era comandada exclusivamente do exterior. Formulação que não foi fruto de circunstâncias, da natureza de seu objeto de estudo no contexto da Guerra de Secessão, pois, anos mais tarde, no capítulo clássico sobre a Grande Lavoura, publicado em 1971 na *História geral da civilização brasileira*,[102] Alice diz explicitamente:

> Independente politicamente, o Brasil monárquico preservou as feições que distinguiam sua economia desde a

---

101 CANABRAVA, Alice Piffer. *O desenvolvimento da cultura do algodão...* op. cit., p. 291-292.
102 Idem. "A Grande Lavoura". In: HOLANDA, Sérgio Buarque de; CAMPOS, Pedro Moacyr (dir.). *História geral da civilização brasileira*. T. II: *O Brasil monárquico*. Vol. 4: *Declínio e queda do Império*. São Paulo: Difusão Europeia do Livro, 1971; reproduzido em CANABRAVA, Alice Piffer. *História Econômica, op. cit.*, p. 103.

aurora do período colonial. Inspirada nos princípios do mercantilismo e, assim, orientando sua produção exclusivamente segundo as solicitações do mercado exterior, a economia colonial havia se desenvolvido, atribuindo importância essencial aos valores do intercâmbio mercantil, com o objetivo de formação de saldos da balança comercial da metrópole. As características que vieram a assumir a economia mundial no século XIX vieram a reafirmar e acentuar essas diretrizes.[103]

Vinte anos após e Alice não havia mudado de ideia. Pelo contrário, suas convicções estavam mais solidificadas. O mercado exterior comandava com exclusividade a economia colonial, cuja meta era gerar saldos comerciais para a metrópole, traços reafirmados no século XIX. Essa frase poderia ter sido escrita por Caio Prado Junior. Aliás, encontra-se escrita, noutros termos, em suas obras. Também poderia ter sido formulada por Fernando Novais, que a inseriria na problemática do processo de acumulação primitiva de capitais.[104] Havia, como se vê, um entendimento implícito. Assim como Caio, Alice aponta um sentido para a colonização. Polariza a relação fundamental no binômio metrópole-colônia. A pergunta que não quer calar é por que Alice ficou de fora do debate entre externalistas e exogenistas, que atualmente conflagra a comunidade dos historiadores. Por que foi poupada deste combate historiográfico, nem sempre polido, poucas vezes civilizado?

Note-se que a opinião de Alice sobre Caio Prado, em 1985, era bastante favorável, pois o considerava o "primeiro a apontar a unidade do sistema, marco muito importante na reflexão histórica sobre o passado brasileiro",[105] sem deixar de lembrar sua formação em Ciências Jurídicas e, ao mesmo tempo, fazer um contraponto com Roberto Simonsen, empresário e engenheiro, "avesso

---

103 Idem. *História econômica*, op. cit., p. 103.
104 NOVAIS, Fernando Antônio. *Portugal e Brasil na Crise do Antigo Sistema Colonial (1777-1808)*. São Paulo: Hucitec, 1979.
105 CANABRAVA, Alice Piffer. *O desenvolvimento da cultura do algodão...* op. cit., p. 279.

às generalizações e considerações vagas, não raras em seu tempo, que reuniu sólidos alicerces empíricos, sendo o iniciador da pesquisa e sistematizador dos dados quantitativos quanto ao passado",[106] análises estas que deixam entrever sua identificação com quem se sustentava em sólidas evidências empíricas, ao invés dos que optavam por generalizações e considerações vagas, ou seja, Caio Prado Junior.

Nada mais sintomático das preferências da professora Alice do que a homenagem prestada a Simonsen no número inaugural da *Revista de História da Economia Brasileira*,[107] cuja foto abre o frontispício da publicação. Na apresentação, considera-se que o foco da revista será o século XIX brasileiro, pois o "período colonial foi sustentado por Roberto Simonsen, em sua 'História Econômica do Brasil' e nosso objetivo será, portanto, 'a larga fase não estudada'" por ele, "em virtude de ter voltado o seu belo espírito para outras esferas da atividade intelectual".[108]

Se do ponto de vista da pesquisa Alice identificava-se com Simonsen, em termos da explicação geral do processo histórico brasileiro aproximava-se de Caio Prado Junior, sem a isto se referir ou reconhecer. Na tese sobre o algodão relativiza a ênfase na preponderância do mercado externo, remetendo a motivações técnicas e financeiras a perda dos mercados internacionais após o término da Guerra Civil Americana, como quer Flávio Saes.[109] Mas esta referência não dá a tônica geral da obra. É circunstancial, caracterizando no máximo uma circularidade no raciocínio. As condições internacionais deflagram o processo, mas ele não tem continuidade porque novas mudanças na conjuntura internacional impedem que as condições

---

106 *Ibidem*.
107 *Revista de História da Economia Brasileira*, ano I, nº 1, jun. 1953, lançada em 1953, reeditada em 1983 em edição fac-similar pelo Inpe-USP e pelo Programa Nacional de Pesquisa Econômica (PNPE), cuja apresentação foi realizada pela professora Alice, apesar de não estar assinada.
108 *Ibidem*, p. 3-4.
109 SAES, Flávio Azevedo Marques. "Introdução". In: CANABRAVA, Alice Piffer. *História econômica, op. cit.*, p. 13.

internas tenham tempo para atingir a sustentabilidade, sem a pressão das condições externas. Fundamental mesmo, nos dizeres da própria Alice, é a necessidade de reconhecer que "nossos gêneros de maior produção estiveram sempre condicionados às circunstâncias favoráveis do mercado exterior, e não havia sido possível ainda formar-se uma tradição com referência ao alto nível de qualidade de nenhum deles".[110] Equivale dizer, as determinações externas são responsáveis pelo esclerosamento da cultura tecnológica, e não o contrário.

Epílogo

A professora Alice abominava os excursos históricos, reprovava as pegadas diletantes e as teorizações vazias, sem fundamentação empírica alicerçada na pesquisa original. Via-se como uma cientista encastelada na fortaleza da história, no reduto da história econômica, seguindo a trilha de Florestan Fernandes, que, na época, buscava fundar uma sociologia científica brasileira.

Um breve olhar sobre a bibliografia recente em torno da temática privilegiada pela professora Alice não revela grande quantidade de títulos capazes de revitalizar ou adensar significativamente este campo de conhecimento, sobretudo no que se refere à produção histórica local. Constatação que, por si só, reafirma a qualidade do trabalho por ela empreendido, decorridos mais de meio século da publicação de sua tese sobre o algodão em São Paulo.

A vigorosa produção norte-americana sobre um tema vital de sua história, a Guerra Civil Americana, e os inevitáveis entrelaces com o desenvolvimento econômico, o embate indústria (Norte) *versus* agricultura (Sul), o conflito entre trabalho escravo e trabalho livre, inovação tecnológica e cultura algodoeira, somente de forma ligeira poderiam afetar suas principais conclusões. Nada que altere as vigas-mestras de sua interpretação.[111]

---

110 CANABRAVA, Alice Piffer. *O desenvolvimento da cultura do algodão...* op. cit., p. 219.
111 Dentre os numerosos estudos sobre a temática, selecionamos os considerados clássicos: COHN, David L. *The Life and Times of King Cotton*. Nova York: Oxford University Press,

Se nos Estados Unidos a faina agrícola nas fazendas algodoeiras estava inexoravelmente atrelada ao trabalho escravo, provando que capitalismo e escravidão poderiam coexistir e reforçar-se mutuamente,[112] na Província de São Paulo sustentava-se sobre a pequena produção independente, ancorada no trabalho livre, mais adequada ao pleno desenvolvimento do modo capitalista de produzir.

Os números relativos à elevação do preço da matéria-prima, em função da "fome do algodão", somente reforçam os argumentos de Alice para explicar o *boom* paulista, pois exibem índices ainda mais expressivos dos que os por ela utilizados. A libra-peso de algodão, cotada a 10 centavos em 1860, saltou para 1,89 dólar em 1863-1864, forçando os ingleses a se voltarem para mercados alternativos na Índia, no Egito e no Brasil.[113]

O impacto sobre os mercados consumidores da fibra não foi menor, a ponto de consagrar a expressão "fome de algodão". O problema não se fez sentir imediatamente, pois as fartas colheitas produzidas no sul dos Estados Unidos nos anos 1959-1960 abarrotaram os armazéns ingleses com fibras baratas, propiciando aos industriais têxteis a produção de tecidos a custos nunca vistos. Nesses termos, o bloqueio nortista e o embargo sulista beneficiaram tanto os industriais quanto aqueles que financiavam suas operações, pelo aumento repentino do preço da matéria-prima que, subitamente, transferiu-se aos preços do produto acabado, produzindo altos lucros, inclusive

---

1956; OWSLEY JR., Frank L. *King Cotton Diplomacy: foreign relations of the Confederate States of America*. Chicago: Chicago University Press, 1959; FITE, Gilbert C. *Cotton fields no more: southern agriculture, 1865-1980*. Lexington, Kentucky: The University Press, 1984; JAYNES, Gerald D. *Branches without roots: genesis of the black working class in the American South, 1862-1882*. Nova York: Oxford University Press, 1986; WOODMAN, Harold D. *King Cotton and his retainers: financing and marketing the Cotton Crop of the South, 1800-1925*. Columbia: University of South Carolina Press, 1990; SMITH, C. Wayne; COTHREN, J. Tom (orgs.). *Cotton: origin, history, technology and production*. Nova York: John Wiley & Sons, 1999.

112 DATTEL, Gene. *Cotton and race in the making of America: the human costs of economic power*. Chicago: Ivan R. Dee, 2009.

113 *Ibidem*.

para aqueles que, sensíveis às oportunidades oferecidas pela conjuntura excepcional do mercado algodoeiro, promoveram a expansão da cultura em mercados alternativos, como a Índia ou o Egito.[114]

Um aspecto significativo do problema, não tocado pela professora Alice, é a relação entre o movimento antiescravista na Inglaterra e o consumo, pelas fábricas inglesas, do algodão produzido pelo trabalho escravo nas fazendas sulistas. Por meio de reuniões, protestos e petições, o movimento propiciou a ida à Inglaterra de ativistas americanos libertos, a exemplo de Sarah Remond, para divulgar o movimento que, certamente, perdeu força em importantes localidades produtoras, como o Lancashire, altamente dependente das importações vindas dos Estados Unidos e onde, por volta de 1850, 75% das fibras de algodão consumidas pela indústria eram fruto de trabalho escravo.[115]

Se o impacto externo foi enorme, mais intenso ainda foi sua repercussão na totalidade da economia norte-americana, "governada pelo algodão".[116] Ao se iniciar a Guerra Civil, o algodão governava o sul, pois abastecia 75% do consumo mundial do "ouro branco". Governava também o oeste e o meio-oeste americanos porque, anualmente, supriam com alimentos os estados produtores do sul em valores que alcançavam 30 milhões de dólares. Não era diferente em relação ao nordeste, porque a matéria-prima sulista alimentava uma indústria têxtil que produzia 100 milhões de dólares em tecidos todos os anos. Adicionalmente, o norte vendia ao sul mais de 150 milhões de dólares em produtos manufaturados, conjunto abrangente de riquezas transportadas através do mundo pela marinha

---

114 *Civil War Diplomacy. Cotton Diplomacy*. Disponível em: <http://www.americanforeignrelations.com/A-D/Civil-War-Diplomacy-Cotton-diplomacy.html>. Acesso em: 17 jan. 2014.

115 WIKE, Terry. *Manchester cottons and anti-slavery*. Disponível em: <http://www.revealinghistories.org.uk/the-american-civil-war-and-the-lancashire-cotton-famine/articles/manchester-cotton-and-anti-slavery.html>. Acesso em: 17 jan. 2014.

116 *King Cotton*. Disponível em: <http://www.civilwarhome.com/kingcotton.htm>. Acesso em: 17 jan. 2014.

mercante concentrada nos estados nortistas, demonstração eloquente do efeito cascata induzido pelos algodoais sulistas.[117]

No Brasil, presos às economias hegemônicas do açúcar, café e ouro, escassos trabalhos elegeram o algodão como objeto privilegiado de pesquisa. Alice faz referência à "primeira fome do algodão" por ocasião do conflito entre França e Inglaterra, que resultaram em bloqueios e contrabloqueios, cujos reflexos marcaram a história das relações internacionais na primeira década do século XIX. Mas ela não poderia saber, à falta de pesquisa específica naquele momento, que o algodão tornou-se matéria-prima estratégica na luta pela industrialização que então se travava na Inglaterra, França e Portugal. As exportações de algodão em rama respondiam por 60% de todas as remessas brasileiras destinadas à Inglaterra após a abertura dos portos, em 1808, recebendo em troca manufaturas de algodão que compunham 66% das importações, anos nos quais o comércio com a Inglaterra representava a maior parcela das relações com o exterior, em virtude do conflito continental e da fome britânica por algodão.[118]

Da mesma forma, a estatística relativa à importância do algodão na economia brasileira do período por ela estudado não está suficientemente demarcada, algo que poderia ter sido feito, na hipótese de uma reedição do seu trabalho, pela incorporação dos dados sobre o comércio exterior brasileiro no século XIX compulsados por Hélio Schlittler Silva, que mostra o recuo da exportação de algodão de 20,6% (na década de 1821-1830) para 6,2% (no decênio 1851-1860) e a súbita elevação para 18,3% no período crucial de 1860-1870, estudado pela professora Alice.[119] Ainda mais considerando-se o desempenho excepcional do ano de 1865, quando o algodão foi responsável

---

117 Ibidem.
118 ARRUDA, José Jobson de Andrade. *A abertura dos portos brasileiros – 1800-1808*. Bauru: Edusc, 2008, p. 59-60, 65-66.
119 SILVA, Hélio Schlittler. "Tendências e características gerais do comércio exterior no século XIX". *Revista de História da Economia Brasileira*, ano I, nº 1, jun. 1953, p. 8.

por 30,7% das exportações brasileiras,[120] números esses que, sem dúvida, adensariam as conclusões por ela elaboradas.

A escassez de estudos sobre o algodão e seus desdobramentos na Província de São Paulo é ainda mais notória. Especificamente, para o período entre 1813 e 1830, temos a tese de Maria Regina Mello, cujo foco é a industrialização de São Paulo, mas que traz elementos inovadores para o entendimento da cultura algodoeira na Província. No bojo das iniciativas de D. João VI visando a encorajar a industrialização do algodão na Província, que resultaram na designação do mestre-tecelão Thomaz Roiz Toxa para organizá-las, buscava-se aproveitar a disponibilidade de matéria-prima e a existência de fiandeiras e tecelões locais,[121] uma tradição que remontava ao período colonial. Por volta de 1820, os algodoais vicejavam em numerosas vilas da Província, cultivados em consórcio com a cana-de-açúcar, o amendoim, o milho e o feijão, sobretudo nos arredores da vila de São Paulo, nos bairros de Santana, Freguesia do Ó, Penha, Pinheiro e Pirajuçara, levando-nos a concluir que a experiência do cultivo da fibra era muito mais expressiva do que deixa entrever o estudo da professora Alice.[122]

Em suma, conclui-se que a obra *O desenvolvimento da cultura do algodão na Província de São Paulo* permanece em pé, na condição de referência obrigatória para todos os estudiosos do tema. Uma obra de circunstância que se transformou num clássico, pois suas conclusões continuam válidas, não foram questionadas em sua essência, nem revertidas.

Esse mergulho na história produzida pela professora Alice, e em sua própria história, é um fértil exercício de história intelectual, ramo ao

---

120 Comércio Exterior do Brasil, nº 1, CE e nº 12-A, do Serviço de Estatística Econômica e Financeira do Ministério da Fazenda.
121 MELLO, Maria R. C. *A industrialização do algodão em São Paulo*. São Paulo: Perspectiva, 1983, p. 37-39.
122 Para o período posterior a 1875, a relação entre indústrias têxteis de algodão e a expansão do cultivo foi estudada por ZEQUINI, Anicleide. *O quintal da fábrica: a industrialização pioneira do interior paulista*. Salto-SP, séculos XIX e XX. São Paulo: Annablume, 2004.

qual pertence a história da história em sua versão mais sofisticada, que é a de ser a tradução compreensiva das temporalidades multifárias que se entrecruzam na operação científica realizada pelo historiador: a partir do presente, retornar ao passado, arrastá-lo até o presente com olhos postos no futuro, abordagem que possibilita entender o significado mais profundo da obra da grande mestra. Figura riquíssima, densa, dinâmica por sua capacidade de ensinar a aprender com a história produzida e vivida. Personagem complexa, sem dúvida. Figura contrastada. Mas o que poderíamos esperar de um ser humano que porta sobre seus ombros o peso da história e do mito?

CHRISTOPHER HILL:
percurso intelectual

Breve perfil

CHRISTOPHER HILL É CONSIDERADO por seus admiradores, e mesmo por seus críticos mais contundentes, como o grande especialista da História da Inglaterra no século XVII, sobretudo da sua segunda metade, o chamado *Hill's half century*, arrebatando parte daquele que já fora denominado o *Tawneys's century*. Sua densa produção revela um historiador extremamente fértil e criativo que, mesmo sem ter se empenhado no sentido de criar uma "escola", fez incontáveis adeptos, granjeando a admiração e o afeto dos especialistas que se debruçavam sobre o século XVII. Christopher Hill situa-se hoje, certamente, entre os maiores historiadores marxistas ingleses, compondo ao lado de Eric Hobsbawm e E. P. Thompson uma tríade que inspira enorme respeito entre os acadêmicos, intelectuais e apreciadores de História em geral. Foi, inquestionavelmente, um dos acadêmicos marxistas de carreira mais bem-sucedida em todo mundo de fala inglesa.

John Edward Christopher Hill nasceu a 6 de fevereiro de 1912, filho de um procurador que deu à família uma vida confortável nas cercanias de

York. Segundo Samuel H. Beer,[1] viviam em uma casa magnífica que incluía, em seus jardins, uma quadra de tênis. Seu pai, que pode ser considerado o protótipo do puritano inglês, impunha sérias restrições quanto ao uso da bebida e fumo.

Entre os anos de 1923 e 1931, frequentou a St. Peter's School, em York, sendo os últimos anos em regime de internato. Fase encerrada com um prêmio em História e Prosa Latina em 1932, mesmo ano em que ingressou no Balliol College, em Oxford, onde completou seus estudos entre 1931 e 1934, mesmo depois de ter sido convidado e se preparado para estudar em Cambridge. Um feriado prolongado em Freiburg, na Alemanha, transformou-o em testemunha ocular do surgimento do Partido Nazista, experiência que, segundo ele, muito contribuiu para a radicalização de suas ideias políticas.

Hill não havia ainda entrado para o Partido Comunista Inglês. Nem mesmo poderia ser considerado um participante ativo do Clube de Outubro, denominação derivada da Revolução de Outubro, que congregava militantes do Partido Comunista, simpatizantes e curiosos. Sua finalidade declarada era estudar o movimento comunista, pois as autoridades universitárias inglesas proibiam a participação dos estudantes em associações com caráter político. Discretamente, faziam política, convidando conferencistas cujas ideias eram debatidas, a exemplo de H. G. Wells.

Formado, Hill tornou-se *Fellow* do All Souls College, em Oxford. Trabalhava intensamente, levando uma vida quase ascética, distinguindo-se entre seus companheiros por suas tiradas irônicas, nunca motivadas por razões pessoais, mas sempre eivadas de um humor fino e sutil. Este é o momento em que inicia sua efetiva aproximação com o Partido Comunista.

---

1   BEER, Samuel H. "Christopher Hill. Some reminiscences". In: PENNINGTON, Donald; THOMAS, Keith (orgs.). *Puritans and revolutionaries: essays in seventeenth-century presented to Christopher Hill*. Oxford: Clarendon Press, 1978, p. 4. Samuel H. Beer foi Rhodes Scholar no Balliol College e, depois de 1953, Professor de Science of Government, em Harvard. Nas citações seguintes desta obra coletiva, em cujos depoimentos baseiam-se esta análise, citaremos apenas *Some Reminiscences*.

Sem alarde, Hill, por conta do patrulhamento institucional, começava a assumir sua face política.

Nesse período, 1934-1936, os estudos influenciados pelo marxismo começavam a penetrar lentamente na Inglaterra. Até então, o exemplar solitário e de expressão era Harold Laski que, em 1936, publicava o seu estudo clássico, *The Rise of European Liberalism*. Neste contexto, por volta de 1935, Hill assumia o marxismo, ao mesmo tempo em que elegia seu tema de estudo: a Revolução Inglesa ou, mais especificamente, a Guerra Civil. Mesmo ano em que, com o apoio do diretor do College, W. G. S. Adams, partiu para a União Soviética, onde permaneceu por dez meses, vividos intensamente, com o propósito de entrar em contato com os trabalhos dos historiadores russos que estudavam a história inglesa. A Inglaterra cromwelliana, o denominado *British Interregnum*, especialmente contemplados nos trabalhos de Arkhangelsky, cujos textos, mais tarde, viria a resumir e publicar.

Indicado para assumir o cargo de *Assistent Lecturer* da Universidade de Cardiff, entre 1936 e 1938, Hill, que já impressionara seus colegas de Oxford por sua capacidade em fazer relatórios de avaliação de seus alunos ao mesmo tempo concisos e densos, impressionou igualmente a seus companheiros de Cardiff, sobretudo Gwendolyn B. Whale,[2] pela grande intimidade que demonstrava com os sermões e a literatura histórica produzida pelos puritanos.

Em meio a tudo isto, no ano de 1932, ganhou o *Lothian Prize* com um ensaio sobre jansenismo, um de seus temas de interesse. Foi, contudo, em 1936, lecionando história política e constitucional em Cardiff, que se entrecruzaram dois eixos fundamentais na definição de sua vida intelectual posterior: o *protestantismo e a revolução*. Demarcava-se aí seu campo de eleição. Neste momento Hill hospedava-se com os Awberrys, uma família estritamente ligada ao Partido Comunista; frequentava reuniões do Left

---

2 *Some Reminiscences*. Gwendolyn B. Whale foi *Lecturer* e, posteriormente, entre 1925 e 1958, *Senior Lecturer* em História, na Universidade de Cardiff, p. 5.

Book Club e dedicava grande parte do seu tempo para ajudar refugiados bascos, fugitivos da Guerra Civil Espanhola agasalhados em Cardiff. Forma louvável de ressarcimento pessoal por ter sido recusado em sua tentativa de juntar-se à Brigada Internacional que combatia na Espanha.

Em 1938, no mês de setembro, Hill retornou ao Balliol College. Agora na condição de *Fellow* e *Tutor* em História Moderna, exatamente o ano em que foi publicado seu primeiro artigo na *Communist International*, versando sobre Revolução de 1688. Refugia-se cautelosamente sob o pseudônimo de C. E. Gore. Naqueles dias, comenta Rodney Hilton, "para alguém que estava nos primeiros graus da carreira universitária, como professor, era prudente não blasonar de suas ligações com uma organização política considerada revolucionária".[3] De fato, como os professores marxistas não poderiam envolver-se em política, a saída era incorporar-se aos quadros do Partido Comunista que, como já vimos, disfarçava suas reais finalidades.

Os intelectuais comunistas do Balliol College não pertenciam à alta classe média, como muitos têm afirmado. Diz Rodney Hilton que o grupo era constituído majoritariamente por membros oriundos das famílias da baixa classe média e, em alguns casos, até mesmo por indivíduos com antepassados operários em uma ou duas gerações atrás, constatação que exibe a diferenciação social de Hill por pertencer ao segmento mais elevado da classe média.

No ano de 1940, Hill ingressou no exército e publicou seu primeiro pequeno-grande livro, *The English Revolution*, texto que causou um enorme impacto entre seus ex-companheiros de Cardiff, pois estes jamais poderiam imaginar que a identificação de Hill com o marxismo fora tão longe. Era o momento azado para declarar suas convicções políticas e opções metodológicas num livro manifesto. O choque foi proposital, pois tinha certeza de que seria tragado pelo conflito. Certeza frustrada, pois a

---

[3] *Some Reminiscences.* Rodney Hilton havia terminado a graduação e dava início às suas pesquisas em 1938, tornando-se depois professor de História Geral da Idade Média em Birmingham, p. 6.

fluência em russo livrou-o das frentes de batalha, sendo designado para o Foreign Office, onde permaneceu até o fim do conflito e teve condições para escrever *The Two Commonwealth*, ensaio comparativo entre o Reino Unido e a União Soviética centrado nas questões que envolviam os esforços de guerra, também escrito sob pseudônimo.[4] Antes de terminar o conflito, em 1944, Hill contraíra núpcias com Inez Waugh, filha de um oficial do exército, desquitada, união típica dos tempos de guerra, que findou dez anos após, e gerou uma filha, morta por afogamento na Espanha, em 1986.

Ao findar o conflito mundial, iniciava-se um período de dificuldades para os intelectuais marxistas do Partido Comunista. A intensificação da Guerra Fria, no final dos anos 1940, levou muitos destes membros a abandonar a agremiação, descontentes que estavam com os rumos tomados pelo regime stalinista na União Soviética. Este foi, contudo, um momento fértil. Período no qual um grupo seleto de historiadores comunistas realizou "discussões práticas e teóricas sobre um amplo espectro de temas, da relação entre a escravidão antiga e a produção de mercadorias às complexidades políticas e sociais da gênese da classe trabalhadora",[5] que estimularam fortemente a pesquisa histórica. Nestes debates, o significado da revolução burguesa, numa perspectiva marxista, transformava-se num tema crucial, por instalar-se no âmago das duas temporalidades, criando a oportunidade para uma reproblematização da temática. Teria sido uma revolução ou uma contrarrevolução? Teria a burguesia se tornado senhora da economia e do Estado inglês um século antes da experiência similar francesa? Nestes debates, acompanhados da apresentação de *papers*, pontificou

---

4   Este foi o segundo pseudônimo utilizado por Hill. Referente à K. de Christopher, E. de Eduard e Holme equivalente a Hill, em russo. O primeiro foi C. H. Gore, C. de Christopher, E. de Eduard e Gore do russo *desgraá*, equivalente a infortúnio, desespero, indicativo do estado de espírito de Hill em 1938, desesperançado com o lento avanço da historiografia marxista na Inglaterra e, sobretudo, com os prenúncios de uma nova guerra.

5   *Some Reminiscences*. Rodney Hilton, p. 9.

Hill em defesa da tese de que a Guerra Civil inglesa fora uma revolução burguesa. Era evidente sua habilidade no manejo da evidência histórica e da conceitualização, ao mesmo tempo em que permanecia dentro da tradição empírica inglesa, diz Rodney Hilton, para quem o período frutífero de Hill não se iniciou após o seu desligamento do Partido Comunista como se tem propalado, opinião compartilhada pelo próprio Hill e por Harvey Kaye, sob o argumento de que tanto a problemática por ele assumida quanto o modo de abordá-la foram definidos nos anos de militância partidária.[6]

A insatisfação com o Partido, com suas lideranças, com sua dependência em relação à União Soviética e, sobretudo, com o stalinismo, medrou entre os intelectuais membros. O levante na Hungria e a submissão dos dirigentes comunistas ingleses ao oficialismo soviético precipitaram a crise. E. P. Thompson e John Saville extremaram suas críticas e foram expulsos. Hill, porém, resistia ainda. Lutava pela democratização interna da agremiação, mesmo após a saída de numerosos intelectuais de peso, que reduziram o Partido a um quarto dos seus antigos militantes. E foi somente após ter perdido a batalha pela democratização, no Congresso de 1957, que Hill abandonou definitivamente a militância partidária.[7] Um ano antes, em 1956, casara-se pela segunda vez, com a ex-esposa de um historiador e companheiro de Partido, Bridget Irene Mason, com quem teve três filhos, dos quais a primeira, uma filha, faleceu em acidente automobilístico em 1957, com apenas 11 meses.

Foram anos decisivos na vida de C. Hill. Rompera com o partido, recomeçara uma nova família e produzira um grande texto de pesquisa que o consagrou, *Economic problems of the Church*. Continuava, porém, a ser um homem "para todas as estações". Um ser humano afável, cordial, sempre disponível para o diálogo com seus alunos. Jamais parecia estar aborrecido, condescendente ou cheio de si. "O sucesso não lhe subiu a cabeça", segundo

---

6 KAYE, Harvey J. *The British marxist historians*. Nova York: Polity Press, 1984, p. 102.
7 Estas informações baseiam-se em PELLING, H. *The British Communist Party: a historical profile*. Londres: Black, 1958.

testemunho de Hugh Stretton.[8] Seus hábitos de trabalho eram discretos. Sua escrita manual era quase ilegível. A escassez de papel durante a guerra levou--o ao costume de fazer intermináveis anotações nas páginas finais dos livros, cobertas de margem a margem com minuciosas e ordenadas referências ao seu conteúdo. Um tesouro para os modernos estudos de recepção. Sua mesa enorme estava sempre limpa. A não ser pelos copos vazios, testemunhos silenciosos de suas frequentes noitadas festivas. Passava muito tempo com sua família e repetia incansavelmente, com uma ponta de ironia, que os professores da academia poderiam atender aos alunos, à administração, à pesquisa e ao casamento, mas nunca os quatro, ou três, ou mesmo dois, a um só tempo.

Claro que a vida de um intelectual como Hill, em Oxford, não seria fácil. Mesmo para quem já vivera quase meio século. Que acumulara experiências únicas vivenciadas durante a guerra, nos embates políticos e intelectuais travadas no seio do Partido Comunista. Teve que se valer de seus sólidos valores pessoais para enfrentar situações constrangedoras, como a de ter sua candidatura à cadeira de História em Keele rejeitada pelo vice-chanceler, Lord Lindsay, que, explicitamente, declarou serem as convicções políticas de Hill o motivo da recusa, que sua adesão explícita ao comunismo teria influência negativa numa escola experimental, como era o caso.

Mais complexo ainda seria seu comportamento político face aos objetivos da Universidade. Homens de esquerda como Hill eram contra os privilégios, mas usufruíam de um bom emprego em Oxford. Os mais radicais desejavam reduzir estes privilégios e, além disso, abrir as portas da Universidade aos estudantes oriundos da classe trabalhadora, uma forma indireta de redistribuir recursos públicos na busca da uma maior equalização social. Hill compartilhava esses propósitos; mas sabia contemporizar. Agia de modo cauteloso. Votava pela admissão de conservadores ao

---

8 *Some Reminiscences*, p. 12. Hugh Stretton, um dos primeiros estudantes de C. Hill, graduou-se em 1948 e imediatamente tornou-se *Fellow* do Balliol College, tendo retornado para a Austrália em 1954, como professor da Universidade de Adelaide.

quadro acadêmico. Em troca, conseguia que o diretor do College apoiasse o ingresso de candidatos marxistas. O que não o impedia de ter uma visão crítica do universo acadêmico.

Hugh Stretton diz que Hill costumava dividir seus oponentes em três categorias: "conservadores naturais" de nascimento; "idiotas decentes", entre os quais se incluíam muitos professores e cientistas; e "invertebrados", moralmente repugnantes, usualmente individualistas despolitizados, ou esquerdistas divergentes. Tinha respeito, ou afeição, somente para com as duas primeiras categorias. Em relação a todos era sempre eficiente, cortês e politicamente combativo. Apesar de muitos de seus colegas discordarem de seus princípios e programas, nunca deixaram de ser seus amigos. "Ele era o puritano que os cavaleiros sempre subestimaram: amoroso e amado, arguto, engraçado, visionário, agradável."[9]

Para um de seus ex- alunos, e que mais tarde se tornaria seu colega e *Fellow* no Balliol College, Maurice Keen,[10] o único sinal externo que o identificava com o Partido Comunista era sua gravata vermelha. Como professor, sabia indicar com objetividade o modo pelo qual seus alunos definiriam seu objeto de estudo, amparados numa extensa lista de livros que facilitariam sua tarefa.

O gosto pelo convívio pessoal era outra de suas características. Todas as noites de segunda-feira, durante o ano todo, sua casa abria-se para os historiadores. Não era necessário convite. Todos sabiam que Hill e Bridget, um barril de cerveja e um grande número de pessoas estariam reunidos em sua sala, no College. Nenhum professor, com o título de *Tutor*, até aquele momento, fizera algo parecido. Não se escondia atrás da barreira do *status*. Estas festas, segundo Keen, explicam porque uma lista enorme de pesquisadores, que não eram especialistas em século XVII, foram aconselhados e orientados por Hill. Nas reuniões destinadas à seleção de novos alunos, o

---

9   *Ibidem*, p. 15.
10 *Ibidem*, p. 17. Maurice Keen, também estudante, mas não discípulo de C. Hill, tornou-se *Fellow* do Balliol College.

comportamento foi sempre independente, firme e justo. Para os historiadores, *juniors* e *seniors*, seu apelido era "Super Deus".

Desde 1959 Hill portava o título de *University Lecturer*. Em 1965 foi eleito *Master* em Oxford. Condição na qual permaneceu até sua aposentadoria em 1978. Tarefa difícil. Presidir uma instituição constituída por um corpo administrativo crivado por posições extremamente divergentes, da direita à esquerda. Em meio a tudo, Hill conseguiu permanecer um *scholar*, manteve o ritmo de suas pesquisas e um elevadíssimo índice de produtividade. A sensação que tive, ao visitá-lo em Oxford, em 1987, é que a aposentadoria apenas encerrara uma etapa de sua vida. Neste mesmo ano tornara-se *Visiting Professor* da Open University, em cujos quadros permaneceu até 1980.

Em 1966, C. Hill foi eleito *Fellow* da British Academy. Em 1973, passou a integrar a American Academy of Science, como *Foreing Member*. Em 1978, ano de sua aposentadoria em Oxford, recebeu o James Holly Hanford Award e o Heinemann Award for Books. Depois de permanecer por longos anos no comitê editorial da revista *Past & Present*, tornou-se presidente da sociedade, dela recebendo uma homenagem sem precedentes, a de ter sua foto reproduzida na segunda capa da revista.

Retirado para Sibford Ferris, aliviado das atividades docentes e das funções burocráticas, Hill pôde dedicar-se com afinco aos numerosos projetos pensados, mas não realizados, iniciados, mas não acabados. O resultado foi uma copiosa produção, apenas interrompida pelo agravamento de suas condições de saúde em 1997, ano de sua última republicação em vida, o *Intellectual origins* revisitado. Debilitamento que o levou à morte em 2003, dias após ter completado 90 anos de uma vida integralmente devotada à história. Concluíra, desde sua aposentadoria, o vasto programa editorial projetado em 1986, momento em que revelava uma enorme ansiedade face ao esvair-se do tempo, frente ao muito que ainda precisava escrever, um dos motivos que o levou a refugiar-se em Sibford Ferris. Quando lhe perguntei por que não continuava a viver em Oxford, revelou um traço característico de sua personalidade ao responder: "Não tão longe para que aqueles que desejassem vê-lo não o pudessem fazê-lo; nem tão perto para que os que não o desejassem se sentissem constrangidos ao fazê-lo".[11] Ele poderia não ser mais o *Master* do Balliol College, mas continuaria a ser para a eternidade um mestre do seu ofício. Nas palavras de Edward Thompson, o "reitor e o modelo dos vigorosos historiadores ingleses".

Vida e obra

Christopher Hill é um historiador excessivamente fértil e denso para ser analisado de forma monolítica, como o fez John Sanderson no seu artigo "Reflections upon marxist historiography".[12] Para avaliarmos sua produção, é indispensável decompô-lo em fatias cognoscíveis, que remetem ao próprio movimento da história e da historiografia inglesa, especialmente a marxista, iniciado no período imediatamente anterior à Segunda Guerra Mundial. Nestes termos, é possível demarcar três momentos bem delineados. O primeiro, que se estende de 1938 a 1956, corresponde à fase mais ortodoxa de Hill, vincada por um sentimento missionário, com nítido apelo proselitista, *quase evangelizador*[13] em seus propósitos. O segundo, de 1956 a 1965, timbrado pela ruptura com o dogmatismo imperante no Partido Comunista inglês, que marca o nascimento do grande historiador liberto das peias constritoras. O terceiro, que se inicia em 1965 e que, grosso modo se estende até 1997, inicia-se com o enveredar de Hill pelas sendas da história cultural, pelo escrutínio da relação entre ideias e Revolução, entre produção artística e intelectual e suas bases sociais, enfim, o rastreio das ideias vencidas embebidas num caldo cultural.

---

11   Entrevista com C. Hill, Oxford, 29 de janeiro de 1987.
12   In: CHAPMAN, B; POTTER, A. (orgs.). *W. J. M. M. political questions: essays in honour of W. J. M. Mackenzie*. Manchester: Manchester University Press, 1975.
13   RICHARDSON, R. C. *The debate on the English Revolution*. Londres: Methuen & Co., 1977, p. 100.

Primeira fase (1938-1956)

Em novembro de 1938, a revista *Communist International* trazia um pequeno artigo de sete páginas intitulado "250th Anniversary of the 'Glorious' Revolution of 1688", atribuído ao autor C. E. Gore. Começava aqui, propriamente, a trajetória intelectual de Hill, protegido sob o sigilo de um pseudônimo emblemático. Nada mais prudente para um neófito professor; a indispensável cautela para quem iniciava então sua carreira universitária e mantinha estreitas ligações com um partido considerado revolucionário: o Partido Comunista inglês. O artigo sustentava-se na matriz interpretativa marxista, com a qual entrara em contato ainda no seu curso de graduação, entre 1932 e 1934, deixando-se influenciar muito mais pelo historiador do que pelo economista, na perspectiva de que para Marx a história é a única ciência verdadeira, com a peculiaridade de ser "uma ciência do homem no tempo", conforme ensinava Marc Bloch.[14]

Na opinião de seu companheiro de partido Rodney Hilton, o artigo era "incisivo, arguto, pleno de sugestivas linhas de pensamento, sustentado por enorme erudição e animadoramente livre de jargão".[15] E mais, que muito do que aí estava contido reportaria sistematicamente nos trabalhos ulteriores de Hill, especialmente o irônico destino da pequena burguesia no quadro de uma revolução dominada pelos interesses da grande burguesia proprietária de terras, do grande comércio e das finanças. O artigo abordava, em síntese, o modo pelo qual a supremacia do Parlamento em 1688 foi consumada sem derramamento de sangue, explicado por Hill pelo fato de que a violência que destruiu a velha ordem se dera entre 1640-1660, no bojo da Revolução Puritana.

A produção intelectual de Hill emergia, portanto, no cenário travejado pelo movimento das ideias marxistas na Inglaterra, no conturbado período entre as duas guerras mundiais. De fato, se a ruptura com a

---

14 GEORGE, C. H. *Christopher Hill: a profile reviving the English Revolution. Reflections and elaboration on the work of Christopher Hill.* Londres: Verso, 1988, p. 16.
15 *Some Reminiscences*, op. cit., p. 6.

interpretação liberal da Revolução Inglesa nos remete ao século XIX, foi somente com a divisão do Partido Trabalhista, em 1920, que o comunismo começou a trilhar o seu próprio caminho. Momento no qual as interpretações da história baseadas nos princípios estabelecidos por Marx e Engels sobre a preponderância das condições materiais, sobre a preeminência da luta de classes na definição do padrão geral das mudanças econômicas e sociais, sobre o papel motor do proletariado na História, principiavam a ter um papel significativo na Inglaterra, sobretudo quando nos anos 1930 o Left Club Book engajou-se na campanha pela aliança da Inglaterra com a União Soviética, ensejando a formação da ala intelectual do Partido Comunista.

O C. P. Historian's Group era formado por historiadores marxistas que, logo após a Primeira Guerra Mundial, haviam retornado aos seus postos na academia. Eram todos professores universitários, ou desejavam sê-lo. Entre 1946 e 1956, seu número havia praticamente quadruplicado. Comungavam o mesmo ideal político, a grande paixão pela história, curtida em reuniões, debates, nos quais discutiam o marxismo e as interpretações marxistas da história, dando o máximo de si mesmos nesta verdadeira batalha intelectual, amplamente dominada pelo jargão bolchevique.[16] Foi neste período que Dobb, Hilton, Hill, Hobsbawm e, com menor intensidade, Thompson, Victor Kiernan, George Rudé, A. L. Morton, John Saville e Dorothy Thompson tornaram-se membros ativos do Partido.[17] E muitos outros que, segundo Hill, "são agora iminentes professores e não gostariam de ser lembrados [...], nomes surpreendentes".[18] A iniciativa para a formação do grupo, segundo reporta Hill, partiu de Hilton, Hobsbawm, Kiernan e dele mesmo. Em sua quase totalidade,

---

16 HILL, C. et al. "Past and Present: origins and early years". Past & Present, nº 100, ago. 1983, p. 3.

17 KAYE, Harvey J. Op. cit., p. 10.

18 JARROS, Tim. "Talking with Christopher Hill: Part I". In: ELEY, Geoff & HUNT, William (orgs.). Reviving the English Revolution: reflections & elaborations on the work of Christopher Hill. Londres: Verso, 1988, p. 101.

eram historiadores que assumiram compromissos intelectuais como forma de combate ao fascismo, e também por serem "marxistas engajados em serviços militares em tempo de guerra".[19]

Este conjunto de historiadores marxistas britânicos representa uma tradição teórica no campo da história da historiografia. É possível demonstrar as fortes correlações entre este grupo, que fora ideológica e politicamente isolado, e o universo comum de suas pesquisas históricas.[20] Ressalte-se, na elaboração desta tradição teórica, a especial contribuição de Hill, um membro extremamente ativo do grupo. Segundo o próprio Hobsbawm, deve-se a ele em larga medida a especial configuração do marxismo trabalhado pelo grupo, avesso ao reducionismo econômico, ao determinismo dos interesses de classe, à desvalorização da política e da ideologia, e defensor da ênfase nas ações dos movimentos sociais. Portanto, um combate contra o determinismo econômico, em favor do reconhecimento do papel da cultura e das ideias para uma adequada análise da luta de classes, certamente estruturada a partir das relações sociais de produção.[21]

Oficialmente, o primeiro artigo publicado por C. Hill apareceu também no ano de 1938, na *Economic History Review*, sob o título "Soviet interpretations of the English Interregnum",[22] no qual resumia as posições dos historiadores soviéticos Savine, Pashukanis, Angarov e Arkhangelsky sobre o significado da crise do século XVII na Inglaterra. Em sua ótica, tratava-se indiscutivelmente de uma luta de classes. Um conflito travado entre a Igreja fundiária – escondida atrás dos interesses agrários da Coroa – e a burguesia, que se opunha ao fiscalismo real e às restrições interpostas

---

19 KAYE, Harvey J. *Op. cit.*, p. 11.
20 HOBSBAWM, Eric. "Foreword". In: KAYE, Harvey J. *Op. cit.*, p. x.
21 KAYE, Harvey J. *Op. cit.*, p. 129.
22 Publicado em *Economic History Review*, vol. VIII, n° 2, maio 1938, p. 159-166. Neste mesmo ano publicou ainda o artigo "A Whig Historian (H. A. L. Fisher)". *Modern Quarterly*, vol. I, 1938, p. 91-94, além de duas resenhas, nestes mesmos periódicos. No ano seguinte, 1939, foram apenas duas resenhas, uma na revista *Modern Quarterly*, vol. II, e outra em *Science and Society*, vol. III.

ao desenvolvimento comercial e industrial, tendo se associado à *gentry* progressista, interessada na gestão capitalista do Estado, ansiosa por incrementar suas propriedades à custa da Igreja, do Estado e dos proprietários não progressistas. O choque entre Presbiterianos e Independentes era entendido como um embate entre o capital comercial e o industrial; entre os homens endinheirados organizados em companhias privilegiadas e uma pequena parte da aristocracia rural, de um lado, e a pequena burguesia e os proprietários rurais progressistas, do outro. Além disso, enfatizavam o fato de que a Guerra Civil dera origem a um amplo leque de teorias democráticas. Tudo isto no prolífero ano de 1938, que via nascer também o livro de A. L. Morton, *A People's History of England*, no qual, segundo Hill, "em suas 150 páginas sobre o século XVI e XVII surgia a primeira reinterpretação de larga escala do período sob um ponto de vista marxista, sendo a melhor introdução popular ao tema".[23]

Em 1940, Hill publicou seu segundo artigo na *English Historical Review*, "The Agraria Legislation of the Revolution",[24] dando continuidade à recuperação das interpretações dos historiadores russos sobre a Revolução Inglesa, neste caso específico particularizada nas pesquisas de Arkhangelsky, cujo foco eram as mudanças na propriedade rural na Inglaterra e o conflito social que em torno dela se desenvolvera, condição iniludível para que se pudesse acessar o significado histórico da Revolução Inglesa. Este texto, que em sua versão original intitulava-se *Legislação agrária e movimento agrário na Inglaterra durante a Revolução do século XVII*, foi preservado em sua estrutura básica, limitando-se Hill a expandir alguns pontos e adicionar elementos extraídos

---

23 HILL, C. "Historians on the rise of British capitalism". *Science and Society*, vol. XIV, 1950, p. 313. Hill afirma que a reedição do livro de Morton beneficiou-se das discussões coletivas do grupo intelectualizado do Partido Comunista.

24 Publicado em *English Historical Review*, vol. LV, 1940, p. 222-250 (revisado em *Puritanism and Revolution: studies in interpretations of the English Revolution of the 17th century*. Londres: Martin Secker & Warburg, 1958, p. 153-198). Em 1940, publicou também duas resenhas: em *Economic History Review*, vol. X, e em *Scrutinity*, vol. IX.

de outras publicações, que não estavam à disposição de Arkhangelsky ao escrever o texto.

Mas o ano de 1940 portava uma enorme carga simbólica. Marcava o tricentenário da Revolução Inglesa. Foi celebrado com a publicação de um pequeno livro com três ensaios, intitulado *The English Revolution: three essays*, destinado a comemorar o que Hill considerava o mais importante acontecimento já ocorrido na história da Inglaterra. O primeiro ensaio enquadrava a Revolução numa perspectiva marxista, e fora intensamente discutido em reuniões dos historiadores marxistas do Partido. Representava uma viragem nas interpretações sobre o movimento, até então excessivamente vincado pela perspectiva liberal de S. R. Gardiner, cuja ênfase interpretativa recaía sobre os aspectos religiosos e constitucionais. No parágrafo de abertura, Hill afirmava que a Revolução Inglesa mudara profundamente a organização da sociedade, possibilitando o emergir de todas as energias sociais. O segundo artigo, escrito por Margaret James, "Contemporary materialist interpretation of society in the English Revolution", continha um estudo sobre os escritos de Gerrard Winstanley e James Harrington, e o terceiro, de Edgell Rickword, era devotado a "Milton, the revolutionary intellectual", todos eles temas que seriam objeto de estudos e aprofundados por Hill nas décadas seguintes.

Os três artigos procuravam estabelecer uma ponte entre o passado e o presente, entre o particular e o geral, entre a teoria e a prática. Continha uma proposta teórico-metodológica renovadora. O texto de Hill, em especial, foi resenhado e acidamente criticado.[25] A Revolução Inglesa era um belo tabu. Sua interpretação foi recebida com desconfiança por seus colegas da Universidade de Oxford, que jamais poderiam supor o elevado grau de adesão ao modelo de interpretação marxista revelado por Hill. De fato, ele não poupara seus adversários. Era preciso romper à força a tradição gradualista e instalar de vez uma matriz

---

25 Publicadas em *The Labour Monthly*, vols. XII e XIII, correspondentes aos anos de 1940 e 1941.

compreensiva que enfatizava as rupturas. Obviamente, foi levado a exageros prontamente reconhecidos, como, por exemplo, na identificação rasante entre os membros do Parlamento e a burguesia. A radicalidade do manifesto histórico e político tinha sua razão de ser. Estava seguro que não sobreviveria ao conflito, como transparece na entrevista concedida a Tim Harris em 1980: "escrevi como um jovem raivoso, que acreditava que seria morto na guerra", um livro escrito com muita rapidez e uma "grande dose de cólera, destinado a ser minha última vontade e testamento", porque se fosse escrito para os últimos quarenta anos, "eu poderia tê-lo escrito de um modo diferente... Esta foi a razão pela qual ele foi escrito com a finalidade de ser bastante provocativo".[26]

O envolvimento da Inglaterra na II Guerra Mundial e a convocação de Hill para o corpo de inteligência do exército interrompeu sua produção. Nada publicou no ano de 1941. Entre 1942 e 1943 fez apenas resenhas.[27] Em 1944, escreveu a introdução para o livro que reunia uma seleção dos trabalhos de Gerrard Winstaley.[28] No ano seguinte, 1945, publicou um panfleto exortando a aproximação entre a Inglaterra e a União Soviética, centrado no tema da *Commonwealth*.[29] Finda a guerra, em seu retorno à vida acadêmica em Oxford, publicou dois artigos e uma resenha do livro de G. M. Trevelyan.[30] Num destes artigos, Hill fazia um pequeno sumário do

---

26 *"Talking with Christopher Hill: Part I"*, op. cit., p. 99.

27 Em 1942, publicou resenha na *Economic History Review*, vol. LVII, e outra em *Our Time*, vol. I. No ano de 1943, apenas uma resenha para *Economic History Review*, vol. XII.

28 HAMILTON, L. (org.). *Gerrard Winstanley: selection from his Works*. Londres: Cresset Press, 1944. Uma segunda edição foi publicada em 1949.

29 HILL, C. *Two Commonwealths: the soviets and ourselves*. Londres: Harrap, 1945. Por ter sido escrito sob pseudônimo e contando com apoio oficial, deu azo a numerosas tiradas irônicas.

30 A recuperação da Revolução Inglesa através dos textos dos historiadores soviéticos tinha continuidade com a publicação do artigo "Professor Lavrosvsky's study of a seventeenth-century Manor". *Economic History Review*, vol. XVI, 1946, p. 125-129. O segundo artigo intitulava-se "Society and Andrew Marvell". *Modern Quarterly*, new series, vol.

estudo realizado pelo historiador russo V. M. Lavrosvsky sobre o *Manor Marrow-on-Humber*, com base nas anotações de Alexander Savine.

Publicava-se, neste mesmo ano, o livro de Maurice Dobb, *Studies in the development of capitalism*, considerado por C. Hill o livro mais importante até então escrito por um historiador marxista sobre o desenvolvimento do capitalismo na Inglaterra, no qual demonstrava o papel decisivo operado pelo capital mercantil na Revolução Inglesa.[31] No ano seguinte, 1947, veio à luz o texto de Hill sobre *Lenin and the Russian Revolution*, ainda sob o impacto da recente Revolução Russa e da Segunda Guerra,[32] no qual se revelava esperançoso em relação ao sistema implantado na União Soviética.

No artigo publicado em 1948 na revista *Science and Society*, sob o título "The English Civil War intepreted by Marx and Engels",[33] deu início às suas incursões nos domínios historiográficos que, de resto, não foram muitas em sua copiosa produção. Partiu da evidência tautológica de que Marx e Engels jamais escreveram uma história cabal da Revolução Inglesa, contudo, por serem plenas de *insights*, ofereciam um repertório instigante de sugestões interpretativas que as pesquisas ulteriores vieram a confirmar. Intuíram com nitidez o dualismo da Revolução. Delinearam seu caráter burguês e progressista, pois,

---

I, 1946, p. 6-31 (revisado em *Puritanism and Revolution*, op. cit., p. 337-366). A resenha sobre G. M. Trevelyan foi publicada em *Communist Review*, mar. 1946, p. 26-29, sem a necessidade de esconder-se sob pseudônimo.

31 HILL, C. "Historians on the rise of British capitalism", op. cit., p. 315.

32 *Idem. Lenin and the Russian Revolution*. Londres: English University Press, 1947. Neste ano, Hill ainda revisou a tradução do livro de S. I. Arkhangelsky, *Agrarian Legislation of the English Revolution (1643-1648)*, realizada por M. E. Gow, manuscrito datilografado e depositado na Bodelyan Library, Oxford; e escreveu "Lenin – Theoretician of Revolution. *Communist Review*, fev. 1947, p. 59-64; "England's Democratic Army". *Communist Review*, jun. 1947, p. 171-178; "The Restoration Spirit". *New Theatre*, vol. IV, 1947, p. 16-17. Publicou ainda a resenha sobre M. Dobb na *Modern Quartely*, new series, vol. II, p. 268-272, e a resenha sobre A. Toynbee na mesma revista (p. 290-307).

33 "The English Civil War intepreted by Marx and Engels". *Science and Society*, vol. XII, 1949, p. 130-156. Neste mesmo ano surgiram: "Marxism and History". *Modern Quarterly*, new series, vol. III, 1948, p. 52-64; "The fight for an independent foreing policy". *Communist Review*, fev. 1949, p. 46-52.

em certa medida, quando os líderes do Parlamento exoravam seus reclamos de classe, estavam num sentido concreto falando pela massa da população. Aparente contradição que se dissolve no andamento deste processo histórico porque, em função de seus interesses de classe, foram levados a voltar-se contra a própria democracia, em cujo nome haviam derrotado a antiga ordem político-institucional e estabelecido compromissos com os adversários derrotados na véspera, traço distintivo da história inglesa desde então.

Dois artigos merecem destaque no ano de 1949. No primeiro, "Land in the English Revolution",[34] regressava às questões agrárias já tratadas em artigos anteriores. Buscava, a partir daí, diferenciar as revoluções burguesas na França e na Inglaterra. Nesta, o sistema social jamais fora intensamente abalado, pois, considerava, não houvera antagonismos profundos entre campo e cidade, nem tão expressivas clivagens de classe, como se dera naquela. A diferença chave pode ser resumida numa palavra: na França, o capitalismo era urbano, na Inglaterra, por conta das raízes que a indústria da lã infiltrara no campo, agrário. No segundo artigo, "The English Revolution and the State",[35] concentrava-se no debate em torno da natureza do Estado absolutista na Inglaterra, por ele entendida como uma monarquia do tipo antigo, isto é, um Estado no qual a aristocracia feudal era a classe dominante e não a burguesia ascendente.

O terceiro texto, publicado neste mesmo ano de 1949, *The Good Old Cause: the English Revolution of 1640-1660. Its causes, courses and consequences*, editado juntamente com Edmund Dell, era um alentado volume subdividido em 16 unidades, continha um repertório documental cuidadosamente selecionado com a finalidade de dar sustentação às interpretações avançadas nos anos anteriores sobre a natureza da Revolução Inglesa,

---

34 Publicado em *Science and Society*, vol. XIII, 1949, p. 22-49.
35 Publicado em *Modern Quarterly*, new series, vol. IV, 1949, p. 110-128. Neste mesmo ano, publica "Hobbes and the english political thought". In: SELLARS, R. W. et al (orgs.). *Philosophy of the future: the quest of modern materialism*. Nova York: Macmillan, 1949, p. 13-32 (revisado em *Puritanism and Revolution, op. cit.*, p. 275-298).

todas elas de fundamentação marxista. Reafirmava a tese de que os homens cingidos pelo combate revolucionário estavam muito menos confusos, a propósito do seu significado e sentido, do que os historiadores burgueses haviam estado durante o último século. Na introdução, reafirmava sua convicção de que uma classe fora destituída do poder e que o avanço rumo à democracia fora o resultado não de um benéfico espírito de compromisso, mas de uma ardorosa luta de classe.[36]

Hill travava uma batalha sem tréguas em prol da afirmação do arquétipo marxista de interpretação do movimento revolucionário do século XVII inglês. No ano de 1950 publicou um texto notável que sintetizava as principais contribuições dos historiadores marxistas sobre o tema. Uma síntese historiográfica ainda evangelizadora em seus propósitos, um de seus últimos artigos publicados na revista *Science and Society*, "Historians on the rise of British capitalism".[37] Pregava a necessidade ingente de substituir o modelo interpretativo de Gardiner, que refletia, segundo Hill, toda complacência do liberalismo vitoriano, na medida em que compassava o desenvolvimento econômico com o conflito social, sendo que apenas o marxismo seria capaz de dar uma reviravolta qualitativa nesta linhagem interpretativa, no somatório dos resultados alcançados pelas pesquisas individuais.

> O marxismo restaura a unidade da história porque restaura o real, a vida, o trabalho e o sofrimento de homens e mulheres colocados no centro da História, pois não trabalha meramente com suas ideias abstratas e racionalizações... A concepção marxista de revolução burguesa

---

36 HILL, C.; DELL, E. (orgs.). *The Good Old Cause: the English Revolution of 1640-1660. Its causes, courses and consequences*. Londres: Lawrence and Wishart, 1949. Segunda edição publicada por Frank Cass em 1969, com nova introdução de C. Hill, extremamente importante por conter uma autocrítica. Hill publicou várias resenhas nos seguintes periódicos: *Anglo-Soviet Journal, Communist Review, History, Modern Quarterly, Science and Society* e *Daily Worker*, onde apareceu sua resenha sobre o livro de A. L. Morton, *The People's History of England*.

37 *Science and Society*, vol. XIV, 1950, p. 307-321.

repõe a Revolução Inglesa no seu próprio lugar, no centro da história inglesa: o que por si só ajuda a iluminar todo o curso da história inglesa em direção ao presente... Finalmente, a abordagem marxista, e somente ela, pode restaurar ao povo inglês parte de sua herança, da qual tinham sido roubados"[38]

O breviário de fé marxista continua no ano de 1951.[39] Mas esta fase estava prestes a se encerrar. O ano de 1952 testemunhou o nascimento da revista *Past & Present*, fundada por um grupo de historiadores marxistas pertencentes ao C. P. Historian Group que, desde 1949, defendiam a necessidade de criar um novo periódico que expressasse o seu posicionamento teórico e desse vazão à produção científica de seus membros. A revista foi ativada por um coletivo de marxistas e não marxistas, colaborando sobre a base comum da pesquisa histórica e de discussões sempre atualizadas. Apesar de John Morris ter sugerido que a revista se denominasse *Bulletin of Marxist Historical Studies*, e de contar em seu corpo editorial com notórios marxistas tais como o próprio Morris, Dobb, Hobsbawm, Hilton, Childe, Barracough, além do próprio Hill, que permaneceria no corpo editorial até sua aposentadoria em Oxford, em 1978, e não se achava submetido ao tacão do Partido Comunista, fazendo de sua independência a condição da sua liberdade de expressão.

A estreia de Hill em *Past & Present* deu-se com o texto intitulado "Puritans and poor", em novembro de 1952.[40] Texto que, juntamente com

---

38 *Ibidem*, p. 320-321. Neste mesmo ano surgiu "The myth of western civilization". *Modern Quarterly*, new series, vol. v, p. 172-174. E mais duas resenhas, publicadas em *History*, vol. xxxv, e em *Economic History Review*, vol. iii.

39 *Idem*. "The materialist conception of history". *University*, vol. i, 1951, p. 110-114. Publicou também comentários sobre a obra de M. Dobb, "*Studies in the development of capitalism*". *Revue Historique*, vol. ccv, 1951, p. 174-177.

40 *Past & Present*, vol. 2, 1952, p. 32-50 (revisado em *Puritanism and Revolution, op. cit.*, p. 215-238, reintitulado "William Perkins and the poor"). Neste ano, Hill continuou a resenhar para *Communist Review, Daily Worker, History, Modern Quarterly, Science and*

"The transition from Feudalism to Capitalism" e "The English Revolution and the Brotherhood of Man", publicados em *Science & Society*, em 1953 e 1954, respectivamente,[41] pré-anunciavam a nova fase que se inauguraria, magistralmente, com a publicação do seu primeiro grande trabalho de pesquisa, em 1956.

Segunda fase (1956-1965)

O ano de 1956 é um marco histórico. Para o Partido Comunista inglês, para seus intelectuais filiados e, sobretudo, para Hill.

Como já dissemos, insatisfeitos com a vertente stalinista dominante, a ala intelectual do partido voltou-se contra suas lideranças em 1956, liderados por Thompson e Saville, seguindo-se uma debandada generalizada. Hill foi um dos últimos intelectuais a abandoná-lo, somente o fazendo depois de considerar perdida a luta por sua democratização, em 1957. De qualquer forma, o novo perfil que os trabalhos de Hill viriam a tomar já estavam inscritos nos artigos anteriores a 1956, na safra iniciada em 1949, portanto, antes da publicação de *Economic problems of the Church*, definitivamete o marco divisório desta nova fase,

---

Society, e aparece pela primeira vez em *Times Literary Supplement*, em 19 de dezembro de 1952, p. 837.

41   Em 1953 Hill publicou: "The transition from Feudalism to Capitalism". *Science & Society*, vol. XVII, p. 348-351; "Clarendon and the Civil War". *History Today*, vol. III, p. 692-703; "The Barebones Parliament: a Revaluation". *Listener*, 23 jul. 1953; "Stalin and the Science of History". *Modern Quarterly*, new series, vol. VIII, 1953, p. 198-212; "The English Revolution and the Brotherhood of Man". *Rekishigakukenkyu* (*The Journal of Historical Studies*), vol. CLXV, traduzido para *Science and Society*, vol. XVIII, p. 289-309 (revisado em *Puritanism and Revolution*, op. cit., p. 123-152); além de uma comunicação sobre "Puritans and the poor". *Past & Present*, vol. III, p. 53-54, e resenhas nos periódicos costumeiros. Em 1954 escreveu "The Norman Yoke". In: SAVILLE, J. (org.). *Democracy and the Labour Movement: essays in honour of Dona Torr*. Londres: Lawrence and Wishart, 1954, p. 11-66 (revisado em *Puritanism and Revolution*, op. cit., p. 50-122). Em 1955 publicou: "Clarissa Harlowe and her times". *Essays in Criticism*, vol. V, p. 315-394, além de "University of Moscow, II: The Teaching of History". *Universities Quarterly*, vol. IX, p. 332-341.

mas que não pode ser debitada exclusivamente ao seu desligamento do partido, como quer R. C. Richardson.[42]

O impacto do livro foi enorme, mesmo entre os autores declaradamente antimarxistas, como A. Simpson, para quem "o Sr. Hill era um marxista que saíra do seu estado de transe... Quem quer que relembre *The English Revolution*, ou seu volume companheiro, *The Good Old Cause*, poderia ver que o encanto estava quebrado".[43] Quebrado sim, mas não extinto. Trazia a marca de suas impressões digitais, um timbre personalizado, vazado num marxismo sofisticado que Hill, chegado aos seus 44 anos, levara mais de duas décadas para amadurecer. Metamorfose que levou Lawrence Stone, seu tradicional desafeto, a saudar o livro como "a mais importante contribuição para o nosso conhecimento da primeira metade do século XVII na Inglaterra, surgida depois da guerra".[44]

Em sua resenha, D. H. Pennington diz que se pode falar em dois Hills. Um era o autor de textos padronizados de análise marxista sobre a Revolução Burguesa na Inglaterra. O outro, conhecido apenas por um círculo limitado de pessoas, alunos, companheiros, colegas e amigos, além de leitores especializados, era um dos mais refinados intelectuais daquele momento, dotado de um conhecimento efervescente e grande amor pela literatura, capaz de exercitar uma crítica ágil e penetrante. Os

---

42 RICHARDSON, R. C. *Op. cit.*, p. 103. A obra *Economic problems of the Church: from Archbishop Whitgift to the Long Parliament* (Oxford: Oxford University Press, 1956) foi republicada com correções em 1963 e 1968. O ano de 1956 dá a impressão de que Hill abriu as comportas de sua produção represada. Publicou, além de *Economic problems*, três artigos, a saber: "Die Gesellschaftlichen un ökonomischen Folgen der Reformation in England's". In: KLEIN, F. et al (orgs.). *Beiträge zum neuem Geschichtsbild*. Berlim: Rutten and Loening, 1956, p. 88-104 (revisado em *Puritanism and Revolution, op. cit.*, p. 33-49, sob o título "Social and economic consequences of the Henrician reformation"); "Recent interpretation of the Civil War". *History*, new series, vol. XLI, p. 67-68 (revisado em *Puritanism and Revolution, op. cit.*, p. 3-32); e "A Propos d'um article récent sur Crowell" (por H. R. Trevor-Roper). *Annales E. S. C.*, vol. XI, p. 490-492, e uma vintena de resenhas.

43 SIMPSON, A. "Review". *Journal on History*, vol. XXIX, 1957, p. 261.

44 STONE, Lawrence. "Review". *The Economic History Review*, vol. XI, nº 3, 1959, p. 518.

dois Hills concordariam, em larga medida, com esta síntese: que por trás das ideias e dos líderes, é necessário investigar o estímulo econômico; que o povo é a fonte de todo poder justo, e a riqueza, de muito poder injusto. Este livro, completa Pennington, é "uma das leituras mais agradáveis surgida em décadas".[45]

E tinha razão. Esta sólida monografia firmou, pela primeira vez, a reputação de Hill entre os historiadores acadêmicos fora do circuito fechado do Partido, e que eram a grande maioria. Muitos deles ficaram atônitos somente em imaginar um *scholar* comunista, paciente e competentemente, dissecando o coração da sociedade Stuart-Elizabetana, cuja resultante não foi apenas um livro sobre a Revolução Inglesa, mas um estudo da forma pela qual a Inglaterra moveu-se das formas feudais para as formas burguesas da vida social. A chave capaz de permitir a abertura do cofre misterioso da revolução burguesa era a Igreja. Bispos outrora poderosos foram vítimas de uma expropriação de longo curso de suas propriedades e rendas, que os deixaram, nos fins do século XVI, econômica e legalmente dependentes dos leigos e da lei, passando a representar a falência moral do antigo regime por sua invisível impotência econômica, que Hill explicitou pela primeira vez. Esta interpretação revela concomitantemente um leve descolamento em relação ao marxismo clássico, temperado pelo acolhimento de novas influências vindas da tríade Weber-Troeltsch-Tawney, especialmente no que concerne à relação entre o protestantismo e o capitalismo.[46]

Trata-se de um livro com muitas virtudes, como assinalou W. K. Jordan, impressionado com o equilíbrio e a clareza de Hill que, segundo o resenhista, "move-se com facilidade, com grande humor, e sem 'bias' evidentes através deste complexo e controverso período".[47] O período entre a elevação de Whitgift ao bispado de Canterbury, em 1583, e a reunião do Longo Parlamento, em novembro de 1640, foi submetido por Hill a um escrutínio

---

45 PENNINGTON, D. H. "Review". *History*, vol. XLII, n° 146, 1957, p. 230.
46 GEORGE, C. H. *Op. cit.*, p. 19-21.
47 JORDAN, W. K. "Review". *The American Historical Review*, vol. LXII, n° 3, 1957, p. 614.

amplificado dos problemas econômicos da Igreja anglicana, resultando na confirmação das crescentes dificuldades financeiras dos membros do clero, uma espécie de regresso às dificuldades por ela vivenciadas na baixa Idade Média, ao mesmo tempo que testemunhava o triunfo do puritanismo energizado pela fusão entre presbiterianismo e sectarismo. Na introdução do livro, Hill exprobrou a visão simplista e dicotômica da Revolução Inglesa, apresentada em termos de conflito entre os 'de fora' e os de 'dentro', entre a *gentry* da corte *versus* a *gentry* do campo, entre a burguesia e o Estado de justiça social. Refletiu sobre o grau de consciência dos atores imersos no processo, afirmando que, ao contrário do que se pensava,

> os contemporâneos sabiam mais. A oposição via os bispos como os principais inimigos. E isto não era meramente porque eles estavam tomados pelas ideias puritanas que racionalizavam seus interesses de classe. Pois a Igreja era mais do que uma instituição religiosa: era uma instituição política e econômica de grande poder e importância. Deveria haver muitas razões, além das puramente religiosas, pelas quais os homens desejariam destruir a hierarquia eclesiástica em 1640.[48]

Suas análises fincaram indelevelmente as raízes de sua interpretação no solo fértil da produção histórica inglesa. Ficou nítido que na Inglaterra, bem como em outros países da Europa, o século XVI testemunhou uma massiva secularização da propriedade eclesiástica, engolida pela Coroa e repassada aos cortesãos e aos nobres. Entrementes, os clérigos das paróquias eram pressionados pela revolução dos preços, pela inflação outrora inexistente que, agora, corroía suas rendas fixas; situação agravada pelas desapropriações que transferiam parcela considerável de seus bens para encorpar o patrimônio da *gentry* e da nobreza. Inevitavelmente, o *status* social, a qualificação moral e educacional do

---

48   HILL, C. *Economic problems of the Church, op. cit.*, p. x.

clero e do episcopado deixou de satisfazer as novas gerações que, exaltadas, pediam a extinção do episcopado, em favor dos clérigos.

No quadro mais geral desta crise, ocorrida nos últimos anos do reinado de Elizabeth, a Igreja viu-se subitamente blindada por aliados poderosos. Primeiramente a Coroa e, depois, uma parcela significativa dos leigos ricos, por serem capazes de perceber que a Igreja, e muito especialmente o episcopado, era a viga mestra do *establishment*, e que seu desmoronamento poria em sério risco tanto a posição da monarquia quanto da nobreza. Os proprietários rurais defrontaram-se com a ambiguidade de suas posições. Como cristãos devotos deploravam as condições de ignorância do clero e opunham-se à simonia, ao tráfico com as coisas sagradas, à acumulação de cargos e à não residência, isto é, o grave problema dos clérigos absenteístas; mas como possuidores de bens da Igreja, como senhores de padroados e cortesões potenciais, seus próprios interesses econômicos estavam indelevelmente atados a esses abusos. Como calvinistas reformados, tinham elevadas suspeitas em relação ao poder e à riqueza dos bispos; mas, como membros das classes possuidoras, temiam que a abolição do episcopado pudesse estimular ataques semelhantes à sua própria autoridade e bens adquiridos.

Esta situação conservou-se até o fim dos anos 1620, quando ocorreram sérias tentativas de todos os lados para atacar o problema em sua raiz. Os puritanos começaram a colocar suas consciências à frente de suas pecúnias. Organizaram uma sociedade financiada por subscrições particulares com a finalidade de comprar bens secularizados e devolver a renda em dinheiro para a Igreja, mas não a autoridade sobre o patrimônio. Como indivíduos, patrões ou congregações, passaram a incrementar os salários dos clérigos de sua própria escolha, voluntariamente. No sentido contrário, percebendo o desdobramento nefasto que este movimento poderia ter, o Bispo Laud, representando a Igreja Anglicana, escudou-se no pleno poder do Estado. Rompeu o esquema da compra de bens eclesiásticos secularizados, travou o aumento dos salários por vias travessas, ao mesmo tempo em que tentava restaurar o poder financeiro da Igreja pela exação fiscal. Impôs o aumento dos dízimos fora das cidades, especialmente de Londres, e aumentou os salários dos clérigos pagos pelos apropriadores de bens da Igreja. Em consequência, como pondera Hill, "protestantismo, patriotismo, parlamentarismo e propriedade marcharam juntos contra a tentativa de Laud em reverter a História. Por isso, significativamente, em 1640, bispos, deões e capítulos vieram abaixo, mas os dízimos sobreviveram".[49]

De toda evidência, a arquitetura histórica elaborada por Hill não passou sem críticas. Argumentou-se que a política elisabetana em relação à Igreja era muito menos consciente do que Hill deixava entrever,[50] que o problema foi atacado de modo oblíquo pela exacerbação desmesurada do fator econômico no universo da Igreja.[51] Porém, foi esta mesma aparente excessividade, a análise econômica verticalizada, que propiciou a inovadora interpretação que transparece em *The economic problems*. Tão renovadora que, como diz D. H. Pennington, devemos ignorar as genuflexões ocasionais de Hill aos dogmas marxistas, pois "há momentos em que sentimos que ele pode ser tanto um mestre da evasão quanto da clareza".[52] Foi exatamente neste sentido que Richard Tawney, ao defender Hill dos ataques feitos por um colega anticomunista, disse: "Não me importa que Hill seja um marxista, porém, eu gostaria muito que ele não cantasse a doxologia marxista ao final de cada obra que escreve".[53] Hill confessaria, mais tarde, que este comentário penetrara profundamente em sua alma, pois, "mostrou-me que, para Tawney, eu parecia exatamente o que não estava querendo parecer, e que, desse momento em diante, tenho tentado manter os elementos doxológicos dos meus textos sob controle".[54]

---

49 Este resumo acompanha o roteiro de Lawrence Stone (*op. cit.*, p. 518-519).
50 JORDAN, W. K. *Op. cit.*, p. 614.
51 STONE, Lawrence. "Review", *op. cit.*, p. 518. Crítica semelhante aparece em Norma Sykes, em resenha no *Economic History Review*, vol. LXXIII, 1958.
52 PENNINGTON, D. H. "Review", *op. cit.*, p. 614.
53 *Apud* RICHARDSON, R. C. *Op. cit.*, p. 97.
54 Afirmação de C. Hill no *Balliol Parish Magazine*, 1957, p. 30-31.

Hill ascendera ao *status* de grande historiador. Sua produção, já copiosa, disparou. Invariavelmente informativa, analítica, plena de *insights* e, frequentemente, controversa. O ano de 1957 foi fecundo para Hill. Escreveu três artigos e uma vintena de resenhas.[55] No ano seguinte editou *Puritanism and Revolution: studies in interpretation of the English Revolution of the 17th century*,[56] uma coletânea de ensaios já publicados em diversos periódicos nos últimos 18 anos, escritos variados, cujo elo de unidade era dado por suas conexões com a Revolução Puritana. O título do livro, segundo Hill, tinha por intenção enfatizar a dupla inabilidade dos historiadores em suas abordagens deste tema. Primeiro, porque a tradição inglesa, desde o século XVII, tinha sido quase inteiramente gradualista: "coisas que se aprendem nos livros". Segundo,

> porque acreditamos que sabemos tudo sobre puritanismo. Mas o que fazemos, frequentemente, é pensar – com hostilidade consciente ou simpatia inconsciente – não no puritanismo, mas sim no não conformismo ulterior. Por esta razão, os ensaios foram colecionados de modo a sustentar uma interpretação da revolução do século XVII, das ideias que ajudaram a produzi-las e dela resultaram, bem como das relações entre estas ideias e os acontecimentos políticos e econômicos. Cada ensaio aborda o problema de um ângulo diferente, mas guardam todos uma unidade que vem da abordagem coerente de quem os produziu primeiramente.

---

55 Em 1957 publicou dois artigos e fez um relatório: "The Mad Hatter". *History Today*, vol. VII, p. 672-675 (revisado em *Puritanism and Revolution*, op. cit., p. 314-322); "John Mason and the end of the world". *History Today*, vol. VII, p. 776-780 (revisado em *Puritanism and Revolution*, op. cit., p. 323-336); e juntamente com P. Cadogan e M. MacEwen, "Minority Report of the Comission on Inner Party Democracy", apresentado ao 25º Congresso do Partido Comunista, em abril de 1957. Além de 22 resenhas em vários periódicos.

56 Editado por Secker and Warburg, Londres, 1958. No mesmo ano, publicou ainda: *Oliver Cromwell 1658*. Londres: Historical Association Pamphlet, G 38, 1958; carta sobre "Storm over Gentry". *Encounter*, vol. XI, 1958, p. 76; e mais 31 resenhas.

> Mas sua diversidade talvez ajude a enfatizar a convicção de que a Revolução foi um acontecimento complexo.⁵⁷

Entre os anos de 1959 e 1961, Hill publicou vários artigos e ensaios.⁵⁸ Culminando, em 1961, com a publicação de sua primeira grande síntese sobre o século XVII, *The Century of Revolution, 1603-1714*, cuja finalidade era atingir um público mais amplo, o que explica a temporalidade mais alargada. A obra divide-se em quatro partes, quatro fatias cronológicas bem demarcadas, repetindo-se em cada qual exatamente a mesma composição de tópicos: Narrativa dos Eventos, Política e Constituição, Religião e Ideias, Conclusão, o que denota certa preocupação didática típica de um livro texto. Por este motivo, a parte relativa aos eventos foi reduzida em favor da explicação, assim justificada por Hill na introdução:

> A História não é uma narrativa de eventos. A difícil tarefa dos historiadores é explicar o que aconteceu. Os anos entre 1603 e 1714 formam, talvez, os mais decisivos da história inglesa. As datas são arbitrárias, desde que elas se relacionam com a morte da rainha, não com a vida da comunidade. Não obstante, durante o século XVII, a moderna sociedade e o moderno Estado inglês começaram a ser moldados, e a posição da Inglaterra no mundo foi transformada. Este livro tenta penetrar por baixo dos eventos familiares e surpreender o que aconteceu, tanto para homens e mulheres comuns, quanto para Reis e Rainhas ou abstrações, como "sociedade" e "Estado". O que aconteceu

---

57 HILL, C. *Puritanism and Revolution*, op. cit., p. VII.
58 Em 1959, Hill escreveu "La Révolution Anglaise du XVIIᵉ siècle (essai d'interprétation)". *Revue Historique*, vol. CCXXI, p. 5-32; e mais 26 resenhas. Em 1960: "The star of a great myth: The Restoration of Charles II". *Guardian*, 25 maio, p. 8; "Republicanism after the Restoration". *New Left Review*, vol. III, p. 46-51; comunicação com R. Hilton no "XIᵗʰ International Congress of Historical Sciences". *Past & Present*, vol. 18, p. 4-5; e mais 23 resenhas.

no século XVII é parte importante de todos nós hoje, de nossa maneira de pensar, de nossos julgamentos, de nossas esperanças, que vale a pena tentar entender.[59]

Entre 1962 e 1964 Hill consolida a segunda fase de sua trajetória, voltada substantivamente à análise econômica e social da Revolução Inglesa. Escrito em 1962, mas publicado apenas em 1964, surgiu o volume companheiro de *Economic problems of the Church*, o livro *Society & Puritanism in Pre-revolutionary England*.[60] Enquanto o primeiro livro buscava as razões que levaram os homens a se oporem ao regime Laud na Igreja inglesa, *Society and Puritanism* abordava o mesmo período de outro ângulo. "Sugeria que deveria haver razões não teológicas para dar sustentação a um puritano, ou para ser um puritano."[61] Os dois livros foram concebidos e até mesmo rascunhados juntos, produzindo-se o segundo com as sobras do primeiro, o que, de certa forma, explica por que há tantas referências ao *Economic problems* neste livro, cujo tema essencial é descobrir as raízes do puritanismo na sociedade inglesa. Puritano, para Hill, representava

---

59   HILL, C. *The Century of Revolution, 1603-1714*. Edimburgo: Nelson, 1961, p. 1.
60   Publicado em Londres pela Secker and Warburg em 1964, revisado e publicado com novo prefácio pela Panther em 1969. Em 1962, Hill publicara: "Intellectual origins of English Revolution". *Listener*, maio-jul., (subdividido em 6 partes); "A. B. Rodger". *Balliol Collection Record*, p. 35-37; "Communication: on Anglo-Dutch Historical Conferences". *Past & Present*, p. 23-84. Em 1963: "Propagating the Gospel". In: BELL, H. E.; OLLARD, R. L. (orgs.). *Historical Essays, 1600-1750, presented to David Ogg*. Black, p. 35-39; "The Politics of John Milton". *Listener*, 12 set., p. 383-385; "Puritans and 'the dark Corners of the Land'". *Transactions of the Royal Historical Society*, 5th series, vol. XIII, 1963, p. 77-102 (revisado em *Change and continuity in 17th England*. Londres: Weidenfeld and Nicolson, 1974, p. 3-47); juntamente com Eric Hobsbawm e Joan Thrisk fez "Communication: on the Anglo-Russian Conference, 1963". *Past & Present*, vol. 26.
61   Idem. *Society and Puritanism, op. cit.*, p. II. Em 1964, Hill publicou ainda: "Seventeenth-century english society and sabatarianism". In: BROMLEY, J. S.; KOSSMANN, E. H. (orgs.). *Britain and the Netherlands II*. Groningen: J. B. Wolters, p. 84-108 (revisado em *Society and Puritanism, op. cit.*, p. 145-218, sob o título "The uses of sabbatarianism"); "Willian Harvey and the idea of Monarchy". *Past & Present*, vol. XXVII, p. 54-72; "Puritanism, capitalism and the scientific revolution" (debate). *Past & Present*, vol. XXIX, p. 88-97.

um corpo de opinião sistematizado, sem o qual a guerra civil jamais teria eclodido, e que se desenvolvera na Inglaterra nas duas ou três gerações anteriores à guerra civil. Nela se encontrava o coração da doutrina religiosa e a forma desejada de governo da Igreja, que se esmerava na busca de sua autopurificação interior, exatamente no sentido que a palavra reforma fora utilizada no século XVI. Esta doutrina, por vários motivos, tinha o apoio de um número substancial e crescente de leigos, e não pode mais ser identificada com os presbiterianos ou com os independentes. O puritanismo era, principalmente, uma teoria clerical.[62]

O puritanismo apelava primacialmente aos *yoemen*, artesões e mercadores médios, rotulados por Hill *the industrious sort of people*. Esta é uma categoria social vital para entender os fenômenos analisados por ele. O *povo industrioso*. Eram pequenos produtores independentes, modestos empregadores urbanos ou rurais, para quem a frugalidade e o trabalho duro poderiam fazer toda diferença entre a prosperidade e a impossibilidade de sobrevivência num mundo crivado pela competição crescente. Estes apoucados empregadores agregavam jornaleiros e aprendizes que buscavam, amparados na ética calvinista do trabalho, o enriquecimento, a diferenciação em relação à massa paupérrima da população. Formavam um contingente expressivo, incluindo homens de variados graus de riqueza, mas que podem ser distinguidos como um grupo social pela independência econômica de seus membros e pelo fato de que todos eles tinham os pés postos nos primeiros degraus da escada que os conduziria à prosperidade, apesar de poucos terem sido abençoados com seu quinhão. Diferenciavam-se, de um lado, dos despossuídos e, do outro, das classes privilegiadas: a aristocracia rural, os membros das oligarquias dirigentes das grandes cidades, magnatas financistas detentores de monopólios, grandes fazendeiros.

O puritanismo também atraía membros da *gentry* e da alta burguesia citadina, mas os que realmente contavam, e cuja cooperação era essencial em qualquer sistema presbiteriano ou congregacional, era *the*

---

62 Idem. *Society and Puritanism*, op. cit., p. 29.

industrious sort of people, pois sem a participação dos humildes puritanos a Coroa e os bispos jamais poderiam ser desafiados; a guerra civil não teria sido levada às suas últimas consequências. Por isso, Hill concentrou-se nesta categoria, porque sua meta era caracterizar a formação de um clima de opinião mais amplo, ao mesmo tempo em que reconhecia que a reduzida ênfase dada à *gentry* não significava desmerecer a sua importância. Exatamente neste ponto atrai os reparos mais veementes, por exemplo, de Brian Manning.[63]

As interpretações de Hill sobre o puritanismo seguem de perto as posições do historiador americano William Haller,[64] opondo-se frontalmente às explicações de Michael Walzer no livro *The Revolution of the Saints*, que apresenta o puritanismo como uma espécie de resposta político-teológica para as neuroses da sociedade do século XVI, atormentada pelo intenso crescimento populacional, pela alta dos preços, pelo impacto do descobrimento do Novo Mundo e, sobretudo, pela ruptura em relação ao passado encetada pela Reforma.[65]

Terceira fase (1965-1987?)

Ao mesmo tempo em que assentava historiograficamente os binômios economia/sociedade e puritanismo/revolução, Hill inaugurava sua terceira fase com a publicação de *Intellectual origins of the English Revolution* em 1965, livro finalizado pelo autor em junho de 1963, portanto, poucos meses depois de ter concluído *Society & Puritanism*, em

---

63 Uma crítica ácida à tese do *industrious sort of people* aparece na resenha de Brian Manning, publicada na *The English Historical Review*, vol. LXXXI, nº 319, 1966, p. 360, na qual considera que Hill cometeu uma falta porque *não fez um estudo da estrutura econômica e social deste grupo e uma análise de seus papéis e aspirações*.

64 HALLER, William. *The Rise of Puritanism*. Nova York: Columbia University Press, 1939; Idem. *Liberty and Reformation in the Puritan Revolution*. Nova York: Columbia University Press, 1955.

65 WALZER, Michael. *The Rise of the Saints: a study in the origins of radical politics*. Londres: Weidenfeld, 1966, p. 300, 3003 e 315.

novembro de 1962, cujo tema central fora ainda objeto de desdobramentos num artigo publicado em 1966.[66]

O Livro *Intellectual origins* teve origem na *Ford Lectures*, conferências proferidas por Hill em Oxford, no ano de 1962, e que numa versão preliminar e abreviada fora publicada neste mesmo ano em *The Listener*.[67] No prefácio, atribui a um artigo publicado por Mason Simone e Joan Simon em *The Modern Quarterly*, no ano de 1949, a fonte de inspiração para o tema deste livro. Seu objetivo confesso não era escrever um texto definitivo, mas levantar problemas e incitar a discussão. Por isso mesmo, deixou de fundamentar muitas de suas proposições com suportes documentais, na expectativa de que seus leitores, especialmente seus colegas e discípulos mais apaixonados, fossem atraídos para o debate. E ele conseguiu, pois as controvérsias reverberaram na revista *Past & Present*.

Hill parte da premissa, quase consensual, de que na Inglaterra seiscentista não houvera uma fermentação intelectual que se assemelhasse ao Iluminismo francês às vésperas da Revolução de 1789. Questionava-se se, na ausência de Rousseaus, haveria, quem sabe, Montesquieus, Voltaires ou Diderots. Partia da premissa de que a história intelectual não pode ser isolada das condições gerais da vida em sociedade. Inspirava-se na obra de Richard Tawney sobre as conexões entre as convicções religiosas e o surgimento do capitalismo, a relação entre os problemas agrários na Inglaterra do século XVI e as concepções sobre a usura. Por essa via, Hill vinculava a crise intelectual da Inglaterra no período anterior à crise geral do século XVII, entendida como parte de um movimento mais amplo de todo pensamento europeu que, por certo, guardava íntimas afinidades com a própria crise econômica e social, pois a visão de mundo que lastreara a consciência dos homens durante centenas de anos estava se

---

66 HILL, C. "The many-headed monster in Late Tudor and early Stuart political thinking". In: CARTER, C. H. (org.). *From the Renaissance to the Counter-Reformation: essays in honour of Garret Mattingly*. Jonathan Cape, 1960, p. 296-324 (revisado em *Change and continuity, op. cit.*, p. 181-204).

67 Publicado em seis unidades, de maio a julho de 1962.

desvanecendo, apesar das exceções pontuais, fruto da confusa fermentação intelectual, traço distintivo da vida cultural da Inglaterra pré-revolucionária.

> O puritanismo foi, talvez, o mais importante complexo de ideias na preparação das mentes humanas para a Revolução, mas não foi o único. Após duas décadas de interpretações econômicas da guerra civil inglesa, o tempo, acredito, está maduro para o reavivar do interesse nas ideias que motivaram os revolucionários do século XVII.[68]

Bacon, Raleigh, Coke, os cientistas londrinos e outras figuras menores ajudaram a minar a fé tradicional na eternidade da velha ordem da Igreja e do Estado. Tarefa hercúlea, sem a qual não teria havido transformação política. O utilitarismo e o protestantismo radical cresceram lado a lado nos centros urbanos, com o apoio de alguns *gentlemans*, mas profundamente enraizados nas camadas médias e baixas. A guerra civil foi sustentada pelos puritanos, com o apoio decisivo dos cientistas, contra a estupidez inquisitorial e tirânica dos bispos e as consequentes constrições intelectuais.

Seria um absurdo, entretanto, cingir as origens intelectuais da Revolução inglesa à sua relação com Bacon, Raleigh e Coke, mesmo que seus campos de influência tenham sido vastos. É necessário lembrar, primeiramente, que o ideal de aristocracia na época valorizava a virtude, não o nascimento, concepção que rapidamente fundiu-se com o preceito puritano de aristocracia divina, fórmula utilizada no período da guerra civil para legitimar a manutenção da ditadura revolucionária da minoria sobre a *gentry*. Em segundo lugar, merece destaque a influência das doutrinas feudais de contrato sobre as novas concepções mercantis, especialmente, sobre o aparato

---

68   HILL, C. *Intellectual origins of the English Revolution*. Oxford: Clarendon Press, 1965, p. 6. Neste ano, Hill publicaria ainda: "William Harvey (no parliamentarian, no heretic) and the idea of Monarchy". *Past & Present*, vol. XXXI, p. 97-103; "Science, religion and society in the sixteenth and seventeenth centuries" (debate). *Past & Present*, vol. XXXI, p. 110-112; "Colonel John Hutchinson, 1615-1664: a tercentnery tribute". *Transactions Thoroton Society*, vol. LXIX, p. 79-87.

legal das práticas mercantis. Em terceiro, havia a presença de um conjunto de idéias que se arrastavam desde a Alta Idade Média sobre a proximidade do fim do mundo, ideário profundamente entranhado na cultura popular e frequentemente mobilizado por pregadores e pensadores influentes nos momentos de crise econômica e social, como as que marcaram os meados do século XVII, momentos estes entendidos em suas interpretações como sinais inequívocos da proximidade do fim dos tempos. Em quarto, viriam as idéias constitucionalistas "liberais" de Fortescue,[69] cujo impacto necessita ainda uma avaliação mais completa. E, por último, mas não menos importante, verifica-se a crença disseminada de que tanto os panfletos sediciosos quanto a imprensa *underground* eram veículos divinos por difundirem a luz e dissiparem as trevas, o que levou, inclusive, Francis Bacon a ver nos artesãos das manufaturas seres superiores aos *scholars* das academias.

Mas Hill não se esqueceu das mulheres. Ressignificou o seu lugar no contexto revolucionário. Conversão relevante em seu aparato teórico-metodológico, ponto de inflexão do qual se penitenciaria, mais tarde, por não ter feito antes. Analisa as mudanças relacionadas com a posição e o papel das mulheres nas famílias de artesãos que dependiam de seu trabalho árduo, especialmente nos ambientes puritanos, onde se popularizava o ideal do casamento por amor, daí resultando uma estreita conexão entre mulher e radicalismo, como sempre houvera entre mulher e sectarismo.

Externamente, a mais conspícua influência intelectual veio da revolta dos Países Baixos. Da assimilação da tática ladina de, a um só tempo, atacar os ministros e professar lealdade ao rei; distinguir entre a realeza e a *commonwealth*; opor-se ao governo pela resistência à taxação indiscriminada, via mobilização das teorias alicerçadas nas leis naturais e contratuais, bem como na teoria política de fundamentação calvinista. A influência dos textos traduzidos vindos do continente era mais consistente do que a dos clássicos, colocando-se

---

69 Trata-se de sir John Fortescue, autor de *De Laudibus Legum Angliae* [Elogio às Leis da Inglaterra], publicada postumamente, cerca de 1534, obra republicada em 1660, em meio à turbulência revolucionária do século XVII.

apenas em segundo lugar na hierarquia das leituras influentes liderada pela Bíblia, pois, na retaguarda de Raleigh, Bacon e Coke, encontravam-se Ramus e Calvino. É por este caminho que Hill retorna ao puritanismo, ao capitalismo e à classe média, ou como ele preferia denominar, às *industrious classes*.[70]

O problema de fundo que Hill pretendia discutir parecia-lhe óbvio. O pensamento de todos os ingleses durante séculos fora dominado pela Igreja estabelecida. Subitamente, em menos de duas décadas, guerras bem-sucedidas assestadas contra o rei, a Câmara dos Lordes e os bispos culminaram no cerceamento de seus poderes. Carlos I foi executado em nome do povo. Como homens e mulheres que viviam há séculos sob o signo do direito divino dos reis tiveram forças para realizar coisas tão inesperadas? "Os homens não romperam levianamente com o passado: se eles têm que desafiar padrões convencionalmente aceitos, precisam ter um corpo alternativo de ideias para sustentá-los."[71] Qual teria sido, portanto, o papel das ideias no confronto com as ideologias, na reflexão sobre o momento econômico-social e no desenrolar da própria Revolução? Hill explicou:

> As ideias são todo-poderosas para os indivíduos a quem impelem para a ação; mas os historiadores devem dar igual importância às circunstâncias que originaram estas mesmas ideias. Revoluções não são feitas sem ideias; mas as Revoluções não são feitas pelos intelectuais. O vapor é essencial para acionar uma máquina a vapor; mas nem a locomotiva, nem uma estrada de ferro permanente pode ser construída sem o vapor.[72]

Neste livro Hill lida com o vapor. E o resultado é a revolução haurida no sopro arejador dos intelectuais; na fusão de velhas ideias com novos conteúdos; nas diferenças de perspectiva de classe na interpretação

---
70 AYLMER, G. E. "Review". *The English Historical Review*, 1966, p. 788.
71 HILL, C. *Intellectual origins of the English Revolution*, op. cit., p. 5-6.
72 *Ibidem*, p. 5.

daquelas mesmas ideias e na decalagem entre o tempo de assimilação e de aceitação nos novos conteúdos embutidos nas velhas ideias. Um mundo novo descortinado por Hill no século XVII, no qual mudanças mais ou menos intensas na educação, nas leis, na ciência, na literatura, no teatro, na música adicionaram algo mais profundo e mais durável do que o puritanismo como solo cultural, do qual a Grande Rebelião germinou.[73]

No mesmo ano da publicação de *Intellectual origins*, 1965, Hill escrevia também a introdução para o livro editado por T. Aston, que reunia ensaios publicados em *Past & Present*, sobre o polêmico tema da crise geral do século XVII.[74] Uma crise que varreu toda Europa Ocidental e Central a partir de 1620. No ano seguinte, 1967, surge o segundo livro texto de história da Inglaterra, *Reformation to Industrial Revolution*, que, em larga medida, continha temas já tratados em *The Century of Revolution*, mas cuja temporalidade alargada transformava-o num verdadeiro manual de história da Inglaterra na época moderna. Texto conciso e ambicioso, pois de um único fôlego procura analisar a construção da moderna sociedade inglesa. Nele, o autor desborda o século XVII, recua até as primeiras décadas do século XVI e avança até o século XVIII, sempre ancorado na Revolução Puritana e nas transformações econômicas e sociais daí advindas, especialmente naquilo que os historiadores ingleses já haviam assimilado como a revolução agrária/mercantil e sua importância decisiva na transformação estrutural do século XVIII, simbolizada pela Revolução Industrial. Hill estabelecia neste texto uma relação direta entre a revolução política e a revolução econômica. Isto porque a revolução política, pela consolidação do poder da classe dos proprietários, por remover as exações arbitrárias

---

73 GEORGE, C. H. *Op. cit.*, p. 24.
74 ASTON, Trevor (org.). *Crisis in Europe, 1560-1660. Essays from Past & Present*. Londres: Routledge & Kegan Paul, 1965, p. 1-3. O resenhista Quentin Skiner, em *The English Historical Review*, 1966, p. 792, destaca que, para Hill, *havia uma crise política e social no século XVII sobre toda a Europa Ocidental e Central*. Numa linha contrária, que busca privilegiar os aspectos da crise que "não jogam", veja-se PARKER, Geoffrey; SMITH, Lesley M. (orgs.). *The general crisis of the seventeenth century*. Londres: Routledge and Kegan Paul, 1978.

da monarquia, por liberar as iniciativas comerciais do controle paternalístico e submeter a política comercial à burguesia mercantil, promoveu a revolução agromercantil que disparou o arranque industrial.

A unificação do mercado nacional e o poder da *gentry* são os dois temas dominantes do livro. "O período de 1530-1780 apresentou mudanças econômicas lentas. Mas se olharmos a história política vemos que a mudança gradual foi interrompida por uma mudança em 1640; e a revolução política do século XVII deu origem à revolução mercantil e agrícola que teve efeitos impactantes sobre toda a sociedade."[75] Equivale dizer, a história social não poderia mais ser analisada aparte da história política. Por isso mesmo, "as melhores partes do livro são certamente aquelas nas quais o autor lida vivamente com os detalhes da complexa inter-relação política e mudança social", que se expressa nitidamente no realce conferido à Guerra Civil do século XVII, pois, do contrário, teria que ser menos pessimista em relação à capacidade administrativa e política da monarquia que reemergira do conflito, harmoniosamente articulada com seus súditos.[76]

Era nítido, neste momento de sua trajetória intelectual, o modo pelo qual Hill administrava sua profissão de historiador, acadêmico e intelectual. Havia um *modus operandi* que compassava produção histórica e ação política, visível no empenho em divulgar o máximo possível o produto do seu trabalho, que significava difundir sua concepção de história

---

75   Esta edição é da Penguin Books, London, 1969. No texto permanece a referência à edição de 1967, a primeira edição, feita pela Widenfeld & Nicholson

76   JONES, D. W., resenha em *The English Historical Review*, vol. LXXXIV, 1969, p. 120. Em 1967, Hill publicou: "History and Denominational History". *Baptist Quarterly*, new series, vol. XXII, p. 65-71; "Marx's Virtues", *Listener*, 10 ago., p. 172-173; "Pottage for Breeborn Englishmen: attitude to wage labour in the sixteenth and seventeenth centuries".In: FEINSTEIN, C. H. (org.). *Socialism capitalism and economic growth: essays presented to Maurice Dobb*. Cambridge: Cambridge University Press, p. 338-350 (revisado em *Change and continuity*, op. cit., p. 219-238); "Sir Isaac Newton and his society". *Texas Quarterly*, vol. X, p. 30-51 (revisado em *Change and continuity*, op. cit., p. 251-277); com Bridget Hill, "Catherine Macaulay and the seventeenth century". *Welsh Historical Review*, vol. III, p. 381-402.

e naturalmente da forma marxista de sua interpretação. Partia das generalizações para as pesquisas; das pesquisas para a elaboração de sínteses que, por seu turno, lastreavam reproblematizações, ponto de partida para renovados aprofundamentos, alargando e verticalizando cumulativamente o seu campo de conhecimento. Na sequência, invertia o procedimento. Pesquisava, escrevia, fazia resenhas, sintetizava e recomeçava tudo outra vez. Isso transparece em sua produção científica dos anos 1968/1969, quando publicou três artigos diferentes[77] e terminou de redigir a biografia de Oliver Cromwell, *God's Englishman: Oliver Cromwell and the English Revolution*, publicada somente em 1970. O texto apoiava-se no panfleto escrito em 1958 intitulado *Oliver Cromwell, 1658-1958*, por ocasião do tricentenário da morte do ditador. Não se tratava, porém, de uma mera expansão deste texto preliminar, pois está referenciado a toda produção de Hill na última década, que redundara do aprimoramento de sua concepção de Revolução Inglesa.

A estrutura do livro revela o historiador marxista que Hill sobejamente é. Parte do quadro demarcado pela Revolução Inglesa, do movimento geral da sociedade, para depois introduzir a personagem, descendo aos pormenores de sua vida política e privada.[78] Fecha o livro com um capítulo historiográfico, "Oliver Cromwell e a História Inglesa", no qual entrelaça indivíduo e história numa interação criativa. Qual a figura histórica que daí emerge? Cromwell como o protagonista da liberdade de pensamento, hostil ao dogmatismo, aos privilégios, aos fingimentos? Ou o Cromwell que derreou os *levellers,* literalmente enterrou os *diggers,* revelando-se, mais tarde, uma mente conservadora, um político ardiloso

---

77 Em 1968, Hill publicou: "The intellectual origins of the Royal Society – London or Oxford?". *Royal Society Notes and Records*, vol. XXIII, p. 144-156. Em 1969, publicou: "Plebian irreligion in in 17th century England". In: KOSSOK, M. (org.). *Studien über die Revolution*. Berlin: s/e; "'Reason' and 'reasonableness' in seventeenth-century England". *British Journal of Sociology*, vol. XX, p. 235-252 (revisado em *Change and continuity, op. cit.*, p. 103-126).

78 HILL, C. *God's Englishman: Oliver Cromwell and the English Revolution*. Londres: Weidenfeld and Nicolson, 1970. Edição revisada pela Pelican, 1972, p. 38.

que sabia manejar todas as artes da política para preservar o odiado regime militar que liderava? Seria ele o fundador do Império britânico? Hill discreteia: "Simpatizo com o homem idoso, desiludido, que tentava lutar sob o peso do protetorado sabendo que sem ele o pior aconteceria [...]; enquanto, em verdade, as grandes mensagens de liberdade e igualdade que ele suscitou, permaneceram sem solução".[79] A escultura moldada por Hill traduz uma figura histórica hegeliana. Mas ele não é um adorador de heróis, e seu Cromwell é ao mesmo tempo a criatura e o criador do seu tempo.[80]

Comparado com o impacto provocado pelos livros anteriores de Hill, sobretudo *Intellectual origins*, esta biografia de Cromwell e o livro publicado no ano seguinte, *Antichrist in seventeenth century England*,[81] são considerados por Richardson como momentos menos inspirados.[82] Em compensação, o livro editado em 1972, *The world turned upside down: radical ideas during the English Revolution*, é unanimemente reconhecido como o mais instigante entre todos os que escreveu. Segundo R. B. Schlatter, é um livro que não deve ser lido para ser criticado, mas simplesmente lido, um espantoso trabalho de tessitura histórica. Evidencia-se aqui sua enorme capacidade para a pesquisa sistemática, sua criatividade fértil, agressiva e ao mesmo tempo simpática, temperada por um estilo perfeitamente adequado aos seus propósitos.[83] O brilho intelectual de Hill resplandecia. Tornou-se a estrela de toda uma constelação de excelentes estudiosos da

---

79 *Ibidem*, p. 275-276.
80 GEORGE, C. H. *Op. cit.*, p. 25.
81 HILL, C. *Antichrist in seventeenth century England*. Oxford: Oxford University Press, 1971. Neste ano, publicava ainda: "Alexander Dunlop Lindsay". In: WILLIAM, E. T.; PALMER; H. M. (orgs.). *Dictionary of National Biography: 1951-1960*. Oxford: Oxford University Press, p. 621-64; com Donald Pennington, "Science and Society and Cromwell". *Sussex Tapes*, record H 3; "The Theory of Revolutions". In: HOROWITZ, David (org.). *Isaac Deutscher: the man and his work*. Londres, p. 57-87.
82 RICHARDSON, R. C. *Op. cit.*, p 104.
83 SCHLATTER, Richard. "Review". *The American Historical Review*, vol. LXXVIII, nº 4, 1973, p. 1053.

Revolução Inglesa.[84] Mas não é um livro fácil. Seus temas e subtemas não estão explícitos. Não lida com a Revolução em sua dinâmica política, e sim com a revolta ideológica dentro da Revolução, uma história compreensiva vinda de baixo e não do topo da sociedade.[85]

Este livro opera com o que, sob certo ponto de vista, poderia ser considerado como um conjunto de ideias e episódios subsidiários à cena principal da Revolução Inglesa. Focaliza a tentativa de vários grupos emergentes da população comum em impor suas próprias soluções para os problemas de sua época, em flagrante oposição aos desejos dos ditos "melhores", que os haviam atraído para a ação política. Talvez a maior conquista de Hill como historiador tenha sido recolocar no mapa da história uma plêiade de radicais, não apenas *diggers* e *levellers* mais conhecidos, mas figuras fascinantes como John Warr, que propunha uma ampla reforma do aparato legal; e William Dell, e suas ideias avançadas sobre a reforma educacional.[86]

O colapso da velha ordem política e social propiciou o elã renovador. Hill olha exatamente para a "franja lunática" da sociedade, os críticos mais radicais, convicto que eles tinham algo a dizer para as gerações atuais, procurando compreender como a loucura pode ser entendida como uma forma de protesto contra as normas sociais estabelecidas. Que os lunáticos podem ser considerados, em certo sentido e em determinadas circunstâncias, mais lúcidos do que a sociedade que os rejeita. Por isso mesmo, o mundo por ele descortinado é habitado pelos *familists, millenarians, quakers, baptists, fifth monarchists, ranters, seekers,* e outros tantos que não alcançaram

---

84 Ibidem. No mesmo ano da publicação de *The world...*, Hill fez ainda as resenhas sobre Lawrence Stone, *The causes of the English Revolution, 1529-1642* (Nova York: Harper and Row, 1972) e G. E. Aylmer, *The interregnum: the quest for settlement, 1646-1660* (Hamden: Archon Books, 1972, p. 1052-1055).

85 REAY, Barry. "The world turned upside down: a retrospect". In: ELEY, Geoff & HUNT, William (orgs.). *Op. cit.*, p. 60-69.

86 BURKE, Peter. "William Dell, the universities and the radical tradition". In: ELEY, Geoff & HUNT, William (orgs.). *Op. cit.*, p. 181.

designação específica. Uma pesquisa incrível, pois muito pouco se sabia sobre estes movimentos sociais que Hill revelou ser um universo lotado por dezenas de radicais até então desconhecidos, por dezenas de panfletos sediciosos, todos eles empenhados em "virar o mundo de cabeça para baixo". Pesquisa que não revirou apenas aquele mundo. Pôs de ponta-cabeça a tradição historiográfica coeva, provocando reações iradas e ressentidas por parte do poder historiográfico estabelecido, a exemplo de J. C. Davis que, a propósito de negar a existência de radicais como os *ranters*, acusava Hill e membros do Historian Group de serem ideológicos e charlatães.[87]

Depois de um capítulo de abertura no qual Hill procura delinear o quadro geral das mudanças decorrentes da Revolução de 1640, que deram origem à explosão de radicalismos, no capítulo sétimo introduz a grande personagem da tese, Gerrard Winstanley, em seguida ao qual desfilam numerosos outros radicais e suas ideias. No conjunto, não chegam a formular uma filosofia social consistente. Suas ideias eram basicamente igualitárias e democráticas. Alguns desejavam não apenas a posse coletiva da terra, mas também a produção coletivizada em larga escala e até a agricultura científica; outros eram racionalistas que rejeitavam a Bíblia, o céu, o inferno e o dogma central do cristianismo puritano, o pecado original; outros mais atacavam o aprendizado tradicional, a ciência e as universidades, consideradas sustentáculos do *status quo* opressivo, alvitrando alternativas na astrologia e na alquimia; outros ainda assumiam posições anti-imperialistas e desconfiavam de todo aparato militar, legal e político; finalmente, havia até mesmo aqueles que rejeitavam a ética do trabalho fundada no protestantismo.

Hill pensa ser possível vislumbrar nesta literatura radical fragmentada uma nova cultura, ou contracultura, que rejeitava "a propriedade privada pelo comunismo, a religião pelo racionalismo e o materialismo panteísta, a filosofia mecânica pela ciência dialética, o ascetismo

---

87 Em artigo específico, Thompson rebate as acusações e lamenta que tenham sido veiculadas por uma editora universitária de prestígio. Cf. THOMPSON, Edward. "On the Rant". In: ELEY, Geoff & HUNT, William (orgs.). *Op. cit.*, p. 160.

desavergonhado pelo prazer das boas coisas da carne [...], em que o ideal seria a autossuficiência econômica, não o comércio mundial ou a dominação".[88] A ética puritana do trabalho sistemático, duro, perseverante, que conduzia à poupança e à acumulação, era simplesmente rejeitada por alguns radicais. Winstanley sugeria uma via alternativa: a exploração era o mal, e não o trabalho. Abolir a exploração transformaria o trabalho para a comunidade num prazer. Concepções estas que, evidentemente, não passavam de uma utopia. De ideias que não estavam fora do lugar, pois estiveram próximas de se realizar nas comunidades dos *diggers*, que teriam dado a esta contracultura, se vingassem, uma base econômica. Radicais obscuros, incapazes de se impor à maquina de dominação em presença, mas que sinalizaram para as gerações futuras a possibilidade de uma sociedade que transcenderia ao sistema de propriedade privada, de uma contracultura que rejeitava a ética protestante. Devemos ser gratos a estes homens, diz-nos Hill, que batalharam não apenas pela construção de um mundo moderno, mas também por algo mais nobre, algo ainda não atingindo – *the upside-down world*.[89]

Afinal de contas, estes radicais compunham um número significativo e influente? Hill responde que não, que eram uma minoria. Mas eram muito mais numerosos do que até então se imaginava. E, se considerarmos que eram provenientes de extrações sociais normalmente iletradas, será possível pensá-los como a parte visível de um *iceberg*. De toda evidência, muitos deles foram rapidamente esquecidos. Mas seria possível demonstrar que os radicais inspiraram gerações futuras. Muitos deles viveram em Milton, Bunyan e Blake. Especialmente em Gerrard Winstanley, de cuja obra Hill selecionou um terço dos trabalhos publicados e os reuniu no livro

---

88 *Ibidem*, p. 1054.
89 Citando Michael Walzer, J. H. Elliott, em "Revolution and continuity in early modern Europe" (*Past & Present*, vol. 42, 1969, p. 44), relativiza a importância das seitas radicais do século XVII, mesmo no caso dos *levellers*. Sobre o tema, ver GREAVES, R. L. (org.). *Biographical dictionary of british radicals in the seventeenth century*. Sussex: The Harvester Press, 1982.

denominado *The Law of Freedom and other writings*, publicado em 1973, com uma extensa introdução.[90]

Era chegado o momento de Hill fazer uma nova pausa e condensar seus trabalhos esparsos dos últimos 12 anos. Trabalhos estes que tinham sua unicidade conferida pela Revolução Inglesa, no seu inter-relacionamento material e intelectual, reunidos no livro *Change and continuity in seventeenth-century England*, publicado em 1974.[91] Sob os sugestivos subtítulos *Changing relationships, Change in continuity, Continuity in change, Change out of continuity*, Hill aborda a tentativa de imposição nas diversas regiões inglesas da ideologia produzida nas áreas economicamente mais avançadas; das formas de acomodação do protestantismo às novas ideias e práticas; da transformação das velhas ideias sob o impacto das pressões sociais; das críticas radicais às profissões tradicionais: clérigos, advogados e médicos; das diferentes ideologias referidas às classes; da convergência de mudança e continuidade no mundo pós-revolucionário e, acima de tudo, por sua intensa mobilização no afã de situar a Revolução Inglesa no seu contexto histórico específico.

---

90 Em 1972, ao mesmo tempo de *The world turned upside down*, Hill publicara: "Partial Historians and Total History". *Times Literally Supplement*, 24 nov., p. 1431-1432; "The radical critics of Oxford and Cambridge in the 1650's". In: BALDWIN, W; GOLDTHWAITE, R. (orgs.). *University in Politics*. Baltimore: John Hopkins University Press (revisado em *Change and continuity, op. cit.*, p. 127-128). Em 1973: "Christopher Hill and Lawrence Stone discuss with Peter Burke the English Revolution of the 17th Century". *Listener*, 4 out., p. 448-451; "The Levellers". In: RUBINSTEIN, D. (org.). *People for the People*. Ithaca Pres, p. 30-36. Foi neste mesmo ano de 1973 que saiu *The Law of Freedom and other writings*, figurando C. Hill como editor, publicado pela Harmondsworth/Penguin Books. Uma contravisão que recusa a utopia winstaliana contruída por Hill, em favor de um ideário mais tradicional inserido nos princípios da moral e do bem comum, aparece em C. C. Weston e J. R. Greenberg, *Subjects and sovereigns: the grand controversy over legal sovereignty in Stuart England*. Cambridge: Cambridge University Press, 1981.

91 HILL, C. *Change and continuity in seventeenth-century England*. Londres: Weidenfeld and Nicolson, 1974. No mesmo ano surgiram: *Irreligion in the "Puritan" Revolution*. Londres: The Barnett Shine Foundation Lecture, Queen Mary College, Depto de Economics; "John Pym". *Encyclopaedia Britannica: Macropaedia*, vol. XV, p. 312-313; "Milton the Radical". *Times Literary Supplement*, 29 nov., p. 1330-1332.

Os anos que se seguem, 1975-1976,[92] preparam o advento do novo livro tese, *Milton and the English Revolution*, publicado em 1977. Do estudo geral das origens intelectuais da Revolução Inglesa, passando pelo ideário radical, Hill chegava ao grande poeta de *Paradise Lost*. Era mais um livro destinado a criar enorme impacto e intensa polêmica, provocando de imediato um animado debate no *Times Literary Supplement*, veículo no qual Hill havia publicado, em 1974, um resumo de suas ideias sob o provocativo título "Milton the Radical".[93] O livro superou largamente a expectativa gerada pelo artigo, no qual Hill clamava por uma reavaliação de Milton, de seu estereótipo de *scholar* distante, procurando restaurá-lo em seu ambiente radical.

> Quero olhar Milton por um ângulo diferente, pela ótica dos radicais contemporâneos. Foi no processo de redação de um livro sobre estes radicais – *Diggers, Ranters* e *Quakers* primitivos – que ocorreu a hipótese de que algumas de suas ideias guardavam curiosa relação com as ideias de Milton... Não pretendo sugerir que Milton pertencia a um desses grupos, que ele fosse um *Leveller*, um *Ranter*, um *Muggletonian* ou um *Quaker* primitivo. Mas que vivia no mesmo mundo que eles; escolheram o mesmo lado na guerra civil, que Milton acreditava ser o conflito entre o bem e o mal.[94]

---

[92] Em 1975, hill publicou vários textos. Fez a apresentação do livro organizado por A. L. Morton, *Freedom in Arms: a selection of Levelers writings* (Lawrence and Wishart, p. 12-13); partilhou com D. Pennington a autoria de "Seventeenth century England: change and revolution". *Audio Learning Ltds.*, cassete: English History, n° 4; Letter: "Milton The Radical". *Times Literary Supplement*, 24 jan.; Letter: "The Burden of Proof", *ibidem*, 7 nov., p. 1383. Em 1976, fez apenas um artigo, com Michael Sheperd, "The case of Arise Evans: a historical-psychiatric study". *Psychological Medicine*, vol. VI, p. 351-358, e um pequeno resumo, "La Revolución Inglesa". *Historia*, vol. XVI, p. 100-109.

[93] Publicado em *Times Literary Supplement*, 24 jan. 1975, p. 84.

[94] HILL, C. *Milton and The English Revolution*. Londres: Faber, 1977, p. 9.

Hill desconfiava que os radicais liam e comentavam Milton avidamente. Que a leitura de seu livro possibilitaria captar os ecos de seus escritos, discussões e controvérsias radicais que muito significaram para ele e para os que o leram. Ressonâncias que, por certo, seriam perdidas se fossem tratadas isoladamente. "Milton, como muitos de nós, combinava ideias tradicionalmente aceitas com outras que eram, pelos padrões de sua época, muito heterodoxas.[95] Ele não teria sido, nessa perspectiva, um pensador original, fosse em política ou teologia, uma vez que muitas de suas ideias podem ser detectadas concomitantemente em radicais coevos. Talvez fosse único apenas na forma de combiná-las e relacioná-las com a Bíblia. Situa-se, portanto, na charneira entre duas culturas conflitantes, o *laudianismo* aristocrático versus o *puritanismo* da classe média, em meio às quais emergiu uma terceira cultura, a tradição familialista subterrânea capturada em *The world turned upside down* e distinguida pelo *antitrinitarismo, materialismo, mortalismo* e *antinomianismo*. A identificação de Milton com esta cultura e o grupo social a ela referido não foi absoluta. Hill sugere que devemos vê-lo "num estado de diálogo permanente com pontos de vistas que poderia não aceitar inteiramente, ainda que muito o atraíssem". Milton foi, nestes termos, "um homem de duas culturas e meia".[96]

Alguns críticos consideram ser este o livro mais elegante de Hill. Não apenas por ser um primoroso trabalho acadêmico, mas por ser, sobretudo, um livro generoso e humano que revela o grande talento do mestre no cruzamento entre as fontes literárias e a literatura histórica.[97] Estas qualidades ficam sublinhadas na sexta parte do livro, a da reavaliação dos grandes poemas: *Paradaise Lost, Paradise Regained* e *Samson Agonistes*, quando se constata a emergência do historiador na plenitude

---

95 *Ibidem*, p. 7.
96 *Ibidem*, p. 113-114.
97 Cf. PARTRIDES, C. A.; WADDINGTON, Raymond B. (orgs.). *The Age of Milton: backgrounds to seventeenth century literature*. Manchester: Manchester University Press, 1980.

de seu saber. William Lemont vê em Milton uma abordagem vertical que mitifica a força horizontalizante do revisionismo do Dr. Hill.[98] Uma personagem oscilante que, ao mesmo tempo, se aproxima e se distancia do movimento revolucionário em curso. Se o objetivo principal de Hill era mostrar o grande poeta como produto da Revolução Puritana e, particularmente, do cardápio radical e democrático do movimento, foi traído por sua refinada sensibilidade, que lhe permitiu captar nos poemas, especialmente em *Samson Agonistes*, a tensão permanente entre liberdade e disciplina, paixão e razão, amor humano e providência divina e, ao mesmo tempo, sua face revolucionária.[99] Para Kiernan, Milton era um poeta complexo e muito autocentrado para ser homem de partido, e via a guerra civil não como um confronto de classes, mas sim como uma divisão entre as áreas esclarecidas e obscuras do país, sendo ele mesmo um produto de duas eras, "uma difícil mistura entre velho e novo", vivenciando um crepúsculo e uma aurora, momento tenso e privilegiado, "quando a imaginação é espicaçada pela luminosidade incerta, sorvida no turbilhão da mudança".[100]

Nos circuitos literários, sobretudo entre os especialistas no século XVII, o livro de Hill teve excelente acolhida. Sua principal virtude, nesta ótica, foi a sua enorme sensibilidade para a leitura de um texto em particular e sua inserção no processo histórico travejado por continuidade e mudança. Seu método se resumia em partir da posição do autor e de seus leitores, de suas vivências objetivas, e referenciá-los ao mundo socioeconômico e ideológico que os envolvia. Virtude alcançada somente por alguém que dominasse profundamente o conhecimento sobre as obras literárias, dos textos clássicos aos panfletos, da tradição bíblica aos sermões sediciosos, que fosse a um só tempo erudito e historiador, um senhor do seu tempo, que o autoriza a afirmar

---

98 LEMONT, William. "Review". *The English Historical Review*, vol. XCIII, 1978, p. 622.
99 GEORGE, C. H. *Op. cit.*, p. 26.
100 KIERNAN, V. J. "Milton in Heaven". In: ELEY, Geoff & HUNT, William (orgs.). *Op. cit.*, p. 161-179.

que Milton foi "o maior revolucionário inglês que era também um poeta, o grande poeta que era também um revolucionário".[101]

Vários artigos vieram à luz no mesmo ano em que era publicado o livro sobre Milton,[102] aos quais se somaria, no ano seguinte, o Suplemento nº 5 de *Past & Present*, intitulado *The Religion of Gerrard Winstanley*.[103] Como Milton, Winstanley foi lançado ao contexto radical de sua época, ao invés de simplesmente reduzido à condição de precursor do socialismo; ou enfatizar a continuidade de suas experiências religiosas. Sua teologia era radical e herética, combinando o mito histórico do *Jugo Normando* com a doutrina dos *levellers*, assentada no direito natural. Neste aspecto, Winstanley é único. Representa o bem-sucedido casamento entre economia e política para a fundamentação da teologia radical. Sendo "o poder real o conceito chave – a serpente institucionalizada – e seus representantes: landlords, advogados, clérigos".[104] Em sua mitologia, portanto, o *Jugo Normando*, a teologia radical e a sua teoria do comunismo estavam indissoluvelmente atadas. Os poderes constituídos seriam destruídos com a ascensão de Cristo, não havendo distinção entre a liberdade econômica, política e espiritual. As ideias de Winstanley poderiam estar contempladas na linguagem dos deístas racionais, mas uma grande parcela do seu vigor interpretativo de seus textos deri-

---

101 NEINEMANN, Margot. "How the words got on to the page: Christopher Hill and Seventeenth-Century Literary Studies". In: ELEY, Geoff & HUNT, William (orgs.). *Op. cit.*, p. 73.

102 HILL, C. "Ocasional conformity". In: KNOX, R. B. (org.). *Reformation, conformity and dissent: essays in honour of Geoffrey Nuttall*. Epworth, 1977, p. 199-200; Idem. "Inglaterra: puritanos en familia". *Historia*, vol. XVI, 1977, p. 105-115; Idem. "Forerunners of socialism in the seventeenth-century English Revolution". *Marxism Today*, vol. XXI, 1977, p. 270-276; Idem. "John Morris". *Past & Present*, vol. LXXV, 1977, p. 3-4; Idem. Letter: "On desease and the New World". *New York Review*, 17 fev. 1977, p. 48.

103 Em 1978, Hill publicou: "From Lollards to Levellers". In: CONFORTH, M. (org.). *Rebels and their causes: essays in honour of A. L. Morton*. Londres: Lawrence and Wishart; "Sex, marriage, and the family in England". *Economic History Review*, vol. XXXI, p. 452-463; "El protestantismo y el desarollo del capitalismo". In: LANDES, David *et al*. *Estudios sobre el nacimiento y desarrollo del capitalismo*. Trad. esp. Madri: Ed. Ayuso, 1972.

104 *The Religion of Gerrard Winstanley*, *op. cit.*, p. 52.

vava de seu estilo poético e mitopoético. Não se pode, portanto, classificá-lo de antemão como um deísta; muito menos como um marxista do século XVII, "mas devemos reconhecer a profunda diferença entre o conteúdo de suas ideias e o cristianismo tradicional. Seus pensamentos friccionavam-se na direção de conceitos que seriam formulados mais tarde, menos poeticamente, mais precisamente, no materialismo não teológico".[105]

Desdobramento precioso de *Intelectual origins*, publicado em 1965, o texto *Some intellectual consequences of the English Revolution*, originalmente o produto de um conjunto de conferências proferidas na Universidade de Wisconsin em 1976, possibilitou a Hill uma incursão pelo *troisième niveau*, com profícuos resultados.[106] Retomava a proposta contida em *Intellectual origins*, centrada nas figuras do cientista Francis Bacon, do historiador e cientista político Walter Raleigh e do jurista Edward Coke. Experimento que o próprio Hill considerava excessivamente carregado nos indivíduos, "ao invés de fazê-lo nas correntes de pensamento que eles representavam",[107] texto no qual analisara as fontes da explosão radical que resultara no regicídio e na implantação de um novo Estado, político e social. Em *Some intellectual consequences*, questiona a natureza da Restauração, demonstrando que o *Interregnum* consolidara mudanças definitivas articuladas pelos radicais assentadas na ideia de liberdade intelectual que em muito influenciaram a história ulterior da Inglaterra e dos Estados Unidos.

---

105 *Ibidem*, p. 57. Em 1979, Hill publicou: "John Buynan and the English Revolution". *Marxist Perspectives*, vol. II, p. 8-26; "Covenant theology and the concept of a 'public person'". In: KONTOS, A. (org.). *Powers, possessions and freedoms: essays in honour of C. B. Macpherson*. Toronto: University of Toronto Press, 1979, p. 3-22.

106 Cf. HILL, Christopher. *Some intellectual consequences of the English Revolution*. Londres: Weidenfeld and Nicolson, 1980. Publicou ainda, neste mesmo ano: "A Bourgeois Revolution?". In: POCOCK, J. G. A. (org.). *Three British Revolutions: 1641, 1688, 1776*. Nova Jérsei: Princeton University Press, p. 109-139; "Robinson Crusoe". *History Workshop*, vol. X, p. 6-24; "The Religion of Gerrard Winstanley: a rejoinder". *Past & Present*, vol. LXXXIX, p. 147-151.

107 Idem. *Some intellectual consequences of the English Revolution*, op. cit., p. 5.

Neste mesmo ano, Hill retomava à sua trincheira. Ao bivaque da Revolução Puritana, escrevendo um artigo renovador e inspirado, "A Bourgeois Revolution?"[108] Nele, afirmava que a teoria marxista da revolução não requeria a existência prévia de uma autoconsciência burguesa, ou mesmo da vontade explícita de tomada do poder e de implementação de políticas econômicas benéficas ao desenvolvimento do capitalismo para que uma revolução pudesse ser qualificada de burguesa, sendo esse o caso da Revolução Inglesa.[109] Entre 1981 e 1983, três artigos foram publicados,[110] dentre os quais, o mais expressivo no rol das produções de Hill nesta fase, referia-se aos *muggletonians*, artigo que deu origem a um livro coletivo sobre esta temática.[111]

Na mesma linhagem de *The world*, Hill lançou em 1984 outro livro instigante, *The experience of defeat: Milton and some contemporaries*.[112] Da fermentação das ideias radicais que dominaram os anos revolucionários de 1640 a 1660, passando pelas reflexões de Milton em seus últimos poemas sobre a traição divina para com aqueles que desejavam estabelecer o Reino de Deus na Terra, Hill chegava agora aos radicais contemporâneos de Milton: Andrew Marvell, Owen, Godwin, Harrington, Pordage, líderes *quakers*, poetas, profetas, pacifistas e políticos, procurando tipologizar suas

---

108 "A Bourgeois Revolution?", *op. cit.*, trad. port., publicada pela *Revista Brasileira de História*, vol. VII, 1984, p. 7-32.

109 MORRIL, John. "Review". *The English Historical Review*, vol. XCVII, 1982, p. 146.

110 HILL, C. "Parliament and people in seventeenth-century England". *Past & Present*, vol. 92, 1981, p. 100-124; *Idem*. "Some reflections of V. H. Galbaraith". In: *Kings and Chroniclers: essays in English Medieval history. Memoria to Late Regious Professor of History of the University of Oxford*. Winchester: The Hambledon Press, 1982, p. IX; *Idem*. "Parliament and people in seventeenth century England". *Past & Present*, nº 98, fev. 1983, p. 153-158.

111 No qual Hill contribuiu com dois artigos: "My bother about the Muggletonians?" e "John Reeve on the origin of Muggletonianism". In: HILL, C.; REAY, B; LAMONT, W. *The World of the Muggletonians*. Londres: Temple Smith, 1983, p. 6-22 e 64-110, respectivamente.

112 Publicado em Londres pela Faber and Faber em 1984.

diferentes experiências da derrota no momento da Restauração, que encerra a fase revolucionária.

Hill confessa aqui que exagerou no significado numérico dos radicais, mas que não exagerou o significado histórico de suas ideias, em si mesmas ou no impacto que provocaram. "Elas eram as ideias de uma minoria, é verdade; mas foram ideias que dominaram a sociedade inglesa antes de 1640 e depois de 1660."[113] Esta é exatamente a força deste livro, a de reportar as ideias e a experiência daqueles que as verbalizaram ou documentaram, pois a grande maioria permaneceu em silêncio. Pensar sobre a derrota é reconhecer o colapso do sistema de ideias que previamente sustentara a ação radical; a busca de novas explicações, novas perspectivas para a *débâcle* dos radicais. A primeira grande derrota foi a dos *levellers*, em 1649; seguindo-se os *diggers*, em 1650; os *ranters*, em 1651; e finalmente os *firth monarchists*, entre 1657 e 1661. Hill lamenta a falta de conhecimento sobre a experiência da derrota daqueles que emigraram; das mulheres, sobre as quais restam poucas evidências, a não ser, talvez, Lucy Hutchinson.

Outro problema é o papel da censura, a ereção de muralhas interiores, pois sob censura os homens evitam falar tudo que sabem ou gostariam por temor à repressão, o que explica o apelo intenso e direto às alegorias bíblicas. Neste livro, diz Hill, seguirá Manning, Hirst e Wrightson em sua crença de que havia um grande arsenal de ideias atrás dos movimentos populares, ideias que a *gentry* não teria como controlar. É "um pleito pela história total, transdisciplinar. Ilustra não somente as reações da derrota da Revolução Inglesa, mas também da própria aceitação da revolução".[114]

A publicação de *The collected essays of Christopher Hill*, 1985-1988, dá continuidade à terceira fase da sua brilhante trajetória intelectual. O primeiro volume de *The collected essays* traz o subtítulo *Writings and revolutions in*

---

113 *Ibidem*, p. 16.
114 *Ibidem*, p. 27.

17th century England,[115] reunindo conferências, artigos publicados em livros ou revistas produzidos nos últimos trinta anos, alinhados na vertente das conexões entre as mudanças sociais e a literatura no século XVII. Na primeira parte trata da Revolução, a censura e seus efeitos, a literatura do período, seguindo-se, na segunda parte, o exame da prosa do radical Martin Marprelate, dos *levellers*, dos *diggers*, finalizando com análises individuais sobre Milton, Marvell, Defoe, Butler, Rochester, Pepys e Vaughan. O segundo volume, com o subtítulo *Religion and politics in 17th century England*,[116] aglutinou a produção das três décadas anteriores, centrada no tema das crenças e das práticas religiosas no debate teológico que levou ao colapso da Igreja constituída, sobrelevando o papel dos radicais neste contexto. O terceiro volume, subintitulado *People and ideas in 17th century England*,[117] sugestivamente dedicado a Eric Hobsbawm, que Hill diz saber *sobre tudo, incluindo o século XVII*, inicia-se com uma reflexão teórica sobre o significado da história e o papel dos historiadores na sua construção, bem como das formas de aproximação a uma história total, com agudas observações sobre a história cultural e sua necessária ambientação social. Política, povo e ideias completam o elenco em que se destaca artigo sobre Braudel e o Estado, ciência e magia, além de inovações ousadas, tais como enfrentar a questão da homossexualidade masculina no século XVII. Um quarto volume, anunciado por Hill quando da sua estada entre nós no ano de 1988, não se materializou até a sua morte.

A publicação, ainda em 1988, do livro *A turbulent, seditious, and factious people: John Bunyan and his Church*,[118] realiza um dos projetos mais longamente acalentados por Hill. Comemorativo do tricentenário da morte do radical Bunyan, o texto visa recolocá-lo no contexto histó-

---

115 Publicado por The Harvester Press, Sussex, 1985.
116 Publicado por The Harvester Press, Sussex, 1986. No mesmo ano Hill publicou ainda: "Political discourse in early seventeenth-century". In: JONES, Collins; NEWITT, Malyn; ROBERTS, Stephen (orgs.). *Politics and people in revolutionary England: essay in honour of Ivan Roots*. Oxford: Basil Blackwell, p. 41-64.
117 Publicado por The Harvester Press, Sussex, 1986.
118 Publicado por Clarendon Press, Oxford, 1988.

rico do século XVII, buscando a mútua interação entre o homem e seu tempo. Sobretudo, procura examinar as razões pelas quais o famoso texto *Pilgrim's Progress* preserva um lugar ímpar na literatura popular inglesa do século XVII, trazendo luzes sobre o significado de seu conteúdo para os leitores da época. Dessa forma, a compreensão da obra de Bunyan somente se consumaria através do resgate de sua contextualização histórica e social, descartando-se uma abordagem meramente epigráfica, como se se tratassem de meros artefatos literários. Sua origem humilde, o aprisionamento em Bedford, o trabalho sob censura, transformaram *The Pilgrim's Progress* de Bunyan num *best-seller* em função de sua experiência pessoal da derrota. Traduzido para cerca de 200 línguas diferentes, com grande penetração no terceiro mundo, talvez seja um dos livros mais lidos no mundo depois da Bíblia.

Ao aproximar-se do seu octogésimo aniversário, Hill continuava a produzir vigorosamente. Com o ingente esforço despendido na organização dos *Selected essays*, poderíamos pensar que a fase da maré que durara décadas havia passado. Engano. Em 1990 foi lançado um novo livro, o décimo oitavo texto de sua fertilíssima trajetória, sob o significativo título *A nation of change and novelty: radical, politics, religion and literature in seventeenth-century England*,[119] que, como muitos de seus livros síntese anteriores, perfilava seu tema predileto, a Revolução Inglesa: sua especificidade, seu lugar no contexto das grandes revoluções mundiais, o universo social, político e cultural dos derrotados. Mas recuperava também temas caros à sua terceira fase, iniciada com a publicação de *Intellectual origins*, especialmente nos três últimos títulos referentes às relações entre a literatura e a Revolução Inglesa, seu papel na restauração, textos que o levaram a reflexões de natureza teórica e metodológica sobre o contencioso História e Literatura, culminando no emblemático *History and Present*, no qual se posiciona face a esta questão fundamental que é a relação entre o historiador e seu tempo e, sobretudo, o impacto dessa vivência em sua produção. Texto que, aliás, fizera parte da *Conway Memorial*

---

119 Publicado por Routledge, Londres/Nova York, 1990.

Lecture, proferida em 26 de abril de 1988,[120] depurada do Prefácio de Nicholas Hyman e da apresentação de Mary Fulbrook.

A tendência para escarafunchar os escritos literários e textos bíblicos se acentuou nos anos 1990. Profundamente familiarizado com as sagradas escrituras, Hill investiu todo seu tempo e talento disponível para uma tarefa hercúlea: rastrear no texto sagrado a inspiração para o debate político, argumentos pró e contra a Monarquia.[121] Na sua forma vernacular na Inglaterra desde 1534, o texto sagrado formou leitores, educou mentes, proveu-os com imagens e expressões por eles mobilizadas em suas falas cotidianas ou em seus escritos políticos, estratégia que lhes permitiu difundir as novas ideias através de expressões alusivas que passavam despercebidas pelo crivo dos censores, transformando-se numa poderosa arma política.

Citações bíblicas enxameavam falas e escritos cotidianos, em todos os setores da vida, em todos os momentos, em todas as camadas sociais. Hill escrutina sua presença numa vasta gama de escritos, com os quais estava profundamente familiarizado pela longa convivência intelectual com Milton, Winstanley, Bunyan, Marvell, sobre os quais havia escrito livros específicos, mas também muitos outros como Edmund Sexby, Hugh Peters, Abiezer Coope, agora contemplados com análises detidas, além de todos os escritos produzidos pela enorme variedade de movimentos sociopolítico-religiosos, como os *levellers, ranters, quakers, seekers, fifth monarchists*, que marcaram presença em suas obras anteriores.

A erudição do texto torna-o quase inacessível aos leitores comuns e até mesmo para iniciados. Dirige-se a especialistas, que dominem a literatura histórica sobre o século XVII e, especialmente, a temática revolucionária. Trabalho minucioso que traz à baila a grande variedade de temas que, por via da linguagem bíblica, incendiaram os debates entre críticos

---

120 Idem. *History and Present*. Introduction by Mary Fulbrook. Londres: Conway Hall Humanist Centre, 1988.

121 Idem. *The English Bible and the 17th century Revolution*. 1ª ed. Londres: Kirkus Associated, 1993 [2ª ed. – Londres: Penguin, 1995].

e defensores da Monarquia, os adeptos do poder do rei e os favoráveis ao Parlamento. Afinal, as escrituras eram fartas no aprovisionamento de ideias e imagens favoráveis tanto aos poder monárquico quanto ao direito de resistência à tirania por parte dos súditos. Temas de alta sensibilidade estavam em causa: a teologia do direito divino do reis; a redistribuição da riqueza natural pregada pelo comunismo primitivo e encampada pelos movimentos radicais; a ética puritana; as numerosas interpretações sobre a queda de Adão e seu significado para a redenção. Questões extremamente sensíveis para a própria comunidade eclesiástica, fosse ela anglicana ou puritana, pois colocava em evidência o papel do clero e dos fiéis na busca da salvação, tendendo a legitimar o conceito de validade das expressões religiosas individuais frente ao primado do poder eclesiástico. Discussões extremamente importantes porque levaram os revolucionários a desconsiderar a Bíblia no que se referia aos direitos reais, destituindo-o da posição de *ultimate arbiter* já no final do século XVII, abrindo caminho para a laicização do debate político e a afirmação do livre-arbítrio como referência sensível na demarcação ideológica dos regramentos políticos e, mais importante ainda, a criação de condições para a reivindicação de um espaço maior da responsabilidade dos fiéis face à problemática religiosa.

Não demorou muito para que este veio perseguido por Hill produzisse novos frutos. O livro *Liberty against the law*, publicado em 1996,[122] pode ser considerado uma continuação do texto anterior. Operava na mesma chave. Somente que este não se concentrava quase que exclusivamente na mobilização do repertório bíblico em favor da resistência aos poderosos. Mobilizava um arsenal variadíssimo de materiais literários teoricamente de menor expressão, prosa e poesia, na forma de estórias, baladas, óperas, em que se refletia a tradição radical e resistente dos excluídos sociais, traduzindo seus sentimentos e anseios. Em suma, suas esperanças ou desesperanças de vida, gente do povo sem representação, direitos, voz ou vez. Seus sujeitos históricos são já conhecidos, *diggers, le-*

---

[122] Publicado pela Penguin, Londres, 1996.

vellers, e mais uma leva de novos atores: piratas, contrabandistas, ciganos, pedintes, andarilhos, despossuídos de toda espécie, em suas formas peculiares de manifestar resistência, radicalidade, oposição, os contrários antinômicos em sua generalidade.

O quadro geral em que a trama histórica se desenrola fora previamente demarcado no *The English Bible and the 17th century Revolution*. A massificação da leitura bíblica, o impacto da Reforma Protestante sobre a responsabilidade individual do crente, a *débâcle* do conceito teórico de direito divino dos reis, o desprestígio do clero em favor da individualidade, ideias de igualdade extraída do comunismo primitivo. Complexo de ideias, pensamentos e posições, que adquirem um novo significado no século contido entre os anos 1620 e 1720, balizas referenciais para o estudo de Hill, particularmente no que tange às transformações ocorridas nos últimos 40 anos desta centúria. É nesse período que os efeitos mais nefastos da legislação agrária da Revolução Inglesa, movida pelo Parlamento, por suas lideranças extraídas da *gentry*, impactam duramente sobre as populações rurais por conta dos cercamentos que expropriam direitos e posses, lançando na marginalidade uma massa infinda de *yoemen*, arregimentados em pequenos vilarejos, em chocas, cabanas, à espera de sua redistribuição nas fazendas modernas, contraface dos mesmos cercamentos, integradas na produção agrícola para o mercado, incorporadora de mão de obra assalariada.

A capitalização da agricultura transformara a sociedade agrária tradicional, primeiro e fundamental passo para o arranque inglês rumo à Revolução Industrial. Uma legião de desafortunados, arrancados de suas moradias ancestrais, excluídos do uso das terras comuns, do amanho de suas tenências, da subsistência prodigalizada pela duplicidade do trabalho agrícola e artesanal característico do *putting-out system*, convertem-se em contingentes potencialmente receptivos às novas ideias contrárias às autoridades tradicionais. Já não mais eram amparados pelas práticas costumeiras consolidadas nos princípios regidos pela economia moral dos pobres, garantidora de uma subsistência mínima, sobretudo em tempos de escassez. Veem-se na contingência de terem que inventar todo tipo possível de estratégias de sobrevivência, alargando o escopo daquilo que as autoridades em função considerariam uma avassaladora expansão do mundo do crime. No fundo uma contracultura que tende a construir uma nova lei fora da lei, a cultura da resistência, brutalmente reprimida pelas classes dirigentes. Hill arquiteta, por essa via, a emergência de um novo tipo de sociedade, que articula no plano interno a constituição de um mercado de trabalho assalariado e, externamente, nas áreas de colonização, o trabalho compulsório, fosse ele em sua forma mais branda, a dos *indentured servants*, ou em sua face mais agressiva representada pela escravidão africana, tudo isto enquadrado na política imperialista que a ditadura de Cromwell e seus Atos de Navegação houve, por bem ou por mal, iniciar.

É significativo que, neste trabalho, Hill desborda os limites cronológicos do século XVII. Invade o século XVIII, território de caça de seus próprios especialistas, à exemplo de seu amigo Eric Hobsbawm. E o faz por via da penetração, nos seus termos sub-reptícia, da evidência cultural. Elege a *Beggar's Opera*, de John Gay, de 1728, para finalizar suas reflexões. Não é por acaso. Trata-se de uma balada musical profundamente satírica com longa trajetória de encenação, popular ainda nos dias de hoje. Ridicularizava a ópera italiana então em voga, cultivada pelas elites poderosas, aristocratas ou não. Mas satirizava, sobretudo, as iniquidades sociais, a pobreza, a injustiça, fornecendo material incandescente para os ativistas radicais. Expunha, de maneira contundente, a corrupção em todos os níveis da sociedade, um tema absolutamente universal e atual, naquele momento.

Depois desse livro, estávamos certos de que outros mais viriam. Hill parecia-nos eterno. E seu tema, poderíamos até elucubrar, poderia ser a conexão entre este "mundo novo" criado pela Revolução Inglesa e a Revolução Industrial, um tema apenas esboçado em *From Reformation to Industrial Revolution*, e que poderia ser agora abordado de forma incisiva, conectando o impacto dos cercamentos produzidos pela Revolução Inglesa com as transformação das manufaturas em maquinofaturas. Mas seu tempo, entre nós, se esgotara. Não sem antes elevar a Revolução Puritana ao patamar historiográfico da Revolução Francesa ou da Revolução Russa; de alocar a história intelectual no concerto das modalidades históricas tradicionais; e, por fim, de ver reconhecida a validade da metodologia marxista renovada na abordagem da história inglesa, num país sabidamente refratário a este tipo de procedimento naqueles tempos.

Temas, método, historiologia

Revolução Inglesa

Christopher Hill devotou sua longa e profícua existência à busca de uma compreensão mais profunda para o sentido da história do século XVII inglês, especialmente de sua primeira metade, quando dois eixos fundamentais se entrecruzaram: Revolução e Puritanismo, consolidado na expressão Revolução Puritana, que subsumiu a Revolução Gloriosa, transformada em seu complemento natural. Bastava isto para tirar da Revolução Gloriosa a primazia de ser a Grande Revolução Inglesa, o ícone solitário da tradição histórica conservadora inglesa, continuísta e incruenta, festejada pela produção histórica tradicional como a Revolução símbolo do século XVII, marco de toda história ulterior da Inglaterra, para garantir-lhe um lugar proeminente no *panteon* dos historiadores ingleses.

Perscrutar os segredos mais recônditos da Revolução Inglesa foi o seu carma. Configurá-la como revolução burguesa a sua sina. Tarefa complexa, a iniciar-se pelo próprio termo revolução, que tem sido objeto de debates intermináveis e inconclusos.[123] Em certos redutos intelec-

---

[123] Para um rastreamento da ideia e do significado terminológico de Revolução, ver: GILBERT, F. "Revolution". In: WIENER, P. (org.). *Dictionary of the History of Ideas*. Nova York, 1973; e LASKY, M. "The birth of a metaphor on the origins of Utopia and Revolution". *Encouter*, vol. XXXIV, 1970, p. 2-3.

tuais e acadêmicos, a expressão é considerada mesmo "o mais poderoso mito de nosso tempo".[124] Em Hill, recebeu um tratamento plástico, que foi se metamorfoseando ao longo de sua incrível trajetória de pesquisador atilado, atento a todas as possibilidades de interpretação que a leitura dos documentos propiciava, sem perder a essencialidade de sua concepção de história, identificada com a filosofia da história de corte hegeliano herdada pela tradição marxista.

A primeira formulação sobre o tema assinada por Hill, arroubo de juventude pois contava apenas 36 anos de idade, assentava-se radicalmente na leitura de historiadores soviéticos que se especializaram no estudo daquilo que denominavam o *interregno* inglês, lastreados no modelo clássico de revolução burguesa esculpido por Karl Marx. Segundo estes parâmetros,

> a guerra civil fora um conflito de classes. A classe possuidora era a antiga aristocracia rural e a igreja proprietária, abrigadas sob o poder agrário da Coroa. O ataque vinha da burguesia, que se opunha à política fiscalista Real e às restrições impostas ao desenvolvimento comercial e industrial, e da *gentry* rural progressista, interessada na expansão da gestão capitalista do Estado, ansiosa por "incrementar" os fundos agrários da Igreja, da Coroa, e dos proprietários não progressistas.[125]

Dois anos mais tarde, em 1940, com pequenas nuanças nos termos e nas ênfases, o essencial foi mantido no livro destinado a comemorar o célebre evento de 1640, *The English Revolution*, em que revolução era entendida como

---

124 ZAGORIN, Perez. "Prolegomena to Comparative History of Revolution in Early Modern Europe". *Comparative Studies in Society and History*, vol. XVIII, n° 2, abr. 1976, p. 152.

125 HILL, C. "Soviet interpretation of the English interregnum". *The Economic History Review*, vol. VIII, n° 2, maio 1938, p. 159.

> um grande movimento social, como a Revolução Francesa de 1789. O poder do Estado protetor da velha ordem essencialmente feudal foi violentamente posto abaixo, passando para as mãos de uma nova classe e assim tornando possível o livre desenvolvimento do capitalismo. A Guerra Civil foi uma guerra de classe, na qual o despotismo de Carlos I foi defendido pelas forças reacionárias da Igreja estabelecida e dos proprietários de terra conservadores. O parlamento venceu o Rei porque pôde apelar para o apoio entusiástico das classes mercantis e industriais na cidade e no campo, para os *yoemen* e a *gentry* progressista, e para as massas mais amplas da população, sempre que fossem capazes de entender, pela livre discussão, qual o significado real da luta.[126]

Dez anos mais tarde, decidido a dar sustentação histórica e visibilidade às suas concepções revolucionárias, avançadas nos textos de 1938 e 1940, elaborou, em parceria com Edmond Dell, um volume adensado de documentos pertinentes. Sua finalidade era rebater as críticas referentes ao escasso suporte documental daqueles textos, em cujo preâmbulo Hill reitera enfaticamente suas concepções, de modo tão explícito e ousado como o fizera anteriormente.

> Nossa matéria aqui é a estória de como uma classe foi movida do poder por outra, e como a forma de poder de Estado apropriada às necessidades da primeira foram substituídas por outras, apropriadas à segunda. A primeira classe, a classe dirigente na Inglaterra nas primeiras décadas do século XVII, era uma aristocracia rural semifeudal [...] A nova classe crescida no seio da sociedade feudal inglesa [...] era a burguesia mercadora, industrialista, e proprietários de terra que consideravam seus bens primacialmente

---

126   Idem. *The English Revolution, 1640: an essay*. 3ª ed. Londres: Lawrence & Wishart, 1951, p. 6.

como fonte de lucros monetários, mais do que um recurso para a manutenção de seguidores feudais.[127]

Tais concepções de Revolução Inglesa, rigorosamente dentro do escopo marxista de interpretação então vigente na ala intelectual do Partido Comunista inglês, no seio do qual estas ideias foram debatidas coletivamente, privilegiava a composição das forças sociais na gênese do processo revolucionário. A ênfase recaía sobre condições *ex ante*. Estressava a composição social das forças em presença do mesmo modo, como, novamente em 1950, Hill viria a destacar:

> a ascendente burguesia do campo e da cidade entrando em conflito com a velha classe dirigente e seu Estado; a ideologia da nova classe entrando em conflito com a Igreja Estatal estabelecida. Pois o capitalismo na Inglaterra era largamente rural, e a parcela da *gentry* que se desviou para o novo modo capitalista de produção, em aliança com os capitalistas urbanos, poderia utilizar as velhas instituições feudais do Parlamento para colocar em marcha as exigências da nova classe contra a Monarquia.[128]

O olhar dirigia-se, portanto, para aquilo que a Revolução conseguira superar, a partir de uma irresistível composição de forças que aproximava setores "progressistas" e "retrógrados" da sociedade.

Sinais de mudança iminente em sua ótica da Revolução surgiram na nova introdução do livro *The Good Old Cause*, de 1969, na qual era evidente uma postura revisionista, explicada, de um lado, pela ruptura de Hill com o Partido Comunista e seus constrangimentos ortodoxos, e, do outro, pelas evidências resultantes das pesquisas realizadas com intensidade nas últimas décadas. Reconhecia não ser possível manter a dicotomia entre burguesia e

---

127 HILL, C. & DELL, Edmond (orgs.). *The Good Old Cause... op. cit.*, p. 20-21. Segunda edição pela Frank Cass, em 1969, com uma nova introdução.
128 HILL, C. "Historians on the rise of British capitalism", *op. cit.*, p. 130.

aristocracia rural. Justificava a substituição das expressões "feudal" e "burguesa" justificada pelo renhido trabalho de pesquisa. Redefine a revolução burguesa como aquela que, "independentemente das intenções objetivas dos revolucionários, tenha como resultado o estabelecimento de condições favoráveis ao desenvolvimento do capitalismo".[129] Mudança relevante, pois do privilegiamento das condições *ex ante*, passava aos resultados *ex post*, considerados termômetro definidor do fenômeno revolucionário.

Nos anos subsequentes, esta tendência se consolidaria. A força da argumentação passava a recair sobre os resultados do movimento, sobre a criação revolucionária, particularmente a competência demonstrada para limpar o terreno que propiciasse o livre desenvolvimento do capitalismo e, consequentemente, para o advento da Revolução Industrial. Em 1973, Hill voltava a formular claramente o seu pensamento nesta chave interpretativa:

> Eu pensaria os acontecimentos do século XVII como sendo, num sentido marxista, uma revolução burguesa. Não penso que duas classes sociais se posicionaram para a luta mais do que o fizeram em qualquer outra revolução. Havia membros de todas as classes em ambos os lados. Mas, o que penso entender por uma Revolução Burguesa não é uma revolução na qual a burguesia faz a luta – eles jamais fizeram em qualquer revolução –, e sim a revolução cujo resultado é o clarear do espaço para o capitalismo.[130]

Esta guinada interpretativa poderia estar relacionada ao bombardeio a que Hill fora submetido por seus críticos mais severos, inconformados com a rígida compartimentação de classes por ele delineada na arquitetura da Revolução Inglesa. Mas poderia também ser uma concessão às teorias sobre desenvolvimento e subdesenvolvimento econômico

---

129 HILL, C.; DELL, E. (orgs.). *The Good Old Cause: the English Revolution of 1640-1660. Its Causes, Course and Consequences*. 2ª ed. Londres: Frank Cass, 1969, p. 20.

130 *Idem*. "Christopher Hill and Lawrence Stone discuss with Peter Burke...", *op. cit.*, p. 448-449.

esposadas por Eric Hobsbawm, que tinha sempre em mente o tempo presente quando regressava e revolvia o passado. Ou, simplesmente, por ver sentido na conhecida fórmula de Richard Tawney para explicar a Revolução Inglesa, por ele entendida como uma revolução burguesa sim, pelo simples fato de que havia burgueses de ambos os lados do conflito, contra e a favor do Parlamento.

O abandono do sentido fechado do conceito de revolução, até então fiel à elaboração dos anos 1940, concretiza-se de modo inequívoco no ano de 1974, quando da publicação da primeira edição de *Change and continuity*, na qual Hill afirma, citando Isaac Deutscher, que

> a particular concepção marxista da Revolução Burguesa, que eu acho o modelo mais proveitoso para a compreensão da Revolução Inglesa, não significa uma revolução feita pela burguesia [...] A revolução foi provocada, em última instância, pelo desenvolvimento econômico que não podia ser absorvido nos quadros do antigo regime [...] Quem quer que espere uma revolução social "pura", jamais viverá para vê-la [...] A Revolução Inglesa do século XVII não é menos revolucionária porque ela não foi feita por revolucionários conscientes [...] Revoluções são feitas por homens e mulheres, conscientes ou inconscientes do que estão fazendo; mudanças nas ideias são, portanto, necessárias se uma revolução está para acontecer.[131]

Definitivamente os tempos eram outros. Percebe-se um evidente esforço em reformar conceituações anteriores, forjadas no quadro da rígida interpretação marxista de cariz partidário. Rejeita a ideia de uma revolução pura, isto é, num conflito estrito de classes claramente delineado, descartando mesmo a possibilidade de que a burguesia tenha feito a Revolução Inglesa, um recuo emblemático. Põe o foco da explicação na inadequação entre o desenvolvimento econômico – forças

---
131 HILL, C. *Change and continuity*, op. cit., p. 279-284.

produtivas no linguajar marxiano – e o aparato institucional, postura que significa preservar o escopo marxista original, recolocando-o em novo patamar. Inova, ao descartar a presumida necessidade da consciência de classe para o despertar revolucionário e, sobretudo, por colocar as ideias como forças motoras necessárias, pensamento que não habita as primeiras formulações mecanizadas.

Em 1980, em uma de suas últimas formulações sobre o tema, Hill diz:

> A revolução Inglesa, como todas as revoluções, foi causada pela ruptura da velha ordem social, e não pelos desejos da burguesia ou pelos líderes do Longo Parlamento. Seu resultado, no entanto, foi o estabelecimento de condições muito mais favoráveis ao desenvolvimento do capitalismo do que aquelas que prevaleceram até 1640. A hipótese é a de que este resultado bem como a própria revolução tenham se tornado possíveis porque já houvera um desenvolvimento considerável das relações capitalistas na Inglaterra. Foram as estruturas, as fraturas e as pressões da sociedade e não os desejos dos líderes que ocasionaram a eclosão da Revolução, moldando o Estado que dela emergiu.[132]

Não haveria, portanto, uma classe burguesa consciente desejando, pensando e fazendo a Revolução, o que não impede que ela seja considerada uma revolução burguesa em função de seu porvir, por criar condições para o desenvolvimento capitalista, cuja principal beneficiária era a própria burguesia.

Lawrence Stone percebeu as guinada de perspectiva de Hill e se manifestou. Segundo ele, havia um ponto de encontro entre os dois historiadores, em que pese a formação teórica muito diversa. Disse Stone:

> Eu e Hill estamos agora de acordo que a Revolução Inglesa não foi causada por um conflito nítido entre a ideologia da classe feudal e burguesa; que o alinhamento de forças

---

132 Idem. "A Bourgeois Revolution", *op. cit.*, p. 111.

> entre as elites rurais não estava correlacionado com as atitudes ligadas ao cercamento implacável; que os membros do Parlamento oriundos da *gentry* não tinham a intenção consciente de destruir o feudalismo; mas que o resultado, primeiro a derrota do Rei e, segundo, a consolidação da derrota na Revolução Gloriosa quarenta anos mais tarde, foram decisivos. Ao mesmo tempo, tornou-se possível a tomada do poder político pelas elites rurais, mercantis e bancárias, que, em decorrência, abriram o caminho para o ingresso da Inglaterra na era do Banco da Inglaterra, do mercado de capitais, do liberalismo econômico agressivo, do individualismo econômico efetivo, de um empresariado agrícola instalado no seio da elite rural.[133]

A progressiva reformulação do conceito de revolução demonstra a enorme sensibilidade de Hill para o movimento da história vivenciada e da produção histórica que o circundava, bem como a receptividade para as inovações interpretativas e até mesmo certa humildade intelectual, por não entrincheirar-se em suas primeiras concepções, infenso aos argumentos e evidências alardeados por seus críticos. A tal ponto mudou que se aproximou das concepções do próprio Lawrence Stone, um de seus grandes desafetos nos primeiros tempos.

Uma crítica, sobretudo, mereceu especial acolhida. Não no momento de sua feitura, em 1967, mas na última fórmula de sua interpretação sobre a Revolução, feita em 1980. Referimo-nos a Isaac Deutscher, marxista judeu e polonês radicado na Inglaterra que, a convite de George Trevelyan, proferira uma série de *Lectures* na Universidade de Cambridge, e que foram reunidas num livro publicado pela Oxford em 1967, ano de sua morte. Escreveu ele:

---

133 STONE, Lawrence. "The Bourgeois Revolution of 17th century England revisited". *Past & Present*, vol. CIX, 1985, p. 53.

> A visão tradicional, largamente aceita por marxistas e antimarxistas, é que em tais revoluções, na Europa Ocidental, a burguesia teve a parte liderante, esteve à testa do povo insurreto, e tomou o poder [...] Parece-me que esta concepção, qualquer que seja a autoridade a quem possa ser atribuída, é esquemática e historicamente irreal [...] Empreendedores capitalista, mercadores e banqueiros não eram visíveis entre os líderes dos Puritanos ou dos comandantes dos Costelas de Ferro, ou do Clube Jacobino, ou à testa das massas que assaltaram a Bastilha ou invadiram as Tulherias. Nem tomaram o poder durante a Revolução [...] fosse na Inglaterra ou na França [...] Tampouco, o caráter burguês destas revoluções não parecerá mítico se deles nos aproximarmos com um critério mais largo e olharmos seu impacto mais amplo na sociedade. Sua mais substancial e duradoura realização foi varrer as instituições sociais e políticas que tinham impedido o crescimento da propriedade burguesa e as relações sociais que as acompanhavam [...] A Revolução Burguesa cria as condições nas quais a propriedade burguesa pode florescer. Nisto, mais do que no alinhamento particular durante a luta, jaz sua *differentia specifica*.[134]

Não é preciso muito esforço para perceber o quanto as reformulações conceituais de Hill devem a estas proposições.

Sua renovada concepção de revolução compassava-se, *mutatis mutandis*, com as interpretações provenientes de outras extrações teórico-metodológicas, a exemplo da teoria dita estrutural de Chalmers Johnson, que privilegiava o poder criador das revoluções, essencialmente no que tange à emergência de um Estado poderoso, centralizado e burocrático, com a mais ampla sustentação possível do corpo social pela incorporação intensa da população nos afazeres nacionais, forças de sustentação política capazes

---

134 DEUTSCHER, Isaac. *A revolução inacabada*. São Paulo: Civilização Brasileira, 1968, p. 19-21. Tradução de *The Unfinished Revolution: Russia 1917-1967*. Trecho citado em HILL, C. *Change and continuity*, op. cit., p. 280.

de incrementar incomensuravelmente o poder do Estado, seja no plano interno, seja no externo.[135] Convergência que consolidava a valoração dos eventos *ex post*, o poder criativo das revoluções, em detrimento da ênfase *ex ante*, até então privilegiada.

Neste passo, o sujeito da História deixava de ser a classe consciente. Em decorrência, relativizava-se a questão crucial da consciência de classe na teoria marxista, assumindo a sociedade o papel de "um grande sujeito social".[136] No extremo, a revolução poderia apresentar-se não como resultado de uma "luta de classes", mas sim de uma "guerra civil" entre os segmentos da classe dominante proprietária.[137] Hill explicou:

> devemos ampliar nossa visão de modo a incorporar todas as atividades da sociedade. Qualquer evento tão complexo como uma revolução deve ser visto como um todo. Um grande número de homens e mulheres foi levado à

---

135 "Então, a nova organização do Estado forjada durante a Revolução torna-se mais centralizada do que aquela do Antigo Regime". Cf. SKOCPOL, Theda. *States and social revolutions: a comparative analysis of France, Russia and China*. Cambridge: Cambridge University Press, 1979, p. 161-162.

136 Carlos Moya chama a atenção para o fato de que a Revolução Francesa criou uma percepção da sociedade movida por forças sociais que escapam ao controle do homem: "Com a destruição revolucionária de sua própria alienação estatal, a sociedade torna-se consciente de seu protagonismo histórico, de sua autêntica realidade: como sistema autônomo de determinação, sua realidade específica passa para o primeiro plano da consciência secularizada de seus membros, e assim a sociedade se constitui como objetividade possível para o conhecimento científico" (MOYA, Carlos. *Imagem crítica da sociologia*. Trad. port. São Paulo: Cultrix, 1977, p. 25).

137 SKOCPOL, Theda. *Op. cit.*, p. 141. Outro patamar deste mesmo debate é saber se "a 'gentry' ou o povo alimentou a dinâmica da Revolução nos anos 1640". Cf. FLETCHER, A. J.; HILL, C. "Debate: Parliament and people in seventeenth-century England". *Past & Present*, vol. 98, fev. 1983, p. 151-158; David Underdown, no seu livro *Revel, riot and rebellion: popular politics and culture in England, 1603-1660* (Oxford: Clarendon University Press, 1985), chama a atenção para "as respostas populares à Revolução de 1640", enfatizando que os motins foram sempre a expressão de "uma cultura política compartilhada pelo povo em todas as áreas" (p. 121).

atividade política por ideais políticos e religiosos, bem como por necessidades econômicas.[138]

O todo desta Revolução confirmou a polarização social e cultural entre os detentores de propriedade e os despossuídos; legitimou o direito da *gentry* ao domínio absoluto sobre a propriedade, pela abolição dos usos costumeiros sobre as tenências que transformaram a terra numa mercadoria como outra qualquer. Mas que impedia, ao mesmo tempo, que os posseiros ou trabalhadores por contrato usufruíssem do mesmo direito. Estimulou a agricultura capitalista pela flexibilização do mercado de trabalho, pela remoção dos obstáculos – notadamente os monopólios –, que cerceavam o crescimento do comércio e da indústria; promoveu a subsequente expansão marítima, acelerando o processo de colonização e a própria formação do Estado imperial; confirmou a autoridade política da elite aristocrática pela cooptação das classes subalternas; inviabilizou, finalmente, qualquer possibilidade de reinstalação de um Estado religioso monolítico, por via da restauração da monarquia de direito divino com todas as suas prerrogativas institucionais.

O alargamento do conceito de Revolução Inglesa, fundamentado na copiosa produção de Hill, sobretudo da última fase em que adentra o universo da cultura de elite e dos radicais, deve-se à síntese de David Underdown. No fundo, diz ele, a Revolução foi o resultado de um conflito sobre as bases morais da sociedade inglesa, pois, atrás do choque de culturas, é possível detectar dois conjuntos de ideais sociais, ou mesmo duas sociedades em conflito. Uma que enfatizava os costumes, a tradição, a cooperativa comunidade vertical. A outra, a reforma moral, o individualismo, a ética do trabalho responsável, identificada por Hill como própria do *middling sort of people,* cujos esforços para transformá-la em cultura nacional fracassaram por defrontar-se com forças profundamente enraizadas, excessivamente poderosas para serem vencidas.[139]

---

138 HILL, C. "Recent interpretations in Civil War (1956)", reimpresso em *Puritanism and Revolution, op. cit.,* p. 31.

139 UNDERDOWN, David. Participação no simpósio "What was the English Revolution". *History Today,* vol. 34, mar. 1984, p. 25.

Historiador excepcional que foi Hill não poderia ignorar a regra inexorável da mudança. "A História tem que ser reescrita em cada geração: cada novo ato do drama humano muda necessariamente nossa atitude em relação aos atos anteriores."[140] Equivale dizer, remoldamos o passado que nos molda, pois problemas postos num momento determinado, até mesmo por um instante, podem circunstanciar suas interpretações, sobretudo em condições extremas, em que a própria sobrevivência física está em jogo e a finitude humana se apresenta como fato inexorável. Disse-me Hill, numa manhã de janeiro do ano de 1987, no pátio da Universidade de Oxford:

> Quando escrevi *The English Revolution*, entre 1939 e 1940, tinha certeza que morreria na guerra que então se desenrolava. Por isso, forcei em todas as posições. Por exemplo, ao dizer que o Parlamento representava a burguesia, coisa que, dificilmente, alguém poderia sustentar hoje. No fundo, penso que as bases de minhas ideias sobre a Revolução Inglesa estão postas no livro *The English Revolution*. Doutra forma, as pessoas não me dariam ouvidos; não seria lido, e as ideias não teriam impacto. Neste momento [29 de janeiro de 1987], penso que a ideia de revolução burguesa se mantém... Mudei a forma de dizer para que me ouvissem. Preservei o conteúdo.[141]

Preservou sim, pois apesar de todas as modificações incorporadas à sua conceituação, continuamos a ver em sua essencialidade uma revolução social de alma burguesa e capitalista por ser mensurada e avaliada em suas consequências. E, para seu desencanto, uma revolução democrática falhada pela experiência frustrante da derrota na perspectiva da história "vista de baixo", que lhe permitiu refinar o instrumental inscrito na teoria marxista de classe e valorizar o papel da história intelectual como história social da cultura, para a elaboração de teoria geral do conhecimento histórico na tradição marxista.

---

140 HILL, C. *Change and continuity*, op. cit., p. 284.
141 Entrevista concedida ao autor, Oxford, 29 de janeiro de 1987.

Puritanismo e revolução

O segundo eixo fundamental que atravessa a obra de Hill é o puritanismo. Pode-se afirmar que o conjunto dos seus trabalhos maduros representa um esforço inaudito para chegar a bons termos com as complexidades do intercurso puritanismo e revolução, o que explica ter dedicado dois livros inteiros ao estudo das razões não teológicas que seriam capazes de levar os homens a se oporem ao regime *laudiano* da Igreja inglesa.[142] Seus trabalhos iniciais visavam destruir as interpretações dominantes em sua época vazadas no modelo de Gardiner. Mais tarde, reconheceu que não lhe fizera justiça, pois "todos nós descansamos sobre seus ombros", disse Hill. Em *Economic problems of the Church*, reconhece que o conflito político e social sempre fora abordado de maneira simplista, inclusive por ele mesmo, e que o puritanismo não teria tido a força histórica que teve se fosse meramente reflexo das condições materiais. "Não há nada no protestantismo que conduza automaticamente ao capitalismo." Sua maior contribuição foi no sentido de "minar os obstáculos que as instituições e as cerimônias católicas impunham".[143]

Hill considera que o termo *puritano* era um refúgio admirável para a falta de clareza do pensamento. No seu livro específico sobre o tema, *Society & Puritanism*, afirma que pouco sabemos sobre o puritanismo. Por isso mesmo, temos que realizar um esforço intelectual consciente para abrir nossas mentes para os revolucionários e, quando lembramos que estes homens eram, ao mesmo tempo, puritanos e revolucionários, a tarefa torna-se duplamente penosa.

O puritanismo revolucionário deve ser remetido não à *gentry* progressista, ou à burguesia mercantil, mas aos estratos médios, à classe industriosa do povo. O puritanismo naquele momento era, essencialmente, a ideologia de um amplo grupo de *yoemen* economicamente independentes, de artesãos, pequenos e médios mercadores. Havia, pois, fundadas

---

142 RICHARDSON, R. C. *Op. cit.*, p. 96.
143 HILL, C. "Protestantism and the rise of capitalism". In: FISHER, F. J. (org.). *Essays in the economic and social history of Tudor and Stuart England in Honour of R. H. Tawney*. Cambridge: Cambridge University Press, 1961, p. 35-36.

razões para os ministros puritanos valorizarem o trabalho árduo e perseverante, exaltando a sua dignidade. O descanso sabático, neste sentido, teria sido a forma mais adequada à organização das atividades inerentes ao mercado de trabalho em bases mais racionais, mais produtivas, como convém ao mundo capitalista do reinado da mercadoria. Sem o apoio de um grande número de homens humildes, necessitados, o puritanismo jamais teria enfrentado e vencido o aparelho de Estado magnificientizado pela Monarquia.

O puritanismo foi a ideia-força mais importante da Revolução Inglesa. Não foi, certamente, a única. Em *Intellectual origins*, Hill faz um acerto de contas com o caldo de cultura e de contracultura conducentes à guerra civil, largamente sustentada pelos puritanos, mas contando com o apoio inelutável de intelectuais e cientistas. No clássico *The world turned upside down*, chama a atenção para o fato de que "os historiadores devem interessar-se pelas ideias, não somente porque elas influenciam as sociedades, mas porque elas revelam as sociedades que lhes dão origem. Nestes termos, as verdades filosóficas são irrelevantes para os propósitos dos historiadores".[144] Mas, como já se viu, não foram somente as ideias vencedoras que tiveram lugar em sua mente. Hill focou, em *Antichrist in seventeenth century*, o mundo fascinante das ideias que vieram à tona nos anos 1640, repertório destinado a derrota "pelo insucesso da revolta dentro da Revolução, que ela acarretou", caldo de cultura este banhado no puritanismo mais radical.

Mesmo rejeitando o arcabouço analítico e o esquema teórico-conceitual de Max Weber na explicação do puritanismo, por sua adesão aos preceitos marxistas, Hill acabou por incorporar inconscientemente suas ideias, que o levaram a pronunciar-se pela ambígua complexidade das respostas religiosas à realidade política e social do século XVII. Como lembrou C. H. George, referindo-se, evidentemente, ao texto *Economic problems of the Church*, a ênfase de Hill "recai sobre uma análise que recusa ao

---

144 HILL, C. *The World Turned Upside Down. Radical Ideas During the English Revolution.* London: Penguin Books, 1974, p. 17.

puritanismo o 'status' de uma 'entidade' qualquer e tenta imaginar, tanto quanto possível, a totalidade da Inglaterra reformada de modo a entender qualquer uma de suas partes... E sustenta, em uma de suas mais refinadas monografias [...] [que] o processo pelo qual o capitalismo destruiu a independência do clero protestante, transformou-o em indefesas criaturas do novo sistema".[145]

E mais, reitera George que, partindo do pressuposto de que seria vital exorcizar os íncubos weberianos de nossas mentes e recuperar a herança de Ranke e Marx, pressupõe que atentemos para a verdade do protestantismo, que é a de fazer uma abstração alienada e incomum do homem, servindo à perfeição ao sistema mais maciçamente alienador da história que é o capitalismo. Exige-se constatar que o puritanismo não pode ser considerado como uma entidade ou como um movimento em prol da reforma da Igreja, pois trata-se, no fundo, de um conceito analítico que obscurece a realidade e o significado das diferenças nas ideias e nas clivagens das classes, devendo ser o "puritanismo em tal concepção [...] abandonado".[146] Neste prisma, seus traços fundamentais seriam: o fervor religioso nas classes proprietárias, que serviram de emulação psicológica no desafio à Monarquia; a utilização dos púlpitos para sermões de corte ideológico que visavam à mobilização política do clero; o súbito e dramático estilhaçamento da piedade religiosa inglesa fragmentada em diferentes seitas e igrejas, emuladoras de diferentes consciências de classe. "A transformação da religião em uma força social criativa por uns poucos e breves anos foi a mágica da Revolução Inglesa."[147]

Apesar de não acompanhar este raciocínio que nega qualquer tipo de identidade ao puritanismo, que remete o puritanismo revolucionário aos proprietários e não às categorias médias da população produtiva, Hill

---

145 GEORGE, C. H. "Puritanism as History and Historiography". *Past & Present*, vol. 41, dez. 1968, p. 100-103.
146 *Ibidem*, p. 103-104.
147 *Ibidem*, p. 84.

concordaria com a última proposição que estabelece uma ponte entre revolução e religião. Para ele, o puritanismo não era simplesmente um ideário calvinista em prol da reforma eclesiástica difundido em toda sociedade entre membros da aristocracia e da *gentry*, mas sim o projeto político de pessoas desejosas de transformar o conjunto da sociedade, profundamente enraizada no *middling e industrious sorts* da população. "Os homens não se tornavam capitalistas porque eram protestantes, nem protestantes porque eram capitalistas, mas numa sociedade que se tornava capitalista, o protestantismo facilitava o triunfo dos novos valores por estimular artesãos e pequenos mercadores [...] a confiar nos ditames de seus corações como padrões de conduta."[148]

Uma minoria residual. Mas decidida a empurrar o individualismo protestante a extremos que rejeitavam a ordem, a disciplina e a propriedade privada em si mesma. Cuja ação política foi obstruída por sua própria residualidade e escassa unicidade, pois seu comportamento diferenciava-se nos centros situados em áreas economicamente mais desenvolvidas e nas áreas rurais a elas atreladas, por via do *putting-out system*, e o campo propriamente dito, vinculado à faina tradicional, carecendo, portanto, de unicidade. Equivale dizer, seria possível detectar, a partir de pesquisas documentais nos arquivos regionais, um grande número de indivíduos pertencentes a esta mesma categoria distinguida por Hill, uma ideologia diferente, produzida no calor do localismo conservador.[149] David Underdown exalta a enorme capacidade de Hill em penetrar na mente das pessoas e entender o modo pelo qual este processo mental afeta suas ações. Lamenta, contudo, que o mesmo procedimento não tenha sido aplicado ao entendimento da maioria conservadora da população inglesa, mas reconhece que devemos ser gratos a ele por tê-lo feito em relação àqueles que mudaram, ou pelo menos tentaram mudar o mundo.[150]

---

[148] HILL, C. "Protestantism and the rise of capitalism". In: *Change and continuity, op. cit.*, p. 91-99.
[149] UNDERDOWN, David. "Puritanism, Revolution and Christopher Hill". In: ELEY, Geoff & HUNT, William (orgs.). *Op. cit.,* p. 335-338.
[150] *Ibidem*, p. 339.

Questões metodológicas

Hill é um historiador profissional. Mais do que teorizar de modo abstrato sobre os conceitos a serem mobilizados em suas análises, preferiu operar diretamente com os aspectos substantivos do passado, com ênfase nas questões relacionadas com as mudanças sociais. Apesar de declaradamente situar-se no campo do marxismo, Hill abordou as questões religiosas, ideológicas e intelectuais concernentes ao século XVII em seus próprios termos, e não como simples manifestações das forças econômicas, concepção renovadora que o salvou "não do marxismo, mas para o marxismo".[151]

Ele próprio reconhece ter havido um processo de refinamento do seu arsenal teórico. Um esforço coletivo empreendido pelos historiadores do Historian Group, no seio do qual buscou, deliberadamente, mudar seu vocabulário. E a tal ponto mudou que, se fosse perguntado se era marxista, responderia: "Bem, tudo depende do que você entende por marxista [...] Eu quero um marxismo aberto, mais dialético do que determinista".[152] De modo amplo, sua abordagem tinha mais a ver com os aspectos socioculturais do que econômicos e políticos. Em decorrência, conceitos estratégicos como o conceito de classe não estavam relacionados diretamente ao modo de produção. A *gentry*, por exemplo, era tratada como uma classe em sua dimensão social e legal, expressando-se por via de uma cultura singular, numa linhagem teórica que o aproximava do conceito de valores relevantes de Max Weber, apelando para uma complexa interação de variáveis. Hill não pensava que a cultura pudesse sumarizar a totalidade das relações de classe e das mudanças sociais; nem que a palavra classe pudesse expressar tudo que a palavra cultura pudesse referir.

Nestes termos, seu fazer histórico, na visão de Mary Fulbrook, estaria mais para Weber do que para Marx, pois haveria entre eles uma notável convergência teórica na abordagem da tríplice relação entre religião, ideias e sociedade, especialmente na análise da cultura em sociedades não

---

[151] *Apud* FULBROOK, Mary. "Christopher Hill and Historical Sociology". In: ELEY, Geoff & HUNT, William (orgs.). *Op. cit.*, p. 32.

[152] Entrevista concedida a Tim Harris, *op. cit.*, p. 101-102.

capitalistas. Ambos compartilhavam a concepção de uma certa autonomia das tradições culturais herdadas; ambos rejeitavam a descorporificação da história das ideias e o reducionismo à monocausalidade. E, se o conceito de determinação for entendido nos termos do também marxista Raymond Williams, como fixação de limites e *exerting of pressure*, há poucas diferenças formais nas abordagens de Hill e Weber. Afinal, quando um historiador de extração marxista reconhece a importância histórica da superestrutura política, religiosa e cultural, bem como de seu inter-relacionamento com os meios de produção, pode-se imaginar que há muito mais compatibilidade entre a sociologia weberiana e o marxismo do que se poderia pensar.[153]

A originalidade e a sofisticação alcançada pelo modo de fazer história de Hill torna-se mais do que evidente no lugar por ele conferido às ideias no escopo de seu arquétipo interpretativo. A célebre frase "Revoluções não são feitas sem ideias, mas elas não são feitas por intelectuais", é um ícone. Uma grande revolução não poderia acontecer sem ideias; e elas não são um mero e pálido reflexo das condições materiais. Mas não subsistem por si mesmas. Um corpo de ideias, para ter um papel relevante na história, precisa identificar-se, referir-se às necessidades de um determinado corpo social, a partir do qual se formam. Um exemplo precioso é o puritanismo, que enfatizava a dignidade do trabalho para o próprio bem-estar dos despossuídos, as virtudes ascéticas da burguesia calvinista, e não poupava críticas aos ricos indolentes e perdulários extravagantes. Reformulação conceitual que reproduzia o percurso dos pais fundadores do marxismo, que nunca expuseram suas concepções sobre a história de modo sistemático, preferindo teorizá-la a partir da prática, escrevendo história e não sobre a escrita da história. "O marxismo da forma em que é aplicado na história é uma técnica de análise, um método de abordagem, não um dogma [...] Seu teste efetivo está na ação, seja escrevendo ou fazendo história."[154] Exatamente o que Hill fez, fez história e,

---

153 *Ibidem*, p. 48.
154 HILL, C. "Marxism and History", *op. cit.*, p. 52.

ao fazê-la, refez o modo marxista de abordagem, modernizando-o e, por via de consequência, revitalizando e prolongando sua existência como modalidade teórico-metodológica no campo das ciências humanas.

Hill não tratou as questões metodológicas de modo sistemático. Inspirações teóricas, arquiteturas metodológicas, procedimentos técnicos têm que ser garimpados do fundo de seus trabalhos, retirados da sua prática de historiador, de seus parcos e esparsos enunciados, de frases lançadas ao acaso no corpo de sua imensa obra, nas entrelinhas de seu texto. Raras vezes pronunciou-se sobre o ofício do historiador, quando o fez compôs um autorretrato.

> Modéstia, juízo, imaginação, sensibilidade para as conexões; isto é o que todos os historiadores necessitam, acima das técnicas particulares de suas subdisciplinas [...] O esforço para ver as conexões pode ser arriscado e levar a equívocos. Mas estes podem ser corrigidos. A falência em buscar as conexões conduz à esterilidade, à miopia, à cegueira.[155]

E uma exortação a fazer: "Parece-me que somente vale a pena escrever história se você tem algo a dizer".[156]

Hill é discreto. Grave. Não recita a cada momento as estrofes do hino de sua opção metodológica, o marxismo. A metodologia não é uma receita que deva ser previamente anunciada. Deve fluir da análise objetiva. Em *Intellectual origins*, admitia que uma abordagem sociológica para a história continha seus próprios riscos. As ideias têm a sua própria história e não são simplesmente o reflexo de necessidades ou condições materiais. Advertia, porém, que uma linhagem de ideias pode ser fruto de uma conspiração e, neste caso, ser totalmente espúria. "É fácil construir uma cadeia de causas tão logo se conheça o que temos para explicar [...] Há também o perigo de ser infeliz na seleção e na má interpretação dos

---

155 Idem. *Times Literary Supplement*, 24 nov. 1972, p. 1431.
156 Entrevista concedida a Tim Harris, *op. cit.*, p. 102

testemunhos."[157] No prefácio, lembrava que aquele "livro deveria nascer na cabeça do leitor [...] Selecionei as provas que pareciam dar sustentação à minha hipótese. Assim, esperando não ter suprimido nenhum fato que jogasse contra mim, frequentemente omiti os fatos que me pareciam neutros". Raciocínio símile aparece em *The world turned upside down*, onde afirma, a propósito dos textos escritos pelos radicais selecionados para sua análise, que escolheu "os exemplos mais favoráveis [pois] uma porção de trivialidades foi dita e escrita a respeito". Transparente, singelo. Honestidade intelectual estonteante. Quantos historiadores assim procederam ou procedem, sem jamais confessarem?

Seus críticos mais acerbos afirmaram que o conhecimento destas armadilhas não impediu que nelas viesse a cair. Trevor-Roper escreveu, naturalmente pensando em Hill,

> que quando adentramos as fontes procurando apenas as provas que embasam nossos pontos de vista, tendemos a recolher apenas os testemunhos convenientes e, assim, a despeito de nossos esforços para sermos imparciais, o trabalho intelectual transforma-se em advocacia. Cada historiador vive sob a obrigação especialmente difícil de procurar os testemunhos que possam provar suas teses, deve procurar suas vulnerabilidades e elucubrar os meios para testá-las. Então, dependendo do que venha a encontrar, defenderá suas posições, fortalecerá seus pontos fracos ou modificá-los-á, de modo a superar suas deficiências. O historiador pode, de fato, estar sistematicamente engajado numa dialética íntima, compensando as limitações da história com relação à codificação, às provas, ou às condições externas, sendo um mestre severo de suas próprias ideias.[158]

---

157 HILL, C. *Intellectual origins of the English Revolution*, op. cit., prefácio.
158 TREVOR-ROPER, H. R. "Review". *History and Theory*, vol. v, 1960, p. 73.

Para um historiador de grande erudição e viva imaginação como Hill, falhar neste ponto é falhar com seu ofício, diz o historiador americano J. H. Hexter, que o acusou de produzir um verdadeiro *source-mining*.[159]

Tais críticas precisam ser momentizadas. Têm uma certa validade para os escritos de juventude de Hill. Mas não se aplicam à fase madura. Fazendo um balanço destas críticas, Richardson considera-as despropositadas. Se o método de Hill envolve *source-mining*, todos os historiadores procedem da mesma forma. Obviamente, continua Richardson, o método de Hill, como de qualquer outro historiador, tem seus defeitos, suas limitações.[160] Mas não aqueles apontados por John Miller, que põe em dúvida o conhecimento específico de Hill sobre a Inglaterra provincial, ao menos nos padrões de W. G. Hopkins e Alan Everitt, reiterando que, apesar de sua manifesta simpatia pelos pobres, estes só aparecem em seus livros mais como "abstrações intelectuais do que como seres humanos com raízes fincadas em climas físicos, sociais e econômicos diferenciados",[161] críticas ácidas que não se sustentam na leitura atenta de sua imensa obra.

Hill respondeu categoricamente a estas provocações:

> A divisão entre historiadores que pesquisam e aqueles que interpretam revive uma velha distinção [...], entre aqueles que tentam dar sentido à história e aqueles que nada vêem a não ser o jogo contingente e imprevisto; que consideram tudo tão complicado que nenhuma opinião pode ser estabelecida com segurança; que estão tão ocupados em classificar que se esquecem que algo realmente aconteceu. Os pesquisadores podem fazer poucas alterações nas opiniões tradicionais revividas; eles preferem deixar intocados aqueles juízos convencionais na cabeça de seus leitores.

---

159 HEXTER, J. H. Comentário no *Times Literary Supplement*, 24 out. 1975, p. 1252. Sobre suas posições relativas à História Social, ver *Reappraisals in History*. Chicago: University of Chicago Press, 1979, p. 14-25.

160 RICHARDSON, R. C. *Op. cit.*, p. 111-112.

161 MILLER, John. Comentário no *T.H.E.S.*, 7 mar. 1975.

> Historiadores cujo único propósito é com a observação tortuosa dos eventos: tem um *hobby* agradável, que satisfaz o senso acadêmico, que estabelece a diferença em relação ao vulgar. Mas ele não é, necessariamente, superior.[162]

A vantagem do método adotado por Hill é a mobilização do singular para a apreensão do coletivo, da totalidade. "A vantagem dos historiadores influenciados pelo marxismo é que eles pensam a história como um todo, assumindo como pressuposto a existência provável de conexões entre a cultura e a economia de uma sociedade, apesar das dificuldades para analisá-las."[163] Mesmo os historiadores e críticos que rejeitam a interpretação marxista da História aceitam o conteúdo do que Hill escreve.

> A objeção mais séria ao método histórico do Sr. Hill não é a influência de Marx; em verdade, se isto é o que o marxismo faz aos historiadores, desejaríamos que alguns mais fossem contaminados... É sua firme convicção de que regras são regras e exceções são exceções.[164]

Obviamente regras são regras e exceções são exceções. Não dá para inverter o procedimento ao arrepio da lógica. O *telos* de Hill é a história total. A regra. As exceções ficam por conta do variado repertório de abordagens disponíveis para consumá-la, pois ela não é necessariamente sinônima de história econômica. "A história econômica é essencial para os historiadores da cultura, porque a cultura é um fenômeno de classe, nestes termos, toda história deveria ser história da cultura, e a melhor história o é."[165] E os historiadores que a fazem devem estar atentos para as conexões, para a percepção das relações entre as partes de um todo, relações que pressupõem uma base empírica

---

162 HILL, C. Comentário no *Times Literary Supplement*, 7 nov. 1975, p. 1333.
163 Idem. "Partial Historians and Total History". In: *Collected essays: People and ideas in the 17th century England*, *op. cit.*, p. 5.
164 AYLMER, G. E. "Review", *op. cit.*, p. 789.
165 HILL, C. "Partial Historians and Total History", *op. cit.*, p. 6-7.

sólida para sustentar a argumentação crivada pela bibliografia, produtora de um movimento permanente de reconstrução do objeto histórico.[166]

Hill procurou dissociar a interpretação marxista da história do determinismo econômico, condenando a crença absoluta de que apenas os conflitos circunstanciados pela materialidade merecessem análise séria.[167] O reconhecimento do valor das fontes literárias é um excelente exemplo de sua flexibilidade e amadurecimento intelectual. Se por muito tempo os historiadores foram inoculados contra as fontes literárias, consideradas um produto da imaginação individual e que não poderiam ser provadas, recentemente passou-se a reconhecer que "os documentos oficiais, sobre os quais os historiadores da história administrativa e política se baseiam, e mesmo a correspondência privada da *gentry*, podem estar sujeitos exatamente às mesmas críticas".[168] E até mesmo que – e este é o limite para as concepções de Hill assentadas no marxismo, pois acompanha o pensamento de seu tradicional inimigo, J. H. Hexter – certas passagens colhidas no texto de algum gênio inventivo provê *insights* quase inalcançáveis por qualquer outro meio.[169]

A multiplicação das fontes alarga as possibilidades de conhecimento histórico. História que para Hill era, em primeiro lugar, "o passado como acreditamos que tenha existido e, em segundo lugar, o passado como uma tentativa de reconstrução em nossos escritos".[170] Ou seja, história como criação, que envolve, necessariamente, a imersão do historiador em sua temporalidade, a temporalidade presente, da qual parte para "refazer" o passado, circunstanciado, condicionado por toda problemática posta por este mesmo presente. Razão pela qual toda reconstrução é provisória. Ela tem que ser reescrita a cada geração, oxigenada pelos ventos da contemporaneidade. Daí a existência de uma dialética entre mudança e continuidade. "Nós mesmos so-

---

166 *Ibidem*, p. 6.
167 *Idem. Economic problems of the Church, op. cit.*, p. XIII-XIV.
168 *Idem.* "Literature and the English Revolution", *op. cit.*, p. 196.
169 *Ibidem*, p. 195.
170 *Idem.* "History and the Present", *op. cit.*, p. 244.

mos moldados pelo passado, mas nossa vantagem no presente é que estamos continuamente remoldando o passado que nos molda."[171] Pois, se há um motivo para o estudo da história, "seu objeto deveria ser ajudar-nos a entender o passado para controlar o presente",[172] convicção nascida da experiência de Hill e de seus companheiros que vivenciaram a complexidade dos anos 1930 e 1940, cujas raízes encontravam-se no século XVII: a opção pelo capitalismo, pelo império, com todas as suas consequências, produtora de avanços sociais e culturais, mas também de barbáries e iniquidades.[173] Isto significa que a compreensão da trajetória intelectual de Hill pressupõe submergi-lo em sua temporalidade, ou melhor, nas muitas temporalidades por ele vivenciadas, à vista de sua longevidade intelectual.

A emergência de uma história *vista de baixo*, segundo Hill, "foi o resultado da mais frutífera mudança na atitude histórica em meu tempo", que fê-lo compreender que "o povo comum tem uma história", e que esta história joga um papel na maior parte das vezes decisivo na "moldagem do processo histórico".[174] Ou seja, uma conexão direta entre o destacado papel das massas no mundo contemporâneo, sua relevância, e a problematização histórica de suas primeiras manifestações. Fenômeno semelhante ao ocorrido com o realce alcançado pela história de gênero, especialmente da mulher, que Hill reconhece não ter contemplado devidamente em seus trabalhos. Uma das coisas de que mais me envergonho, confessou, é que por décadas havia assumido, de alguma forma, que as demandas políticas foram feitas somente pelos homens, negligenciando o fato inconteste de que a história das mulheres é um dos melhores exemplos do benefício que resulta do "questionamento do passado a partir de questões postas pelo presente".[175] Mudança de atitude que muito se deve à Irene Sutton Bridget

---

171 Idem. *Change and continuity, op. cit.*, p. 284.
172 Idem. "The English Revolution and the State", *op. cit.*, p. 110.
173 UNDERDOWN, David. *Op. cit.*, p. 17.
174 HILL, C. *A nation of change & novelty, op. cit.*, p. 245.
175 *Ibidem*.

Hill, sua segunda esposa, especialista em história de gênero, com quem escreveu, a quatro mãos, um artigo sobre Catherine Macaulay.[176]

Se Hill não cultivou de modo próprio esta vertente da história sociocultural, seu modelo de sociedade seiscentista polarizado entre dois segmentos sociais extremos, num contexto de ruptura política, estimulou o estudo de centenas de mulheres pregadoras, dotadas de especial mobilidade, visionárias agressivas, entendidas em seus textos como um instrumento eficaz na "articulação do relacionamento de classes por diluírem tensões econômicas e sociais".[177] Na cena maior de sua história estrelada pelos homens deu lugar, inclusive, aos homossexuais, ponderando que, "na medida em que a subcultura homossexual é parte da cultura do povo inglês, nós devemos acolhê-la com entusiasmo".[178]

O presente tematiza o passado. Em contrapartida, o passado oferece pistas para a compreensão do presente. Conexão explícita em alguns de seus livros, nos quais são evidentes as questões cruciais postas pelo tempo presente na tematização do passado. Pensamos na correlação entre os livros *The world turned upside down* e a eclosão dos movimentos radicais dos anos 1960; *The experience of defeat* e o recuo do tacherismo; *The seventeenth-century Revolution and The English Bible* com a liberação teológica dos tempos recentes; *Liberty against the law* e o crescente movimento anticorporativo através do mundo.

O exemplo mais contundente da contemporaneidade das temáticas eleitas por Hill é o tema da Revolução. Porque estudar a Revolução

---

176 Irene Bridget Hill casou-se, em segundas núpcias com C Hill, com quem também dividiu a parceria se seu primeiro texto "Catherine Mcaulay and the 17th Century", publicado na *Welsh History Review*, republicado em HILL, Irene Bridget. *Servants: english domestic eithteenth century England*. New York: Oxford University Press, 1996, sob o título "The republican virago: the life and times of Catherine Macauley".

177 MACK, Phyllis. "The prophet and her audience: gender and knowledge in the world turned upside down". In: ELEY, Geoff & HUNT, William (orgs.). *Op. cit.*, p. 141.

178 HILL, C. "Male homosexuality in 17th-century England". In: *The collected essays of Christopher Hill, op. cit.*, vol. 3, p. 233.

Inglesa num momento em que o problema crucial era a guerra que se avizinhava e a todos ameaçava com o juízo final? Porque Hill não foi estudar a Grande Guerra, nela buscando as explicações para a complexidade do conflito que então se desenrolava? Porque, para Hill, sob o impacto da Revolução Russa e o que ela significava para sua geração, era especialmente importante denunciar o caráter apaziguado da trajetória histórica da Inglaterra, a aparente ausência de conflitos, as revoluções exangues, a tradição conciliadora e conservadora. Problemática posta não somente pelo tempo vivido em sua materialidade presente, mas também pela produção intelectual que remontava a Marx e que os jovens intelectuais ingleses souberam cultivar no âmbito do Partido Comunista. Isto explica suas viagens à URSS, seu interesse pela Revolução Russa, à qual dedicou um livro específico,[179] sua atração pelos historiadores soviéticos especialistas no século XVII inglês, especialmente, em seu "interregno", mas, sobretudo, porque Hill e seus companheiros tinham plena consciência de que a Inglaterra por eles vivida na segunda metade do século XX fora de fato gestada no século XVII, em suas raízes tudorianas, como apontara Marx.

Sem esta imersão histórica, sem este vivo entrelace passado/presente e o pensamento posto no futuro da humanidade, seria impossível entendê-lo, pois foi isto que fez de Hill o *"master historian of his field"*.

---

[179] *Idem. Lenin and the Russian Revolution, op. cit., passim.*

FERNANDO NOVAIS:
um marxista pascaliano?

Proposições

FERNANDO NOVAIS NÃO SE PROPÔS explicitamente a realizar uma teoria marxista da história, apesar de ter se autodefinido como um marxista pascaliano.[1] Contudo, uma análise detida de seu estudo clássico *Portugal e Brasil na Crise do Antigo Sistema Colonial (1777-1808)*[2] – que em março deste ano de 2013 completou 40 anos de sua defesa como tese de doutoramento – autoriza-nos sim a afirmar a existência de uma teoria implícita, entranhada na prática da reflexão e da produção histórica efetiva, que pode ser espelhada nas achegas teóricas explícitas constantes de sua introdução do livro *Nova História em perspectiva*. Se bem que, uma vez mais, sua intenção não era a elaboração sistemática de uma teoria da história, uma *episteme*, mas apenas a de responder às críticas dos novos historiadores ao enfoque marxista da história e, por

---

[1] NOVAIS, Fernando A. "Introdução". In: NOVAIS, F. Antônio & FORASTIERI, F. da Silva (orgs.). *Nova História em perspectiva*. Vol. 1: *Propostas e desdobramentos*. São Paulo: Cosac Naify, 2011, p. 43.
[2] *Idem. Portugal e Brasil na Crise do Antigo Sistema Colonial (1777-1808)*. 1ª ed. São Paulo: Hucitec, 1979.

via de consequência, expor as fragilidades da Nova História face ao arquétipo marxista de interpretação.

Este é um empreendimento incomum entre os historiadores, a não ser por raríssimas exceções, dentre as quais poderíamos destacar Fernand Braudel e Edward Thompson, por exemplo. Bem ao contrário de nossos vizinhos, cientistas sociais, cientistas políticos, antropólogos, economistas, que militam nos campos afins das ciências humanas e sociais, bem mais autoconscientes dos problemas teóricos e, por isso mesmo, responsáveis por uma pletora de teorias que os próprios historiadores acabam por introjetar em seus trabalhos, muitas vezes sem perceber o real alcance das categorias e conceitos que estão manejando ou da pertinência de sua apropriação aos fins a que se destinam.[3] Para Norbert Elias, o acúmulo contínuo de dados singulares produzidos pelos historiadores não tem correspondência no plano das conexões, jazem mortos nas bibliotecas. O que se explica pelo fato dos historiadores estarem permanentemente reescrevendo a história sob o jugo de ideais e valores do seu tempo presente. Edificando com estilo renovado sobre as ruínas de construções passadas, retorna-se a cada passo à estaca zero, desprezando as experiências acumuladas para sobre elas, e a partir delas, elaborar um constructo teórico. Não assimilam que é possível "compreender as particularidades da investigação empírica de modo muito mais rico em referências quando se percebe sua significação teórica, assim como é possível assimilar melhor o rumo dos procedimentos teóricos quando os dados empíricos aos quais eles se referem encontram-se disponíveis".[4]

É este exatamente o movimento empreendido por Fernando Novais. Parte das percepções teóricas vazadas no materialismo histórico para arquitetar e realizar a sua tese e, na sequência de sua trajetória intelectual, revisitá-la, valendo-se da experiência adquirida para retomar a

---

3   SEWELL JR., William H. *Logics of History*. Chicago/Londres: University of Chicago Press, 2005, p. 5.

4   ELIAS, Norbert. *A sociedade de Corte*. Rio de Janeiro: Zahar, 2001, p. 52.

problematização teórica, aplicada em objetos próximos ou distantes da investigação primeva.

Percurso da obra

O andamento da obra, em sua totalidade, recende a um sofisticado esforço, de compreensão dos segredos da história, privilegiando o dinamismo da mudança em relação à inércia das continuidades inexpressivas, o movimento em desfavor das linhas de força engessadas nas estruturas. Inelutavelmente um viés marxista de análise porque está ancorado em dois pressupostos chaves do materialismo histórico: a formação social e os modos de produção a ela inerentes e a luta de classes, o primeiro referido à estrutura e o segundo à dinâmica. Em cujo andamento o determinismo econômico é deslocado pela ação dialética, pela interação permanente entre as forças de longa duração e a história viva, manifesta nos eventos em sua mais total pluralidade, eventos de natureza vária, econômicos, sociais, políticos, religiosos e culturais. Dialética estampada igualmente no itinerário de sua escrita pela tensão permanente entre descrever e analisar, narrar e interpretar, caracterizar e conceituar. Historiador dotado de uma capacidade ímpar de sintetizar, de numa frase curta explicitar um universo, numa palavra traçar uma identidade, num apelido retratar uma personalidade.

Ao resumir a *démarche* teórica de sua tese, assim se expressa:

> parto, no primeiro capítulo, de um panorama de como Portugal e Brasil se inserem nas relações internacionais do século XVIII, faço um mergulho, uma análise da estrutura do Sistema Colonial, para entender a sua crise, depois volto à crise para analisar como ela se manifesta nas relações entre Portugal e Brasil e como é encaminhada pela política colonial portuguesa.[5]

---

[5] NOVAIS, Fernando A. *Aproximações: ensaio de história e historiografia*. São Paulo: Cosac Naify, 2005, p. 362.

Tese que realizava os propósitos da Cadeira de História Moderna e Contemporânea pensados por seu catedrático, seguia à risca o projeto elaborado pelo professor Eduardo D'Oliveira França, o de enlaçar a História do Brasil à europeia, Brasil a Portugal, o "umbigo lusitano"[6] de nossa história, uma componente institucional relevante em sua eleição temática.

De fato, o enredo da tese se abre com um grande cenário. Inesperado. Porque é um capítulo de história política, não um enquadramento das forças produtivas como seria de se esperar de um historiador de filiação marxista. Busca demarcar o lugar incômodo de Portugal no concerto das relações internacionais da primeira modernidade. Um enquadramento totalizante, envolvendo os Estados nacionais em suas configurações absolutistas numa renhida disputa pelos espaços territoriais em escala mundial, continentais ou oceânicos. Temporalidade fluida porque não se submete ao sequenciamento cronológico, desloca-se no tempo narrando os eventos de acordo com a necessidade de explicar, vai e vém, uma dialética temporal, na qual presente, passado e futuro da época moderna se entrelaçam, configurando o tempo do historiador, a partir de cujo movimento interpretativo fixa-se o princípio da *neutralidade*, incorporado pela diplomacia lusitana como um bem de raiz, princípio nascido no século XVII e que se transporta ao século XVIII, caracterizando o grande dilema trágico que vincou a trajetória histórica de Portugal na modernidade: "salvaguardar os domínios ultramarinos pondo em risco a sobrevivência da metrópole europeia, ou abandonar as colônias, aderindo à aliança continental para preservar Portugal",[7] indicativo de que o todo, o Império, não sobreviveria sem sua parte.

Neutralidade crítica, plena de tensões, expressão maior da crise do antigo sistema colonial no último quartel do século XVIII, com a qual se abre o segundo ato da epopeia portuguesa nos trópicos. É neste passo que

---

6   FRANÇA, Eduardo D'Oliveira. *O Poder Real em Portugal e as origens do absolutismo*. Bauru: Edusc, 2013, p. 20.

7   NOVAIS, Fernando A. *Portugal e Brasil na Crise do Antigo Sistema Colonial*, op. cit., p. 29.

o historiador com vocação teorizante se revela com maior nitidez. Uma de suas frases incansavelmente repetidas nas salas de aula e que muitos de seus alunos, como eu, reverberavam mundo afora, traduzia toda a teoria: *é a partir do todo que se entendem as partes, e não é a partir das partes que se explica o todo, apesar de que cada uma das partes contenha o todo, ou seja, o todo está em toda parte, e, por isso mesmo, ele é a categoria referencial para a explicação histórica.* Ideia de totalidade que é o centro e o fundamento de todo pensamento dialético. Princípio teórico que embasa o procedimento metodológico na análise da estrutura que explicita a dinâmica do sistema colonial. A colonização entendida como sistema, instrumento da acumulação primitiva nos quadros do capitalismo moderno, regida pela política mercantilista: "é a partir do sistema e portanto da exploração colonial que se pode entender o conjunto [...], e não o contrário".[8]

Sistema montado para produzir lucros de monopólio destinados a estimular a "acumulação burguesa das economias europeias", daí o caráter extrovertido da produção, a preponderância inevitável do mercado externo que continha em sua essência uma contradição interna mortal no longo prazo. Se a princípio o mercado interno colonial produzia apenas para subsistência, ancilar ao setor exportador, sua simples existência criava a possibilidade deste setor "desenvolver-se autonomamente"[9] e subverter a finalidade precípua do sistema colonial. Imperceptível contradição a princípio, mas com enorme potencial transformador no futuro.

Se estas eram as traves-mestras do sistema, as formas assumidas pela composição da força de trabalho excluíam *in limine* o trabalho livre em favor do compulsório. Rejeitava o trabalho nativo pelo forâneo. A escravidão indígena pela africana. Isto porque os *negros da terra*, escravos indígenas resgatados no próprio território, não se ajustavam à lógica da acumulação. Promoviam a acumulação endógena, nos preadores e proprietários, ao invés de fazê-lo externamente, na burguesia metropolitana e nos traficantes, sem

---

8   Ibidem, p. 71.
9   Ibidem, p. 96.

os quais a mão de obra africana não alimentaria as unidades produtivas, os engenhos. Ao analisar os eventos relacionados com a importação massiva de escravos africanos, Fernando deu-se conta de uma inversão paradoxal e que passaria a se constituir num verdadeiro aforismo: "é a partir do tráfico negreiro que se pode entender a escravidão africana colonial, e não o contrário".[10] Uma comprovação empírica da reflexão teórica de Marx sobre a autonomização das formas, sacada teórica genial a partir de uma evidência empírica tautológica, um exercício notável de mediação entre forma e conteúdo, aparência e essência. Invenção criativa incorporada por outros historiadores que acabaram, em casos específicos, por dela se apropriar.

No terceiro ato, os eventos retornam à cena principal. Assumem a ribalta. É através deles que se acessa a estrutura; significa-se sua transformação. Realiza-se novamente, à semelhança do primeiro ato de abertura, num capítulo vazado na trajetória política de Portugal no contexto europeu, espremido entre as forças hegemônicas em presença: Inglaterra e França, contexto no qual o problema da neutralidade retornará com energia renovada. Mais uma vez, o diálogo estrutura/evento se faz presente. Exige do autor capacidade narrativa e analítica no processo de criação histórica a partir da reflexão que enlaça bibliografia, fontes manuscritas e impressas, que se reflete na caracterização analítica da problemática situação enfrentada por Portugal, a partir das reflexões coevas, assumidas como fontes. Esforço necessário porque a manifestação da crise em Portugal agregava novos componentes à já complexa realidade histórica.

A industrialização da Inglaterra e o inevitável assédio aos mercados mundiais, especialmente em relação ao cobiçado mercado colonial, punha em xeque o domínio português sobre parte considerável do continente americano, comprometendo o sentimento de segurança que caracterizara a tradicional aliança anglo-portuguesa. Sobretudo porque os acenos britânicos favoráveis à condenação do tráfico africano punham em risco a viga mestra do sistema colonial, agravada pela retração significativa da

---
10 *Ibidem*, p. 105.

produção aurífera no Brasil, circunstância que retirava do Estado português os recursos financeiros indispensáveis ao enfrentamento da crise.

Defender o patrimônio, preservar o exclusivo e, na medida do possível, assimilar os estímulos oriundos da exploração colonial, tornaram-se as palavras ordem para conter os efeitos da crise. Defesa do patrimônio significava de fato de a defesa dos territórios coloniais do modo mais substantivo possível, defesa militar e combate à apropriação ilegal de suas riquezas por via do contrabando, reforçado por uma série de medidas destinadas à preservação do exclusivo. Necessidades acompanhadas por uma política de Estado que visava à reconfiguração administrativa e fiscal do Império, traduzida numa renovada política direcionada à colônia, que tinha por finalidade precípua integrar a agricultura colonial aos esforços de industrialização perseguidos pela política econômica pombalina.

Não sem um perigo iminente, que colocava a monarquia em face de mais um dos muitos dilemas que já enfrentara. Para o esforço de caracterização da crise e da busca de soluções para seu devido equacionamento, a mobilização do espírito "crítico era fundamental para se projetarem reformas, indispensáveis ao próprio funcionamento do sistema colonial",[11] o que poderia dar vazão à face mais revolucionária do pensamento português informado pela ilustração e comprometer, no limite, a sobrevivência do sistema colonial, pois os eventos daí decorrentes poderiam transformar a própria estrutura do sistema. Reflexão fundamentada no princípio da contradição, típica do pensamento teórico marxista, pois o enfrentamento da crise impôs a tomada de decisões cujos desdobramentos seria impossível prever ou conter.

O quarto ato, e também o último, fecha as cortinas do antigo sistema colonial. Não fora pela extensão, poderia muito bem integrar o terceiro capítulo, para o júbilo do próprio Fernando, devoto do número três, símbolo da perfeição. Continua a ser uma unidade com feição preponderantemente política, voltada à elaboração de uma reformulada política

---

11 *Ibidem*, p. 211.

colonial, para a qual são mobilizados os escritos de teóricos, intelectuais, estadistas, cientistas, ampla e variada gama de pensadores. Realiza-se um árduo trabalho de recepção, tradução e análise do conteúdo das memórias produzidas pelos membros da Academia de Ciências de Lisboa. Elaborado capítulo de história cultural em sua dimensão científica e intelectual, que tipifica o historiador plenamente envolvido com todas as instâncias da experiência humana, e não apenas com sua dimensão socioeconômica, traço distintivo de sua heterodoxia, que tinha no livro de Christopher Hill, *Intellectual origins of the English Revolution*, sua provável inspiração. Contexto em que os eventos culturais tornam-se centrais na proposição de medidas que visam à formulação e execução das novas diretrizes de política comercial e de incentivo à produção industrial, cujos êxitos, muito superiores às frustrações, se espelham no crescimento econômico de Portugal e na prosperidade colonial.

Proposições que conduzem à inversão de um verdadeiro dogma da política mercantilista. A "diretriz segundo a qual a metrópole pode e mesmo deve ter um comércio deficitário com a colônia, para tê-lo superavitário com as demais potências".[12] Arquitetura reformista que gestava mais um dilema sem solução, a perspectiva do atraso em relação aos países capitalistas mais avançados, como a Inglaterra, e a "impossibilidade teórica de ultrapassar esse dilema sem negar o sistema como um todo".[13] Um drama apreendido na dinâmica histórica construída por Fernando Novais, cujas sementes foram semeadas pelos próprios articuladores da política reformista, pois o fomento agrícola não somente intensificaria a possibilidade de exploração colonial; alavancaria concomitantemente o seu crescimento econômico e promoveria a diferenciação social, apontando no sentido do separatismo político por colocar os gestores das políticas de Estado diante da inelutável charneira: não era possível explorar a colônia sem desenvolvê-la; mas desenvolvê-la significaria a possibilidade de perdê-la.

---

12 *Ibidem*, p. 234.
13 *Ibidem*, p. 232.

É por esta razão que o conceito de crise mobilizado por Fernando inova. Remete a uma temporalidade média demarcada no título de sua obra, 1777-1808. Nem a crise identificada a momentos breves na visão dos economistas, o instante de viragem dos preços que demarca a conversão de uma fase de alta (A) para baixa (B) e reverte a tendência econômica; nem a crise mais duradoura, mensurada em função do seu impacto nos rendimentos das diferentes categorias sociais, como surge nos trabalhos do historiador Ernest Labrousse. Mas a crise de longo curso, no bojo da qual crises menores se sucedem ou se entrelaçam. Crises de natureza diversa, pois que não têm todas o mesmo perfil, exibindo a amplitude de uma crise cultural. Período dominado por uma duradoura crise de crescimento econômico, crise de prosperidade, não de retração, de perda de substância, que se manifesta com a mesma intensidade na colônia e na metrópole, benéfica para ambos, aqui estimulando a diversificação agrícola, lá o desenvolvimento industrial. Crise econômica atravessada na década final do século XVIII pela crise política, não gestada no interior do Império português, mas gerada externamente, produzida pela acirrada competição entre as nações europeias hegemônicas que exportam a crise e a crítica rumo aos impérios coloniais ibéricos, a grande crise que, a partir de então, determinaria os rumos da história ocidental nos termos pensados por Reinhart Koselleck. Contexto em que as contradições afloram e se traduzem nos eventos singulares que rompem as estruturas seculares arquitetadas no longínquo século XVI. Dinâmica que traz à cena a face inovadora das agitações sociais. Complexidade histórica que não nos autoriza a ver no antigo sistema colonial um modo de passagem, um elo da transição, é um sistema em si.[14]

Fernando não vê sentido numa história sem sentido. Há no transcorrer de sua análise uma aposta na história, como Marx apostou na luta de classes e Pascal, em Deus. Seus vaticínios sobre o futuro não se constroem no vazio,

---

14 Translação do conceito de absolutismo como Estado em si desenvolvido em ARRUDA, José Jobson de Andrade. *A Grande Revolução Inglesa – 1640-1780*. São Paulo: Hucitec, 1986, p. 71.

não são profecias e, por isso mesmo, não são teleologias. Fundamentam-se na reflexão intensa que flui da reconstituição histórica do passado. Um refinado exercício de interpretação alicerçado em pesquisa consistente, na qual teorias, estruturas e eventos são permanentemente ressignificados. Em que a forma de explicitação dos conteúdos, o estilo, também não é ocasional. Compassa o procedimento analítico. Por isso mesmo, pode dar aos leitores menos avisados a sensação de que é excessivamente repetitivo. Mas é apenas uma estratégia metodológica. Repetir é retomar para desdobrar. Encontrar uma nuança não prevista na recolocação sistemática da propositura central em face de diferentes situações. Um método a serviço de uma ideia, na feliz expressão do professor Eduardo D'Oliveira França.

É a partir das conclusões hauridas na reflexão que se cristalizam achados compreensivos, carregados de significação, configurações ideais, que substanciam projeções do historiador no seu tempo presente e que podem com segurança serem remetidas ao futuro daquele tempo passado, o futuro passado. Sem perder de vista a imponderabilidade inscrita na indeterminação dos eventos, a possibilidade histórica de viger o inesperado. Os jogos das temporalidades presentes na urdidura formal do antigo sistema colonial põem-se igualmente na sua própria eleição como objeto de tese por parte do historiador. Não é fruto de um diletantismo intelectual. É produto de um compromisso geracional claramente delineado na temporalidade dos anos 1960, o de pensar o passado colonial com vistas à redenção nacional, que explica por que o sistema colonial da época moderna é o velho sistema: por antepor-se ao imperialismo neocolonialista.

Apropriações teóricas

Na leitura de *Portugal e Brasil na Crise do Antigo Sistema Colonial* respira-se um método, pressente-se uma teoria. Sua escrita inscreve-se nos parâmetros estabelecidos pelo *Seminário de Marx*, do qual Fernando Novais foi participante ativo. Exatamente quem propôs que seria "melhor dispensar intermediários e ler *O Capital* de uma vez",[15] pois a finalidade do grupo formado majoritariamente por jovens professores assistentes era retornar a Marx para a autorretificação da esquerda que, na opinião do grupo, havia se desviado de seu rumo. Propósito que evoluiu para pensar o Brasil, seu atraso, suas possibilidades futuras, metas que levavam inexoravelmente a refletir sobre o passado colonial e, especialmente, sobre seu ingrediente mais problemático, a escravidão. A transladação de categorias sociais cunhadas na tradição europeia para o universo colonial se fazia sob a égide do princípio de que era um espaço da mesma ordem, porém diverso, pois eram partes do desenvolvimento desigual e combinado que caracterizava o capitalismo. Obrigava os integrantes do seminário a "pensar a experiência histórica com a própria cabeça, sem sujeição às construções consagradas que nos serviam de modelo, incluídas aí as de Marx".[16]

Se, de modo geral, "todos éramos discípulos do Giannotti, pois ele trazia uma leitura original de Marx", como diz Fernando,[17] foi o seu trabalho, concebido nos anos do seminário e terminado muitos anos depois que, segundo Roberto Schwarz, transformou-se na "obra-prima do grupo".[18] Viaja "do todo à parte e vice-versa", exibindo notável domínio sobre a "matéria nos dois planos", pois busca entender os "âmbitos um no outro e em movimento". Realiza "um encadeamento propriamente dialético", pois a exposição em "vários planos, muito precisa e concatenada, é um trabalho de alta relojoaria, sem nenhum favor", fruto de um "marxismo rigoroso, mas não dogmático". Heterodoxo em determinada assertiva, explícito ao afirmar o primado da circulação sobre a produção; ou da preponderância do tráfico sobre a própria escravidão.[19] Não é outra a opinião de Fernando Henrique Cardoso, destacado membro do grupo que, ao avaliar

---

15 SCHWARZ, Roberto. *Sequências brasileiras*. São Paulo: Companhia das Letras, 1999, p. 87.
16 *Ibidem*, p. 96.
17 NOVAIS, Fernando A. *Aproximações, op. cit.*, p. 347.
18 SCHWARZ, Roberto. *Op. cit.*, p. 96.
19 *Ibidem*, p. 96-97.

a contribuição de Caio Prado na construção da história colonial, diz que talvez somente Fernando Novais "tenha tido força de pensamento para abarcar toda a colônia em termos conceituais equivalentes".[20]

Se a tese de Fernando Novais entranha um materialismo histórico heterodoxo e refinado como reconhecem seus pares de seminário, foi muito mais tarde, ou melhor, recentemente, no já referido *Nova História* que, a propósito de criticar os seguidores da corrente, o historiador formulou de modo mais explícito as suas concepções relativas à metodologia marxista. Formulações estas que acabam por compor um conjunto coerente de elementos capazes de fundamentar sua teoria da história lastreada no marxismo oxigenado por Georg Lukács.

Assumindo-se como historiador marxista, mas não como marxista historiador, pressupõe, liminarmente, que o historiador deve explicar para reconstituir a narrativa em todos os níveis da existência humana, a partir da qual historiciza seus conceitos, contextualizando-os no tempo. Por isso mesmo, o discurso do historiador assume dupla face: analítica e narrativa, duplicidade que o marxismo procurou superar por via da teoria da práxis, consubstanciada no esforço de conceitualização simultânea das várias esferas da existência. Procedimento que exige a ação reflexiva na análise dos vários momentos e dos infinitos temas da história, testando e refazendo, permanentemente, o percurso interpretativo. Faz jus à sua máxima: "o marxismo é uma teoria da história" e "a história não é uma matéria teórica",[21] por isso seus textos recendem a teoria marxista e seu marxismo emana história, um exercício sutil de mediação entre um método e uma disciplina.

Perspectiva analítica da qual emergem dois conceitos fundamentais e que precisam ser testados nos vários momentos da história: o de *modo de produção* e o de *luta de classes*. O modo de produção deve ser entendido como critério de periodização histórica e, portanto, como forma de

---

20 CARDOSO, Fernando Henrique. *Pensadores que inventaram o Brasil*. São Paulo: Companhia das Letras, 2013, p. 281.
21 NOVAIS, Fernando A. *Aproximações, op. cit.*, p. 357.

articulação de todas as esferas da existência. Constitui-se, portanto, de estruturas no interior das quais os conceitos operam de forma específica, cabendo ao historiador a tarefa de surpreendê-las no curso dos acontecimentos para, em seguida, reconstituí-las compreensivamente. Ou, talvez, analisar e reconstituir segmentos no interior dessas estruturas globais, como a luta de classes, conceito basilar que opera diferentemente no interior dos diversos modos de produção.

Em seus próprios termos, os "modos de produção definem as estruturas globais dentro das quais o processo histórico se desenrola", enquanto a "luta de classes abre caminho para a compreensão do movimento pelo qual essas estruturas se transformam", significando que "o primeiro conceito opera no plano sincrônico" e o segundo "conduz à diacronia", remetendo à "estrutura e dinâmica" do sistema.[22] O problema teórico que se põe na continuidade do processo analítico é o da *mediação* entre os dois níveis, o da estrutura e o dos eventos. Isto é, "a explicitação das passagens, ou dos meios de articulações, das estruturas aos acontecimentos", que deve ser examinada por cada historiador no curso da realização de sua obra, pois, as transformações se dão "necessariamente [...] no nível dos acontecimentos" e não basta "o conhecimento das estruturas", pois para "mudá-las é preciso acontecer na história". Significando que "transitar das estruturas para os acontecimentos implica aventurar-se no território da indeterminação", um problema intrincado, para o qual não crê que "possa ter solução no plano teórico". Talvez, por isso mesmo, reconheça que "uma teoria que só domine o nível das estruturas, para passar à história propriamente, envolve iniludivelmente uma *aposta*".[23]

Sem ser uma meta-história, a aposta se põe no horizonte da história. É a opção sentimental de Fernando. Mas sua prática efetiva remete à *mediação sartrena*, cuja célebre frase "eu reconheço que sou como o outro que me vê", ou, noutro andamento, "o outro é o *mediador* indispensável entre

---

22 Idem. *Nova História em perspectiva*, op. cit., p. 52.
23 Ibidem, p. 54-5.

mim e mim mesmo".[24] É por via desta *mediação existencial* que o homem se faz, percurso conducente à elaboração de uma teoria da ação e, por desdobramento, da história. Mais do que no primeiro Sartre, é no segundo, da *Crítica da razão dialética*,[25] onde o existencialismo puro cede lugar a uma escolha situada – a *liberdade em situação* –, que se passa da liberdade absoluta à liberdade seletiva, condicionada, socialmente circunstanciada.[26] Nesse sentido, o existencialismo de Sartre se aproxima da antropologia marxiana e abre caminho para que sua *mediação existencial* evolua no sentido de uma *mediação social*, ferramenta teórica de que se vale Fernando, desdobrando-a numa *mediação histórica* entre as correntes estruturais e as cadeias de acontecimentos.

Aproximação que o próprio Sartre cuidou de traduzir ao considerar o "marxismo como a insuperável filosofia de nosso tempo", e "a ideologia da existência e seu método 'compreensivo' como um território encravado no próprio marxismo que a engendra e, simultaneamente, a recusa".[27] No seu interior se instala a ideologia existencialista, fertilização derivada, inscrita no riquíssimo campo teórico-filosófico criado pelo marxismo. Nela, a relação entre sujeitos estabelece a ideia de intersubjetividade e confere à alteridade uma concepção dialética, à qual todos os indivíduos encontram-se subordinados numa contextualização temporal, em sua historicidade. É, guardados os devidos limites, a própria *práxis* marxiana, sua prioridade ontológica essencial, que faz do homem um ser social, ativo e histórico, e

---

24 SARTRE, Jean-Paul. *L'Être et le Néant*. Paris: Gallimard, 1943, p. 260.

25 Idem. *Crítica da razão dialética: precedido por Questões de método*. Trad. Guilherme João de Freitas Teixeira. Rio de Janeiro: DP&A, 2002, p. 904.

26 Conversão debitada, em larga medida, aos circunstanciamentos do seu tempo e às críticas de Merleau-Ponty ao seu conceito de intersubjetividade. Cf. MERLEAU-PONTY, Maurice. *Le visible et l'invisible: suivi de notes de travail*. Paris: Gallimard, 2004, especialmente no capítulo "Interrogation et dialectique". Críticas plenamente reconhecidas em SARTRE, Jean-Paul. "Merleau-Ponty vivant". In: *Situations philosophiques*. Paris: Gallimard, 2005, p. 162-163.

27 SARTRE, J. P. *Crítica da razão dialética, op. cit.*, p. 14.

sua atividade mediadora, a chave da compreensividade histórica, princípio norteador que jaz no âmago da argumentação que alicerça as proposições teóricas de Fernando Novais.

O conceito de mediação é, portanto, a chave por meio da qual se pode contrair a distância entre a percepção e as coisas que se quer perceber, que se deseja conhecer, pois as manifestações, os eventos contingentes, não se revelam de imediato, exigem o enlace com as totalidades circundantes. Os liames necessários entre o todo e as partes, mesmo que estas sejam infinitesimais, a filigrana produzida pelo todo que a contém expressa em todos os momentos, e até mesmo o representa. Nesse sentido, a apreensão do individual só se faz por via da intelecção de sua inscrição na ordem universal das coisas. Mas é exatamente nestas coisas particulares, entranhadas de totalidade, que a própria totalidade se manifesta integralmente. Sendo irrelevante, portanto, de onde partamos para atingir o conhecimento histórico, ou o máximo de certeza possível desse mesmo conhecimento. Podem-se abstrair os eventos singulares e alcançar, a partir daí, sua essência significativa. Ou, na via contrária, partir da inteligibilidade inscrita nas totalidades prefiguradas e nelas engastalhar as individualidades, conferindo-lhes essencialidade na ordem geral do movimento da história.

Uma totalidade concreta, no dizer de Marx. Uma "totalidade de pensamentos, como um concreto de pensamentos [...], produto do pensar, do conceber", não se confundindo com o "produto do conceito que penso separado e acima da intuição da representação, e que se engendra em si mesmo", sendo, pelo contrário, a "elaboração da intuição e da representação em conceitos". Destarte, "o todo, tal como aparece no cérebro, como um todo de pensamento, é um produto do cérebro pensante que se apropria do mundo do único modo que lhe é possível",[28] via intelecto. Nesta chave interpretativa, a totalidade significa a própria realidade entendida como um todo estruturado, no qual "um fato qualquer (classes de fatos,

---

28 MARX, Karl. *Introducción general a la crítica de la economia política*. México D.F.: Siglo XXI, 1982, p. 5-52.

conjuntos de fatos) pode ser racionalmente compreendido", pois os fatos somente são transformados em conhecimento da realidade se "são compreendidos como fatos de um todo dialético". Átomos mutáveis, indizíveis, indemonstráveis, "de cuja reunião a realidade sai reconstituída", por serem "entendidos como partes estruturais do todo"; equivale dizer, a totalidade não capta nem exaure todas as dimensões da realidade, a totalidade é "uma teoria da realidade como totalidade concreta",[29] uma totalidade social que ultrapasse a imediatez das aparências empíricas.

Conceito não teorizado por Fernando, mas que atravessa sua vivência intelectual e sua prática histórica de ponta a ponta, pois o tempo todo se ocupa em surpreender o todo na parte e vice-versa, privilegiando a *práxis* como atividade mediadora entre homem e natureza, entre indivíduo e sociedade, entre objetividade e subjetividade, entre conhecimento e realidade empírica. Transita incansavelmente do indivíduo para a sociedade como essência da totalidade histórica, isto é, do sujeito isolado para o conjunto dos sujeitos em suas configurações sociais, reverberando na prática a proposição teórica de Lucien Goldmann: "as partes só podem ser compreendidas através do conhecimento do conjunto a que pertencem e, inversamente, o conjunto pelo conhecimento das partes e suas relações".[30] Mediação e totalidade são conceitos siameses, não há um sem o outro.

Conforma-se, nesse andamento, uma escultura cognoscitiva sincrônica e diacronicamente totalizante, a *totalidade destotalizada* de Sartre, uma síntese mutante, "uma totalidade destotalizada" que se retotaliza para, novamente, se destotalizar.[31] A própria dinâmica histórica, que Blaise Pascal simbolizou na afirmação de que o todo é o "círculo cujo centro está em toda a parte e a circunferência em parte alguma", pois o que seria o homem (parte) em relação à natureza (todo)? "*Nada* em relação ao infinito,

---

29 KOSIK, Karel. *A dialétida do concreto*. Rio de Janeiro: Paz e Terra, 2002, p. 43-44.
30 GOLDMANN, Lucien. *Dialética e cultura*. 3ª ed. São Paulo: Paz e Terra, 1979, p. 176.
31 MAHIERIE, K. *Agenor no mundo: um estudo psicossocial da identidade*. Florianópolis: Letras Contemporâneas, 1994, p. 115.

tudo em relação ao *nada*, um ponto *intermediário* entre *tudo* e *nada*",[32] responde o filósofo. Aí se encontra o homem como mediação, a mediação que Fernando foi buscar em Sartre *et al* habitando também a mente de Pascal, circunstanciando os limites dialéticos de sua aposta. A aposta pascaliana está na consagração da vida exclusivamente a um Deus cuja existência não é garantida, "um deus escondido e mudo", de quem "não conhecemos nem sua vontade nem... sua existência"; pois é ao mesmo tempo certeza e incerteza absoluta, incertitude que produz a aposta pascaliana, criadora de uma "situação paradoxal do homem", pois Deus, ausente e presente, união de contrários, "põe em dúvida sua própria existência".[33] É nesse sentido que também se pode falar numa aposta marxista, pois se trata de uma aposta análoga sobre a história. "É certeza absoluta e absolutamente incerta", pois a história é "um futuro que devemos criar por nossa ação", perseverando na busca de razões objetivas para "fortificar a esperança que é a base dessa aposta",[34] confiar no futuro, expectar a aurora. Ao paradoxo de Pascal assemelha-se o paradoxo do marxismo, dado que a redenção final, a instauração do reino da absoluta igualdade e liberdade, não é certeza absoluta; é uma possibilidade. A redenção pela história, pelo conhecimento da história, também não.

Mas aposta, em ambos os casos, não significa desesperança, inércia. Significa agir, empenhar-se, buscar os caminhos que se fazem por via da ação mediadora, essência do método dialético que também teve em Pascal um de seus primeiros elaboradores, pois ele o preconizou e defendeu, tanto para a

---

32   PASCAL, Blaise. "Artigo II, Miséria do homem sem Deus, Fragmento 71 – Desproporção do homem". In: *Pensamentos*. Coleção os Pensadores. São Paulo: Abril, 1973, p. 56.

33   Nestes termos Goldmann expõe o paradoxo: "sendo deus a única realidade verdadeira, ele deve viver exclusivamente para ele, rejeitando o mundo relativo e vão, mas, por outro lado, deus se escondendo e não tendo concedido ao homem nenhuma certeza, nenhum refúgio seguro na solidão ou interiormente, este deve viver exclusivamente para deus, mas no próprio mundo que ele não poderia abandonar". Cf. GOLDMANN, Lucien. *Op. cit.*, p. 160, 168, 183.

34   *Ibidem*, p. 196.

pesquisa da verdade geral quanto para o estudo das interpretações dos textos em particular.[35] No Fragmento 72, exprime-o de modo transparente: "as partes do mundo têm todas tal relação e tal encadeamento entre si que acho impossível conhecer uma sem conhecer a outra e sem conhecer o todo", do mesmo modo que é impossível "conhecer o todo sem conhecer particularmente as partes".[36] Método de pensamento que se aplica também em relação ao ser humano, ao ser infinitesimal em sua relação com o todo, ao homem pequeno, "porque é esmagado pelo mundo", mas tem consciência desta condição, pois "sabe que o mundo o esmaga e escolhe livremente esta condição recusando livremente o compromisso que lhe permite viver".[37]

Sem dúvida uma questão nevrálgica do ponto de vista histórico e metodológico porque, identificada como condição *sine qua non* da boa fatura histórica na chave marxiana, apresenta-se como de alcance inatingível, diferenciando-se os resultados práticos por conta do talento, da arte inata, mais que da ciência do historiador. A mediação entre estrutura e evento não se propõe, e nem poderia fazê-lo, a ser um modelo ontológico da própria realidade, a assunção da totalidade real. É um modelo que se funde na tensão entre o esforço intelectual e a concretude. Um acercamento. Uma *aproximação*. Não por acaso o título de um de seus últimos livros. Modelo que se conforma no esforço de mediação entre a realidade e sua representação, em nossa construção imagética dos sujeitos em sua imersão histórica, dimensão simbólica que se propõe a significar o homem em sua relação socionatural. Por esta via, o modelo flui da realidade figurado pela mediação; e não antecipado pela elucubração.

As respostas produzidas no campo do marxismo, mesmo não sendo completas, ao menos contribuem para a retomada do debate, retirando-o do ostracismo ao qual tem sido relegado. Noutros contextos historiográficos, a problemática ressuscitou em ambientes inesperados, ao delinearem-se

---

35 Ibidem, p. 175.
36 Ibidem, p. 177.
37 Ibidem, p. 160.

duas lógicas, a da produção ou do trabalho e da linguagem.[38] Lógicas subjacentes, portanto, estruturas, com diferentes especialidades e temporalidades, às quais as evidências empíricas visíveis, os eventos, se referem, nas quais se depositam e jazem em estado de latência, mas que conformam a dinâmica histórica, transformando-as.

Nestes termos, é a partir das lógicas escrutinadas que as manifestações empíricas são decifradas. A fina poeira da história que, longamente depositada, estruturaliza-se. Passa a constituir a própria estrutura e, nesta medida, vira estrutura. Noutros termos, é a estrutura que, produto dos eventos, produz eventos e colhe os frutos de sua própria ação, transformada em dinâmica. Impõe-se, em decorrência, o estabelecimento de uma "linha de correlação entre os atos e realizações de atores da história, conhecidos por seus nomes, e a estrutura dos grupos sociais em que eles ganham sentido", como ensina Norbert Elias.[39]

Fernando Novais fez exatamente o que recomenda em sua propositura teórica: a prática reflexiva sobre um momento determinado da história na primeira modernidade. A leitura atenta de seu texto revela que a teoria constitui o seu procedimento vincado pelo intenso diálogo entre estruturas e eventos, entre o singular e o plural, na busca sem trégua por mediações que explicitem seus significados, que os tornem inteligíveis. Mas, nessa tessitura refinada, percebe-se que, reversamente, o conhecimento haurido na prática analítica efetiva adensou sua arquitetura teórica, fazendo da teoria prática e da prática teoria, expressa na relação simbiótica entre descrição e avaliação, como propôs Goldmann. Arcabouço teórico resultante que não foi elaborado *ex ante* e sim *ex post*, apesar de sua iniciação no materialismo dialético propiciado pelo Seminário Marx.

Arquitetura teórica para a qual contribuíram, igualmente, todos os territórios da história por ele visitados. Especialmente em seu texto

---

38   SEWELL JR. William H. *Op. cit.*, p. 360.
39   ELIAS, Norbert. *Op. cit.*, p. 42.

"Condições da privacidade na Colônia",[40] no qual o corpo de suas ideias se mantém e se refina por adentrar o campo das manifestações da intimidade na colônia, articulando os fragmentos da vida humana às estruturas mais gerais da colonização de modo a conferir-lhes compreensividade. É por esta via que, sem abrir mão dos pressupostos mais gerais de sua obra matriz, implícitos nas determinações do antigo sistema colonial, repõe a escravidão como relação social dominante, a partir da qual perscruta a esfera da intimidade, traduzida na sensação de descontiguidade, desconforto, instabilidade, provisoriedade e desterro que tipificam as gentes coloniais.[41] Ambiguidades que vincam a cotidianidade da vida privada colonial, apercepções não trabalhadas no livro *Portugal e Brasil na Crise do Antigo Sistema Colonial* e que representam, neste contexto, um passo além no esforço de abarcar todas as esferas da existência, agora no campo sensível da subjetividade.

Significa, nesse passo, avançar na compreensão do fenômeno histórico como totalidade a partir de práticas objetivas inovadoras. Do entrelace entre a dinâmica da posição social e a dinâmica individual no concerto da intimidade. Seres que se desenvolvem nas e pelas relações com outros homens, percebidos não somente em seu sistema de ações, mas, e principalmente, nas mediações com seus modelos de conexões, uma dialógica entre esferas com temporalidades timbradas por diferentes ritmações. Mais lentas no plano das estruturas, mais rápidas no nível dos eventos, que precisam ser interligados entre si em figurações específicas por conta de sua interdependência, que, ao serem verificados em sua riqueza particular na prática efetiva, adensam e expandem a sua significação teórica.[42] Viabilizam a adequada compreensão do ser social vertido na totalidade de

---

40 NOVAIS, Fernando A. "Condições da privacidade na Colônia". In: NOVAIS, Fernando (dir.). *História da vida privada no Brasil*. Vol. I: SOUZA, Laura de Mello (org.). *Cotidiano e vida privada da América Portuguesa*. São Paulo: Companhia das Letras, 1997, p. 13-40.
41 *Ibidem*, p. 39.
42 ELIAS, Norbert. *Op. cit.*, p. 31-52.

suas determinações, objetivadas pela sábia virtude da mediação, na qual a unicidade da teoria e da prática é articulada pelo foco mediador da atividade prática e sua instrumentalidade necessária, criadora e transformadora, nesse sentido, uma boa prática por sua autenticidade, uma *eupraxia*.

Fernando é uma mente aberta para o conhecimento. Abertura que se espelha em sua invejável biblioteca na qual há um pouco de tudo no campo das humanidades, tudo de história e muito de literatura. Espaço sagrado criteriosa e sistematicamente organizado, traço indelével de sua personalidade. É sua catedral, refúgio para as inquietudes da vida ciosamente defendido, ao qual somente uns poucos eleitos têm acesso. E por isso que, se o conteúdo haurido em seus escritos encerra grande força teórica, a forma não o desfeiteia. Faz-lhe jus. Seu texto transcorre num fio de navalha entre a história discurso científico e artefato literário. Não é por acaso. Todos nós que privamos da sua intimidade intelectual bem sabemos: lê muito, reflete como poucos, escreve moderadamente, porque extremamente exigente com a solidez do conteúdo que traduzirá na sua escrita. Um perfeccionista. Pois se esmera no burilar detido de seu texto que, finalizado, resplandece como uma fina artesania. Este é o justo qualificativo para sua tese *Portugal e Brasil na Crise do Antigo Sistema Colonial*. Impecável no seu acabamento pelo perfeito entrelaçamento entre forma e conteúdo. Simples, sóbrio, correto, apurado, sem excessos ornamentais e, ao mesmo tempo, criativo, estético, imaginativo. Um texto imorredouro; a ser imitado. Razões de sobra para que tenha se transformado em referência paradigmática para todos os cultores da história, digno de um marxista pascaliano.

STUART SCHWARTZ:
um historiador em dois tempos

ESTA REFLEXÃO SOBRE O HISTORIADOR STUART SCHWARTZ se inscreve na linhagem interpretativa que concebe a historiografia como consciência crítica da história, nos termos da proposta que abre este livro, ou seja, o viés interpretativo da historiografia que privilegia a análise detida das obras produzidas em conexão com seus autores e de sua imersão nos contextos histórico-culturais que as circunstanciaram. Detém-se em duas obras que podem ser consideradas marcos de sua vastíssima produção. A primeira, *Burocracia e sociedade no Brasil colonial*,[1] obra de juventude, produzida no calor dos anos 1960 nos Estados Unidos; a segunda, *Cada um na sua lei*,[2] composição madura que representa o clímax de sua festejada carreira de historiador. Dois momentos singulares do seu percurso intelectual que por certo não se esgotou, pois está perdidamente seduzido pela história social dos furacões. Suas obras refletem sua história

---

[1] SCHWARTZ, Stuart B. *Burocracia e sociedade no Brasil colonial: o Tribunal Superior da Bahia e seus desembargadores, 1609-1751*. São Paulo: Companhia das Letras, 2011. A primeira edição em português foi publicada pela Editora Perspectiva, em 1973.

[2] Idem. *Cada um na sua lei: tolerância religiosa e salvação no mundo atlântico ibérico*. São Paulo: Edusc/Companhia das Letras, 2009.

de vida, espelham os momentos em que foram produzidas, enriquecidas nesta reflexão pela entrevista exclusiva a mim concedida.[3]

PARTE I — *Burocracia e sociedade*

O título original em inglês diz melhor do conteúdo desta obra: *Sovereignty and society in colonial Brasil: the High Court of Bahia and its judges, 1609-1751*,[4] pois esta é a questão de fundo que a perpassa, o exercício do poder real através de seus representantes, os juízes do Tribunal Superior da Bahia, os ditos desembargadores da Relação, e sua interação com a sociedade local, os proprietários de terra, as gentes do engenho e da terra. Uma especial simbiose que facultava o exercício do poder real a eles delegado, condição afirmativa da presença do Estado monárquico português nos longínquos domínios coloniais da América Meridional.

A especial configuração assumida pelas relações entre a alta burocracia e a sociedade colonial, um arranjo sutil e perspicaz por meio do qual se atingem os fins prioritáritariamente colimados, ou seja, o exercício efetivo do mando no Estado moderno via monopólio da alta justiça, se revela eficiente mesmo na ausência física, corpórea, de Sua Majestade real; um caso singular de absenteísmo eficaz. Problemática do poder que, em sua vertente política, simbolizada pela instituição do Governo Geral, fora consagrada por Dauril Alden em seu *Royal government in colonial Brazil*, publicado em 1968.

O diferencial da obra clássica de Stuart é seu *approach* metodológico. A diferença específica de sua abordagem é centrar o foco da análise nos juízes e, a partir daí, vislumbrar a instituição como um todo. Noutros termos, dar vida ao aparato legal burocrático por via das trajetórias individuais de seus componentes, de suas vontades, inquietações e expectativas

---

[3] Entrevista concedida por Stuart Schwartz ao autor na oportunidade do relançamento de *Burocracia e sociedade*, São Paulo, Cátedra Jaime Cortesão, 20 de agosto de 2011.

[4] SCHWARTZ, Stuart B. *Sovereignty and society in colonial Brazil: the High Court of Bahia and its judges, 1609-1751*. Los Angeles/Londres: University of California Press, 1973.

futuras. Penetrar, por via do estamento funcional, o âmago da sociedade colonial baiana, erigida em *lócus* privilegiado para a reflexão do historiador, cônscio de que a especificidade baiana era *sui generis*, e que a prática governamental na colônia variava conforme as situações históricas específicas, apontando para um quadro bem mais complexo do que a experiência baiana deixava entrever.

De qualquer forma, os quase três séculos de governo português na colônia acabaram por fixar uma equação dinâmica de poder e de interesses mútuos compartilhados entre Estado e sociedade. A Alta Corte de Justiça agia diplomaticamente no resguardo dos interesses reais, muitas vezes limitando a abrangência de suas ações ou mesmo adiando a aplicação de certas determinações reais. Sistema operacional ajustado à preservação da dependência colonial, pois elevava o Tribunal da Relação à condição de *ultimate arbiter* da vida colonial, contornando ou amenizando, por esta via, a tomada de decisões de forma autônoma pelos coloniais. Isto fez com que o aparato legal burocrático tenha se confundido com a própria estrutura do Império em sua orgânica mais política e filosófica do que econômica.

Em síntese, a Relação assumiu um papel estratégico, por controlar as forças disruptivas engendradas pelo potencial conflitivo gestado nos grupos, classes ou instituições que se imiscuíam entre a monarquia e seus súditos. Originários de estratos sociais médios, os juízes compunham a elite social da colônia, instalados imediatamente abaixo dos nobres, embaixadores e vice-reis. Mas não eram considerados servidores civis, e sim reais. Plenamente conscientes de que serviam a uma carreira de Estado, souberam conciliar os interesses metropolitanos e coloniais, a lei real e a realidade local, equilíbrio que explicaria a elasticidade e a longevidade do poder monárquico no mundo colonial. Governo este que foi considerado pelos coloniais, muitas vezes, ineficiente, às vezes opressivo, usualmente corrupto, mas que raramente foi visto como a expressão de uma dominação estrangeira extorsiva, a não ser em circunstâncias pontuais.

O autor e o contexto histórico[5]

Stuart Schwartz graduou-se pelo Middlebury College, em Vermont, desde jovem direcionado por seus pais à carreira jurídica. Portanto, pré--destinado a tornar-se mais um jurisconsulto na pátria dos advogados, profissão socialmente reconhecida e desejada pelas oportunidades que descortinava para todos aqueles que se destinassem à banca ou à política. Esta era a expectativa manifesta de seu pai, médico, ex-aluno da Universidade de Columbia, que projetava para seu único filho um futuro seguro e financeiramente exitoso. E a profissão historiador e acadêmico não habitava, por certo, seus sonhos mais delirantes.

Mas o talento e a sensibilidade para a carreira de historiador se revelaram cedo e de modo inusitado. Em seu curso de graduação, optou por matérias da área de concentração em história da Ásia, especificamente sobre o Japão que, naquele momento – anos 1960 – atraía a atenção do *stablishment* americano, atolado no pântano da Guerra Fria, decidido a transformar o ex-Império do Sol Nascente em seu bastião avançado na defesa do Ocidente, em relação ao rápido avanço do comunismo no continente asiático, liderado pela China. Equivale dizer, a opção por estudar a Ásia não foi acidental, inscrevia-se num caldo cultural que assoberbava corações e mentes de todos os cidadãos conscientes do Império americano. Não seria um conhecimento descompromissado. Era pragmático. Mesmo que as forças sub-reptícias que levaram a essa opção não aflorassem de imediato ao nível da consciência.

De qualquer modo, o historiador despertou, a vocação inata se revelou ao ganhar um prêmio por seu trabalho de conclusão de curso. Prêmio que o distinguiu, emocionou e definiu seu futuro, pois se decidiu pela História em desfavor do Direito, opção que, para seu pai, representava um verdadeiro desastre. Era, segundo ele, a opção por "morrer de fome". Mas, diante da firmeza demonstrada por Stuart em sua escolha, resignou-se. Disse-lhe que

---

5   Reflexão ancorada em entrevista concedida ao autor por Stuart Schwartz.

apoiaria a sua decisão em caráter experimental, por um ano, desde que ele ingressasse em uma das três grandes universidades americanas: Yale, Harvard ou Columbia. Desiderato que Stuart acabaria por cumprir, no transcorrer de sua vida, quase que integralmente, pois começou por Columbia e finalizou sua carreira no topo da hierarquia acadêmica em Yale.

O ingresso em Columbia não foi difícil. Diferenciado pelo prêmio, apoiado por seu orientador em Vermont, um ex-aluno de Columbia, foi aceito. Continuava atraído pela Ásia. Mesmerizado pelo Japão. Elegeu como tema de sua futura dissertação de mestrado o xogunato, portanto, fixando-se na época moderna, no tempo dos descobrimentos, escolha que já definia sua preferência pela temporalidade que viria a ser seu campo de pesquisa preferencial. Mas que também atendia aos ditames mais gerais de seu tempo presente, pois remetia à busca de compreensão das raízes da sociedade japonesa, transformada pela Revolução Meiji e, agora, repaginada pelo *american way of life*.

Mas o contingente, o inesperado, também tem o seu lugar na história. Ao apresentar-se para o curso de história da Ásia foi surpreendido pela qualificação dos alunos que o frequentavam. Todos sabiam japonês. Menos ele. Desistiu de pronto, pois nestas condições jamais cumpriria o prazo dado por seu pai, isto é, um ano para alcançar sua primeira titulação em nível de pós-graduação. Preservou, porém, seu interesse pela Ásia, agora de modo indireto. Deslocou seu foco para a Europa, por via da qual poderia estudar a Ásia. Como o espanhol era a língua com a qual tinha maior familiaridade, pois a ela se dedicara em cursos breves na fase da graduação, pensou em estudar um tema da história da Espanha, acima de tudo porque, oportunamente, oferecia-se na universidade um curso sobre a história da Europa com duração de um ano, ideal no sentido de viabilizar as exigências de seu pai. Concentrou-se na temática da Guerra Civil Espanhola, mais especificamente nas relações entre a política exterior da Grã-Bretanha face ao desenrolar do conflito, dissertação baseada em bibliografia e lastreada em fontes primárias publicadas, equivale dizer, sem pesquisa em fontes documentais originais.

Premido pelas circunstâncias, Stuart havia deslocado seu interesse do século XVI para o século XX. Mas valeu a pena. Seu pai reconheceu o esforço. O apoio foi mantido. Não sem uma nova admoestação: "agora vai fazer Direito", ou seja, não desistira da carreira jurídica. Contemporizou, mas não assimilou.

O ofício de historiador, porém, ganhara o coração de Stuart. Encorajado pelos resultados, insistiu em continuar e profissionalizar-se no campo da história. Era o ano de 1963. Por conta de Cuba, a América Latina entrara na agenda política norte-americana com força total. Fidel discursava na Assembleia das Nações Unidas. Stuart havia estudado espanhol durante quatro meses na Unam, na Cidade do México, convivendo com uma família mexicana em cuja casa se hospedara. Eram fios tênues de uma teia que o enredavam e o empurravam para estudar a América Latina, especialmente agora que o interesse americano, certamente, canalizaria recursos através de suas agências de fomento à pesquisa destinada a entender este mundo que produzira o enigma Cuba.

As condições impostas por Lewis Hanke, responsável pela área de América Latina na Universidade de Columbia, para aceitá-lo no programa foram: a conclusão de um curso de língua portuguesa e bom desempenho em mais dois outros cursos sobre a região. Os cursos escolhidos eram sobre a história do México, sobre o qual Stuart pretendia fazer seu doutoramento em torno do tema da Revolução Mexicana. Cumpridas as exigências impostas por Hanke, foi aceito no programa de doutorado da Universidade de Columbia sob a orientação de Charles Wagley, antropólogo, especialista na área cultural, com passagem pelo Brasil, onde foi professor da Escola Livre de Sociologia e Política, em São Paulo.

Por feliz coincidência, nesse exato momento, Stanley Stein, renomado por seus trabalhos sobre a economia cafeeira no Brasil, professor de Princeton, tornara-se professor visitante na Universidade de Columbia, trazendo consigo uma plêiade de estudiosos da história do Brasil, um seleto grupo de futuros grandes brasilianistas, entre os quais pontificavam

Kenneth Maxwell e Robert Levine que, somados aos alunos da própria Columbia, Michel Hall, Peter Eisenberg, Ralph Dela Cava, Joseph Love e o cientista político Alfred Stepan, formaram um grupo poderoso de estudiosos voltados aos temas brasileiros. Por esta razão, Stuart considera seminal o curso ministrado por Stanley, fundamental na reorientação de suas opções temáticas e até mesmo de seu destino como historiador.

Portanto, foi por ínvios caminhos que Stuart aportou ao Brasil. Não foi uma escolha de primeira mão; nem mesmo de segunda. Reorientação de propósitos em que a circunstância teve seu papel, na forma do impulso dado pelo Departamento de Estado americano que priorizou a busca de conhecimento sobre a América Latina após o inesperado da Revolução Cubana, como já dissemos. Eram as exigências postas pelo tempo presente vivenciado por Stuart que determinavam qual passado deveria ser revisitado, e com que finalidade. Explicitamente, a de servir ao tempo presente, contribuir à preservação e, se possível, à ampliação da hegemonia americana no mundo. A Revolução Cubana mudara o eixo de política externa *yanque*, deslocando-o da Ásia para à América Latina e, com ele, o foco dos estudos originalmente pretendidos por Stuart.

Multiplicaram-se nos Estados Unidos as bolsas para o estudo da língua, da cultura e da história dos povos visados pelo Departamento de Estado. Em 1965, Stuart foi contemplado com uma bolsa da Fullbright-Hayes Program para pesquisar nos arquivos portugueses e espanhóis pelo período de 14 meses. Revezou-se entre Portugal e Espanha. Tinha em mente realizar um trabalho sobre o Brasil na época dos Habsburgos espanhóis, período em que o Império atinge a sua máxima expressão territorial, enquanto o Império português se eclipsava subsumido ao gigante espanhol, na forma política da União Ibérica. Um interregno político que não produzira apenas a nostalgia da Corte nas elites portuguesas, pois gerava também o desejo de Restauração.

A eleição deste tema, o choque entre os dois maiores impérios coloniais da época moderna, evocava o embate Ocidente *versus* Oriente, capitalismo *versus* socialismo, ambos no zênite do seu poder neste momento intensamente vivido por Stuart, que presenciava também os estertores dos regimes fascistas na Península Ibérica, o franquismo e o salazarismo, onde ressoavam os ecos da ditadura militar no Brasil, erigida após o golpe de 1964, regime de força que desestimulava o enfrentamento de temáticas presentificadas.

Aconselhava, muito mais, o regresso aos tempos pregressos, opção que, de resto, foi acolhida por uma grande parte dos historiadores brasileiros que, naquele momento, refugiavam-se nas temáticas coloniais. Isto, contudo, sem perderem de vista a questão essencial daquele momento: o combate à hegemonia avassaladora do Império Americano, que os instigava no sentido de buscar compreender as formas pretéritas de dominação. Uma conjunção de circunstâncias que direcionaram Stuart para os estudos coloniais, justamente ele que jamais pensara em estudar este período, por conta das dificuldades representadas pela leitura paleográfica exigida pelos documentos da época.

Foi durante sua estada em Portugal que Stuart se deu conta da escassa produção histórica sobre as instituições básicas do período 1580-1640. E foi neste contexto que Lewis Hanke lhe disse: "pegue uma instituição e faça seu doutoramento". Mas este aconselhamento não seria suficiente para explicar a escolha do tema e, mais relevante ainda, o modo de abordá-lo. Não era apenas o suprimento de uma lacuna na produção histórica. Era a criação de uma nova metodologia que estava em jogo. Um enfoque diferenciado em relação a tudo o que até então se escrevera sobre as instituições portuguesas na época moderna.

Em primeiro lugar, é preciso que se diga, e quem o faz é o próprio Stuart, havia um caldo de cultura rolando na Europa tendente ao privilegiamento dos estudos sobre burocracia, especialmente na Alemanha, o que não é muito difícil de entender se pensarmos na experiência histórica recente dos regimes nazifascistas intensamente burocratizados, com os quais o próprio Stuart teve contato em seus estudos sobre a Guerra Civil Espanhola, berço do franquismo espanhol e espelho para o salazarismo português.

O método inovador da abordagem, contudo, não era uma criação original. Reconhece, singelamente, o próprio Stuart. O meu modelo, diz ele, foi a tese de John Leddy Phelan intitulada *The Kingdom of Quito*, sobre a audiência de Quito, na qual o historiador de Wiscounsin centrara sua análise nos juízes, e não na instituição propriamente dita, conforme a prática tradicional. Uma experiência rica e inovadora, pois mostrava ser possível pensar o elemento humano no cerne da administração, dando vida a uma história até então considerada insípida. Stuart fez jus à matriz inspiradora. E foi além do inspirador. Penetrou o âmago das relações sociais entre os juízes e as elites locais. Procurando desvendar os segredos íntimos da sociedade colonial, segredos estes que comporiam o núcleo de seu livro posterior: *Segredos internos*.

Este olhar agudo, contudo, demandava conhecimento prévio e adequado sobre o mundo das colônias. Em especial sobre o Brasil, na condição de colônia açucareira portuguesa. Exigia um olhar atento e crítico, como o de Charles Wegley, antropólogo de formação, que se dedicara aos estudos sobre casamento, relações de família e compadrio em comunidades brasileiras, seguindo os parâmetros da Escola de Chicago, procedimento que transmitiu a Stuart, na condição de seu orientador.

Entre os historiadores brasileiros que mais o influenciaram na composição de sua tese, Stuart reconhece seu débito intelectual para com a interpretação de Raymundo Faoro sobre a natureza do Estado brasileiro, apesar de tê-la revirado pelo avesso. Ao contrário do jurista, que afirmava o descolamento do Estado brasileiro em relação à sociedade, Stuart reafirma este liame, dizendo que o Estado representava sim a sociedade; o problema era saber qual parcela da sociedade e por quê. Um paralelo entre as carreiras dos desembargadores dos Tribunais da Relação no Brasil e seus pares em funções iguais ou assemelhadas em Portugal demonstrou que, mesmo visando à progressão nos organismos burocráticos da Corte, à ascensão funcional e social, à nobilitação, ao desfrute da vida cortesã, os juízes do Tribunal da Relação não deixavam de se sentirem seduzidos pelas riquezas prodigalizadas pela vida na colônia.

Fundamentais mesmo, em sua formação sobre temáticas brasileiras, foram as leituras de Caio Prado e Celso Furtado, disponíveis em versões para o inglês, assim como os textos de Fernando Henrique Cardoso e Florestan Fernandes. Muito mais estes do que Gilberto Freyre, cuja obra clássica, *Casa-Grande & Senzala*, Stuart leu, mas não fundamentou sua obra, revelação que não deixa de causar certa estranheza, porque nela há informações, reflexões e mesmo conceitos que poderiam dar substância aos argumentos fundamentais da tese de Stuart, como veremos mais adiante. Ele que conhecera Gilberto quando de sua estada na Universidade de Columbia, na condição de professor visitante, que o recebera muito bem e o estimulara a estudar o período da União Ibérica.

As questões teóricas e metodológicas não o inquietavam. "Estava preocupado com o desenho da instituição, com a pesquisa empírica, e não pensava muito na teorização"; era, nesse sentido "muito positivista", diz Stuart. Foi somente quando chegou aos Estados Unidos, pronto para redigir a tese, que pensou: "tenho muitos dados, mas não tenho nenhuma teoria que organize toda essa informação". Foi nesse momento que começou a ler Max Weber, sobretudo sua construção do tipo ideal vazado na burocracia, um tipo de dominação legal e racional característica do antigo regime monárquico europeu e que bem poderia se prestar ao embasamento teórico-metodológico de seu tema; além de ler atentamente Michel Crosier, *The Burocratic Phenomenon*. Não leu Marx, nem marxólogos. Mas encantou-se com Eric Hobsbawm, um historiador marxista, sobretudo com seu *The Age of Revolution*, autor que coloca em termos de paridade com Lawrence Stone, *The Crise of the Aristocracy*. Autores que, como sabemos, perfilavam visões opostas sobre o modo de fazer história e, mais especificamente, sobre o significado social da Revolução Inglesa do século XVII. Finalmente, Stuart lamenta não ter lido Pierre Bourdieu, o que certamente faria se retornasse ao tema.

Fernand Braudel ocupa uma posição secundária nessa escala de prioridades. Conheceu-o em 1968, quando a tese já estava finalizada e foi a um simpósio em Chicago, onde apresentou um texto sobre o México. Braudel era então professor visitante em Chicago e incumbido de comentar o *paper* apresentado por Stuart que, ao tomar conhecimento de quem seria seu comentador, disse-me, em tom de blague: "Pensei em me suicidar". Sofrimento em vão. Braudel foi extremamente gentil, convidou-o para almoçar e fazer posteriormente uma fala em seu seminário, quando pudesse retornar à Chicago. O que nunca aconteceu, porque a roda da história girou rápido. Os estudantes conflagraram Paris em maio de 1968 e Braudel bateu em retirada de Chicago para defender seu quinhão ameaçado, largando o curso que ministrava no meio.

Recheado de informações, ilustrado no pensamento weberiano, sustentado na leitura dos intérpretes do Brasil, Stuart recebeu ainda dois aportes de recursos financeiros para finalizar sua tese. Em 1966, visitou pela primeira vez o Brasil com bolsa oferecida pela OEA. Passou três meses entre o Rio de Janeiro e a Bahia. Retornou aos Estados Unidos, indo diretamente à Newberry Library, em Chicago, novamente agraciado com uma bolsa de estudos, agora destinada a dar-lhe suporte financeiro para escrever a tese, beneficiando-se ainda do excelente acervo de documentos sobre o Império Português aí existente.

Era a terceira bolsa recebida por Stuart no processo de produção de seu doutorado. Redigiu o texto em um ano, entre 1967 e 1968 e, para não perder a bolsa concedida pelo período de dois anos, aceitou o posto de professor na Universidade de Minessota, iniciando efetivamente sua carreira acadêmica com a idade de 27 anos, antes mesmo de defender sua tese. Foi aí que seu pai assistiu a uma de suas aulas e, finalmente, se convenceu que a batalha pela carreira jurídica de Stuart estava irremediavelmente perdida. Jamais voltou a tocar no assunto. Mas se as conjecturas baseadas em indícios razoavelmente sustentados pelas evidências são válidas, poderíamos dizer que, para além do complexo de motivos já referidos para que Stuart se decidisse pelo estudo da estrutura burocrático/jurídica mais importante da história colonial brasileira, as instituições relacionadas com a carreira jurídica habitavam seu subconsciente.

Era o ano de 1968. Data emblemática. Símbolo de toda uma geração. Marco simbólico da história contemporânea. Stuart tornara-se professor. Concluíra sua tese. Participou de ações pelos direitos civis energizadas pelo movimento estudantil de 1968. Incorporou-se à marcha dos estudantes que desejavam criar um Departamento de Estudos Afro-Americanos na Universidade de Minessota. Em Berkeley, onde foi professor visitante de 1969 a 1970, aderiu à greve dos professores em apoio às manifestações estudantis contra a Guerra do Vietnã.

Estes eventos, reconhece Stuart, levaram-no a mudar a conclusão original de sua tese de doutoramento no momento de sua publicação. O texto primevo, concluído em 1968, afirmava que apesar da integração dos magistrados na estrutura econômica e social da colônia, a elite colonial "jamais dominou ou controlou completamente a Alta Corte", permanecendo a Relação na maior parte de suas ações "inteiramente atada à Coroa e, em última análise, *fora do alcance da elite colonial*"; tanto que proprietários, plantadores de cana e algumas instituições poderosas fizeram pressão junto à Coroa Espanhola, para que cessassem as funções do tribunal. Independentemente de suas imperfeições, "a Relação da Bahia trouxe *justiça para uma grande proporção e ampla extensão da população colonial*", muito mais do que já ocorrera antes, e as muitas queixas da Igreja, dos militares e da elite açucareira foram evidências do seu êxito.[6] Ou seja, o Supremo Tribunal em operação na colônia brasileira não sucumbiu ao mando local, muito menos se transformou num comitê de classe, pelo contrário, amplificou significativamente sua atuação em favor da população colonial, em seu sentido *latu*, o da representação de todos os colonos, independentemente do grau de sua inserção na estratificação social.

Em 1973, sob o impacto de maio de 68, reformulou significativamente sua conclusão para a primeira edição em língua inglesa, a mesma que figura na reedição da Companhia das Letras. Inicia-se por estabelecer um liame inextricável entre a elite açucareira e os magistrados da Relação: "Em

---

6   SCHWARTZ, Stuart B. *The Relação da Bahia: a study of Hapsburg Brasil, 1609-1626*. Tese (PhD) – Columbia University, 1969, p. 353-354.

suma, a integração de magistratura e sociedade *ligou a elite econômica à elite governamental* num casamento de riqueza e poder", liame este cujo desdobramento foi a

> corrupção da burocracia, fosse por laços de família, fosse por dinheiro, [e que] deixou *a ampla maioria dos moradores da colônia impossibilitada de tomar parte no controle do próprio destino*. Para o escravo agrícola, o sapateiro e o vaqueiro, pouco importava se a opressão vinha de Lisboa ou da Bahia, dos funcionários reais ou de potentados locais. A integração de Estado e Sociedade, com os benefícios que porventura tenha trazido a certos elementos da colônia, foi comprada *à custa da maioria dos brasileiros*.[7]

Com diferença de poucos anos, a Relação da Bahia deixava de representar os interesses dos colonos, *latu sensu*, passando a expressar a vontade de uma reduzida parcela dos brasileiros, portanto, os interesses da elite colonial. Stuart assume que 68 fê-lo ver as diferenças entre os interesses do "povo e do governo" ou, mais propriamente, entre a maior e a menor parcela da população, reformulação que paga tributo ao excesso de presentismo, visível na fórmula "controle do próprio destino". Um testemunho notável de transtemporalidade. O impacto de um "evento monstro", do qual Stuart Schwartz fora testemunha ocular, sobre a escrita que mal se acabara de compor sobre o passado colonial brasileiro.

Dialógica historiográfica

Stuart reconheceu, e nas entrelinhas lamentou, que seu livro *Burocracia e sociedade* foi lido, mas não discutido. Não foi efetivamente incorporado no debate sobre a natureza do Estado português na colônia. Seja no contexto do seu lançamento nos anos 1970; seja no contexto ulterior de

---

[7] SCHWARTZ, Stuart. *Burocracia e Sociedade no Brasil Colonial*. São Paulo: Companhia das Letras, 2011 (1ª. Ed. 1973), p. 295. Colchetes e itálicos nossos.

redirecionamento das tendências historiográficas. No primeiro momento, porque os chamados estudos de história administrativa estivessem em baixa no Brasil, secundarizados pela preeminência das questões econômicas e sociais que, sob inspiração da corrente marxista, magnetizava os historiadores brasileiros; preconceito exacerbado pela notória indisposição disseminada pelo movimento dos *Annales* entre nós contra a história política, mesmo que o tratamento dispensado por Stuart aos desembargadores os inscrevesse no sistema de relações sociais. E, no segundo momento, quando a história política foi resgatada pela Nova História e a história administrativa recuperou o seu lugar, já o fez agrilhoada pela corrente que interpretava a administração colonial sob a ótica da fragilidade do Estado português na América, da ênfase na importância dos poderes locais, contexto no qual uma abordagem que tratasse de um órgão que vocalizasse o poder do Estado monárquico, que expressasse centralidade e não compartilhamento do mando político, não tinha qualquer interesse.

Essa forma de abordagem da natureza do Estado desentranhada pela produção historiográfica surgiu exatamente no contexto em que se discutia o tamanho desejável do Estado. Problemática decorrente dos impasses gerados pelas crises cíclicas do capitalismo agravadas pelo movimento da globalização, que conferia ao fenômeno uma extensão planetária, estimulando as discussões sobre a forma ideal de combatê-la, com maior ou menor intervenção reguladora por parte do Estado, cuja intensidade intervencionista poderia comprometer a existência das democracias; ou, pelo contrário, se se eximissem de fazê-lo, assumindo uma postura neoliberal, comprometeriam as condições de vida das parcelas menos privilegiadas da sociedade.

Mas este texto não poderia ter passado ao largo do debate. Pois nele há uma defesa sofisticada da centralização administrativa e burocrática colonial sob o signo da Monarquia portuguesa, na medida em que o Estado se fazia presente via instituições de alto nível, como o Tribunal da Relação, cujo *modus operandi* garantia ao monarca a condição de *ultimate arbiter*, reservando ao Tribunal o papel de *intermediate arbiter*. Nesta perspectiva, ao contrário do propalado caráter assistemático, heterogêneo, localista, "polissinodal" e anti-hierárquico do aparato institucional da colônia, como quer António Manuel Hespanha, o Estado português expressar-se-ia sob a forma necessária e adequada ao exercício do mando político pela Coroa nas condições coloniais, considerando-se a diversidade espacial, histórica e cultural dos povos e gentes sob domínio luso no Atlântico sul.

Stuart reconhece, no prefácio da edição em apreço, que o fato de ter residido em Portugal nos estertores do regime salazarista e no Brasil nos princípios do regime militar, entre 1965 e 1973, caracterizados por forças e centralização, influenciaram a sua percepção do passado e o seu entendimento do poder do Estado. Mas isto não o leva a aderir à tese de um poder compartilhado, que se viabilizava através de um sistema de recompensas e incentivos, sem uso da força e da autoridade. Continua a acreditar que

> as ambições da Coroa apontam para a centralização, e que nesse sentido a burocracia judicial, e especialmente os desembargadores, com os requisitos profissionais para o serviço, os muitos regulamentos destinados a limitar os vínculos com a sociedade local, os interesses familiares, ou outras fontes de influência, e as tentativas da Coroa de assegurar o apoio deles concedendo avanços na carreira, eram a medula espinhal em que se baseavam as aspirações reais a um forte Estado central.

Reavalia, contudo, a partir dos debates, que os mútuos interesses do governo imperial e das elites locais foram, de fato "solucionados mediante variados mecanismos sociais e institucionais".[8]

Ou seja, a aparente descentralização não seria então a forma pela qual se viabilizaria a efetiva centralidade, considerando-se os óbices interpostos pelas distâncias colossais *vis a vis* a lentidão das comunicações em que se exercia o poder soberano do monarca português? Não seria esta

---

8   Idem, ibidem, p. 12.

uma fórmula político-administrativa criativa, capaz de contemplar a diversidade fazendo-se expressar a centralização na aparente descentralidade? Problemática complexa, que somente poderia ser apreendida se vislumbrada a partir do *background* cultural simbiótico que engendrou, num crisol tropical, a cultura política forânea, monárquica, letrada, coimbrã, com a cultura política nativa, de caráter pluralista, lastreada no princípio da naturalidade, representada socialmente pelas elites terra tenentes!

Ou seja, um fenômeno de mescla cultural. Formulação que exige uma aproximação cuidadosa, porque se trata da fusão de culturas díspares, situadas em diferentes graus de maturação, dotadas de diferentes potencialidades no que tange à sua capacidade de influir e ser influenciada, de transferir e receber. É preciso, portanto, acautelar-se contra a visão ingênua de que a troca cultural se faz em termos absolutamente iguais, em condições de pura isonomia, pois a cultura letrada, diversa, formalizada, acaba por se impor, considerando-se que era uma forma de "disciplina mental" que incluía "as normas políticas encarnadas na Monarquia, num processo irrefreável de transferência da cultura do conquistador" aos conquistados, como primorosamente sintetizou Antonio Candido.[9]

Por detrás das práticas jurídicas que regravam a vida colonial delineava-se um cenário complexo. Um pano de fundo cultural que, ao ser escandido, ameniza as radicalidades interpretativas por lançá-las ao patamar da compreensividade. Num extremo, o aparato institucional introjetado na colônia sofreu o impacto da terra, de suas gentes, amolengando-se em presença do duro embate homem natureza, que nas condições inóspitas de sobrevivência, impunham criatividade e acomodação. Parafraseando Gilberto Freyre, este princípio de sociabilidade não era estranho ao português, de "caráter amolengado", "dotado de plasticidade social", qualidades estas que acabaram por conferir às instituições peninsulares "novo sabor jurídico", a capacidade de contemplar as diferenças, de reconhecer o direito das minorias étnicas e religiosas, facultando-lhes

---

9   CANDIDO, Antonio. *Educação pela noite & outros ensaios*. São Paulo: Ática, 2000, p. 177.

"regerem-se por seus direitos próprios", lição assimilada na lida com mouros e judeus na península ibérica, características culturais que penetram a cultura popular, matriz geradora do princípio de que cada um possa bem viver e conviver "em sua própria lei", como Stuart viria a demonstrar em seu premiado texto sobre a tolerância religiosa na primeira modernidade, apesar da máquina do Estado aplicar-se fervorosamente no sentido contrário.

Noutro, as práticas impostas pela lei natural incorpora, lentamente, pela convivência forçada com o arcabouço legal adventício, traços de formalização, de legalidade, de legitimidade. O resultado é um todo legal burocrático amolengado, dotado de enorme plasticidade, que define o traço dominante do aparato jurídico colonial, constituindo-se em elemento fundamental na conformação de sua identidade.

Esta fusão cultural, que se expressa de forma indelével no desenvolvimento de formas e práticas jurídicas absolutamente originais, torna-se ainda mais fluida quando pensamos sua aplicabilidade nas diferentes partes constitutivas do território colonial sob domínio lusitano. Se a condição inescapável para que esta fusão se desse nos diferentes cadinhos do espaço colonial eram as próprias condições da vida material e social locais, pode-se imaginar a enorme diversidade que este processo de fusão teria que acomodar; a necessidade ingente de pôr os mais variados antagonismos em equilíbrio.

Basta para tanto pensar na realidade diversa existente no norte da colônia. Caso do Estado do Grão Pará e Maranhão, praticamente desconectado das restantes partes do território, mais próximo e mais diretamente atado ao Reino português. Aí frigia o embate cotidiano com a vasta massa nativa, condição em que, quase naturalmente, a imposição do aparato de dominação externa se fazia sentir com muito mais intensidade e vigor, mesmo que amenizado pela atuação direta da Igreja através das ordens religiosas.

Noutro extremo, nas partes meridionais do Império, onde as questões fronteiriças eram mais agudas pela continuidade das terras, contiguidade e fluidez dos limites territoriais em relação ao Império espanhol, a problemática adquiria outros contornos. Na São Paulo de Piratininga poucos colonos, não apenas portugueses, sobreviviam em meio a uma massa agressiva de nativos com os quais mantinham relações oscilantes, da convivência pacífica ao conflito aberto e sangrento, pois da subordinação e exploração dos negros da terra dependia o êxito do povoamento.

Vanguarda ao mesmo tempo inglória pela devastação dos contingentes populacionais nativos, e gloriosa pelo alargamento do território e fixação das fronteiras. Aqui, a fusão cultural no plano do repertório jurídico institucional é profundamente influenciada pelas condições duras da sobrevivência local, avultando o peso da lei natural, dos usos e costumes das gentes da floresta que o processo de miscigenação transformou numa sociedade colonial mais nativa, mais mameluca, do que propriamente portuguesa. Tais condições de existência teriam que, necessariamente, transformar os repertórios legais daí resultantes em codificações diferenciadas. Muito diversas, quando comparadas aos repertórios nascidos da experiência vivencial do nordeste brasileiro. Isto porque aí se consolidaram nas sociedades sedentárias constituídas nos engenhos, assentadas na faixa litorânea, muito mais próxima da Europa do que as porções meridionais, com rápido desenvolvimento da vida urbana emuladora da urbanidade metropolitana e, sobretudo, lastreada na vasta massa de africanos, pela força transmigrada para o Atlântico Sul, onde o número de cativos da terra tornou-se gradativamente residual. Uma sociedade de fixação, por oposição a uma sociedade que se definia pelo movimento, pelos constantes deslocamentos, que mimetizava práticas nativas ancestrais, uma sociedade que se fundava a partir dos pousos erigidos nos *peabirus* da vida.

Este mosaico delineado a partir das diferentes combinações étnicas, postas em convivência forçada pelas condições ambientais, às vezes benevolentes, mas, na maior parte delas, extremamente hostis, destinava-se a gerar lucros para o Estado português distante. Ausente, porém representado na figura onipresente dos desembargadores, seus lugares-tenentes legais, através dos quais forçava até o limite o exercício da lei soberana do rei. Desembargadores obrigados se haverem com as tendências localistas e autonomistas das Câmaras Municipais, que acabavam por formalizar em suas decisões as especiais configurações dos antagonismos que teriam que ser postos em equilíbrio e ajustá-los ao padrão de referências legais e, sobretudo, aos interesses do Império português na América.

PARTE II — *Cada um na sua lei*

Recepção

Cada um na sua lei, oferece-nos uma oportunidade única para refletir sobre a singular travessia do historiador Stuart Schwartz da história sociopolítica-administrativa para a história cultural, em sua face religiosa.[10] Autor que fez de sua obra *Segredos Internos*,[11] de fundamentação essencialmente econômica, o livro produzido por um historiador estrangeiro que maior influência exerceu sobre os estudiosos brasileiros do período colonial.

O cerne da obra é a tolerância, contraface da intolerância, condição do rebaixamento do conflito social que lastreia a formação e o desenvolvimento da sociedade moderna. Uma questão civilizacional, como se percebe nesta epigrama de Goethe, na qual ironiza e repudia o sentimento de intolerância religiosa dominante na modernidade, investindo contra judeus, cristãos e muçulmanos: " 'Fora Judeus e Pagãos!' – clama a paciência cristã. / 'Maldito o Cristão e o Pagão!' – murmura um barbudo Judeu. / 'Os Cristãos ao espeto e os Judeus ao fogo!' / — Canta um Turquinho troçando Cristãos e Judeus. / Qual é o mais 'sperto'? — Decide! Mas se loucos destes / Há no teu palácio, Divindade, eu passo de largo".[12]

---

10 SCHWARTZ, Stuart B. *Cada um na sua lei, op. cit.*
11 Idem. *Segredos internos: engenhos e escravos na sociedade colonial, 1550-1835*. São Paulo: Companhia das Letras, 1988.
12 GOETHE, Johann Wolfgang. "Fora judeus e pagãos". Epigramas *de Veneza*, 1790. Tradução de Paulo Quintela. In: QUINTELA, Paulo. *Obras completas*. Vol. II. Lisboa:

Haveria lugar no mundo da primeira modernidade para um sentimento de tolerância como este que inspira o célebre escritor?

A resposta por certo seria não. Menos para Stuart Schwartz, em seu texto recente sobre a história da cultura, da religião e da religiosidade ibero-atlântica, estampada no aforismo popular que dá título ao livro *Cada um na sua lei*. Título muito mais apropriado para expressar o conteúdo do texto do que *All can be saved*, da edição inglesa da Yale University Press, publicado em 2008. Reflexão exaustivamente documentada sobre a gênese do espírito de tolerância na Península Ibérica, exatamente o lugar histórico aparentemente menos propício para este tipo de investigação, mas onde se vislumbra uma espécie de Iluminismo ibérico *avant la lettre*.

Tese ousada, que o talento desse brasilianista invulgar lhe faculta realizar com propriedade ímpar, sustentado por pesquisa arquivística de fôlego. Basta percorrer a recepção do texto pela crítica especializada, um fervor inusitado traduzido em qualificativos que não deixam margem a dúvidas quanto à convicção de quem as emitiu: eloquente, convincente, tenaz, penetrante, perspicaz, prolífero, original, audacioso, fluente, soberbo, iluminado. Excessivo? Talvez. Natalie Zemon Davis considerou-o um livro fundamental, pois ajuda-nos a compreender o que leva o homem comum a aceitar a diferença; uma fonte de esperança para nosso tempo, um livro atual, um diálogo com a intransigência política e religiosa que vivenciamos.[13] Tarefa que Stuart empreende com fino humor, diz Geoffrey Parker, ao recuperar as formulações chulas, vulgares, com as quais os homens incultos, mas dotados de um saber próprio, enfrentavam os inquisidores recusando-se a aceitar, por exemplo, que a prática do sexo consensual fosse pecado, afirmando sua crença de que fiéis sinceros de qualquer confissão religiosa poderiam salvar-se perseverando em suas convicções, quaisquer que fossem elas.[14]

Fundação Calouste Gulbekian, 1997, p. 103.

13 Parecer de Natalie Zemon Davies para a Yale University Press, disponível em: <http://yalepress.yale.edu/yupbooks/reviews.asp/isbn=9780300125801>.

14 *Ibidem*.

Atributos que o fizeram merecedor do Cundill Historical Prize, instituído pela Cundill Foundation do Canadá, destinado a historiadores de qualquer nacionalidade que tenham publicado um livro com profundo impacto literário e acadêmico na área de história, distinção que, por sua expressiva dotação monetária e rígidos critérios seletivos, converte-se no Prêmio Nobel da História nos Estados Unidos. Escolha referendada por mais quatro prêmios e várias distinções outorgadas no ano de 2009.[15]

Como reconhece o eminente historiador do Império espanhol, J. H. Elliott, em recensão publicada no *The New York Review of Books*, a grande tese do livro é a de que, no plano da cultura popular, o mundo ibérico era menos rígido em sua cristianidade do que se poderia supor, criando outras possibilidades no árduo caminho para a salvação, germinada na consciência das camadas populares e irradiada a partir da Península Ibérica, de Espanha e Portugal, para suas possessões coloniais americanas, apesar de estarem totalmente em desacordo com a postura oficial do Estado e da Igreja, muito ao contrário do que as aparências sugeriam e do que os historiadores têm acreditado. Revela-se nesta obra uma subcultura dissidente, pois, sob a camada daqueles poucos que ousavam exprimir suas ideias, muitos havia que, por temor à repressão, mantinham-se em silêncio, deixando entrever a existência de uma cultura subterrânea da tolerância, por certo fruto da miscigenação, da convivência entre cristãos, mouros e judeus e, ainda mais, pela hibridação cultural daí resultante. Um conjunto de ingredientes que tornariam os reinos ibéricos mais propensos à aceitação e ao reconhecimento do outro. Predisposições estas que foram transportadas e transplantadas no Novo Mundo, onde o contato com as populações indígenas que jamais ouviram falar de cristianismo, ou com os escravos africanos detentores de seus próprios sistemas de crenças, resultou na

---

15 O livro foi contemplado com três prêmios pela The American Historical Association: John E. Fagg, Leo Gershoy e George L. Mosse. Pela Conference on Latin American *History* com o Prêmio Bolton-Johnson. Pela American Academy of Religion Book, o prêmio de livro do ano e o Award for Excellence in the category of History of Religion.

criação de uma cultura vibrante e dissonante em relação aos rígidos preceitos políticos e ideológicos encampados pelo poder constituído.[16]

É óbvio que a convivência produtora da tolerância pode igualmente produzir a intolerância. Diferentes etnias, crenças e culturas podem conviver longamente em paz e, subitamente, explodir num espasmo de violência espontânea. Orgia destrutiva, que interrompe a continuidade produzida por circunstâncias supervenientes e incontroláveis: crises econômicas, mudanças de orientação política, retóricas demagógicas, choque entre vizinhos ou regiões, conflitos armados entre nações, como bem percebeu James Amelang.[17]

Conteúdo da obra

Stuart Schwartz é cônscio dessas dificuldades. Sente o terreno movediço em que se meteu no campo minado da história cultural-religiosa. Bem ao contrário da segurança experimentada ao tratar da produção açucareira no Recôncavo Baiano, solo firme sobre o qual trabalhou por décadas, traduzida em gráficos e tabelas que produziam uma confortável sensação de segurança. Sabe da complexidade que é atravessar documentos inquisitoriais, processos ou listagem de processos, pois é cônscio da dificuldade que é depurar a verdade em falas extraídas pela violência.

Somente na Espanha foram produzidos 40 mil processos inquisitoriais entre 1570 e 1750, incluindo-se neste número os processos das inquisições do México, Lima e Cartagena. Em Portugal, foram outros 40 mil, dentre os quais se encontram dois mil processos referentes às inquisições realizadas no Brasil. Isso sem contar a Inquisição de Goa, cujos processos foram perdidos, restando apenas as listagens dos mesmos. Dessa massa documental, Stuart compulsou aproximadamente três mil processos, de onde emergiram cerca de 300 casos em que os indiciados pelos tribunais inquisitoriais tiveram coragem de

---

16 ELLIOT, John H. "A question of coexistence". *The New York Review of Books*, vol. 56, nº 13, 13 ago. 2009.

17 AMELANG, James S. "Prólogo da edição espanhola". In: SCHWARTZ, Stuart. *Cada uno em su ley: salvación y tolerância religiosa em El Atlántico Ibérico*. Madri: Akal, 2010, p. 5-10.

manifestar suas inquietações em relação ao universalismo ou relativismo religioso. Portanto, uma minoria, mas expressiva por serem os porta-vozes de um número certamente muito maior daqueles que comungavam com estas mesmas convicções, mas que se preservavam em cauteloso silêncio.

O alvo dos Tribunais variava. Na Espanha, 66% dos perseguidos eram cristãos-velhos. Em Portugal, 80% eram judaizantes, isto é, judeus conversos recaídos em suas práticas religiosas originais. Dentre aqueles que manifestaram opiniões de cunho tolerante, inscrevem-se camponeses, artesãos, mercadores, funcionários, clérigos, acadêmicos, cristãos-novos, mouriscos e um número reduzido de mulheres. Suas principais proposições heréticas incluíam dúvidas sobre a eucaristia, a eficácia dos santos, a virgindade de Maria, o pecado do sexo, a existência do céu, do purgatório e do inferno. Uma de suas formas mais típicas de expressão era a blasfêmia, pois ela "humanizava o sagrado, mas também representava uma espécie de resistência à pureza doutrinária e aos ditames da autoridade", razão pela qual era cautelosamente vigiada pelos inquisidores. A blasfêmia era uma "demonstração de grosseria, rusticidade ou ignorância; uma prática nascida do hábito, da ironia, do humor, da raiva ou da decepção"; por isso mesmo, "talvez fosse uma das poucas áreas num mundo sob controle religioso onde era possível uma fuga para a fantasia".[18]

Do ponto de vista da salvação, uma das principais questões que se antepunha às consciências individuais e às autoridades em função, era saber se judeus, muçulmanos, protestantes e indígenas do Novo Mundo, que viviam corretamente sob sua própria lei, estariam inexoravelmente condenados. Somente os católicos teriam recebido a verdadeira revelação? Deus teria feito bem seu serviço ao fazer "a uns mouros, outros judeus e outros cristãos"? Será que Deus, no fundo, "não pretendia salvar a todos"? Pois, perguntavam-se, estarei salvo, "pois todas as leis eu segui"?[19]

Se o olhar atento das autoridades no ambiente europeu poderia ser mais constritor, no mundo ultramarino de portugueses e espanhóis, "a

---
18 SHWARTZ, Stuart B. *Cada na sua lei, op. cit.*, p. 41 e 42.
19 *Ibidem*, p. 62, 162, 93.

autoridade era mais restrita, o anonimato grande e as identidades e fronteiras imperiais e étnico-religiosas permeáveis", facilitando os comportamentos desviantes, e até mesmo contemporizados pelas autoridades no caso específico dos índios que vivessem em sua lei natural e nela "se salvariam até o momento da pregação cristã", não depois. O arrocho dos tribunais a partir de 1571, sob Filipe II, que buscava fortalecer o poder monárquico nas Índias, utilizando para tanto a Inquisição como instrumento de controle ideológico, não conseguiu impedir o germinar de "uma cultura vibrante que contrariava as ideologias dominantes da Igreja e do Estado".[20]

A ideia de que cada um poderia salvar-se em sua própria lei atravessou o Atlântico, juntamente com outras "opiniões dissidentes". A verbalização ou a escrita sobre conceitos discrepantes do receituário emanado do poder instalado germinava entre pessoas de "posições sociais e culturais intermediárias". Suas propostas "circulavam de cima para baixo e de baixo para cima, e mesmo que o povo simples não tivesse instrução ou base para escrever uma peça ou sermão para formular um dogma, tinha sua própria compreensão do certo e do errado, do bem e do mal".[21]

Qual seria o limite extremo do sentimento de tolerância? A descrença absoluta, por certo, o ateísmo, termo criado no século XVI com significado menos circunscrito do que o atual, pois incluía não apenas os descrentes de Deus, mas também aqueles que consideravam a crença nele uma coisa supérflua. Haveria incréus no século XIV? Haveria lugar para ímpio no mundo da Reforma e da Contrarreforma erigido por Lucien Febvre? Esta possibilidade já era contemplada pelos teólogos daquele século. Dentre os inquiridos pela Inquisição, pelo menos em alguns casos, confirmava-se esta possibilidade ao exprimirem uma "descrença absoluta", pois, argumentavam, as pessoas simplesmente nasciam e morriam e, tudo o mais, céu, inferno, purgatório, "eram invencionices dos padres para manter o

---

20   *Ibidem*, p. 177, 189, 193.
21   *Ibidem*, p. 205, 263.

povo na linha". Ou, de forma mais rústica, inferno era ter que dar esmolas, o paraíso recebê-las, nível de descrença que aproximava da impiedade aqueles que assim se manifestavam.[22] Eram homens que se consideravam "demasiadamente pobres para se permitir tal luxo",[23] isto é, seguir qualquer lei. Manifestações estas que tendiam a ser relativizadas nas barras dos tribunais, visto que os inquisidores tendiam a considerá-los quase inimputáveis por sua pobreza, por sua inexpressividade social e, portanto, por sua incapacidade de influenciar outras pessoas com suas ideias heréticas, punindo-os com penas leves ou, simplesmente, deixando passar.

Bastariam essas descobertas para tornar este livro obrigatório no rol das obras prioritárias elencadas nesta temática, pois vão exatamente na contramão da celebrada interpretação de Lucien Febvre em seu clássico *O problema da incredulidade no século XVI*, no qual afirma não haver lugar para ateus no século XVI, instituindo a concepção da crença absoluta, agora relativizada pelas pesquisas de Stuart, que afirmam sim a existência de um sentimento de incredulidade gestado no bojo do sentimento de intolerância.

Quais as implicações que tal achado teria para a história do desenvolvimento capitalista na modernidade? Ou, mais especificamente, sobre a relação entre a ética protestante e o espírito do capitalismo, na formulação de Max Weber? Se a credulidade era absoluta, como deixou entrever Lucien Febvre, a relação de sentido estabelecido por Weber entre o êxito material e o *calling* divino está plenamente configurada. Se, porém, existe um sentimento difuso de credulidade que alarga o campo da incredulidade e alcança as fronteiras da impiedade, talvez volte a ter nexo a interpretação de Amintore Fanfani em seu *Capitalismo, catolicismo e protestantismo*, para quem o espírito do capitalismo existiu muito antes da Reforma protestante, exatamente pelo progressivo abandono da moral católica na prática, admitindo-se o enriquecimento, mas não a fortuna pessoal à custa dos outros. Equivale dizer, foi exatamente a ruptura de liames entre a ação

---

22 *Ibidem*, p. 121.
23 *Ibidem*, p. 113.

humana terrestre e as recompensas eternas que fertilizou a ética econômica, criando condições para a emergência de uma pluralidade moral, todas elas naturais, terrenas e fundadas sobre os princípios inscritos nas coisas humanas.[24] Reflexões essas que atestam quanto a história cultural, no viés da religiosidade, pode fertilizar a história econômica.

Um segundo desdobramento das proposições analisadas é a transformação do sentimento de incredulidade em mensagem política. Quando a tolerância deixa de ser sentimento que sai pela boca das camadas populares, expressão cultural imanente que transcende a cultura popular e é captada pela cultura letrada dos filósofos do século XVIII, decantada, codificada, ela escapa ao nicho do sentimento e alça voo rumo à cultura política dos ilustrados.

Travessia temática

Que tipo de história transcende o texto? Sem dúvida, uma história vista de baixo, a partir do sentimento haurido nos escalões populares, propriamente da cultura popular, e daí sobe ao cimo, à história condensada no alto, na produção intelectual do movimento iluminista. Uma experiência metodológica renovada, pois não o faz segundo as proposições de historiadores de formação marxista como Albert Soboul que, nos anos 1960, anunciavam uma *histoire vue d'un bas*, em lugar de uma *histoire vue d'un haut*. Nesta interpretação, o andar de baixo era constituído pela classe, uma camada circunscrita, tendente à uniformidade, que não cedia lugar à individuação. Stuart dá vida à classe de baixo. Pulveriza a membrana de aplastamento e vai aos indivíduos, sujeitos corpóreos, carregados de vivência cotidiana, de necessidades, de sentimentos de solidariedade ao próximo, ao vizinho, ao amigo, ao companheiro. Atravessa a classe e surpreende o sujeito na classe, a menor partícula constitutiva da classe, a poeira da história que, incessantemente repetida, como disse Braudel, estruturaliza-se.

---

24 FANFANI, Amintore. *Capitalismo, catolicismo e protestantismo*. Lisboa-São Paulo, Editorial Áster-Livraria Flamboyant, 1967.

Revela-se, na trajetória intelectual de Stuart, um duplo movimento. Do historiador que parte do conceito de classes inscrito na teoria marxista e que, por via da pesquisa empírica detida, atinge os indivíduos e, sem o explicitar, talvez mesmo sem o perceber, retorna à classe palpitante, recheada de vida. Segue-se um terceiro movimento, de todo incomum. Aquele do historiador consagrado na produção em história econômica e social que migra para a história cultural em sua face mais complexa, o da história da religiosidade. O inverso dessa trajetória é raríssimo. A bem dizer, desconheço historiador da cultura consagrado que tenha se abalançado para os domínios da história econômica e social. Talvez porque a área da cultura se pense autônoma por conta da celebração que o campo experimenta no momento, pela fragmentação do conhecimento que recusa a totalidade. O certo é que Stuart escrevera outrora um clássico da história socioeconômica, *Segredos internos*, e acaba de produzir outro clássico no campo da história da religiosidade, realizado como fatura de história cultural.

No primeiro livro por ele publicado sobre o Brasil, *Burocracia e sociedade no Brasil Colonial* (1979), como já percebera seu editor na edição espanhola, James Amelang, priorizou os juízes que compuseram o Tribunal da Relação na Bahia, mais do que seus cargos magistrais, penetrando, a partir do estamento funcional, o substrato da sociedade colonial baiana. No segundo, *Segredos internos* (1988), focalizou a relação entre senhores, escravos e produtores de cana obrigada. No terceiro, *Escravos, roceiros e rebeldes* (2001), amplifica nosso conhecimento sobre a estratificação social do Brasil colônia. Caminhada que o leva das classes, das categorias mais formalizadas ao universo cultural, às vozes emergentes das camadas inferiores, *los de abajo*, para daí viajar rumo às formações mentais estratificadas nas elites cultas. Finalmente, em *Cada um na sua lei*, elege as vozes oriundas das camadas inferiores do universo social ibero-atlântico como personagens centrais, encontrando não um Menocchio, como o fez Carlo Ginzburg em *O Queijo e os Vermes*, mas uma miríade de menocchios surpreendidos em sua faina diária, em sua vivência cotidiana, em sua forma peculiar de fazer e ver o mundo.

Mais isso não significa adesão de corpo e alma ao irridentismo da história cultural. Questionado se o livro em tela era de história cultural ou história do cotidiano,[25] pergunta que revela o espírito de fragmentação imperante, disse que não percebia "a diferença em relação aos antigos interesses por história social [...], [e que] simplesmente, nesse caso, concentrei-me nos indivíduos em vez de me deter nos grupos sociais, mas sempre com um olhar para a origem desses grupos sociais em relação com a sociedade como um todo", sob a qual jaz uma materialidade inescapável, explícita na resposta à pergunta se via compatibilidade entre história cultural e análise socioeconômica: "Sim. Sou profundamente materialista... Sempre busco as explicações econômicas", mas sempre alerta no encalço das ferramentas apropriadas para responder às suas indagações. E, nesse sentido, "minha metodologia é sempre um pastiche", arremata ironicamente.

É nessa chave metodológica que se explicita sua tipologização social, um universo lotado de pessoas que nele circulam: mercadores, marinheiros, soldados, funcionários, clérigos, todos envolvidos numa ampla rede de operações mercantis transoceânicas que propiciavam o contato com a imensa diversidade cultural e religiosa, ambiente fertilizado onde germina e se nutre o pensamento dissidente. Stuart não descurou a história econômica, nem mesmo os procedimentos estatísticos. "Faço micro-história seriada", disse-me ele, "preparei, inclusive, um apêndice estatístico que pensei anexar ao livro, mas desisti, porque jamais seria exaustivo, nem representativo, uma vez que as expressões de tolerância relatadas representam um universo social muito mais amplo do que a quantificação poderia expressar", afinal, "estou sempre buscando os interesses materiais atrás dos comportamentos".

Realmente, uma travessia singular e lúcida entre dois tempos. Um bálsamo.

---

25 Entrevista concedida por Stuart Schwartz às historiadoras Iris Kantor e Mônica Dantas, *Revista Novos Estudos Cebrap*, São Paulo, n° 89, mar. 2011, p. 163-181.

JOSÉ DA SILVA LISBOA:
texto e contexto

As múltiplas faces de Cairu

JOSÉ DA SILVA LISBOA, VISCONDE DE CAIRU, é por muitos considerado o introdutor da economia política entre nós. Herdeiro de uma tradição que remonta aos primórdios do século XVI, mas que somente se consolida na segunda metade do século XVIII com a publicação da obra marco de Adam Smith, assumia com o grande mestre que a economia política se propunha a enriquecer, ao mesmo tempo, o *povo e o soberano*. Meta prioritária do pensador, do legislador e do homem de Estado, a economia política deveria voltar-se à reflexão sobre os fenômenos atinentes à esfera da administração dos bens públicos, em sua correlação com os interesses individuais, enfatizando o conhecimento das leis que ordenam, conferem, regulam as ações e a vida dos homens agregados em sociedade. Ciência que, para Cairu, era a "arte de prover as necessidades e comodidades de uma Nação, para o fim da maior opulência dos particulares e do Estado", compatibilizando os interesses dos cidadãos e da coletividade, *via ação pública*. Um instrumento intelectual posto a serviço do desenvolvimento da nação por subordinar o princípio liberal ao dirigismo, estabelecendo o primado da coletividade sobre a individualidade. Modo de pensar diferenciado em relação à matriz *smithsiana*, pois a *mão visível* do Estado corrigiria os excessos da *mão invisível* do mercado, originalidade que o distingue entre os seguidores do mestre escocês e que, definitivamente, nos conduz à recusa da pecha de mero repetidor de seus escritos, como alguns de seus críticos insistem em propalar.

Nessa perspectiva, a economia política configura-se como uma ciência social, pensada no prisma da sequência temporal das ideias correlacionadas aos contextos históricos específicos, no interior do qual seus princípios foram formulados e sobre os quais incidiram diretrizes que nos facultam refletir sobre Cairu, a partir do privilegiamento de sua inserção histórica compassada à análise interna do conteúdo de suas obras. Caso específico do texto publicado em 1810, *Observações sobre a franqueza da indústria, e estabelecimento das fábricas no Brasil*, objeto desta reflexão, obra que se inclui no rol dos trabalhos com viés prático, onde se vislumbra menos o teórico refletindo sobre a economia política e mais o estadista pensando a prática econômica desejável. Perspectiva que tem a vantagem de reposicionar nosso olhar sobre Cairu, aproveitando-se a oportunidade para reavaliar as imagens que as interpretações históricas se incumbiram de acumular em camadas sucessivas de deposição retórica. A fixação de um cenário, sem a mínima pretensão de realizar uma revisão historiográfica exaustiva.

Partamos de David Landes. Consagrado historiador do processo de industrialização da Inglaterra que, ao se propor a realizar um inquérito sobre as razões da riqueza e da pobreza das nações, compara Brasil e Estados Unidos em seus processos de autoafirmação econômica no século XIX, contrastando as posições assumidas por Alexander Hamilton e José da Silva Lisboa, altas expressões do pensamento econômico coevo. A propósito, afirma que, enquanto o primeiro convocava a jovem América do Norte para a missão industrializadora que a tornaria capaz de ombrear-se com a Europa, no Brasil, o Visconde de Cairu, "acreditava supersticiosamente na mão invisível", repetindo "deixai fazer, deixai passar, deixai vender".[1] O juízo, bem sabemos, é de Celso Furtado, que, entretanto, tem o cuidado de remeter o contraste às diferentes composições sociais dominantes no Brasil (grandes agricultores escravistas) e nos Estados Unidos (pequenos agricultores e grandes comerciantes urbanos).[2] Landes, portanto, apenas registrou e reproduziu o julgamento incisivo e demolidor, sem mais tergiversações, fórmula aquela que, incessantemente repetida, consensualizou-se: virou dogma.

É isto mesmo? Esta sentença, proferida por Celso Furtado, durou mais de meio século. Repercute desde a primeira edição de seu clássico *Formação econômica do Brasil*, em 1959. Será que ela resistiria a uma análise verticalizada da obra deste prolífero autor de 74 textos, de densidade e extensão extremamente variados, à luz das obras escritas sobre o autor e da produção histórica sobre sua época, um momento crítico da história do Brasil?[3] Pensamos que não. Cairu permanece um grande desconhecido à espera de um autor. E isto, pasmem os leitores, decorridos mais de dois séculos de sua primeira publicação, dada à luz em Portugal, em 1798, um livro referência: *Princípios de Direito Mercantil e Leis de Marinha*.

---

1 LANDES, David S. *A riqueza e a pobreza das nações*. Trad. port. Rio de Janeiro: Campus, 1998, p. 353.

2 FURTADO, Celso. *Formação econômica do Brasil*. 5ª ed. Rio de Janeiro: Fundo de Cultura, 1963 [1959], p. 123.

3 Até aquele momento, isto é, até 1959, o limitado repertório de trabalhos sobre Cairu incluíam: AMZALAK, Moses Bensabat. "Economistas brasileiros – José da Silva Lisboa, Visconde de Cairu". *Revista Brasília*, Instituto de Estudos Brasileiros da Faculdade de Letras da Universidade de Coimbra, vol. II, 1943, onde relaciona 74 trabalhos, incluindo obras mais extensas, folhetos opúsculos, relatórios, pareceres, artigos de imprensa e discursos parlamentares. Levantamento posterior de José Soares Dutra, no artigo "Cairu, o Polígrafo" (*Revista A Ordem*, Rio de Janeiro, Centro D. Vital, nº 2, vol. LIII, mar. 1955), eleva este número para 84 trabalhos. A listagem de Alfredo do Valle Cabral ("Vida e escriptos de José da Silva Lisboa". In: MORAES, E. Vilhena de. *Perfil de Cairu*. Rio de Janeiro: Editora do Arquivo Nacional, 1958, p. 54-71) reduz este número para 77 publicações. O historiador José Honório Rodrigues (*História da História do Brasil*. São Paulo: Companhia Editora Nacional, 1979, vol. II, tomo I, p. 160) acrescenta 522 discursos, além de uma miuçalha quase ilimitada.

Poderíamos invocar uma pletora de motivos capazes de testemunhar sobre este nostálgico esquecimento. Um deles, certamente, e talvez o menos prosaico, seja a limitadíssima reedição de sua vasta obra. A primeira reedição ocorreu somente em 1940, por iniciativa da Comissão Brasileira dos Centenários de Portugal (fundação do Condado Portucalense por Afonso Henriques e a Restauração que pôs fim à União Ibérica), quando o texto escolhido para publicação foi a *Memória dos benefícios políticos de El-Rei Nosso Senhor D. João VI*, de 1818.[4] É significativo que a obra escolhida não seja das mais importantes do autor, nem se inscreva nos domínios da economia política, da política econômica ou da realidade econômica em si. Trata-se de um texto de sabor excessivamente laudatório, mas que expressa a importância de Cairu como personagem propriamente histórico, sujeito e objeto de seu tempo, um artífice, em tempo integral, da tão desejada "revolução brasileira".

Somente em 1956 surgiu a reedição de uma obra fundamental: *Princípios de economia política*, publicada em Lisboa no ano de 1804. Estudo que estabelece os pressupostos essenciais, os paradigmas teóricos e metodológicos que balizariam quase toda sua produção. Tratava-se da edição comemorativa do bicentenário do nascimento de Cairu, contendo uma conferência proferida por Alceu Amoroso Lima, em 1936, espécie de biografia sucinta do autor, além de útil introdução de Luís Nogueira de Paula.[5] Finalmente, com a reedição de *Estudos do bem comum e economia política*, que inaugura a série Pensamento Econômico Brasileiro do Ipea, completa-se a trilogia de textos republicados.[6]

---

4   LISBOA, José da Silva. *Memória dos benefícios políticos de El-Rei Nosso Senhor D. João VI*. Edição fac-similar. Rio de Janeiro: Comissão Brasileira dos Centenários de Portugal, Arquivo Nacional, 1940 [1ª ed. – Rio de Janeiro: Imprensa Régia, 1818).

5   Idem. *Princípios de economia política*. Rio de Janeiro: Ed. Irmãos Pongetti, 1956. Edição comentada e anotada por Nogueira de Paula, com introdução de Alceu Amoroso Lima, comemorativa do bicentenário do nascimento de Cairu, 1756-1956 [1ª ed. – Lisboa: Imprensa Régia, 1804].

6   Idem. *Estudos do bem comum e economia política*. Apresentação José de Almeida. Rio de Janeiro: Ipea/Inpes, 1975 [1ª ed. – Rio de Janeiro: Imprensa Régia, 1819-1820].

Quase duas décadas tinham se passado desde a última reedição, em 1956, dos *Princípios*. Quebrou-se o silêncio sobre Cairu exatamente no momento em que o Brasil vivia seu "milagre" dos anos 1970. A apresentação do texto feita por José de Almeida, sintomaticamente, se configura como um tributo à atualidade das ideias econômicas de Cairu. Diferentemente da introdução um tanto encomiástica da reedição anterior, nesta, o tom analítico reforçava a dimensão homem público de Cairu, por seu enredamento na construção do Estado brasileiro e, acima de tudo, por sua arguta visão de economista capaz de vaticinar, premonitoriamente, o futuro "milagroso" da nação. Tem-se, por esta via, uma reatualização de Cairu que, além do pensador com certa dosagem de originalidade, introdutor da economia política no Brasil, seria também o arquiteto de um amplo programa cujos princípios basilares se identificavam com as premissas do desenvolvimento atrelado à justiça social. Isto explica o realce a temas por ele abordados, tais como: nível de emprego e empregabilidade; papel do conhecimento e da inteligência no processo produtivo; importância do progresso tecnológico; a questão do consumo suntuário de bens duráveis; a temática da distribuição de renda; o significado da agricultura e, finalmente, a possibilidade do desenvolvimento econômico via substituição de importações. Se a leitura crítica de Cairu comporta a decantação desta vasta problemática, estaria mais do que justificada sua reedição. Se seus intérpretes forçaram o olhar do presente sobre o passado, de resto compreensível, uma relativização amenizadora tornava-se necessária.

O certo, contudo, é que desde 1975 a receptividade de Cairu declinou. Por um quarto de século saiu de pauta. Somente em 1999, às véspera de mais uma comemoração, a do *v Centenário do Descobrimento do Brasil*,[7] enseja-

---

7   As comemorações, como a historiografia, buscam a representificação do passado, "silenciando-se o fato de a sua evocação assentar numa seleção através da qual o presente paga aos defuntos ilustres a sua dívida de reconhecimento [...] Sombras exemplares, os grandes antepassados caucionam a ação dos vivos, inscrevem-se numa tradição, ligam-na ao universal" (GOULEMOT, Jean-Marie; WALTER, Eric. "Les Centenaires de Voltaire et de Rousseau". In: NORA, Pierre *et al*. *Les Lieux de Mémoire*. Vol. I: *La République*. Paris: Gallimard, 1984, p. 407-408). A partir de Teófilo Braga, reconhece-se que as comemorações

-se a oportunidade de reedição do quarto texto de Cairu, *Observações sobre a franqueza da indústria e estabelecimentos de fábricas no Brasil*, publicado no Rio de Janeiro em 1810.[8] Significativo, portanto, que Cairu seja invocado nas comemorações, sempre que se deseja celebrar a trajetória cultural, as raízes da produção científica e intelectual genuinamente brasileira. Mas Cairu, bem sabemos, não era personagem de um só mundo. É o exemplo típico da elaboração tropical de ideias colhidas em outras plagas, mas bem aclimatadas em solo pátrio, como de resto se verá. O que isto tem a ver com a relembrança de Cairu? Outra vez, velhos e novos tempos se encontram. Passado e presente se entrelaçam. Serviria o caleidoscópico cardápio de ideias – perfilhado nas obras do autor – tanto para legitimar o mitológico desenvolvimentismo quanto explicar os impasses dos países emergentes diante da voracidade predatória da globalização? Uma terapia redentora para tempos duros de crise econômica, do padrão desenvolvimentista, das estruturas do Estado nacional, que ele ajudou a forjar? Existe ali, nas entrelinhas de seus escritos, uma mensagem de resistência capaz de apaziguar os espíritos e apontar novos caminhos para o futuro? Seria Cairu um arauto para além de seu tempo e de seu lugar?

Tempo, lugar e obra

A resposta a estas questões exigiria atravessar o vasto conjunto de sua produção, das obras fundamentais aos escritos de ocasião. Projeto

---

envolvem uma síntese ativa, expressa nas exposições; uma síntese afetiva, manifesta nos centenários dos grandes homens; e uma síntese especulativa, em que se reconhece o poder da ciência, manifesta nos congressos. A reedição de Cairu envolve a reunião de duas destas vertentes, a síntese afetiva e a especulativa. Um grande homem com uma grande obra científica. Exatamente por isso a melhor forma de "comemorar" é a recuperação de instrumentos capazes de alicerçar a pesquisa, como as reedições, e assim, subsidiar as gerações de futuros pesquisadores em suas necessárias revisitações ao passado.

8   LISBOA, José da Silva. *Observações sobre a franqueza da indústria, e estabelecimento de fábricas no Brazil*. Rio de Janeiro: Imprensa Régia, 1810. Partes I (70 páginas) e Parte II (143 páginas), antecedidas de um Prólogo (5 páginas). Introdução cujo conteúdo comentaremos posteriormente.

ambicioso para mais de uma existência. Certeza que nos leva a focar objetivamente a reedição patrocinada pelo Conselho Editorial do Senado brasileiro, doravante citada *Franqueza da indústria*.[9] No ano de 1810, data da sua publicação, a cidade do Rio de Janeiro era o coração trepidante e agitado do Império português. Mudanças definitivas transformaram a capital da colônia na nova Versalhes tropical sob o impacto da chegada da Família Real, em 1808, como a abertura dos portos, as medidas de estímulo à indústria, os tratados comerciais com a Inglaterra, a instalação dos órgãos de governo, das instituições culturais. Em face das circunstâncias, da turbulência pela qual passava a conjuntura política europeia, mais fácil seria para a Corte permanecer do que retornar ao convívio peninsular. A caminhada da ex-colônia rumo à condição de Reino Unido era uma possibilidade mais do que viável em todos os prognósticos. Ideias de reforma e revolução pairavam no ar. Cairu vivencia, participa e influi, com maior ou menor intensidade, em todos estes acontecimentos vitais para a trajetória histórica da futura nação.

A Corte viera encontrar Cairu no Brasil em plena efervescência intelectual. No mesmo ano de 1810, entre discursos, observações, refutações, reflexões, razões, Cairu produziu nada menos do que cinco textos, sem contar a *Franqueza da indústria*.[10] Em 1808, ano da abertura dos portos,[11] havia publicado *Observações sobre o comércio franco do Brasil*, cuja leitura

---

9 Em 2001 surgiu uma segunda edição desta obra de Cairu, acompanhada por dois outros textos, *Observações sobre o comércio franco do Brasil* e *Da liberdade do trabalho*. Cf. ROCHA, Antonio Penalves (coordenação e introdução). *Visconde de Cairu*. São Paulo: Editora 34, 2001.

10 No ano de 1810, José da Silva Lisboa produziu os seguintes textos, além da *Fraqueza da indústria*: *Discurso sobre a fraqueza do comércio de Buenos Aires*; *Observações sobre a prosperidade do Estado pelos liberais: Princípios da nova legislação do Brasil*; *Refutação das declarações contra o comércio inglês*; *Reflexões sobre o comércio dos seguros*; e *Razões dos lavradores do vice-reinado de Buenos Aires*.

11 Portos que de fato estavam abertos desde pelo menos o ano de 1800 pela ação agressiva do contrabando, estimulado pelos ingleses. Cf. ARRUDA, José Jobson de Andrade. *Uma colônia entre dois Impérios: a abertura dos portos brasileiros – 1800-1808*. Bauru: Edusc, 2008.

é indispensável para subsidiar a compreensão do texto em epígrafe.[12] Afora o texto já citado, editado em 1804, *Princípios de economia política*, Cairu havia publicado em 1798, em Lisboa, *Princípios de Direito Mercantil e Leis de Marinha*,[13] um estudo original sobre seguro marítimo, consolidação de posturas que serviu por muitos anos em Portugal como Código Comercial. A publicação deste texto fora, de certo modo, a consagração de Cairu em seu retorno a Portugal. Ele que lá chegara, em 1773, para ingressar nos cursos jurídicos de Coimbra, onde se formou em Cânones em 1778, e retornado à Bahia depois de breve passagem por Lisboa. Essa era, até aqui, a trajetória vitoriosa de um estudante baiano na capital do Império. Um percurso inusual que espicaça a curiosidade e estimula o exercício imaginativo de seus biógrafos e intérpretes. Para uns, Cairu seria filho de um pedreiro e de uma mulata; para outros, filho de um arquiteto português de profissão e de mãe baiana, alternativa esta que nos parece mais verossímil, pois seus estudos em Coimbra foram custeados por mesadas remetidas por seu pai, somente interrompidas quando Cairu decidiu-se pela carreira jurídica e filosófica, ao invés da eclesiástica, como ele desejava.

Os anos vividos por Cairu em Portugal foram estratégicos. Presenciou a reformulação da política econômica portuguesa no plano interno e externo, informada pelas diretrizes hauridas no mercantilismo ilustrado do Marquês de Pombal. Depois do ápice das exportações de ouro do Brasil para Portugal, atingida nos anos 1750, era nítida a redução da entrada do metal precioso na década seguinte e, mormente, nos anos 1770.[14] No ano

---

12   LISBOA, José da Silva. *Observações sobre o comércio franco do Brasil*. Rio de Janeiro: Imprensa Régia, 1808.

13   TENGARRINHA, José Manuel. "Verbete LISBOA, José da Silva". In: SERRÃO, Joel (dir.). *Dicionário de História de Portugal*. Lisboa: Iniciativas Editoriais, vol. II, 1965, p. 784.

14   Há discordâncias em relação ao momento em que teria se iniciado a retração aurífera no Brasil. Não há, contudo, em relação aos níveis reduzidos da produção nos anos 1770. Cf. PINTO, Virgilio Noya. *O ouro brasileiro e o comércio anglo-português*. São Paulo: Companhia Editora Nacional, 1979, p. 115. Num sentido divergente, cf. MORINEAU, Michel. *Incroyables gazettes et fabuleux metaux: les retours des trésors américains d'après les gazettes hollandaises (XVIe-XVIIIe siècles)*. Paris/Cambridge:

seguinte à sua chegada em Portugal (1774) foram criadas as Balanças de Comércio, uma espécie de subproduto da instituição da Superintendência dos Contrabandos (1771), entregue a Maurício José Teixeira de Moraes, que transformou as Balanças num indicador seguro e eficaz da mensuração e controle da riqueza gerada pelo fluxo mercantil.[15] Um dos símbolos da nova mentalidade econômica e administrativa fora a criação da Aula de Comércio, em 1759, certamente uma das primeiras iniciativas do gênero em toda a Europa e que antecipa, em meio século, a criação da Cátedra de Economia Política no Brasil, em 1809.[16] Ao retornar a Portugal, em 1797, Cairu pôde comprovar o acerto das medidas pombalinas que não morreram com seu criador, apeado do poder em 1777 e falecido em 1782. A Balança de Comércio portuguesa tornara-se superavitária em relação à inglesa, pela primeira vez em sua história.[17]

Editions de la Maison des Sciences de l'Homme/Cambridge University Press, 1985, p. 188-195. Para uma discussão comparativa sobre os fluxos mundiais de metais, Cf. BARRET, Ward. "World Bullion Flows, 1450-1800". In: TRACY, James D. (org.). *The rise of merchant empires: long-distance trade in the early modern world, 1350-150*. Cambridge: Cambridge University Press, 1990, p. 224-254.

15 A Superintendência Geral dos Contrabandos foi criada por Alvará de 16 de dezembro de 1771, cf. MORATO, Francisco M. Trigoso de Aragão. *Coleção de Legislação Portuguesa impressa e manuscrita*. Academia Real de Sciencias de Lisboa, vol. 27, fl. 245 e segs. Já as Balanças de Comércio nasceram com o Alvará de 20 de maio de 1774. Cf. RIBEIRO, Maria de Lourdes. *As relações econômicas entre Portugal e Brasil segundo as "Balanças do Comércio"*. Lisboa, 1971, exemplar xerografado, p. 20.

16 As Aulas de Comércio eram um curso de contabilidade, comércio e economia, cujo lente, João Henrique de Sousa, planificou e executou a reorganização do Erário Régio no ano de 1761, em substituição à antiga Casa dos Contos, centralizando toda contabilidade relativa à receita e despesa, então submetida ao Marquês de Pombal, o primeiro inspetor do Erário Régio. Relembramos ainda que a primeira Cátedra de Economia Política foi criada em Nápoles, sob regência de Antonio Genovesi, autor de *Lições de Comércio ou Economia Civil* (1765). Cf. GONNARD, Rene. *História de las doctrinas económicas*. Trad. esp. Madri: Aguilar, 1968, p. 143.

17 A continuidade da política econômica pombalina foi acentuada por NOVAIS, Fernando. *Portugal e Brasil na Crise do Antigo Sistema Colonial (1777-1808)*. São Paulo: Hucitec, 1979. Entre 1785 e 1790, Sir Roberto Walpole, plenipotenciário inglês em Portugal, constata, com espanto, que Londres passava a remeter ouro para Lisboa, como forma de

De uma forma mais ampla, Cairu vivenciou a emergência de um novo padrão de colonização nas relações entre Portugal e Brasil, entre a metrópole e suas colônias, que passavam pela revitalização das atividades industriais em Portugal, pela diversificação da produção agrícola da colônia, por um enlace renovador em suas relações que, de certo modo, antecipavam práticas que somente seriam dominantes no âmbito do neocolonialismo do século XIX.[18] Concretamente, Cairu presenciava o desenvolvimento das manufaturas em Portugal; testemunhava a forte concorrência que lhe movia a indústria inglesa; os denodados esforços empreendidos pelos franceses que, à sombra do bloqueio continental, transladaram suas indústrias para a região renana alimentando-as com matérias-primas portuguesas, especialmente do algodão brasileiro, visando o controle do mercado continental.

Finalmente, Cairu tinha diante de seus olhos o notável desenvolvimento da agricultura no Brasil. Fruto dos esforços públicos visando à aclimação de plantas que não estavam no ordinário comércio, e que acabaram por transformar a colônia num celeiro de alimentos, matérias-primas e amplo mercado consumidor de produtos manufaturados, perfeitamente ajustados às necessidades da metrópole.[19] Não devia lhe escapar também o crescimento da indústria têxtil rural em Minas Gerais, materializada nos

---

pagamento do déficit da Balança Comercial. Cf. MAXWELL, Kenneth. "The Atlantic in the eighteenth century: a southern perspective on the need to return to the 'BIG PICTURE'", *Transactions of the Royal Historical Society*, Londres, 6th series, vol. 3, 1993, p. 229.

18 Sobre a diversificação agrícola da colônia com base nas *Memórias da Real Academia de Ciência de Lisboa*, cf. NOVAIS, Fernando. *Op. cit.*, p. 226; e, mais sistematicamente, com base nas Balanças de Comércio, cf. ARRUDA, José Jobson de A. *O Brasil no comércio colonial*. São Paulo: Ática, 1980, p. 612 e segs. Sobre a emergência de um novo padrão de colonização no século XVIII, cf. ARRUDA, José Jobson de A. "Decadência ou crise do Império luso-brasileiro: o novo padrão de colonização do século XVIII". In: *Actas dos IV Cursos Internacionais de Verão de Cascais*. Vol. 3: *Mito e símbolo na História de Portugal e do Brasil*, 1997, p. 213-238.

19 Estas formulações de Fernando Novais e José Jobson de Andrade Arruda nos anos 1970 foram retomadas pelos historiadores portugueses Valentim Alexandre (*Os sentidos do Império*. Lisboa: Edições Afrontamento, 1993) e Jorge Pedreira (*Estrutura industrial e mercado colonial: Portugal e Brasil (1780-1830)*. S.l.: Linda-a-Velha, 1994).

famosos panos de minas, fabricados com teares rústicos, amparados pelo isolamento das fazendas, pela ruralização decorrente da crise da produção aurífera e pela disponibilidade de mão de obra escrava incorporada em relações solidárias nas pequenas propriedades, que conjugavam trabalho livre com trabalho compulsório. Eram as fazendas mistas que, de certo modo, representam uma forma de protoindustrialização, absolutamente original por incorporar *industrial slavery*.[20]

Panos rústicos, tecidos grosseiros, eis o *charme* de Minas, que por certo não passou despercebido às autoridades portuguesas. Ou, de que outro modo se pode explicar o alvará de D. Maria I de 1785?[21] Cairu deveria saber muito bem. Não era uma proibição inócua, circunstancial,

---

20 O estudo fundamental para estas questões foi realizado por MARTINS, Roberto Borges. "A indústria têxtil doméstica de Minas Gerais no século XIX". *Separata Cedeplar*, Belo Horizonte, s.d.; aprofundada por LIBBY, Douglas C. *Transformação e trabalho em uma economia escravista*. São Paulo: Brasiliense, 1988; mais especificamente, a temática da protoindustrialização, em LIBBY, Douglas C. "Proto-industrialization in a slave society: the case of Minas Gerais". *Journal of Latin American Studies*, Great Britain, 23, s/d., p. 1-35.

21 O Alvará de 5 de janeiro de 1785 não foi a reprise inócua de traços dominantes na política mercantilista. Expressa, pelo contrário, contradições e dilemas da Ilustração portuguesa. Sua motivação essencial foi garantir a exportação de tecidos portugueses para o Brasil. Em decorrência, era preciso restringir as manufaturas coloniais, combater o contrabando, evitar o deslocamento da mão de obra da lavoura, da mineração e do processo de ocupação de novas áreas. Combatia-se, especificamente, as manufaturas têxteis. Mas não todas. Excetuavam-se as manufaturas grossas de algodão, destinadas ao vestuário dos escravos e a enfardar, empacotar produtos. As buscas e apreensões revelaram poucas distorções, mas uma intensa fabricação de "teçume" para escravos e gente miúda. Era este, exatamente, o nicho que poderia garantir o florescimento da produção têxtil na colônia, inclusive por conta do dinamismo do setor exportador, que potencializava a produção interna de subsistência e, portanto, a circulação de tecidos grosseiros. Cf. NOVAIS, Fernando Antônio. "A proibição das manufaturas no Brasil e a política econômica portuguesa do fim do século XVIII". *Revista de História*, São Paulo, nº 67, 1966, p. 145-166. A *Carta Régia de 1777* representara uma nítida inversão relativa a Minas Gerais. Da proibição das atividades agrícolas, para evitar o desvio de escravos da mineração, passa-se ao estímulo, reconhecendo a importância da agropecuária, diante da avassaladora crise da mineração, apontando novos caminhos para a economia de Minas, capazes de sustentar os contingentes populacionais lá sediados. Cf. ARRUDA, Maria Arminda do Nascimento. *Mitologia da Mineiridade*. São Paulo: Brasiliense, 1990, p. 140.

adotada exclusivamente para atender à necessidade de reforçar os princípios do estatuto colonial regido pela prática mercantilista. Era a expressão da necessidade de se conciliar o desenvolvimento das indústrias, que se tornavam tão importantes para Portugal, com o bloqueio das atividades similares na colônia. Eis uma questão crucial que se poria diante do talento de qualquer intelectual que se pusesse a pensar as reconciliações possíveis entre dois mundos que se tornavam, gradativamente, antípodas, como o faz Cairu.

Revolução Industrial, Revolução Americana, Revolução Francesa, Inconfidência Mineira, Segunda Guerra de Independência Americana, Conjuração Baiana, Bloqueio Continental, Bloqueios Marítimos, Contrabloqueios, pressões diplomáticas, tratados secretos, deslocamento de tropas, mudança da sede política do Império, um torvelinho avassalador de acontecimentos. Eis o mundo de Cairu. O ouro desabou, o açúcar encolheu, mas o algodão, os couros, o tabaco, o açúcar, o arroz, o cacau, o café, as drogas do sertão, ocuparam o lugar. As exportações coloniais não rendiam mais os costumeiros quase 5 milhões de esterlinos que alcançaram nos meados do século XVII. Rendiam, no máximo, 4 milhões. Mas que eram socialmente distribuídos de uma forma mais generosa, ativando a distribuição de renda, reforçando os mercados regionais com diferenciados níveis de relações de trabalho, que iam da escravidão ao trabalho livre, passando por formas intermediárias, que dinamizavam o fluxo interno de renda e levavam à constituição de um mercado interno integrado na Colônia, condição primeva para o surgimento do Estado nacional.[22]

---

22 ARRUDA, José Jobson de A. "Mercado nacional e mundial entre o Estado e a Nação: o Brasil, da Colônia ao Império". In: *Actas dos III Cursos Internacionais de Verão de Cascais*. Vol. 3: *Estados e sociedades ibéricas*, 1997, p. 195-206. Ainda sobre o crescimento do mercado interno no final do período colonial, cf. FRAGOSO, João L. R. *Homens de grossa aventura: acumulação e hierarquia na praça mercantil do Rio de Janeiro (1790-1830)*. Rio de Janeiro: Arquivo Nacional, 1992; FRAGOSO, João L. R. & FLORENTINO, Manolo. *O arcaísmo como projeto: mercado atlântico, sociedade agrária e elite mercantil no Rio de Janeiro, c. 1790-c. 1840*. Rio de Janeiro: Diadorim, 1993.

A mobilização do espírito crítico em Portugal, com a finalidade de viabilizar as reformas necessárias para a preservação do Império, inscrevia-se no movimento mais geral da ilustração portuguesa, e tinha nas *Memórias da Academia de Ciências de Lisboa* sua produção intelectual mais lúcida, centrada na assimilação e adequação das ideias que formavam o caldo de cultura do tempo à realidade portuguesa. É exatamente neste momento, em que a ilustração luso-brasileira alcança o seu ponto mais elevado, no final do século XVIII, que Cairu inicia sua carreira de escritor. Inserido no movimento, identifica-se com a economia política de Adam Smith, em sua vertente mais ortodoxa e clássica, mas inova sob o acicate da especificidade brasileira. O cerne do pensamento ilustrado, bem sabemos, é a crítica acerba ao Antigo Regime e aos resquícios feudais presentes na sociedade do Absolutismo. Nesse contexto, Cairu não se diferencia muito dos ilustrados luso-brasileiros, vincados por um estridente ecletismo por misturarem ideias fisiocráticas, mercantilistas e elementos da economia política clássica inglesa, mescla esta que poderia ser denominada por mercantilismo ilustrado.[23]

Cairu não valoriza exclusivamente a agricultura (fisiocracia); nem se subordinava ao primado da indústria (colbertismo); ou propugnava pela supremacia absoluta do comércio (mercantilismo). Seu discurso, como se verá, buscava o ajuste de todos os princípios disponíveis às necessidades imediatas e reais do mundo colonial, em sua dimensão econômica, política e social. Como já se disse, ao mobilizar o espírito crítico para realizar as reformas necessárias no Império português, o pensamento ilustrado português abriu espaço para que se revelasse a sua contraface, isto é, sua face revolucionária, aguda em Portugal, amena no Brasil, pois a presença da

---

23 Cf. NOVAIS, Fernando Antônio. "O Reformismo ilustrado luso-brasileiro: alguns aspectos". *Revista Brasileira de História*, São Paulo 1984, p. 108. O ecletismo intelectual e o pragmatismo cientificista lastreia o Iluminismo em Portugal e no Brasil. Era sobre esta base que se misturavam influências inglesas (clássicos) e francesas (fisiocratas), culminando no mercantilismo ilustrado, um mercantilismo bafejado pelas Luzes. Cf. Idem. *Portugal e Brasil na Crise do Antigo Sistema Colonial*, op. cit., p. 229-230.

Corte aplainou o caminho para a transição pacífica rumo à constituição do Império brasileiro.[24]

Ao acoimar-se Cairu de ser um áulico afeto à burocracia estatal, um quase sabujo dos poderosos, que se guiava exclusivamente pelos princípios da economia política – na busca do bem comum por via do desenvolvimento econômico e da harmonia social –, retira-se-lhe aquilo que, a nosso ver, mais o tipifica no concerto dos pensadores da ilustração. Ao propugnar pela abertura dos portos, por exemplo, fundamentava-se em razões objetivas, lastreadas na realidade histórica imanente, rejeitando-se, portanto, a possibilidade de interpretá-la estritamente na chave dos princípios teóricos por ele professados. Aí se conjugavam circunstâncias históricas específicas com a assimilação de princípios hauridos na literatura sobre economia política, mas à realidade ajustados. Pensar o contrário seria negar a experiência prática que Cairu havia amealhado em sua carreira de funcionário público na Bahia, a qual desmente seu pretenso alheamento em relação à realidade econômica de seu tempo, compondo o perfil de um homem de gabinete, um funcionário prático. Nada mais ilustrativo de sua figura engajada na vida econômica da colônia do que a leitura da notável carta enviada a Domingos Vandelli, datada de 18 de outubro de 1781, na qual se revela um homem interessado e envolvido com o cotidiano da economia baiana, ciente da importância de seus principais produtos, particularmente do algodão e da cana, dos quais traça um panorama convincente, sem perder de vista a problemática social do tráfico de escravos que, antecipadamente, condena por sua desumanidade.

---

24 "Tinham os teóricos e estadistas que mobilizar os esquemas interpretativos da mentalidade das Luzes [...] Incentivar a produção, mesmo com aberturas no âmbito do sistema e, ao mesmo tempo, proceder a reformas na metrópole para assimilar os estímulos econômicos do ultramar [...] A impossibilidade *teórica* de ultrapassar esse dilema sem negar o sistema como um todo imprimia um iniludível caráter ideológico às formulações reformistas; a impossibilidade *prática* de ultrapassar as contradições levava, por seu lado, às rupturas revolucionárias". Cf. NOVAIS, Fernando Antônio. *Portugal e Brasil na Crise do Antigo Sistema Colonial*, op. cit., p. 239, 238, 232.

O exercício por dez anos do cargo de deputado e secretário da Mesa de Inspeção, cujas atribuições eram a fiscalização e superintendência de tudo que se referisse à vida econômica da área sob sua jurisdição, acabaram por fazer dele um "homem de ação", como se pode depreender deste documento datado de 25 de fevereiro de 1805, no qual seus contemporâneos a ele se referem como tendo

> servido constantemente com muita honra e zelo ao Real Serviço e Fazenda, carregando com todo o oneroso expediente da Agricultura, Comércio e Arrecadação dos Reais direitos, que estão a cargo desta Mesa, fiscalizando a arrecadação e remessa dos fardos da Real Derrama do Contrato da Índia, Direitos Reais dos escravos de Angola, Benguela, novo imposto do algodão, tendo, além disso, feito serviços extraordinários na viagem ao Recôncavo desta Cidade, determinada por Ordem Régia, cujo resultado mereceu a Real aprovação: propondo em Mesa, frequentemente, vários melhoramentos e benefício da lavoura e tráfico do país e, com especialidade, o que pertence ao dito algodão que está em progresso.[25]

Experiência esta que muito lhe valeu no momento em que foi nomeado para o cargo de deputado da Real Junta do Comércio, Agricultura, Fabricas e Navegação deste Estado e seus domínios Ultramarinos, criada por D. João em 23 de agosto de 1808, e do qual foi membro até 1821.

Este documento, reproduzido numa nota de Alceu Amoroso Lima, na biografia introdutória à reedição dos *Princípios de economia política*, desmente a imagem de Cairu como professor e intelectual desligado das coisas práticas e, sobretudo, de alguém que teria se valido sempre das ideias alheias, sem nenhuma contribuição original. Cairu tinha um sentimento

---

25 Carta a Domingos Vandelli, *Anais da Biblioteca Nacional*, Rio de Janeiro, vol. XXXII, 1910, p. 494-509. Atestado da Mesa de Inspecção da Bahia, 25 de fevereiro de 1805, MS, *Biblioteca Nacional do Rio de Janeiro apud* LIMA, Alceu Amoroso. "Época, vida e obra de Cairu". In: LISBOA, José da Silva. *Princípios de economia política, op. cit.*, p. 23.

missionário. Propunha-se a uma ação pedagógica. Acreditava na divulgação de ideias que assumia ter compilado, pois de que outro modo se desincumbiria de sua tarefa nas condições educacionais em que se encontrava a colônia? Como tornar acessíveis os livros, as línguas raras nas quais estavam escritos sem as sínteses compreensíveis? Portanto, submetera "à Indulgência da Nação a compilação que fizera", do que pensava ser o "mais instrutivo, e menos problemático, no que até agora se tem oferecido à discussão da República das Letras; na esperança de servir de subsídio aos que não tiveram a oportunidade de consultar as obras originais", com a finalidade de informar e educar aqueles que resolvessem se "aprofundar na Ciência".[26]

Estas recopilações soteropolitanas já eram, em si mesmas, uma notável contribuição à cultura restrita do universo colonial. O levantamento dos autores citados na reedição dos *Princípios*, somam 86, por si só indicativos de uma ponderável erudição. Obviamente, Adam Smith leva a palma entre todos os autores referidos, invocado nada menos do que 80 vezes. No texto sobre a *Franqueza da indústria*, são citados uma quinzena de autores, com a inevitável prioridade de Adam Smith, ao qual se seguem Winter Botham, Thomas Jefferson, Alexander Baring, J. B. Say, entre outros de menor incidência.

O tema da indústria, aqui tratado, fundamenta-se no arcabouço teórico geral alinhavado nos *Princípios de economia política*. De nenhuma forma, contudo, pode-se interpretar a posição de Cairu com respeito à indústria nacional em função de um *laissez-faire* desabrido, mesmo que esta possibilidade tivesse surgido em algumas de suas reflexões mais teorizantes, portanto, mais coladas em Adam Smith. A referência à liberdade comercial sempre foi pensada em relação ao monopólio restritivo vigente no sistema colonial mercantilista, praticado pela Coroa portuguesa. Razão pela qual suas reflexões teóricas e proposições práticas jamais podem ser avaliadas sem este referencial incontornável. Trava-se, na obra em epígrafe, um cerrado diálogo entre os princípios que defende e propõe, *vis a vis* à realidade pré-existente a emergência do que denomina *o novo sistema do*

---

26 LISBOA, José da Silva. *Estudos do bem comum e economia política, op. cit.*, p. 59.

Brasil, sistema que se descortina no pós-abertura dos portos e elevação da colônia à condição de Reino Unido.

Neste sentido, nada seria mais esclarecedor do que a comparação entre a trajetória percorrida por Cairu e o itinerário de Acursio das Neves, economista português, seu contemporâneo, e que versou sobre os mesmos problemas do ângulo da metrópole,[27] cujo vaticínio aponta na mesma direção, ou seja, atribuir ao sistema anterior a responsabilidade pelos entraves ao desenvolvimento econômico, especialmente da produção manufatureira:

> O sistema colonial arrasou muito a possível população e grandeza do Brasil, obrigando a uma forçada divisão de trabalho, os braços e capitais do país, não permitindo outros empregos senão os da agricultura e mineração, artes ordinárias etc. Assim se deixaram de estabelecer algumas manufaturas úteis, que teriam cabimento na ordem natural das coisas.[28]

Isto não significa, contudo, desconsiderar a essencialidade das atividades agrícolas no crescimento econômico da colônia, sobretudo em tempos de retração exponencial da produção aurífera, causadora dos "medos pânicos do esgoto dos metais preciosos".[29] De bom grado, Cairu, trocaria toda riqueza extraída das minas por peças de artilharia, armamentos, máquinas, trabalhadores especializados nas artes agrícolas, artesanais e científicas.[30] Só não seria possível conceder em termos da primazia da agricultura, que era "incontestavelmente do primeiro interesse do

---

27 Cf. LOUREIRO, Fernando Pinto. "Vida e ideias econômicas de José Acúrcio das Neves". *Revista do Centro de Estudos Econômicos*, Lisboa, n⁰ˢ 16 e 17, 1957 (separata), e, sobretudo, TENGARRINHA, José. "Verbete José Acúrsio das Neves (1766-1834)". In: SERRÃO, Joel (dir.). *Dicionário de História de Portugal*. Lisboa: Iniciativas Editoriais, 1968, p. 144.
28 LISBOA, José da Silva. *Observações sobre a franqueza da indústria... op. cit.*, parte I, p. 25.
29 *Ibidem*, prólogo, v. A mesma expressão retorna na parte II, p. 64.
30 *Ibidem*, parte II, p. 64.

Brasil", e, se a agricultura não tinha privilégios, "como será político dar-se às Fábricas?".[31] Uma vez que dois empecilhos são considerados mortais para o desenvolvimento das fábricas: o primeiro é não se dar plena liberdade ao estabelecimento de manufaturas; o segundo é a concessão de privilégios e favores excepcionais, pois as manufaturas privilegiadas "extinguem proporcional quantidade de caixas de açúcar, rolos de tabaco, sacas de trigo, arroz, café etc.".[32] Portanto, liquidaria a diversificação produtiva que ancorava o setor dinâmico da economia; que fazia a riqueza da colônia no final do século XVIII e lastreava as finanças do Império português numa conjuntura política drástica.

Apesar de recorrentemente afirmar seu credo pela agricultura, considerada "o melhor negócio para as novas Colônias", Cairu repudiava a identificação rasante com a fisiocracia, considerando que este sistema encerrava barbarismos, pois "não há civilização sem o simultâneo concurso de agricultura, artes, comércio".[33] Para ele, a abolição do sistema colonial não significava cair imediatamente no extremo oposto,[34] pois, mesmo na vigência do sistema colonial "a nossa indústria ramificou e subiu a considerável altura",[35] afirmando de modo inequívoco que, "depois da agricultura, *o emprego de capital mais seguro é o das fábricas;* pois o dono tem mais a vista e sob o próprio comando o seu cabedal".[36]

Cairu não é, pois, o insensível detrator das nossas atividades industriais. Muito menos um dos responsáveis intelectuais por seu atraso. Procura fundamentar suas convicções comparando as diferentes políticas industriais desejáveis ao Brasil e aos Estados Unidos, valendo-se de argumentos sensatos. Como o Brasil, a ex-colônia britânica, por seu imenso

---

31 *Ibidem*, parte I, p. 20.
32 *Ibidem*, parte I, p. 27.
33 *Ibidem*, parte II, p. 95.
34 *Ibidem*, parte II, p. 142.
35 *Ibidem*, parte II, p. 143.
36 *Ibidem*, parte I, p. 45, grifo nosso.

contingente de escravos e estágio de desenvolvimento econômico assemelhado, era o paradigma ideal para que se estabelecesse a comparação, justificada por terem sido colônias submetidas aos regramentos do sistema que proibia as manufaturas nas colônias para garantir o êxito da indústria metropolitana.

Também ali, a vocação agrícola se manifestava em função da abundância de terras disponíveis a baixos preços, que atraía os possíveis artesãos, bloqueando a oferta de braços para a indústria. Em decorrência, somente as indústrias mecanizadas, e com pequena exigência de braços, poderia prosperar; ou então, aquelas destinadas a produzir "mercadorias muito volumosas e que não [fossem] de preço assaz considerável para suportar as despesas de frete", que pudessem "ser feitas no país e vendidas a melhor mercado".[37] Disponibilidade de braços típica da Europa, onde um grande número de trabalhadores oferecia seu trabalho em troca de um baixo salário, realidade diversa na América, do Norte ou do Sul, a não ser depois que todas as terras fossem ocupadas. Ali, a escassez de trabalhadores era tamanha que se tornou corriqueiro artesãos converterem-se em aprendizes pelo prazo de 21 anos, incumbindo-se seus mestres e senhores de prover sua educação e subsistência, uma forma renovada do sistema de *indentured servant*.[38] Relação de trabalho preferida no período colonial, pois as autoridades americanas recusaram-se a conceder favores e privilégios semelhantes àqueles concedidos na Europa, política esta que o Brasil deveria seguir, "pois a sua população principal é de escravos; e a de brancos é gente livre e pequena e avança muito lentamente", curiosa formulação que se poderia denominar, anacronicamente, de "argumento Wakefield", que aproxima, nesse passo, Cairu do bispo Azeredo Coutinho.[39]

---

37 *Ibidem*, parte I, p. 2-3.
38 *Ibidem*, parte I, p. 7.
39 *Ibidem*, parte I, p. 11; Cf. COUTINHO, J. J. da Cunha Azeredo. *Análise sobre a justiça do comércio do resgate dos escravos da Costa da África*. Lisboa, 1808, parágrafos 33 e 34.

Ao contrário do que poderia parecer, para Cairu, o principal comércio de uma nação realiza-se no plano interno, praticado, basicamente, entre os habitantes das cidades e do campo,[40] portanto, um defensor da supremacia do mercado interno *avant la lettre*. Era o consumo interno existente num determinado país que "regulava a existência e o preço de todas as produções e, com especialidade, as da indústria manufatureira".[41] Portanto, poderiam ser introduzidas "neste Estado manufaturas as mais convinháveis",[42] tais como os produtos produzidos pelos "obreiros e artistas comuns [que] versão sobre artigos mais grosseiros e volumosos e, que dão vestido, acomodação e suprimento ao corpo principal do povo", ficando claro que "nem o Estado pode deixar de ter grande número destes industriosos".[43] Demonstração tácita de que Cairu não era infenso à indústria e percebia nitidamente que o processo de industrialização deveria concentrar-se nos setores destinados ao consumo de massa, produtos rústicos e baratos.

O ganho real e permanente de uma nação consiste, portanto, em que "haja no país a mais ativa e a mais bem dirigida indústria e, consequentemente, a melhor, mais vasta e progressiva reprodução e acumulação dos bens da vida".[44] Ressalte-se, *reprodução* e *acumulação*! Mais do que o trabalho *industrioso*, que envolve atividade e assiduidade, o tipo de trabalho estratégico para o desenvolvimento das manufaturas é o *trabalho engenhoso*, isto é, aquele que envolve a aplicação de um nível mínimo de inteligência.[45] Vê-se aqui sua plena consciência de que o trabalho no sistema fabril avançado diferia das formas preteridas de organização do trabalho industrial. A percepção de que se transitara do uso intensivo da energia humana para a energia motriz, forma engenhosa por consubstanciar-se num engenho

---

40 *Ibidem*, parte I, p. 30.
41 *Ibidem*, parte I, p. 51.
42 *Ibidem*, parte II, p. 22.
43 *Ibidem*, parte I, p. 32, colchetes nossos.
44 *Ibidem*, parte II, p. 58.
45 *Ibidem*, parte I, p. 13-14.

produzido pela inteligência humana, por sua criatividade. A força física, ao ser substituída pela capacidade mental, tem no progresso científico a condição do avanço tecnológico.

> A difusão da inteligência em Artes e Ciências pelo corpo de uma Nação é que multiplica as facilidades para a introdução e prosperidade de todos os estabelecimentos úteis em geral e, com especialidade, das fábricas, em que é preciso empregar máquinas engenhosas, lavores esquisitos, tintas finas, ordem e método nos processos das mais complicadas operações.[46]

Ao pensar a situação das fábricas no Brasil, Cairu não as isola dos liames com as fábricas portuguesas. Pensa-as conjuntamente, como partes integrantes de um mesmo espaço econômico, apenas separado pelo oceano. Pondera que não se justificava a concessão de privilégios para as manufaturas instaladas no Brasil em nível superior às portuguesas, por haver "aqui muito menos braços a empregar e mais terras a cultivar". O argumento segundo o qual a produção nacional teria que enfrentar a concorrência estrangeira, mais voraz por causa da abertura dos portos, não se justificava, pois a indústria portuguesa sempre enfrentou a concorrência estrangeira que se fazia sentir através do "invedável contrabando";[47] além do que a abertura dos portos resultara das "desordens na Europa.[48]

Falaram mais alto os constrangimentos decorrentes da conjuntura internacional do que a defesa intransigente dos princípios do liberalismo. Foi o horror ao colonialismo, o combate aos monopólios, aos privilégios, enfim, a tudo aquilo que o sistema colonial mercantilista representava, a energia que conformou e canalizou a maior parcela de suas ações. Tanto que Cairu considerava nociva a concentração exclusiva dos recursos de capital dos

---

46 *Ibidem*, parte I, p. 55.
47 *Ibidem*, parte II, p. 100.
48 LISBOA, José da Silva. *Observações sobre o comércio franco do Brasil*, op. cit., p. 95.

colonos nas atividades agrícolas, pois impediriam o desenvolvimento das manufaturas, até mesmo das mais simples, sem as quais não haveria progresso da sociedade civil, da cultura e da civilização. Seria necessário, porém, considerando-se o enlace entre Portugal e Brasil, que se pensasse numa especialização produtiva, na qual a indústria mais avançada se concentrasse em Portugal, tendo em vista a disponibilidade de mão de obra e a escassez de terra, exatamente o inverso do que se apresentava no Brasil.

Repasse interpretativo

Sua defesa do comércio livre, porém, provocou forte reação dos que desejavam a proteção às atividades industriais. Fosse em relação aos similares estrangeiros, fosse em relação aos próprios interesses do setor agrícola. O que ele defendia, mais uma vez inspirado em Adam Smith, era a proteção imparcial da indústria *latu senso*, acepção que englobava o conjunto das atividades produtivas, fossem elas propriamente industriais, agrícolas ou mercantis. Não se posicionava contra as indústrias em princípio. Mas era visceralmente contra fábricas de luxo, especialmente se dependessem do estipêndio público para sobreviver. Argumentava que não se deveriam conceder favores às indústrias particulares, "salvo quando são indispensáveis à segurança e defesa do Estado".[49]

Assim sendo, agricultura, transportes, navegação seriam os setores prioritários, uma vez que se concentrassem nos ramos mais rústicos das atividades produtivas e, portanto, socialmente mais necessários, o que os tornava mais capacitados a sobreviver sem o aditivo dos recursos públicos. Cabia ao Estado, numa escolha racional, selecionar, em função das necessidades de braços e capital, quais seriam as indústrias merecedoras de respaldo.[50] Caberia aos indivíduos, segundo suas próprias opções, escolher o que seria mais vantajoso para si mesmos, sem constranger seus concidadãos

---

49   *Ibidem*, parte III, p. 130-131.
50   *Ibidem*, parte II, p. 67.

ou o poder público.[51] Seria um "sacrifício intolerável" para a coletividade da nação a outorga de privilégios exclusivos para a instalação de indústrias pelo período de 14 anos, pois representaria uma agressão às "manufaturas vulgares", potencialmente mais capazes de se desenvolver numa colônia tão vasta,[52] onde preponderava a "indústria rural",[53] na qual as manufaturas rústicas tinham sua ambientação natural. Além do mais, se até mesmo para estas manufaturas inferiores a mão de obra era rarefeita e seus salários excessivos, como pensar na hipótese de estabelecerem-se as indústrias superiores?[54]

A argumentação empreendida por Cairu sobre as condições indispensáveis para a implantação das manufaturas é consistente e compatível com as condições efetivas vivenciadas. Prova de seu senso prático, de sua consciência das limitações imperantes, das possibilidades e do direcionamento a seguir são os pré-requisitos por ele elencados para o deslanche industrial, a saber: pré-indústria, matéria-prima, alimentos, capitais, mão de obra; prêmios, honrarias, isenções; e, finalmente, restrição aos produtos exóticos e apoio governamental ao ensino científico.[55] Boa parte dos quais o Brasil possuía, mas não todos. Havia abundância da matéria-prima estratégica, o algodão, mas também de couros em profusão, de alimentos, especialmente arroz, de recente aclimatação, que já supria as necessidades da metrópole. Sem contar que os tradicionais produtos tropicais de exportação continuavam a gerar receita, como o açúcar, responsável por 35% dos valores gerados pela exportação. Incentivos poderiam ser diligenciados via intervenção estatal, bem como as providências necessárias ao desenvolvimento do ensino adequado.

Escasseavam de fato capitais e mão de obra adequada. Se o suprimento de capitais poderia ter sido viabilizado pelos recursos extraídos da mineração aurífera e da extração de diamantes, por exemplo, o problema da

---

51 Ibidem, parte II, p. 97.
52 Ibidem, parte II, p. 29.
53 Ibidem, parte II, p. 57.
54 Ibidem, parte II, p. 19.
55 Idem. *Observações sobre o comércio franco do Brasil*, op. cit., parte III, p. 133.

mão de obra era bem mais grave, considerando-se a natureza escravista da sociedade, por ele considerada incompatível com o desenvolvimento industrial. A inexistência de uma tradição artesanal capaz de formar trabalhadores experientes era uma restrição suplementar e, toda ela, da responsabilidade das mazelas advindas do sistema colonial. Interessante notar que, no rol das condições pensadas por Cairu, não aparece o mercado consumidor, talvez entendido como pressuposto natural, pois sua importância foi sobremodo ressaltada ao considerar o mercado como elemento motor da produção. Podemos supor, finalmente, que Cairu subentendia a escravidão como fator restritivo à formação e crescimento do mercado interno.

Em função das dificuldades presentes no cenário econômico, social e político do país, Cairu preferia a alternativa cautelosa, mais própria de um homem público, evitando saltos repetidos que poderiam ser desastrosos, propondo o desenvolvimento natural e gradual do setor manufatureiro. Sempre haveria aqueles que, inescapavelmente, tentariam aproveitar-se da situação, apropriando-se do dinheiro público, em detrimento dos verdadeiros industrialistas, transformando os subsídios em meios fáceis de garantir sua subsistência folgada. O resultado seria uma perda efetiva para a população e para a economia. Aquela se veria privada por um longo tempo das virtualidades essenciais à vida; e as exportações seriam prejudicadas pelo encolhimento do mercado externo que, para Cairu, seria "os equivalentes das fazendas importadas".[56]

Por suas ideias, por sua ação, por seu procedimento, José da Silva Lisboa não poderia deixar de atrair uma vasta gama de adversários amenos ou agressivos, muitos do porte de José Bonifácio, Cipriano Barata, Evaristo da Veiga, Gonçalves Ledo, Bernardo Pereira de Vasconcelos, entre outros.[57] Mas foram os ataques de João Severiano Maciel da Costa[58] que lhe causaram o maior dano,

---

56 *Ibidem*, parte III, p. 134.
57 VIANA, Hélio. *Contribuição à História da Imprensa no Brasil (1812-1869)*. Rio de Janeiro: Instituto Nacional do Livro/Imprensa Nacional, 1945, p. 400 e segs.
58 COSTA, João Severiano Maciel da. "Memória sobre a necessidade de abolir a introdução dos escravos africanos no Brasil". In: COSTA, João Severiano Maciel *et al*. *Memória sobre*

pois, acérrimo defensor da proteção à indústria, interpretou de forma reducionista as posições de Cairu – de resto bastante sofisticadas –, identificando-as a uma intransigente defesa das atividades agrícolas, sendo por via desta simplificação que muitos de seus futuros detratores passam a concebê-lo.

O rótulo de construtor ideológico do Império, defensor da monarquia e representante da oligarquia latifundiária tornaram Cairu pouco simpático à produção histórica republicana, que o relegou ao ostracismo, do qual foi retirado por Sérgio Buarque de Holanda, responsável pela interpretação que perdurou ao longo do século XX e rebateu de modo diverso nas teses universitárias mais recentes. Com ele nasce a visão de um Cairu vetusto, visceralmente identificado com o passado colonial e rural, para quem o apelo à inteligência como forma de redenção do trabalho na sociedade industrial não passava de ornamento fraseológico, de expressão rara e vazia que tipificava o universo semântico da aristocracia rural por oposição aos despossuídos do dom do verbo sonoro que, em seu universo mental, transforma-se em apanágio congênito, assemelhado às distinções de sangue.[59] Celso Furtado, largamente responsável pela visão negativa que pesa sobre a figura de Cairu, reitera o juízo de Sérgio Buarque de Holanda. Tomado pela problemática do desenvolvimento econômico, pensando nos percalços interpostos à internalização do fluxo de renda, sua gazua desenvolvimentista, condição vital, segundo ele, para que um centro dinâmico se instalasse no país, vê em Cairu o oposto do que seria desejável num pensador e homem de Estado

---

a escravidão. Introdução de Graça Salgado Rio de Janeiro/Brasília: Arquivo Nacional/ Fundação Petrônio Portela, 1988, p. 23-24.

59 HOLANDA, Sérgio Buarque de. *Raízes do Brasil*. 9ª ed. Prefácio de Antonio Candido. Rio de Janeiro: Livraria José Olympio Editora, 1976, p. 50-52. Num sentido contrário à interpretação de Sérgio Buarque de Holanda, a obra de Cairu seria a um só tempo o resultado de influências culturais europeias e reflexão sobre as questões mais gerais da sociedade brasileira, entre os fins do século XVIII e inícios do século XIX. Com base na economia política e na noção de bem comum, buscava-se a consolidação da independência, a formação do Estado nacional e a elaboração de um pacto social assentado na liberdade comercial e na expansão manufatureira, conjugando ciência e trabalho. Cf. MARTINS, Wilson. *História da inteligência brasileira*. Vol. II: *1794-1855*. São Paulo: Cultrix, 1979.

para que a autonomia econômica brasileira se cumprisse. Por isso, abjura Cairu, identifica-o ao lema clássico do liberalismo econômico, *deixai passar, deixai comprar, deixai vender*, estigma que jamais o abandonou, pois Celso Furtado formou gerações de brasileiros que se incumbiram de reproduzi-lo.

A *piéce de rèsistence* de Celso Furtado era a comparação com Alexander Hamilton, estadista norte-americano que, na mesma época, defendia uma política protecionista para a indústria nos Estados Unidos, diferentemente de Cairu, que reduzido à mínima expressão, sem matizes, foi apresentado aos olhos de todos como um estrangeirado, um entreguista de nossas riquezas industriais. Em estudo ainda inédito, esta dualidade contraditória representada pelos escritos de Hamilton e Cairu foi reafirmada em tese universitária, defendida em Belo Horizonte no ano de 1973 pela historiadora Déa Fenelon, para quem Cairu e Hamilton, afilhados de Adam Smith, tinham por meta principal a consolidação do Estado nacional nas ex-colônias, trilhando caminhos opostos na aplicação de seus princípios, salientando-se o *laissez-faire* desfocado, a timidez e o passadismo do primeiro, em contraposição à modernidade racional e burguesa do segundo. Cairu é retratado como um liberal de ocasião, sem formação prévia, defensor da liberdade enquanto guardião da propriedade, formulação ideológica que recobria a defesa da escravidão e os interesses dos proprietários rurais. Interpretação esta que sintetiza, de certo modo, visões contidas nos escritos de Sérgio Buarque de Holanda, Celso Furtado, e Emília Viotti da Costa.[60] Esta visão tão duradoura, majoritariamente assentada na visão do insigne historiador/economista que foi Celso Furtado apanha, a nosso ver, apenas uma faceta de Cairu. Ou seja, exatamente aquela que transparece nos seus escritos mais teorizantes, pois retratá-lo como um ideólogo do senhoriato brasileiro descura uma questão fulcral: a de que foi exatamente

---

60 Cf. FENELON, Déa Ribeiro. *Cairu e Hamilton, um estudo comparativo*. Tese (doutorado) – UFMG, Belo Horizonte, 1973 (exemplar mimeografado), p. 9, 10, 79. Além dos suportes de Sérgio Buarque de Holanda, e Celso Furtado, já citados, ancora-se em COSTA, Emília Viotti. "Introdução ao estudo da emancipação política". In: MOTA, Carlos Guilherme (org.). *Brasil em perspectiva*. São Paulo: Difel, 1969, p. 64-125.

este estrato social que, bem ou mal, empenhava-se, naquele momento, em fundar a nação. Cairu foi, efetivamente, o ideólogo do senhoriato brasileiro; mas não foi apenas isto, pois também pensou as condições possíveis para a construção do Estado nacional, advogando a aplicação de uma política econômica intervencionista, preconizando certo dirigismo conduzido pelo Estado, que fá-lo distanciar-se nitidamente do liberalismo clássico.

Mas há uma contra-eitura. No mais das vezes engendrada no território dos economistas ou dos historiadores-economistas. O contradiscurso pode ser também pensado em relação a Sérgio Buarque de Holanda que, no jornal *Correio da Manhã*, em 17 de março de 1946, escreveu um artigo intitulado Inatualidade de Cairu. Motivação suficiente para que, em 1975, na já citada reedição do Ipea dos *Estudos do bem comum e economia política*, José de Almeida questionasse a imagem negativa de Cairu, chamando atenção exatamente para sua atualidade, particularmente no que tange à sua visão sobre a relação entre a riqueza das nações, a quantidade de trabalho disponível e o cabedal de inteligência que poderiam mobilizar.[61] De certa forma, o estudo de Antônio Paim, publicado em 1968, já buscava a recuperação da imagem de Cairu referindo-se à sua modernidade, por valorizar a identificação entre ética do trabalho e ética calvinista.[62] Mais recentemente, temáticas já abordadas por José de Almeida foram retomadas por Darcy Carvalho, que vê no livre comércio e na liberdade industrial condições essenciais para o desenvolvimento econômico moderno, com especial destaque para sua teoria do emprego e do desemprego, formulada em linguagem atual.[63]

Quantas revisões historiográficas a obra de Cairu comportará? Cairu preconizador da economia globalizada, do trabalho-inteligência, quem

---

61 ALMEIDA, José de. "Atualidade das ideias econômicas do Visconde de Cairu". In: LISBOA, José da Silva. *Estudos do bem comum e economia política, op. cit.*, p. 27.
62 PAIM, Antônio. *Cairu e o liberalismo econômico*. Rio de Janeiro: Tempo Brasileiro, 1968, p. 18, 19, 41.
63 CARVALHO, Darcy. *Desenvolvimento e livre comércio: as ideias econômicas e sociais do Visconde de Cairu – um estudo de história do pensamento econômico brasileiro*. São Paulo: IPE-USP, 1985, p. 277.

sabe da inteligência artificial. Cairu ideólogo da burguesia progressista, *pater familias* da revolução burguesa no Brasil. Cairu, descolado da realidade econômica imediata, prisioneiro dos conceitos da economia política clássica, identificada com o direito, com as leis naturais ou positivas.[64] Restaria ainda alguma alternativa ainda não contemplada? Cremos que sim. Uma delas, porém, que acreditamos pouco esmiuçada até aqui, pensaria Cairu e sua apropriação da economia política em relação à política econômica pensada e, esta, em relação à vida econômica efetivamente vivenciada.

Sua *economia política sim* porque ela não era mera imitação, não instaurava o reino do liberalismo absoluto, preconizava a atuação do Estado a bem da felicidade social, do bem-estar social, porque fora pensada para uma realidade histórica totalmente diferente do ambiente europeu. Sua *política econômica* sim, porque a partir de suas reflexões projeta ações práticas, a serem conduzidas pelo Estado, almejando o desenvolvimento econômico por via do apoio às indústrias naturais, que incluiriam *sim* as indústrias mais complexas, no seu devido tempo. Teoria e prática sempre referenciada por Cairu às *atividades econômicas efetivas*, ou seja, aquelas atividades concretas, que a vivência histórica do período lhe prodigalizara, pois aí está o seu diferencial: passar da reflexão teórica (economia política) à formulação de práticas e ações econômicas (política econômica), referidas a uma realidade empírica objetiva, a realidade econômica efetiva, vivenciada, sentida, incorporada.

Não cabem, portanto, os reparos feitos por Antonio Penalves Rocha a esta formulação.[65] Ela não prescinde de evidências empíricas, porque tais evidências estão sobejamente demonstradas na inteireza deste texto e, portanto,

---

64 Cf. *ibidem*; PEREIRA, José Flávio. *Cairu revisitado: uma contribuição ao estudo do reformismo liberal.* Tese (doutorado) – FFLCH-USP, São Paulo, 1994; ROCHA, Antonio Penalves. *A economia política na sociedade escravista.* São Paulo: Hucitec/Departamento de História da USP, 1996.

65 "Os autores [Fernando Novais e José Jobson de Andrade Arruda] propõem-se a realizar uma revisão historiográfica da obra de Cairu, associando o que denominam 'sua economia política' com a política econômica, vinculando esta última com 'atividades econômicas efetivas'. A revisão carece, no entanto, de dados que evidenciem o que vem a ser essa 'sua economia política' e, sobretudo, o poder do autor para que ela se efetivasse como política

somente a uma leitura aligeirada não se daria a perceber; ou uma leitura contrafeita, indisposta em relação aos autores e ao seu texto. Negar a possibilidade de que um intelectual de peso no seu tempo – como era Cairu[66] – pudesse pensar a economia política e daí elocubrar uma determinada *práxis* que se consubstanciasse numa proposta de política econômica, exequível ou não, incorporada e executada pelo Estado ou não, simplesmente porque Cairu não era um Rodrigo de Souza Coutinho, e, portanto, não teria sua estatura intelectual e nem ocuparia um lugar proeminente no aparelho de Estado, escapa ao bom senso e confronta as evidências históricas.

Estudos recentes sobre a montagem administrativa do aparelho de Estado no Rio de Janeiro, após a chegada da Corte, reafirmam a atuação distinguida de Cairu em organismos estratégicos para o direcionamento da política econômica do Estado do Brasil e Seus Domínios. Nomeado Deputado da Real Junta do Comércio no ato de sua fundação em 1808, cultivou relações privilegiadas com seu presidente, D. José Fernando de Portugal e Castro, o todo poderoso secretário de Estado da Fazenda,[67] a quem serviu e de quem foi o "cérebro e porta-voz" junto ao organismo estratégico na efetivação da política industrial, impondo suas diretrizes ao "corpo de deputados do Tribunal", onde seus discursos de economia política serviram de verniz ideológico na composição dos pareceres que formalizavam as decisões.[68] A análise dos pareceres exarados sobre as petições para instalação de fábricas

---

econômica, fazendo frente a um Rodrigo de Souza Coutinho" (ROCHA, Antonio Penalves (organização e introdução). *Visconde de Cairu*. São Paulo: Editora 34, 2001, p. 30).

66 José Luis Cardoso reconhece que Cairu tinha um "invulgar conhecimento da literatura econômica coeva produzida no exterior". Cf. CARDOSO, José Luís. *O pensamento econômico em Portugal nos finais do século XVIII – 1780-1808*. Lisboa: Editorial Estampa, 1989, p. 293.

67 José Luís Cardoso relembra o testemunho da esposa do Marques de Aguiar, D. Gabriela, sobre sua amizade com José da Silva Lisboa. Cf. CARDOSO, José Luís. "A abertura dos portos do Brasil em 1808: dos factos à doutrina". *Ler História*, n° 54, 2008, p. 17.

68 MATTOS, Walter. *"A Real Junta do Commercio, Agricultura, Fábricas e Navegação deste Estado do Brazil e seus Dominios Ultramarinos": um tribunal de Antigo Regime na Corte de Dom João (1808-1821)*. Tese (doutorado) – UFF, Niterói, 2009, p. 179-180.

no Brasil, na sua grande maioria redigida, pelo próprio Cairu, "em nada entram em confronto com o que estabelecera em seus textos",[69] reveladores de um projeto de política econômica que visava constranger a instalação de fábricas impróprias para o Brasil, levado à "prática pelo Estado",[70] testemunho de sua "forte capacidade de influenciar nas decisões do governo em relação não somente à abertura ou não das fábricas, mas também a todo o processo econômico desencadeado no Brasil".[71]

Ação objetiva, compassada com a orientação da política econômica implementada por D. Rodrigo de Sousa Coutinho, igualmente favorável à liberalização do comércio exterior, não por convicções de raiz, porque fora um paladino do "fomento manufatureiro iniciado nos tempos da guerra peninsular", mas por uma progressiva adesão doutrinal ao liberalismo econômico, forçado que fora a "aceitar e adaptar-se à situações que, não podendo ser evitadas, exigia que se lhe tomasse o pulso para evitar efeitos incontroláveis".[72] Equivale dizer, a imperiosa necessidade de sujeitar-se aos ditames que a presença britânica impunha ao Estado português instalado no Brasil. Conversão forçada, é verdade, mas que acaba por conferir muito mais coerência entre pensamento e prática na trajetória de Cairu, pois a aceitação da doutrina liberal por parte de Sousa Coutinho resultou em se verem "baldados os esforços de apetrechamento industrial do Brasil".[73] Neste contexto, quem teve mais a ver com a prática efetiva da política econômica brasileira neste período, Cairu ou Sousa Coutinho? Num momento crucial para a tomada de decisões, quem produziu os textos teórico-práticos delineadores dos rumos a seguir e que foram efetivamente executados?[74]

---

69 FARIA JÚNIOR, Carlos. *O pensamento econômico de José da Silva Lisboa, Visconde de Cairu*. 2 vols. Tese (doutorado) – FFLCH-USP, São Paulo, 2008, vol. 2, p. 282.

70 *Ibidem*, p. 283.

71 *Ibidem*, p. 288.

72 CARDOSO, José Luis. *O pensamento econômico em Portugal... op. cit.*, p. 208-209.

73 *Ibidem*, p. 207.

74 Entre os marcos simbólicos representados pelos atos de Abertura dos Portos, Alvarás de Proteção Industrial e Tratados de Comércio e Amizade com a Inglaterra, Cairu

Sentido no qual talvez se possa inscrever a avaliação de José Luís Cardoso sobre Cairu, para quem "Silva Lisboa deve ser considerado o principal ideólogo e doutrinador do processo de liberalização e de livre-cambismo então iniciado".[75] Mas não só, uma vez que suas concepções sobre o tipo de indústria que deveria ser reconhecida e apoiada pelo Estado tornou-se realidade, pois entre 1808 e 1822 instalaram-se efetivamente no Brasil 61 fábricas, majoritariamente concentradas no Rio de Janeiro e no setor têxtil, contrariando a hipótese de que a presença inglesa tolheu qualquer tipo de iniciativa neste setor.[76]

Ideias no lugar

As ideias vazam os ambientes. Ganham vida própria. A princípio enclausuradas num texto editado, tornam-se livres para voar; e, se elas repercutem ensinamentos de grandes mestres, geniais pensadores, voam ainda mais. Os modos de sua apropriação são incontroláveis, não sendo necessário que se esteja nas rédeas do poder para que elas sejam implementas. William Pitt elegeu *A Riqueza das Nações* como o melhor receituário para todas as questões ligadas à política mercantil e ao sistema de economia política do Império britânico, enfraquecido pela perda das colônias americanas, ideias produzidas por um filósofo e acadêmico cuja função pública de maior visibilidade foi a de Comissário da Alfândega da Escócia, já no final de sua existência.

O quadro histórico em que se movia o Visconde de Cairu, no final do século XVIII, já foi delineado. Seu pensamento, expresso em suas

---

produziu três textos fundamentais por visarem as questões objetivas banhadas por suas convicções teóricas liberais. São as três *Observações: Sobre o Comércio, Indústria e Prosperidade do Estado*.

75 CARDOSO, José Luis. *O pensamento econômico em Portugal... op. cit.*, p. 295.
76 A pesquisa realizada por Carlos de Faria Junior estabelece uma relação entre as petições para a instalação de fábricas e aquelas efetivamente surgidas. As 61 fábricas realizadas distribuíam-se por 8 províncias, concentradas majoritariamente no Rio de Janeiro (34) e Minas Gerais (14); e, sobretudo, no ramo de tecidos e afins. Cf. FARIA JÚNIOR, Carlos. *Op. cit.*, p. 298-310.

obras, especialmente na *Franquesa da indústria*, foi explicitado. Há coerência em Cairu. A defesa do comércio livre e da liberdade industrial, circunstanciada, como vimos, foi pensada em relação ao monopólio colonialista. Quem não advogava, na época, o fim do exclusivo mercantil e das restrições industriais? Todos os colonos o faziam, com exceção dos mercadores portugueses beneficiados pelos privilégios. Portanto, Cairu é vanguarda quando defende a liberdade industrial, por confrontar o Alvará de D. Maria I, protetor do desenvolvimento industrial português, cujo crescimento acelerado no final do século XVIII se fazia às expensas do mercado colonial. O momento era de prosperidade em Portugal; de crescimento econômico na colônia. Era o auge da diversificação econômica que intensificava a distribuição de renda no espaço colonial. Posicionar-se ao lado dos interesses agrícolas não era defender, nesta perspectiva, apenas os interesses da oligarquia rural, significava defender os interesses de camadas muito mais amplas da sociedade brasileira naquele momento e, por desdobramento, a própria sobrevivência do Estado. Sua adaptação do pensamento europeu em defesa do agrarismo poderia muito bem servir aos interesses de uma determinada classe, e de fato o fez, mas disto não deriva que sua atividade intelectual fosse uma resposta automática aos interesses de classe.

Advogar a especialização espacial da produção era um pensamento lúcido nas circunstâncias. A grande indústria deveria concentrar-se em Portugal, pois lá havia um reduzido território e densa população. Na colônia a agricultura, na verdade, a agropecuária, com as indústrias rústicas que lhe eram apendiciais, por conta de seu vasto território e reduzida população. Afinal de contas, as manufaturas portuguesas já tinham certa tradição, tanto que abasteciam 50% do consumo da colônia (outros 50% provinham das nações estrangeiras), enquanto matérias-primas e alimentos de que necessitava eram fornecidos em larga escala pela colônia brasileira, que, além disso, continuava a prover o mercado luso de produtos tradicionalmente reexportados para os mercados europeus.

Portanto, defender a proteção à indústria nacional por meio de isenções e privilégios, como queriam os industrialistas, era jogar contra os interesses dominantes, não apenas das classes privilegiadas, mas do conjunto maior da nação por estarem vinculados a uma estrutura produtiva de base agrária e que não poderia ser transformada abruptamente. Da mesma forma, falar da inadequação do trabalho escravo para o desenvolvimento industrial era pensar no indispensável suprimento dessa força de trabalho para o núcleo duro da economia, dele dependente. Complementarmente, exprime sua consciência crítica inclusive porque subsidiará, mais tarde, parte da argumentação dos abolicionistas. Naquele momento, toda vitalidade da colônia advinha das exportações geradas pelo setor agrícola, totalmente dependente, por sua vez, do fluxo contínuo de novos trabalhadores. Mecanismo responsável pela elevada entrada de escravos africanos, com médias superiores a 26 mil cativos por ano, nos 30 anos que transcorrem entre 1791 e 1820,[77] período de transição econômica entre o ouro e o café, portanto, momento em que a produção de base agrícola diversificada responsabilizava-se pela riqueza da nação. O que aparece em Cairu como concessão ao colonialismo português é, no fundo, a conciliação possível entre dois mundos enlaçados num só Império, espalhado sobre quatro continentes, e que iam se tornando, inexoravelmente, antípodas.

Não é outra a posição de Rodrigo de Souza Coutinho, que se expressa de forma indireta, mas inequívoca, através do *Manifesto de D. João, em 7 de março de 1810*.[78] Dirigido ao clero, nobreza e povo de Portugal, a propósito da necessidade de justificar o tratado de comércio com a Inglaterra recentemente firmado, visando conter as fortes reações contrárias à sua efetivação, reitera e amplifica

---

[77] ARRUDA. José Jobson de A. "Os escravos angolanos no Brasil (Sécs. XVI-XIX)". In: MEDINA, João; HENRIQUES, Isabel Castro. *A rota dos escravos: Angola e a rede do comércio negreiro*. Lisboa: Cegia, 1996, p. 229-239; ELTIS, David. *Economic growth and ending of transatlantic slave trade*. Nova York: Oxford University Press, 1987, Apêndice 7.

[78] DINIZ SILVA, Andrée Mansuy. *Portrait d'um homme d'État: D. Rodrigo de Souza Coutinho, Comte de Linhares 1755-1812*. Vol. II. Paris: Centre Culturel Calouste Gulbenkian, s/d, p. 299.

as proposições defendidas por Cairu.[79] Guiado por sua recente conversão ao "grande, belo e simples sistema de liberdade de princípios", sua profissão de fé liberal,[80] Souza Coutinho argumenta em favor de um "Império nascente". Da necessidade de combinar os interesses de cada uma das partes da monarquia com o todo. De garantir a prosperidade das partes livres de opressão, de tal sorte que pudessem os "cultivadores do Brasil achar o melhor consumo para os seus produtos", pois daí resultaria o desenvolvimento agrícola, o crescimento populacional do seu vasto território, posto que nele "mal se podem cultivar-se por ora as manufaturas, exceto as mais grosseiras, e as que seguram a navegação, e a defesa do Estado". Princípios por ele considerados "da boa economia política" que deveriam ser aplicados ao próprio Reino, a começar pela mobilização de seus cabedais para o aprimoramento dos cultivos tradicionais ao invés de dirigi-los para as manufaturas, investimentos que, progressivamente, originariam "uma indústria sólida", "um grande comércio", "uma proporcional marinha", fazendo do Reino "depósito aos imensos produtos do Brasil". Em suma, para se ter "um grande comércio de exportação é necessário também permitir uma grande importação", e a experiência demonstrará que com o desenvolvimento da agricultura "não hão de arruinarem-se as vossas manufaturas na sua totalidade; e se alguma houver que se abandone, podeis estar certos, que é uma prova que esta manufatura não tinha bases sólidas, nem dava uma vantagem real ao Estado".[81] Nem Cairu era tão radical. Pois reservava ao Reino o privilégio da grande manufatura, que Sousa Coutinho descarta em primeira instância, em favor das práticas agrícolas tradicionais, abjurando as práticas herdadas do passado em "que as manufaturas eram tudo, e que para consegui--las o sacrifício da mesma agricultura era útil e conveniente".[82]

---

79 Manifesto de D. João, em 7 de março de 1810, dirigido ao clero, nobreza e povo de Portugal, justificando o tratado de comércio com a Inglaterra. *Apud* AGUIAR, Pinto de. *A abertura dos portos: Cairu e os ingleses.* Salvador: Livraria Progresso Editora, 1960, p. 163-166.

80 DINIZ SILVA, Andrée Mansuy. *Op. cit.*, p. 298.

81 Manifesto de D. João... *op. cit.*, p. 163.

82 *Ibidem*, p. 165.

Proposições não somente anunciadas, mas levadas à prática efetiva, postas em execução em Portugal nos anos subsequentes, a exemplo da medida que proibia o ingresso de farinhas estrangeiras, baixada em 1814, protegendo a produção interna. Crescimento das exportações de produtos típicos, à exemplo do vinho, sal, frutas, lã, beneficiados por uma conjuntura de preços favoráveis, resultante menos da pressão dos importadores e mais da desorganização do sistema produtivo por conta das invasões francesas, encerrando um longo período de proteção manufatureira, "horizonte de expectativa [que] restringe a afirmação das opões industrialistas", lançando "um olhar frio sobre Pombal".[83]

O binômio liberalismo e riqueza, na forma pela qual foi equacionado classicamente por Adam Smith, isto é, o entendimento da liberdade de mercado como pressuposto essencial – pois era a condição *sine qua nom* para o aumento da riqueza –, identificada à geração de valor pela incorporação de trabalho, pela capacidade de assimilação do progresso técnico e exercício da divisão do trabalho no seu limite, adequava-se integralmente à Inglaterra da Revolução Industrial. Mas não a Portugal e Brasil, onde o cenário era estruturalmente diverso. Em Portugal, Acúrsio das Neves, assumindo os princípios gerais da teoria clássica, privilegiava diferentemente os vetores que compunham a equação liberdade/riqueza. Enfatizava a riqueza produzida no seu corolário indústria, em desfavor da liberdade que, considera, viria a seu tempo. Nesta medida, surgia diante de seus conterrâneos como um pensador criativo e heterodoxo em relação à matriz *smithiana*, acérrimo defensor dos interesses nacionais, pensado em suas condições objetivas, adaptado às condições concretas do desenvolvimento industrial português e da necessidade implícita de postergar os princípios da liberdade pela urgência de preservar o mercado colonial. Outra é a equação de Cairu. Privilegia a liberdade em contraposição à indústria, esta sim, circunstanciada ao momento oportuno, pois a defesa da liberdade significava o contraponto ineslutável às restrições

---

83 MADUREIRA, Nuno Luís. *Mercado e privilégios: a indústria portuguesa entre 1750 e 1834*. Lisboa: Estampa, 1997, p. 324-325. Colchetes nossos.

coloniais interpostas pela metrópole, o combate ao monopólio. Dessa forma, enquanto Acúrsio inverte a ênfase nos termos da equação *smithiana*, Cairu a repõe no espaço colonial, padecendo, em decorrência, das acusações de ser um mero repetidor do grande pai fundador e, sobretudo, de ser um dos responsáveis pela não industrialização do país no século XIX.

A comparação com Alexander Hamilton é desfocada. E resulta injusta. Não leva em consideração tempo, lugar e história. Numa palavra, contexto. As condições em que elabora suas ideias são outras. Quando Hamilton apresentou à Câmara dos Representantes seu *Relatório sobre as Manufaturas*, em 1791, a defesa da indústria era sinônima de defesa do Estado; garantia de continuidade da independência política em relação à Inglaterra duramente conquistada nos campos de batalha, e não plenamente consolidada, como a segunda Guerra de Independência viria comprovar. Fruto de circunstâncias. Tanto que a Sociedade para o Estabelecimento de Manufaturas Úteis, que Hamilton ajudou a fundar neste mesmo ano, somente passou a ter um papel significativo a partir de 1861, já no contexto da Guerra de Secessão, cujo resultado decidiu o destino industrialista dos Estados Unidos. Inicialmente acolhida, a proposição de Hamilton não tinha unanimidade. Pelo contrário, encontrava forte resistência no seio das lideranças políticas vinculadas ao agrarismo, especialmente representadas por Thomas Jefferson, John Adams e James Monroe.[84] Portanto, um profeta e visionário à frente de seu tempo, mas descompassado em relação ao seu próprio tempo. Duas temporalidades que se expressam na plena aceitação dos quatro relatórios considerados revolucionários em termos da reorganização da máquina pública da União: fiscal, creditícia, financeira e monetária,[85] integralmente implementados; e da nova política industrial, praticamente rejeitada por sua efêmera adoção.

---

84 Cf. CHERNOW, Ron. *Alexander Hamilton*. Nova York: Penguin Books, 2005.
85 A máquina financeira da União foi transformada a partir dos Relatórios apresentados por Alexander Hamilton entre 1790 e 1791, na condição de 1º Secretário do Tesouro: Primeiro Relatório sobre o Crédito Público; Operacionalização da Lei que Impunha Direitos sobre a Importação; Segundo Relatório sobre o Crédito Público; Relatório sobre o Estabelecimento da Casa da Moeda e, finalmente, Relatório sobre Manufaturas.

Quando Cairu escreveu a *Franqueza da indústria*, posicionou-se peremptoriamente contra a grande indústria; mas absolutamente a favor de uma indústria circunstanciada. Escrevia na condição de súdito da Coroa portuguesa, de funcionário da Monarquia, de cidadão do Império, de habitante da cidade do Rio de Janeiro, elevada pela conjuntura internacional à condição de capital do Reino; que somente em 1815 viria a ser considerado Unido ao de Portugal. Portanto, obrigado a pensar, a partir de seu embasamento teórico, a realidade econômica das partes que o compunham, um vasto Império tripolar, e não apenas a partir de um de seus polos, o Brasil. O sensato seria, deveras, a especialização produtiva, a adequação da produção industrial conforme a potencialidade dos espaços considerados. Seria um absurdo, naquelas condições, propor que as fábricas fossem instaladas no Brasil, ou na África, e não em Portugal. Explicita-se a coerência em suas proposições, pois lá deveriam ficar as fábricas; no Brasil, as manufaturas complementares e factíveis pelas condições propiciadas pelo próprio ambiente natural.

E se perguntássemos: porque não reconverteu suas posições após a independência? Porque não advogou, a partir de então, a aplicação de uma política econômica industrialista? A resposta incisiva seria: porque os interesses agrários eram prevalecentes, conforme já demonstramos. Mas também porque a transição política entre Portugal e Brasil se dera de modo pacífico. Sem fraturas expostas, como ocorrera nos Estados Unidos, um processo de acomodação, de conciliação política em que os Braganças continuaram a reinar, lá e cá. Em que nos termos do próprio tratado de reconhecimento da independência cogitava-se uma espécie de *monarquia dual*, em que pai e filho, D. João e D. Pedro, se reconheciam agora como irmãos.

O agrarismo de Cairu era, *mutatis mutandis*, o mesmo que prevalecia nos Estados Unidos. Tanto que as pregações de Hamilton em defesa da instalação de uma política manufatureira não prosperaram. Afinal, as duas sociedades coloniais compartilhavam muitos traços em comum. Eram ambas economias coloniais em fase de transição, alicerçadas no trabalho escravo, na produção agropecuária destinada à exportação, atreladas aos interesses europeus, que explica a identificação do pensamento de Cairu com Thomas Jefferson: contrário ao industrialismo e favorável ao comércio livre que atenderia melhor aos propósitos da agricultura. Similar ao de Benjamin Franklin que, como Cairu, defendia o incentivo às fábricas e manufaturas capazes de transformar matérias-primas locais.[86] Ideias e práticas efetivas norte-americanas que calavam fundo em Cairu, pois os Estados Unidos eram "um país onde quase toda a população era composta de gente livre, com muitos trabalhadores especializados de origem europeia e, mesmo assim, o governo achou prudente não direcionar sua economia para o estabelecimento de fábricas e manufaturas".[87]

Sem dúvida, Cairu foi um discípulo fiel de Adam Smith, a quem declarou amor eterno. Eterno, mas infiel. Em suas obras mais aplicadas, em vários momentos, desviou-se da ortodoxia *smithiana*. Um exemplo é o valor do trabalho. Para Cairu, a população abundante levava à competição pelo trabalho, ao empenho em bem realizá-lo e à aceitação de baixos salários; a escassez de trabalhadores, por seu turno, redundava em baixa produtividade e elevados salários. Para Smith era exatamente o oposto, pois melhores salários melhoram as condições de vida do trabalhador, intensificam a produtividade e estimulam a reprodução da força de trabalho. Portanto,

> enquanto Cairu parece acreditar na sorte como causa da felicidade ou do infortúnio dos trabalhadores, preocupando-se exclusivamente com a questão da riqueza em termos de nação e a discutindo enquanto apanágio das elites rurais e mercantis, para Smith, a população numerosa é um efeito da riqueza e numa sociedade onde esta se faz presente o trabalho é bem remunerado.[88]

---

86 Cf. ISAACSON, Walter. *Benjamin Franklin*. Nova York: Simon & Schuster, 2004.
87 FARIA JUNIOR, Carlos. *Op. cit.*, p. 243.
88 *Ibidem*, p. 257.

A divergência interpretativa vai à conta das realidades extremamente diferentes por eles vivenciadas. De um lado, a Europa excedentária em termos populacionais e já afeiçoada ao trabalho livre. Do outro, o continente americano onde a população livre era escassa e a forma dominante do trabalho compulsória. Em face de um Smith apegado à lógica da teoria política regida por princípios filosóficos, apresentava-se um discípulo com pendores práticos, Cairu, com seu olhar atento para a especificidade do Brasil no contexto do Império português, que José Luís Cardoso muito bem percebeu ao falar de "sua brasilidade", ou seja, "o empenho que dedicava ao desenvolvimento econômico autônomo do Brasil e a ânsia de uma autarcia tornada impossível pela vigência de um pacto colonial mercantilista".[89]

Recepção e adaptação

A problemática de fundo subjacente a estes equacionamentos, que atualiza e singulariza a figura de Cairu, é o objeto central das discussões atuais sobre a receptividade de construções mentais forâneas em países tradicionalmente importadores de ideias, pois os modos de apropriação desses discursos econômicos são potencialmente diferentes, inscrevendo-se nos domínios da cultura econômica, na vertente da história intelectual.[90] Transmissão, recepção, difusão, familiarização e assimilação dos produtos intelectuais originários das fontes emissores nos países centrais, e geralmente incorporados pelos países periféricos transformados em adaptadores, são procedimentos metodológicos indispensáveis à determinação do grau de assimilação criativa que agregará originalidade às matrizes teóricas, rejuvenescendo a cultura

---

89 CARDOSO, José Luis. *O pensamento econômico em Portugal... op. cit.*, p. 295.
90 Numa metáfora metodológica oportuna, seu texto "deve ser tomado como a tessitura de uma rede de relações analíticas, conceituais, lógicas e teóricas, tecidas com os fios da linguagem". Cf. BROWN, Vivienne. "Textuality and the History of Economics: intention and meaning". In: SAMUELS, Warren J.; BIDDLE, Jeff E; DAVIS, John B. (orgs.). *A companion to the History of Economic thought*. Malden: Blackwell, 2008, p. 538.

econômica,[91] o que torna os desvios doutrinários não apenas compreensíveis, mas até certo ponto desejáveis. Reconhecendo-se que

> as escolas nacionais de pensamento econômico, especialmente naqueles países que tem contribuído pouco ou nada para o que se assume ser uma ciência econômica universal, podem desempenhar uma missão inestimável, revelando como a realidade econômica e os padrões da ciência econômica são também o produto e resultado de diferenças culturais e circunstâncias históricas.[92]

O grau de dificuldades ou facilidades pelas quais doutrinas, teorias ou políticas econômicas são aceitas ou não depende de constrições impostas pelas particularidades inerentes às instituições econômicas, políticas e sociais, bem como do clima científico e intelectual dos países receptores.[93] E, sobretudo, da sensibilidade dos intelectuais ou homens públicos, para sentirem o ambiente cultural que os cerca, de serem capazes de mudar suas concepções ou os "códigos interpretativos da realidade" que buscam compreender e controlar, virtudes que José Luís Cardoso reconhece em Rodrigo de Souza Coutinho,[94] e que pensamos servirem também a Cairu, pois ele não se satisfez apenas com a construção de uma ferramenta teórica destinada à compreensão das questões puramente econômicas, mas que também "funcionasse como programa orientador da ação governativa no campo econômico".[95]

---

91 ALMODOVAR, António; CARDOSO, José Luís. *History of portuguese economic thought*. Londres/Nova York: Routledge, 2001, p. 2.
92 O procedimento metodológico desejável para a consecução de tais objetivos pressupõe, preliminarmente, a consciência precisa do corpo teórico matricial e "então, analisar o processo de recepção, assimilação, adaptação e apropriação social do discurso econômico produzido no estrangeiro, tendo em mente os traços da realidade econômica e social do país receptor". *Ibidem*, p. 13.
93 CARDOSO, José Luís. "The international diffusion of economic thought". In: SAMUELS, Warren J.; BIDDLE, Jeff E.; DAVIS, John B. (orgs.). *Op. cit.*, p. 625.
94 CARDOSO, José Luís. *O pensamento econômico em Portugal... op. cit.*, p. 206.
95 *Ibidem*, p. 297.

Cairu esforçou-se por colocar as ideias ambientadas na cultura europeia no seu lugar, ajustando-as às condições coloniais, o que faz de sua obra um repertório precioso para ser analisado no prisma historiológico. Personagem plural, um pouco de tudo, de homem público, de economista, de filósofo, de acadêmico, de educador, de homem de ação, que viveu intensamente os ambientes da corte e da colônia. Formado na tradição coimbrã e no caldo da cultura ilustrada que banhava Portugal e se espargia sobre o Brasil, acabou por produzir uma obra imensa para o seu tempo, dividida entre os problemas teóricos da economia política e os práticos da intervenção econômica. Um ente capaz de sentir o pulsar vibrante da história de seu tempo, num momento crucial da trajetória compartilhada entre Portugal e Brasil: que assistiu, compreendeu, participou, interpretou, teorizou, adaptou. Suas ideias liberais, por serem estrangeiras, não estão fora do lugar. Foram por ele postas em seu lugar. Mesmo tendo que sobrepô-las à escravidão. Se "o escravismo desmente as ideias liberais", que "muitas vezes serviram de justificação", para o "momento de arbítrio",[96] o sistema escravista com o qual Cairu coabita, apesar de recusar, compõe uma variante singular do pensamento europeu importado e aclimatado: a do liberalismo escravista. Pois, apesar de espúria do ponto de vista da vocação geral da teoria, ajusta-se, ajeita-se neste lugar, e a partir daqui a outros lugares nos quais o paradoxo se reproduzia.

Prática escravista abominável, que Cairu condena teoricamente, mas incorpora na prática; recusa por sua desumanidade, mas integra por sua necessidade, sem nada fazer para redimi-lo. Este é o principal constrangimento interno ao país para a assimilação do liberalismo, cujas ideias soavam impróprias, deslocadas de seu berço matricial. Disparidade que obriga Cairu a um esforço de ajuste entre os princípios da economia política, elaborados sobre a base empírica do trabalho livre, e a realidade inelutável da escravidão. Contradição que eleva o favor à categoria

---

[96] SCHWARZ, Roberto. *Ao vencedor as batatas*. São Paulo: Livraria Duas Cidades, 1977, p. 16-17.

de "mediação quase universal", nossa forma de compensação simbólica, de estabelecimento de uma cumplicidade moral face ao arbítrio social.[97] Mas eficiente, por conciliar o irreconciliável; por acomodar o desconforto; por conciliar o afã de lucro das elites, dependentes de seu engastalhamento no mercado externo, com sua consciência cristã torturada. Lógica produtiva herdada do período colonial que, apesar de sua irracionalidade, fazia da apropriação de Adam Smith por parte de Cairu um contorcionismo intelectual prodigioso. Pois teria que adaptar um ideário que se posicionava contra o arbítrio da escravidão – de resto essencial à economia de exportação –, mas que não entranhava nosso timbre ideológico, um absoluto desacordo entre representação e contexto. Dilema que o pensar refinado de Roberto Schwarz cifrou sem qualquer ornamento fraseológico, sem arrebiques literários, ao dizer que a cultura brasileira especializou-se em por e repor as ideias europeias, ideias estas que, "submetidas à influência do lugar, sem perderem as pretensões de origem, gravitavam segundo uma regra nova, cujas graças, desgraças, ambiguidades e ilusões eram também singulares".[98]

Neste contexto, como recusar a José da Silva Lisboa um lugar distinguido entre os pensadores que tentaram entender e interferir na história nacional? Como recusar o entranhamento desta realidade na malha fina de seus escritos? Como negar seus esforços de abstração fertilizados pela especificidade de sua inserção histórica? David Landes, que o toma por um exemplar bizarro do que não deveria ser ou propor um homem público no espaço colonial, reavaliaria seu juízo se o lesse criteriosamente, se o acompanhasse no manejo da teoria das escolhas racionais subjacente aos seus escritos, se o visse refletir sobre as vantagens comparativas tão caras ao próprio autor de *Prometeu Desacorrentado*, alegoria do desenvolvimento tecnológico da civilização ocidental que o Visconde de Cairu antecipou em quase dois séculos ao referir-se, metaforicamente, aos *Prometeus e Atlantes dos Impérios*.

---

97 *Ibidem*, p. 16.
98 *Ibidem*, p. 22.

Em seu livro *Observações sobre o comércio franco do Brasil*, que inaugurou a Impressão Régia no Rio de Janeiro, "Silva Lisboa revela o domínio que tinha da ciência da economia política, enquanto discurso organizado e interpretação do funcionamento da vida econômica", ao mesmo tempo em que busca convencer a opinião pública do acerto de suas proposições e legitimar os atos do governo português instalado no Rio de Janeiro, além de servir para "fixar o quadro doutrinal e teórico que lhes confere coerência estratégica". Argumentação teórica sólida que se reproduz de maneira inovador ano texto *Refutação das declamações contra o comércio inglês, extraída de escritores eminentes*, publicado em 1810, no qual Silva Lisboa "defende com clareza a ideia de vantagens recíprocas no comércio baseadas no cálculo das horas necessárias para a produção de determinados bens, devendo cada país tirar vantagem de uma especialização nos bens que produz em melhores condições, ou seja, com menos horas de trabalho".[99]

Reflexão que conduz José Luís Cardoso a conjecturar sobre a possibilidade de se estar diante de uma interpretação genuína, que antecipa a tese de David Ricardo sobre as vantagens comparativas do comércio internacional; e que, bem sabemos, somente veio à luz em 1817, ou seja, sete anos após a publicação de Cairu, o que o leva a reconhecer "a modernidade do pensamento de Silva Lisboa",[100] mesmo que não se atreva a afirmar que se está perante uma "visão *avant la lettre*" da tese de Ricardo.

Mas, convenhamos, não é pouco, para um pensador na periferia do mundo.

---

99 CARDOSO, José Luís. "1808: o ano zero da autonomia econômica do Brasil". In: COUTO, Jorge (dir.). *Rio de Janeiro Capital do Império Português (1808-1821)*. Rio de Janeiro: Fundação Calouste Gulbenkian-Tribuna, 2010, p. 123.

100 *Ibidem*.

MODALIDADES IMPERIAIS:
tipologia crítica dos impérios coloniais ibéricos

A COMPLEXIDADE DISCURSIVA DESTE CAMPO HISTORIOGRÁFICO remete à teoria política dos impérios da época moderna. Um universo lotado de referências, noções, expressões, categorias, conceitos, mobilizados pela comunidade de *experts* no afã de enquadrar a realidade histórica multifária correspondente aos três séculos que medeiam entre os descobrimentos marítimos e a era das revoluções. Dentre elas, a categoria Império[1] ganhou uma visibilidade ímpar no rol das interpretações que rastreiam o movimento temporal das experiências históricas que demarcaram o papel desempenhado pelas monarquias ibéricas no continente americano,[2] por subsidiar a moderna teoria política do *iberismo*. Envolvida pelas noções mais elásticas de Época Moderna e Antigo Regime, a categoria Império perde em especificidade e densidade histórica

---

1   Duas tendências opostas e anteriores à denominada moderna teoria dos impérios encontram-se em: VERLINDEN, Charles. *Les origines de la Civilisation Atlantique: de la Renaissance à l'Age des Lumières*. Paris: Neuchatel, 1966; WALLERSTEIN, Immanuel. *The Modern World-System*. 3 vols. Nova York: Academic Press, 1974-1980.

2   Para a relação entre os impérios e o contexto revolucionário do século XVIII, cf. LISS, Peggy K. *Atlantic Empire: the networks of trade and revolution, 1713-1826*. Baltimore: The John Hopkins University Press, 1983; e as resenhas críticas publicadas na *International History Review*, nº 6, 1984, p. 507-680, especialmente o artigo de Kenneth R. Maxwell, "Portuguese America" (p. 529-550).

para o conceito de sistema colonial, especialmente quando nos atemos à experiência histórica singular do Império português, envolvendo a nevrálgica relação metrópole-colônia no espaço competitivo do Atlântico Sul.

Ser uma categoria aberta implica na enorme variedade de acepções que o vocábulo Império passou a carrear. Tantas que praticamente a essência do significado original se perdeu, o que justifica falarmos de modalidades quando pensamos em contemplar este vasto universo de possibilidades, ainda longe de se esgotar. De fato, dada a franca liberdade de expressão conferida pela nova história, à qual o resgate da temática do Império está atrelada, não há limites para as invenções narrativas, configurando-se uma singular implosão dos raros vocábulos com vocação generalizadora que ainda se preservavam no campo da investigação histórica. Constatações que nos levam a um ensaio de caracterização que privilegia uma categoria, vários autores e as múltiplas interpretações e abordagens a ela conectados, sem a necessária imersão de autores e obras em suas respectivas temporalidades, que o procedimento metodológico apropriado recomendaria, tarefa postergada para uma segunda fase da pesquisa.

Monarquias coalescentes e impérios negociados

A concepção de impérios negociados, oposta à de impérios absolutamente senhores de suas ações e instrumentos de governo, nasce em suas primeiras formulações nos textos de Jack Greene, nos estudos que enfocam a relação entre centro e periferia nos anos 1980.[3] Teses largamente influenciadas pelas concepções do sociólogo Edward Shils sobre a relação centro-periferia, entendida como uma construção sociocultural, ideias veiculadas nos anos 1960,[4] para Shils; dada a fraqueza do poder coercitivo das sociedades

---
3   Cf. GREENE, Jack P. *Peripheries and center: constitutional development in the extended polities of the British Empire and the United States, 1607-1788.* Athens: University of Georgia Press, 1986.
4   Cf. SHILS, Edward. "Center and periphery". In: *Idem* (org.). *The logic of personal knowledge: essays in honour of Michael Polanyi.* Londres: Routledge; Kegan Paul, 1961,

pré-modernas, as estruturas sociais e políticas nas áreas periféricas adquiriam considerável grau de autonomia, aproximando-se do extremo limite da autogestão. A equação simbólica centro/periferia, contudo, remonta ao filósofo Georges Dumézil, para quem a fixação de um centro foi sempre uma necessidade, um princípio definidor das grandes civilizações. Concepção que daria sustentação à ideia de *centralidade do centro*, que pressupõe a periferia, margens, ambos inscritos na ordem natural das coisas. Nesse contexto, o centro simbolizaria a ordem, o afastamento do caos periférico, o antídoto para a transgressão, fixando a concepção de que "toda legitimação do poder passa pela conquista simbólica ou real do centro".[5]

Foi exatamente a capacidade de coagir e, reversivamente, de resistir à coação, que se tornou a pedra angular das análises de Jack Greene. Haurida em Shils, sim, mas por ele transformada num arcabouço interpretativo das formas de governo no Novo Mundo, formas variadas e criativas, que enfatizavam prioritariamente o domínio exercido pelos colonos sobre as estruturas locais de poder. Formas políticas de mando que, apesar de terem sido instaladas pelo poder central metropolitano, consolidaram-se a partir dos esforços dos coloniais inspirados por suas próprias experiências vivenciais. Em decorrência, a autoridade central não se exerceria de cima para baixo, mas, sim, através de um elaborado processo de negociação em que autoridade implicava em legitimidade, direito e justiça.[6] Cuja resultante seriam os impérios coloniais modernos, "monarquias compósitas nas quais o mando era indireto, a soberania fragmentada, o governo consensual e considerável parcela da autoridade era deixada com a periferia".[7]

---

    p. 117-130.
5   BRENOT, Anne-Marie. "Du centre et de la périphérie". In: MARTINIÈRE, Guy (coord.). *Le Portugal et L'Europe Atlantique, le Brésil et L'Amérique Latine*. Mélanges offerts à Frédéric Mauro, vol. XXXIV. Lisboa/Paris: Centro Cultural Calouste Gulbenkian, 1995
6   Cf. GREENE, Jack P. *Negotiated authorities: essays in colonial political and constitutional history*. Charlottesville/Londres: University of Virginia, 1994, p. 4.
7   Cf. BUSHNELL, Turner; GREENE, Jack P. "Peripheries, centers and the construction of early modern american empires". In: DANIELS, Christine; KENNEDY, Michael V. (orgs.).

Para além da inspiração *shildiana*, em muito contribuíram para a consolidação desta vertente interpretativa dos impérios coloniais, tendo como pano de fundo a experiência histórica das 13 colônias americanas, as análises produzidas por Mark Greengrass sobre os estados modernos europeus.[8] Na contramão das interpretações que sobrelevavam o caráter centralizado dos Estados modernos europeus, Mark via na estrutura política dos organismos emergentes "uma multiplicidade de entidades políticas regionais", robustas e duráveis, complexo mosaico de entidades que se contavam às centenas em 1500, uma rica variedade de tradições políticas que incluíam "vastos e antigos estados estabilizados, novos principados, impérios dinásticos, cidades-estados, confederações", além de uma concepção idealizada da monarquia universal consubstanciada no Sacro Império Romano-Germânico e na jurisdição temporal e espiritual do papado.[9] Arquitetura política herdada da Idade Média, em que os poderes universais descansavam sobre a fragilidade dos poderes nacionais e a pluralidade dos poderes locais.

A ideia de *estados coalescentes*, estados fusionados, amalgamados num longo processo de aglutinação, agregações heterogêneas, evoluiu na escrita *greneana* para a concepção de *autoridades negociadas*, extremando-se na formulação *impérios negociados* defendida no texto de Christine Daniels. Análises combinadas que acabaram por constituir uma teoria da natureza dos impérios na época moderna de espectro generalizante, mas que se alicerçam empiricamente na experiência histórica singular da monarquia inglesa e de suas colônias americanas e caribenhas, portanto, uma experiência histórica unívoca elevada à condição de categoria explicativa com validade para realidades genéricas absolutamente diversas.

Negotiated empires: centers and peripheries in the America, 1500-1820. Nova York/Londres: Routledge, 2002, p. 11.

8 Cf. GREENGRASS, Mark. *Conquest and coalescence: the shaping of the State in the early modern Europe*. Londres: Edward Arnold, 1991.

9 *Ibidem*, p. 1-3. Cf. GREENE, Jack P. "Transatlantic colonization and redefinition of empire in the early modern era". In: DANIELS, Christine; KENNEDY, Michael V. (orgs.). *Op. cit.*, p. 278.

Impérios compósitos?

As categorias monarquias coalescentes e impérios negociados reproduzem-se nas monarquias e nos impérios compósitos, conforme denominação haurida na fórmula original de John Elliott em seu texto sobre a Espanha imperial, descrita como "mera agregação de territórios quase que fortuitamente ligados por uma soberania comum", uma associação federativa em que as unidades "continuavam a gozar de suas próprias leis e liberdades", reservando-se ao poder central, instalado no Reino de Castela, o direito de usar o título de Imperador sem que isto significasse qualquer tipo de constrangimento à liberdade dos reinos agregados.[10] Um título simbólico sem fundamento real. Fórmula política vazada na teoria centro-periferia, igualmente replicada na caracterização política do Reino espanhol, um centro e sua circunferência.[11] Teoria aplicada ao interior da monarquia espanhola, mas não às relações intraimperiais, equivale dizer, em relação à totalidade dos territórios europeus ou coloniais sob domínio do Império. Na América, por exemplo, não se repetiu, por parte do poder imperial, a mesma postura complacente que exercitava na Europa. Seria suicídio político, pois os recursos provindos do mundo colonial eram o seu único recurso para efetivar o mando sobre as partes autonomizadas do Reino. Nesse sentido, a partir do Conselho de Castela, impôs-se "supremo controle de todos os assuntos administrativos, judiciais e eclesiásticos relacionados às Índias", agência através da qual a Coroa "estabeleceu sua autoridade sobre suas possessões americanas", localmente representada pelas audiências e vice-reis.[12]

Três décadas após, no artigo publicado em 1992 sobre as monarquias compósitas na Europa,[13] a visão de Elliott sobre o tema já não era

---

10   ELLIOTT, John H. *Imperial Spain, 1469-1716*. Londres: Penguim Books, 1970 [1ª ed. Edward Arnold, 1963], p. 167.
11   *Ibidem*, p. 371.
12   *Ibidem*, p. 174.
13   Idem. "A Europe of composite monarchies". *Past and Present*, nº 137, nov. 1992.

a mesma. Refinou-se, transformando-se substancialmente. Em nenhum momento percebe-se a ideia de transposição do modelo europeu para o americano. Pelo contrário, afirma que o domínio sobre impérios ultramarinos por uma das partes do Reino poderia dar às demais a impressão de que a parte fortalecida pelos recursos coloniais poderia levá-la a "militar contra a concepção de monarquias compósitas", a sentir-se como se "suas identidades estivessem ameaçadoramente sob ataque", pois tinham consciência de que a perpetuação da unidade dependia da coerção dissuasória.[14] Pensamento contraditório porque também se argumentava que a força econômica de um dos componentes, com recursos adicionais, poderia ajudar aos demais em situações emergenciais frente aos inimigos externos, caso em que o *status quo* estivesse ameaçado, a exemplo dos recursos militares e financeiros mobilizados por Castela para manter o controle dos Reinos de Nápoles e Aragão.

Equivale dizer que as "monarquias múltiplas apresentavam múltiplos constrangimentos". Não ficaram paradas no tempo. Sua arquitetura política ajustada ao século XVI já não parecia adaptada aos inícios do XVII e, menos ainda, ao século XVIII, quando as monarquias permaneceram essencialmente compósitas, mas tiveram que se deparar com um "Estado fiscal-militar com mais poder à sua disposição". Movimento ondulante da história no qual se percebe ser a monarquia compósita uma forma possível de centralização, não como "prelúdio insatisfatório no sentido da construção de uma forma permanente de associação política", mas sim como mais uma das muitas tentativas de reconciliação, "nos termos das necessidades e possibilidades contemporâneas", entre as tendências divergentes, em direção à unidade e à diversidade, que "permanecem como uma constante na história da Europa".[15] Reflexões que John Elliott lança ao passado, revelando estar o futuro presente em suas inquietações de historiador e intelectual. Mobiliza-o, em verdade,

---

14 *Ibidem*, p. 60-69.
15 *Ibidem*, p. 71.

a história europeia em sua longa duração, tanto que, significativamente, em suas páginas de abertura põe-se no passado e perscruta o futuro político da Europa. Em 1500 – citando o cientista político norte-americano Charles Tilly –, o continente incluía "mais ou menos quinhentas unidades políticas independentes", que se viram transformadas, por volta de 1900, em "cerca de vinte e cinco",[16] número próximo ao que compõe hoje a União Europeia.

A reorientação da política imperial no século XVIII, especificamente no reinado de Carlos III, é sintomática neste sentido. Elabora-se um novo plano de ação para as colônias. Uma *Nueva Planta*, em que a *verticalização* toma o lugar da *horizontalização* no exercício do mando político e administrativo. A inspiração vinha das hostes inimigas, dos pensadores ingleses John Locke e Josiah Child, envolvidos no movimento de reorganização dos relacionamentos intraimperiais no Império britânico. Ideias assimiladas pelo governo imperial, especialmente pelo ministro Campomanes, focadas na distinção entre *império de conquista* e *império comercial*. O primeiro referido à identificação do Império espanhol em sua configuração europeia; o segundo, à sua configuração colonial. Renomeação significativa de suas possessões americanas, efetivamente assumidas como *colônias* e não mais como *reinos*, conforme o uso tradicional. Não era uma simples renomeação sem mais consequências. Apesar de formalmente mantidos, os títulos de *vice-reis e vice-reinados* foram efetivamente esvaziados de seu conteúdo original. Mudança cuja finalidade precípua era maximizar os lucros na esfera mercantil, dar substância financeira ao Império, garantir sustentabilidade à centralidade do poder, tarefa hercúlea que somente o Império transatlântico poderia subvencionar. Razão pela qual desenvolvimento econômico, exploração colonial e poder imperial conjugam-se numa equação renovadora, que leva à introdução, aparentemente contraditória, do comércio livre nos domínios coloniais, pois a liberalização do

---

16   *Ibidem*, p. 49.

comércio era compensada pela preservação do controle dos transportes marítimos e da indústria naval.

A proposição de um *império compósito*, lastreado e legitimado pela experiência ibérica das *monarquias compósitas,* não pode ser remetida, nem por ilação, aos escritos de John Elliott. Mas, como já anotamos, talvez pudesse sê-lo por inspiração do livro publicado um ano antes do texto de Elliott, *Conquest and Coalescence* de Mark Greengrass, sobre a mesma temática. Ancorado na experiência histórica espanhola no decurso do processo de formação do Estado ibérico liderado pela Monarquia castelhana, o autor projeta seu esquema interpretativo para os territórios da conquista, que comportariam um elevado grau de continuidade dos governos locais por sua capacidade de reter uma parcela considerável do mando local em suas mãos. A referência a *conquistas*, de modo genérico, pode ter induzido ao entendimento de que incluíam também as conquistas fora da Europa, as *conquistas dos conquistadores,* portanto, ao Império espanhol na América.

Segue-se uma série infindável de equívocos por parte dos intérpretes aderidos a esta corrente, numa mal disfarçada projeção do modelo político europeu da Monarquia espanhola para seus domínios. Nessa perspectiva, o Império espanhol sustentar-se-ia mais sobre sua capacidade de cooptar do que de coagir; as elites locais, bem como estratos sociais inferiores, poderiam expressar suas opiniões e se fazer ouvir; o sistema fiscal, estrutura nevrálgica no espaço imperial, seria o resultado de negociações complexas que envolviam os interesses metropolitanos, a administração colonial, os súditos, as corporações e os indivíduos. As *cajas*, sistema fazendário regional, estariam submetidas aos interesses das elites locais, que se incumbiriam da redistribuição da renda gerada pelo Império entre as diferentes regiões, entre as diferentes *cajás,* erigindo, em decorrência, um sistema cooperativo entre as elites regionais e locais, que controlariam as transferências de recursos como empresários privados, condição que lhes permitiria apropriar-se de parte da renda gerada pelo sistema. Esse mecanismo operacional garantiria, ao mesmo tempo, fluidez financeira e adesão social ao sistema econômico, reservando-se ao monarca espanhol a condição de *ultimate arbiter*, uma figura institucional simbólica a quem caberia preservar o equilíbrio do Império.

Por via destes mecanismos de acomodação político-administrativa, garantir-se-ia primeiro o fluxo de recursos intracolonial; e, depois, intraimperial, isto é, entre o Império europeu e o colonial, recursos indispensáveis para o aprovisionamento do aparato administrativo e militar nas terras de conquista, contornando-se o desconforto que significaria a necessidade do poder central recorrer à coerção, com a vantagem suplementar de promover a integração do mercado interno colonial pelo financiamento das relações entre mercados urbanos e rurais. Por esse motivo, a Coroa espanhola teria prescindido da maximização extrativa de excedentes via exação fiscal, mesmo que isso significasse receita tributária menor, pois se ressarcia com a amenização das tensões sociais, garantindo maior longevidade ao Império, uma prática político-administrativa que funcionava como se garantida fosse por uma constituição não escrita. Em suma, se esta caracterização corresponde à verdade história, o Império espanhol na América caracterizar-se-ia por não ser absolutista, centralizado, predatório, extrator de rendas, forma êmula da caracterização do Império português na América proposta por António Manuel Hespanha.[17]

É crível que o monarca espanhol, cabeça sagrada do Império, se contentasse com o poder simbólico de *ultimate arbiter* e uma quantidade menor de recursos provenientes da tributação? Pensamos que não. A máquina do Império era extremamente dispendiosa. A herança das guerras intermitentes em defesa da hegemonia europeia que a tradição

---

17 Cf. GRAFE, Regina; IRIGOIN, Maria A. "The Spanish Empire and its legacy: fiscal redistribution and political conflict in colonial and post-colonial Spanish America". *Journal of Global History*, vol. 1, nº 2, 2006.

do Sacro Império impunha, a defesa do vasto território americano, e até mesmo afro-asiático em determinados momentos, exigiam dispêndios vultosos com o trem de guerra: corpos militares, armadas, praças fortificadas. Isto para não falar da manutenção do cotidiano oneroso da Corte, os privilégios da nobreza, as edificações religiosas, a manutenção do clero. Não havia extração direta de riqueza metálica na forma de prata e ouro das minas americanas, sobre cuja produção o rei tinha uma porcentagem? E os monopólios comerciais, o regime de *flotas, os asientos* não produziam rendimentos?

O próprio Elliott surpreende-se com a rapidez com que os territórios americanos foram incorporados a um "sistema imperial efetivo".[18] Coisa que os ingleses tardaram a fazer e que os portugueses jamais assumiram formalmente. Observa que, se o caráter distintivo dos Estados modernos é a existência de "estruturas institucionais capazes de transmitir as ordens de uma autoridade central a localidades distantes", o governo da América espanhola era mais "moderno" que o próprio Reino espanhol ou que qualquer outro Estado europeu da mesma época. A cadeia de mando administrativo para a América espanhola era complexa. Começava no Conselho das Índias na Espanha, passava pelos vice-reis nas cidades do México e Lima, alcançando os funcionários locais da Fazenda Real e os governos municipais. Fazia-se acompanhar por um sistema judiciário paralelo que emanava do Conselho das Índias e, através dos vice-reis, alcançava a burocracia administrativa e judicial, "regulada por um conjunto de leis, disposições e práticas desenvolvidas em Castela", mas "adaptadas segundo as condições particulares do Novo Mundo". Apesar da colonização espanhola ter sido uma empreitada conjunta do Estado e da Igreja, a Coroa preponderou desde o início, dando forte apoio às ordens religiosas que se mantinham extremamente poderosas, mas cujo aparato formal se colocou "pouco a pouco

---

18 ELLIOTT, John H. *Imperios del mundo atlântico: Espāna y Gran Bretaña en América, 1492-1830*. Madri: Taurus, 2006, p. 191.

sob a direção real", tanto que cabiam ao monarca todas as nomeações de eclesiásticos a partir das recomendações do Conselho das Índias, "uma relação de apoio mútuo entre a Igreja e a Coroa [que] consolidou uma estrutura de governo real espanhol na América tão ubíqua" que se poderia falar num "Estado das Índias"; aparato de poder e controle criado pelos espanhóis na América que chegava a provocar "inveja em alguns monarcas europeus que lutavam para impor sua autoridade sobre nobres recalcitrantes, corporações privilegiadas e Estados rebeldes próximos ao seu". Um feito extraordinário, "sob qualquer ponto de vista, sobretudo por ter desafiado com êxito as leis normais do tempo e do espaço".[19] Pode-se dizer que este poder é meramente simbólico? E o soberano que o detinha apenas um *ultimate arbiter*?

Se as engrenagens políticas, religiosas e administrativas, nestes termos estruturadas, punham-se a serviço do Império, o que não dizer da esfera econômica que lhe era essencial pelos incomensuráveis recursos que financiavam a máquina do Estado. Basta, para comprová-lo, recorrer às preciosas contribuições dos historiadores que se debruçaram sobre esta matéria. História de fundamentação estatística que a Nova História lançou ao oblívio em favor de uma história político-administrativa sem lastro, esquecendo-se que a administração é um meio, não um fim em si mesma, que não é possível descolar o poder do Estado do provimento de recursos que à máquina administrativa cabe gerenciar. O tesouro americano não era uma peça de ficção. Chegado à Europa, provocou uma onda inflacionária secular, primeiramente em Castela e, posteriormente, em toda Europa difundida a partir da Espanha, acabando por alavancar os recursos de capital que estimularam o crescimento econômico de forma sustentada.[20] Contribui, portanto, para consolidar o ideário mercantilista da relação íntima entre metais preciosos, rique-

---

19 *Ibidem*, p. 191, 202, 204, 205, 206. Colchetes nossos.
20 Cf. HAMILTON, Earl J. *American Treasure and the Price Revolution in Spain, 1501-1650*. Massachussets: Cambridge University Press, 1934. Para um inventário sobre o afluxo

za monetária e poder do Estado. Vultosos recursos que não resultaram de contribuições espontâneas e consensuais, fossem elas providas pelos mercadores espanhóis envolvidos no comércio americano, fossem elas o produto da arrecadação fiscal e tributária sobre as rendas coloniais.

De fato, a visão consensualista, criadora de um verdadeiro *império consensual*, não resiste aos números. Um balanço geral dos volumes e valores produzidos pelos metais preciosos chegados das Índias à Espanha direcionados ao orçamento do Estado, particularmente ao equacionamento da dívida pública relacionada aos gastos de guerra, é uma demonstração empírica irretorquível do poder do Império na extração dos excedentes produzidos nas colônias. A tabela elaborada pela historiadora Emelina Martín Acosta, correspondente ao período 1556-1620,[21] comprova a chegada à Espanha, através das frotas, ouro e prata no valor de 126 milhões de *maravedis*,[22] em números arredondados: 27% destinados à *Hacienda Real* e 73% aos particulares, equivalendo dizer que em 79 anos o poder central recebeu diretamente quase um terço de todos os recursos oriundos da América. Indiretamente, contudo, os valores sacados contra a produção social bruta são ainda maiores. Se focarmos um período determinado em que os valores foram exponenciais, como se deu no triênio 1556-1558, a posição se inverte, pois a Fazenda Real se apropria de 70% da massa de recursos. Isto porque, nestes anos, foram realizados *secuestros* de valores altíssimos, arrestos compulsórios reveladores do enorme poder de coerção imperial, cujo resultado líquido excedeu a 1.500.000 *maravedis* que, somados aos mais de 600.000 provenientes das Índias, elevaram os recursos entrados na Fazenda Real a mais de 2.000.000 de *maravedis*, reduzindo o quinhão

---

de metais preciosos para a Espanha na época dos Austrias, cf. *El oro y la plata de las Indias en la época de los Austrias*. Madri: Fundación ICO, 1999.

21   ACOSTA, Maria E. M. *El dinero americano y la política del imperio*. Madri: Colecciones Mapfre, 1992, p. 198, 199 e 270.

22   Cada *maravedi* correspondia a 1 peso.

dos particulares no comércio colonial a uma receita efetiva de pouco mais de 600.000 *maravedis*, pois, do total de recursos a eles consignados nas frotas, seria necessário deduzir o valor dos *secuestros*.

Os *secuestros* voltaram a se repetir nos anos de 1566, 1577 e 1596, sob a forma monetária, e nos anos de 1583, 1587 e 1590, sob a forma de expropriação forçada realizada diretamente nos barcos capitânia das frotas. O confisco se realizava antes mesmo que os valores ou metais dirigidos aos particulares chegassem às suas mãos, sem qualquer assentimento. Portanto, um sequestro com corolário político, em que o monopólio da força como fundamento essencial dos Estados absolutos se manifestava sob a forma de violência legítima e explícita. Situações extremas que exigiam, por certo, medidas extremas, quase todas elas referidas à segurança do Estado. Na maior parte dos casos, o motivo eram situações de conflito aberto no espaço europeu e mediterrânico, herança inevitável da política externa encetada pelo Império Habsburgo de Carlos V visando à hegemonia política no concerto europeu. Assim foram as guerras ofensivas ou defensivas movidas contra a França; contra o Império Otomano; contra os Habsburgos alemães e franceses na Flandres; contra a Inglaterra que teve por clímax o episódio memorável da Invencível Armada; a guerra pela preservação da herança portuguesa anexada ao Império em 1640; a intervenção na guerra do Chile e das Filipinas; a intervenção no Reino de Aragão, na Catalunha, no Reino de Nápoles; a Guerra dos Trinta Anos; a Guerra de Sucessão da Espanha; a Guerra de Sucessão da Áustria; a Guerra dos Sete Anos.

Balance general de metales llegados de indias y su intervención em el reinado[23]

Años	Totales (maravedis)	Hacienda Real	% Hacienda	Mercaderías Particulares B. Difuntos	% Particulares
1556	1.545.178.057	256.872.280	16,6	1.288.305.777	83,4
1557	534.741.027	144.920.254	27,1	389.820.773	72,9
1558	767.136.005	241.376.580	31,5	525.759.425	68,5
1560	1.035.089.444	230.938.880	22,3	804.150.564	77,7
1561	1.005.638.360	267.241.160	26,6	738.397.200	73,4
1562	633.953.780	74.673.774	11,8	559.280.006	88,2
1563	913.077.394	170.688.160	18,7	742.389.234	81,3
1564	1.240.558.364	181.260.606	14,6	1.059.297.758	85,4
1565	1.270.947.516	131.908.661	10,4	1.139.038.855	89,6
1566	1.716.309.117	344.595.617	20,1	1.371.713.500	79,9
1567	565.250.371	137.962.050	24,4	427.288.321	75,6
1568	1.683.196.858	454.971.250	27,0	1.228.225.608	73,0
1569	1.166.161.095	388.233.080	33,3	777.928.015	66,7
1570	1.287.804.308	370.282.464	28,8	917.521.844	71,2
1571	1.239.173.192	368.871.892	29,8	870.301.300	70,2
1572	970.854.944	234.844.464	24,2	736.010.480	75,8
1573	902.718.154	267.607.050	29,6	635.111.104	70,4
1574	981.059.366	252.116.124	25,7	728.943.242	74,3
1575	1.238.898.077	348.651.802	28,1	890.246.275	71,9
1576	762.879.224	336.972.724	44,2	425.906.500	55,8
1577	1.764.818.588	818.581.344	46,4	946.237.244	53,6
1578	1.479.489.560	539.333.558	36,5	940.156.002	63,5
1579	1.075.995.502	488.113.658	45,4	587.881.844	54,6
1580	2.305.322.800	650.425.458	28,2	1.654.897.342	71,8
1581	2.521.548.564	718.045.970	28,5	1.803.502.594	71,5
1582	936.550.482	184.896.144	19,7	751.654.338	80,3
1583	4.386.137.510	1.206.328.798	27,5	3.179.808.712	72,5
1584	2.134.225.518	591.642.336	27,7	1.542.583.182	72,3
1585	3.289.745.184	807.989.908	24,6	2.481.755.276	75,4
1586	645.145.206	231.122.508	35,8	414.022.698	64,2

23 Cf. ACOSTA, Maria E. M. *Op. cit.*, p. 198-199 e 270.

1587	4.300.147.536	1.677.097.656	39,0	2.623.049.880	61,0
1588	1.193.225.680	569.610.360	47,7	623.615.320	52,3
1589	3.056.591.694	785.833.256	25,7	2.270.758.438	74,3
1590	819.727.458	140.097.248	17,1	679.630.210	82,9
1592	2.946.015.580	1.118.273.912	38,0	1.827.741.668	62,0
1593	2.130.725.977	746.120.317	35,0	1.384.605.660	65,0
1595	7.269.288.542	2.324.890.656	32,0	4.944.397.886	68,0
1596	3.888.117.756	1.332.922.598	34,3	2.555.195.158	65,7
1598	2.110.788.000	1.078.060.125	51,1	1.032.727.875	48,9
1599	2.600.211.223	676.250.217	26,0	1.923.961.006	74,0
1600	4.522.726.781	1.348.220.870	29,8	3.174.505.911	70,2
1601	2.797.173.256	660.429.262	23,6	2.136.743.994	76,4
1602	2.683.488.246	620.312.480	23,1	2.063.175.766	76,9
1603	2.493.191.466	682.217.836	27,4	1.810.973.630	72,6
1605	2.794.167.764	532.091.240	19,0	2.262.076.524	81,0
1606	1.889.693.426	434.720.426	23,0	1.454.973.000	77,0
1607	2.598.386.252	781.630.888	30,1	1.816.755.364	69,9
1608	2.449.371.648	712.966.836	29,1	1.736.404.812	70,9
1609	2.436.813.108	471.477.552	19,3	1.965.335.556	80,7
1610	2.036.847.610	482.312.064	23,7	1.554.535.546	76,3
1611	675.389.624	570.982.262	84,5	104.407.362	15,5
1612		713.580.266			
1613	1.906.836.326	529.334.126	27,8	1.377.502.200	72,2
1614	1.801.658.242	796.063.442	44,2	1.005.594.800	55,8
1615		577.063.456		490.429.260	
1616		501.387.148			
1617		612.668.625		607.719.706	
1618		211.599.024		838.611.802	
1619		361.825.582		1.009.345.890	
1620	3.542.691.832	562.500.000	15,9	2.980.191.832	84,1
Total	106.942.878.594	34.054.008.284	31,8	78.813.101.069	73,7

Enfim, três séculos em que os anos de guerras externas ou conflitos internos superaram de longe os anos de paz. Não de paz efetiva, mas de paz armada. A guerra havia se convertido, de fato, no motor de toda máquina criada pelas monarquias nacionais em prol da centralização, que as obrigava ao estado de mobilização permanentemente, ou seja, reunir os meios financeiros necessários ao equipamento e manutenção dos exércitos, forças inicialmente dirigidas às guerras internas, contra os particularismos. Na sequência, o aparato militar criado foi direcionado contra os inimigos externos, não apenas pela vontade de supremacia, mas por ser o último trunfo de que dispunham os reis para conter a força disruptiva dos conflitos internos, mobilizando suas energias contra os inimigos externos do Estado.[24]

Outro destino para os recursos produzidos pelos *secuestros* era a manutenção da saúde financeira do Império, constantemente ameaçado pela bancarrota. Esforço que exigia dos grandes mercadores, membros na *Casa de Contratación,* aporte extra de recursos para o serviço da dívida sistematicamente repactuada. Isto para não falar das despesas suntuárias excepcionais, caso dos pingues recursos requeridos pela construção do Escorial, sorvedouro de capitais que obrigou a uma chamada extra de contribuições em 1668, e de repetidas quebras da moeda pela redução de seu valor intrínseco, mecanismo alimentador do processo inflacionário. Manipulação da moeda metálica que havia se transformado numa prática corrente do Estado em momentos de aperto financeiro, responsável por uma verdadeira "catástrofe monetária", pois levou à introdução da moeda de cobre na circulação, medida nociva que poupou apenas "os antigos reinos autônomos que haviam conservado seu sistema fiscal próprio, suas alfândegas e suas moedas".[25]

Não se pode esquecer que os *secuestros,* contribuições, ajudas, donativos, representavam um arrocho fiscal que pesava majoritariamente sobre a comunidade de mercadores que operavam no comércio americano e que, naturalmente, transferiam o custo político da empresa mercantil para preço o das mercadorias por eles transacionadas.

---

24 Cf. DÉLOYE, Yves. *Sociologia histórica do político.* Bauru: Edusc, 1999.
25 VILAR, Pierre. *Oro y Moneda en la Historia, 1450-1920.* Barcelona: Ariel, 1969, p. 274-275.

Tanto daquelas destinadas ao mercado colonial quanto das mercadorias oriundas da América para abastecimento, consumo e reexportação metropolitana, sobre as quais recaía, em última instância, todo ônus da pesada estrutura político-administrativa do Estado espanhol, um Estado nada solidário como as modernas teorias sobre os impérios deixam entrever. De fato, um *ultimate arbiter* de seus próprios interesses.

A máquina do Império montada no século XVI se preserva nos séculos seguintes naquilo que ela tinha de essencial, ou seja, os mecanismos de extração de recursos monetários no espaço metropolitano e colonial. É o tesouro americano que continua a encher o pote do rei. Entre 1663 e 1700, somente as remessas procedentes da Nova Espanha destinadas à *Hacienda Real* ultrapassaram 13 milhões de pesos. Mas são "os donativos [que] seguem sendo uma contribuição generalizada e, inclusive, com caráter obrigatório quando situações difíceis da política assim o requeriam".[26] Ao irromperem as hostilidades com a França em 1668, por exemplo, o vice-reinado do Peru remeteu 196 mil pesos para ajudar nas despesas, procedimento que se repete por ocasião das incursões dos mouros no norte da África, ou para a comemoração de eventos festivos, como as bodas do Imperador Carlos II.

A principal fonte de renda ordinária da Monarquia era o quinto real, mas também havia tributos baixados sobre as tribos indígenas; ganhos com a venda de indulgências papais; multas e confiscos; porcentagem sobre a venda de mercadorias (*alcabala*); lucro com a quebra da moeda; receitas provenientes das contribuições eclesiásticas, as *tercias reales*, equivalente a um terço de todos os dízimos coletados em Castela, o *subsidio*, o *excusado,* que transformava a Igreja uma importante fonte de renda e explicita o poder de coação tributária do Império na escala europeia ou americana. Mas nada que se assemelhe à importância do tesouro americano, como de forma cabal demonstrou Earl J. Hamilton,[27] permi-

---

26 ACOSTA, Maria E. M. *Op. cit.*, p. 298.
27 HAMILTON, Earl J. *Op. cit.* p. 34-35. A carga fiscal que pesava sobre a população indígena, as remessas das Índias e os saldos da administração colonial representavam mais de

tindo-nos estabelecer uma correlação estreita entre os metais americanos e o poder do Império espanhol na Europa. A série quinquenal por ele elaborada a partir dos arquivos das Índias, cobrindo o período de 1503 a 1660, é extremamente reveladora. Confirmam os porcentuais calculados por Maria Emelina Acosta. Fixa em 26,2% a participação da Fazenda Real no tesouro americano, mesmo tendo sua série se iniciado em 1503, ou seja, 53 anos antes. Demonstra o crescimento contínuo do afluxo de metais a partir de 1525. Em 1590, atinge a cifra espantosa de 36 milhões de pesos, recuando vertiginosamente a partir de então, até alcançar, em 1660, o mesmo patamar da partida, delineando-se nitidamente dois momentos da vida financeira do Império, um de fastígio e outro de declínio irremediável, que correspondem exatamente à ascensão e queda do prestígio político dos Habsburgos espanhóis na Europa.

Uma demonstração eloquente do papel desempenhado pelo aparato militar no gasto público sob Carlos III, já na fase dos monarcas ilustrados, reforça a argumentação que até aqui se vem perseguindo. À desastrosa participação da Espanha na Guerra dos Sete Anos seguiu-se a dispendiosa intervenção na Guerra de Independência dos Estados Unidos, o envio de somas consideráveis para a defesa de Nápoles, as operações militares em Maiorca e Gibraltar, as campanhas da Flórida e Bahamas e a expedição Guárico. Compromissos que se refletiram na elevação dos gastos na área militar, consumindo as rubricas Exército e Marinha 60% de todo o orçamento, e para as demais rubricas – Extraordinárias, Casa Real, Dívidas, Administração Peninsular, Débito Exército e Serviços Externos – os restantes 40%. Mas a rubrica Dívidas deve ser adicionada aos gastos militares, porquanto o orçamento normal não contingenciava reservas para as eventuais hostilidades, exigindo-se, portanto, a contração de dívidas cujo

---

50% de todos os valores remetidos à Espanha pelas colônias latino-americanas nos anos 1790, valores absolutos estimados em 5 milhões de pesos anuais. Cf. MARICHAL, Carlos. "Benefícios y costes fiscales del colonialismo: remesas americanas a España, 1760-1814". *Revista de Historia Económica*, vol. 15, nº 3, 1997, p. 483.

juro e capital deveriam ser pagos nos anos subsequentes, elevando em pelo menos 7,4% o custo total das despesas militares, que absorviam ainda parte da rubrica Administração Peninsular, responsável pela construção e manutenção das edificações militares, bem como a construção naval nos arsenais de marinha, cada vez mais dispendiosos pela tendência da guerra se tornar cada vez mais uma guerra colonial, mais distante, mais onerosa, a exemplo da Guerra de Independência dos Estados Unidos e as hostilidades não declaradas no Rio da Prata.

O estouro dos gastos orçamentários por ocasião dos conflitos – quase permanentes – agravava o serviço da dívida por exigir a desvalorização monetária que, por sua vez, alimentava a inflação, à qual o Estado tendia a reagir com lentidão. Restava-lhe uma única alternativa, ou seja, a de "intensificar a repatriação dos fundos coloniais", decisão tomada pelo "Rei mesmo, em consenso com os principais conselheiros",[28] a ele subordinados e submissos, portanto, uma decisão autocrática reveladora do poder decisório da Monarquia. Nem a colônia brasileira permaneceu infensa à voracidade fiscal do Estado espanhol durante a administração filipina, decidida a introduzir mais racionalidade no controle das receitas, *vis a vis* ao comportamento anterior dos monarcas portugueses. As receitas tributárias, que não atingiam 1% da totalidade dos recursos auferidos pelo Estado português em 1506, cresceram gradativamente até alcançar o patamar de 4,94% em 1619, porcentual que praticamente dobrara em relação ao ano de 1588, quando se iniciava a administração espanhola.[29]

Como se vê, mesmo reconhecendo que possa ter havido excesso nas interpretações que priorizam as relações de dominação e

---

28 BARBIER, Jacques; KLEIN, Herbert S. "Las prioridades de um monarca ilustrado: el gasto público bajo el reinado de Carlos III". *Revista de Historia Económica*, ano III, nº 3, outono 1985, p. 489.

29 JOHNSON, Harold. "Desenvolvimento e expansão da economia brasileira". In: JOHNSON, Harold; SILVA, Maria B. N. (orgs.). *O Império Luso-Brasileiro, 1500-1620*. Lisboa: Estampa, 1992, p 289 (SERRÃO, Joel; MARQUES, António O. (dir.). *Nova História da Expansão Portuguesa*, vol. VI).

subordinação entre metrópoles e colônias, que o Estado monárquico espanhol tivesse de fato, em sua face europeia, um caráter compósito, a transferência desse arquétipo interpretativo para a esfera colonial carece de sustentação empírica. Mais problemático ainda seria a transferência deste esquema interpretativo para os domínios do Império português, pois nem a Monarquia lusitana teve o mesmo viés coalescente em sua formação, nem o espaço de sua atuação na América apresentava as mesmas características da América espanhola, vincada pela pré-existência de impérios, civilizações, culturas e experiências históricas de elevada densidade histórica. Isto não quer dizer que os portugueses operassem no território do vazio em relação às populações nativas, mas que as condições de resistência e, portanto, da necessidade de acomodação com as populações instaladas secularmente no território foram muito diferentes daquelas enfrentadas pelo Império espanhol.

Impérios polissinodais

Apesar dessas evidências históricas insofismáveis, o esquema interpretativo que vinha se pondo para os impérios erigidos pelos ingleses e pelos espanhóis na América repercutiu sobre a comunidade de historiadores portugueses, muito especialmente sobre o distinto historiador com sólida formação jurídica António Manuel Hespanha, responsável pela fórmula emblemática *Império Polissinodal*,[30] aplicada, sobretudo, aos domínios territoriais afro-americanos, dado o caráter excepcional das possessões asiáticas.[31]

Em sua perspectiva, a inexistência de um poder centralizado nos domínios controlados pelos portugueses nos três continentes, especialmente nas partes americanas, expressar-se-ia em vários níveis: na falta de um

---

30 *Polissinodal* deriva de *polissinodia*, forma de governo que substitui cada ministro por um Conselho, portanto, um sistema político polissinódico ou polissinodal remete a uma estrutura de poder compartilhada, no caso um compartilhamento que incluía as formas locais de expressão no espaço imperial.

31 Cf. HESPANHA, António M. *Às vésperas do Leviathan*. Coimbra: Livraria Almedina, 1994.

projeto colonizador; na ausência de uma constituição colonial unificada; no pluralismo do direito colonial; na precedência das normas e dos costumes locais sobre as leis mais gerais provindas do Reino; na prevalência do direito narrativo; na autonomia da justiça crioula (*sic*), que gerava uma pletora de direitos não oficiais; na apropriação do poder pelas autoridades governamentais em exercício na colônia; na assunção de prerrogativas reais pelos tribunais locais; na solidariedade entre as autoridades e as elites locais, que significava, segundo Hespanha, a colonização da administração no Império português.[32]

O modelo que o inspira e que lhe serve de referência para caracterizar a configuração do Estado português na América foi talhado na experiência europeia, no quadro do Antigo Regime. As condições coloniais eram totalmente outras. Suas especificidades, apontadas pelo próprio Hespanha, obrigavam à invenção de uma forma de centralidade diferente em relação ao que se fazia na Europa. Todas as singularidades apontadas são especificidades naturais do espaço colonial. Não se pode cobrar do sistema orgânico da colonização portuguesa, e da própria prática colonizadora em si, o que ela não poderia oferecer: um sistema formal e legal amadurecido, seja das diretrizes gerais da política metropolitana para a colônia, seja da possibilidade de aclimatação de um sistema jurídico moderno ao espaço colonial, responsabilizando-o pela prevalência das práticas locais que redundaram na "colonização" da estrutura administrativa do império. Menos ainda na formalização de uma constituição colonial unificada, um anacrônico contrassenso, primeiro, porque era exatamente esta ausência que dava ao Estado português a possibilidade de ação discricionária; segundo, porque diplomas constitucionais eram raros na própria Europa, a Inglaterra jamais os teve. Como reclamar sua ausência no espaço colonial?

Mas fez prosélitos. Todas as vezes que uma nova linhagem interpretativa se põe, a tendência de seus aderentes é esticar a corda do

---

32 Cf. *Idem*. "As estruturas políticas em Portugal na época moderna". In: TENGARRINHA, José (org.). *História de Portugal*. Bauru: Edusc, 2001, p. 117-182.

modelo até o seu limite. O *Império Polissinodal* de Hespanha tem sua variante no *Império Conectado* de Sanjay Subrahmanyam, delineador de uma quase duplicidade político-administrativa entre o império e suas partes.[33] Centros metropolitanos e periferias coloniais. Periferias que, por sua vez, poderiam replicar a prática centro-periferia na relação entre seus núcleos principais e suas próprias periferias, conformando um *core* e seus satélites intracolônias. Uma espécie de ultraperiferia materializada nos sertões sempre associados à desordem e ao barbarismo, espaços até então considerados fora do império. Constelação *sui generis* que, segundo Russel-Wood, seria consequência da ineficiência do governo metropolitano em impor à periferia a obrigação de sustentar o centro, premissa básica do mercantilismo, cuja resultante é o surgimento de oportunidades para que os colonos subvertessem o sistema através do que chama "cultura da evasão".[34]

A tendência a se supervalorizar o nível de poder incrustado na escala local chega ao extremo de transformar esse patamar mínimo de mando em uma variedade de autogoverno voltado aos interesses do bem comum, assumidos como verdadeiros enclaves republicanos no seio dos impérios. Mimese de Jack Greene na ênfase conferida ao estilo europeu de governar aplicado ao modo local de fazer política do Novo Mundo, tendência que Annick Lampérière extremou ao imaginar uma forma *republicana colonial* de governar, experimentada em determinadas práticas coloniais mexicanas.[35] Em cujas pegadas segue o historiador brasileiro João Fragoso ao imaginar, mesmo que seja como hipótese de trabalho, uma Monarquia Pluricontinental, polissinodal e corpora-

---

[33] Cf. SUBRAHMANYAM, Sanjay. "Connected histories: notes towards a reconfiguration or early modern History". *Modern Asian Studies*, vol. 31, n° 3, 1997.

[34] Nesse sentido ver RUSSEL-WOOD, A. J. R. "Centers and peripheries in the Luso-Brazilian World, 1500-1808". In: DANIELS, Christine; KENNEDY, Michael V. (orgs.). *Op. cit.*, p. 105-142.

[35] Cf. LAMPÉRIÈRE, Annick. *Entre Dieu e le Roi, La République. Mexico, XVIe-XIXe siècles*. Paris: Les Belles Letres, 2004.

tiva, na qual o rei de Portugal seria a "cabeça do corpo social", mas com ele não se confundia, cabendo o exercício do poder nas terras da conquista aos representantes da administração régia e, especialmente, aos municípios, configurando um pacto entre a "Coroa e as elites locais",[36] cuja finalidade era prover a Monarquia e a primeira nobreza a parcela maior de seu sustento, extraído principalmente do trabalho indígena e africano nas plantações americanas.

Um arrazoado vazado em muitas hipóteses e pesquisas em estado embrionário, pleno de contradições. Como entender que o município detivesse a maior parcela do local, à frente da administração régia no espaço da Conquista (isto é, colônia), e placidamente (entendendo-se conviver numa Monarquia Pluricontinental) concordasse com esta absurda extração de recursos (de excedentes)? Como entender este argumento face aos seus trabalhos anteriores, que recusa peremptoriamente a transferência de renda e enfatiza a acumulação endógena, assumindo-se como baluarte do internalismo da acumulação? Mais contaditório ainda é o suposto de que o rei pudesse, mesmo que teoricamente, estar descolado do corpo social. O que vige, na teoria dos dois corpos do rei, é a ideia de que o monarca é a cabeça de um corpo místico cuja existência natural pressupõe, necessariamente, um corpo social, composto por membros, energizado por um coração, comandado por um cérebro: o rei.[37]

Depois de ter alcançado grande notoriedade e merecer ampla visibilidade, a teoria do *Império Polissinodal* está em franco regresso. Uma frenética desconstrução da desconstrução está em curso. Francisco Bethencourt e Diogo Ramada Curto discordam do núcleo duro da concepção, relativa à aludida fraqueza e descerebramento do Império,

---

36 FRAGOSO, João. "Modelos explicativos da chamada *economia colonial* e a ideia de Monarquia Pluricontinental: notas de um ensaio". *História*, São Paulo, vol. 31, nº 2, jul/dez. 2012, p. 117.

37 Cf. KANTAROWICZ, Ernest, H. *Os dois corpos do Rei: um estudo sobre a teologia política medieval*. São Paulo: Companhia das Letras, 1998.

concepção por eles considerada excessivamente empiricista e carente de teorização. Reservas agravadas por Laura de Mello e Souza, que recusa a possibilidade de que o esquema interpretativo imaginado por Hespanha possa servir à compreensão do mundo colonial português, por ter sido vazado no ordenamento político gestado na escala europeia do Estado, portanto, de difícil acomodação ao Império em geral e, menos ainda, à sua estruturação colonial alicerçada na escravidão africana.[38]

Um equívoco a ser corrigido é o lugar-comum de que a "cultura portuguesa da Idade Moderna não tivesse preocupações por um enquadramento teórico das conquistas territoriais e das formas variáveis da autoridade pretendida pela coroa em numerosas localidades de África, Ásia e América do Sul", pois, pelo contrário, era nítida a "percepção do império como um corpo político unitário, uma atitude controlável também nas representações de cada unidade administrativa", em cujo ordenamento jurídico avulta o papel dos teólogos da Corte por sua autoridade tradicionalmente aceita para opinar sobre assuntos cruciais, a exemplo da elaboração de um corpo doutrinário consistente sobre as prerrogativas do Império português para além das bulas papais, tais como guerras de conquista; monopólios comerciais; direito de navegação; estratégias missionárias; escravidão; bem como uma elaborada justificativa sobre a exclusividade do direito de captura dos negros na África ocidental e de conversão dos não cristãos que fundamenta o desenvolvimento de uma doutrina que se constituiria no "modelo de referência para o futuro império".[39] Concepção doutrinária adensada pelos missionários, que acabaram por elaborar "um corpus autônomo de ideias, argumentos, perspectivas e avaliações, que pode ser apontado como uma quinta e última forma de legitimação do império", fruto

---

38 Cf. SOUZA, Laura de Mello e. *O sol e a sombra: política e administração na América Portuguesa do século XVIII*. São Paulo: Companhia das Letras, 2006.

39 MARCOCCI, Giuseppe. *A consciência de um Império: Portugal e o seu mundo (sécs. XV-XVII)*. Coimbra: Imprensa da Universidade de Coimbra, 2012, p. 23, 26, 27.

da sua condição de serem homens de ação, envolvidos diretamente no corpo a corpo da conversão dos gentios, tema de alta significação política por estabelecer a relação entre o "poder régio e os seus novos súditos de origem africana, asiática ou americana".[40] Trata-se de um corpo de ideias que a um só tempo viabilizava, legitimava e autojustificava a empresa imperial portuguesa, conformada na imagem de um agressivo império marítimo.

No próprio espaço colonial, no decurso do século XVII, o governo português produz na colônia um poder concentrado a partir de uma técnica de dominação, significando que

> a análise das estruturas políticas e da arte de governar dos estados ibéricos, no seu particular desdobramento das colônias americanas, nos permite compreendê-las como uma experiência antecipatória de uma soberania centrada na dominação. Dominação definida na relação de hostilidade permanente entre o príncipe e o seu povo, no caso, os povos colonizados. Estes percebidos não mais como um rebanho a apascentar ou uma família a dirigir, mas uma permanente ameaça; um inimigo a conquistar.[41]

Nestes termos, ao invés de privilegiar os consensos, as cooptações das elites burocráticas ou militares por parte do aparelho de Estado, deve-se contemplar a perspectiva de que a dominação não se exerce, primacialmente, sobre os súditos, que também são agentes da "colonização, mas sim sobre as populações indígenas, africanas e europeias" submetidas "a um sistema violento e deletério de dominação e exploração econômica",[42]

---

40 Ibidem, p. 462.
41 PUNTONI, Pedro. "O Estado do Brasil: estruturas políticas e colonização". Trabalho apresentado no *2º Ciclo de Conferências: O Atlântico Ibero-Americano (séculos XVI--XVIII): perspectivas historiográficas recentes*, organizado pelo Centro de História do Além Mar da Universidade Nova de Lisboa, Lisboa, 6 de novembro de 2007.
42 Ibidem.

exercício de dominação que não dispensa, pelo contrário exige, a forte presença do Estado expressa numa pluralidade imensa de ações.

Impérios mercantis

O ponto fora da curva em relação a estes debates são as proposições de Jonathan Israel sobre os *Impérios Mercantis*, ou seja, suas ênfases sobre as conexões bipolares entre centro e periferia no espaço do império; sobre o relacionamento entre o *core* do sistema político e suas partes; sobre a intensidade relacional entre as múltiplas esferas de poder, nas várias esferas de poder; na onisciência ou no compartilhamento das decisões, consideradas as escalas espaciais e temporalidades relativas.

Jonathan Israel prioriza a dimensão econômica dos impérios, uma exceção nos tempos que correm de privilegiamento do papel da esfera política na história, um retorno ao arquétipo positivista disfarçado em discurso modernizante. Retorna, com instrumental renovado, aos *Impérios Marítimos* consagrados por Charles Boxer.[43] Não caracteriza o espaço mercantil controlado pelos holandeses a partir das relações de dominação, subordinação ou interação entre a metrópole e suas colônias. Muito menos se põe a questão do mando centralizado ou descentralizado nas relações centro-periferia. Vê o império em sua dinâmica mercantil, enfatizando as condições operacionais, os *terms of trade*;[44] a possibilidade de que pudesse haver um *Império Mercantil* mesmo que não houvesse um *Império Político*, como foi o caso do Império comercial holandês.

---

43 Cf. a trilogia *The Portuguese Seaborne Empire*; *The Dutch Seaborne Empire*; *The Spanish Seaborne Empire*, este último de autoria de John H. Parry, publicados entre 1969 e 1971 por Alfred-A-Knopf, Nova York. Em seu balanço sobre o Império português, Timothy J. Coates, em "The early modern portuguese Empire: a commentary on recent studies" (*The Sixteenth Century Journal*, vol. 37, n° 1, primavera 2006, p. 84) considera que o "magistral livro de Charles Boxer [...] dificilmente será substituído".

44 Cf. ISRAEL, Jonathan. *The Dutch Republic: its rise, greatness, and fall, 1477-1806*. Londres: Oxford University Press, 1998.

Seu fulcro analítico é o comércio carreteiro, o *bulkcarrying*. Historia suas origens no comércio báltico sustentado pelo transporte de trigo, madeira, sal e peixe, práticas lucrativas que conduziram, no final do século XVI, à extensão de sua rede operacional aos escalões mais desejados do planeta naquela época, firmando posições na Espanha, no Oriente e nas Índias Ocidentais. O salto decisivo na montagem do Império viria nos anos 1590, com a expansão do domínio sobre territórios coloniais pelos holandeses, tendo por meta prioritária a conquista dos mercados da América, África e Ásia, exatamente no momento em que a República holandesa desafiava o Império espanhol, circunstância da qual se aproveita para penetrar também no comércio europeu, superando as barreiras até então existentes. Neste contexto, avulta o papel desempenhado pela criação das companhias privilegiadas em 1602 e 1621, anos marco da constituição do *Império Mercantil* holandês em sua feição preponderantemente mercantil.

Em função do conflito com a Espanha, que os alijou do comércio da prata americana, os holandeses foram compungidos a promover a intensificação do comércio interasiático, especializando-se a partir de então no *carrying trade* cuja eficiência baseava-se na busca da maximização da lucratividade por via de ganhos nos fretes, seguros, armazenamento e, sobretudo, na diferença de preços entre mercados na escala mundial, exercendo na prática a mais pura essência do capital mercantil que é a intensificação do lucro pela aceleração do circuito do capital.[45] Equivale dizer, ao invés de focar a natureza das relações entre a metrópole holandesa e suas colônias, suas formas de gestão do Império, problemática mobilizadora do interesse da maioria dos historiadores especializados na temática, Jonathan Israel inova ao refletir sobre a natureza republicana do Estado holandês e a criação de um império colonial, diferencial político que pode ter sido a razão para a escalada vertiginosa dos holandeses na competição pelo controle dos mercados estratégicos, no caso, os coloniais.

---

45 ARRUDA, José J. A. "Exploração colonial e capital mercantil". In: SZMRECSÁNYI, Tamás (org.). *História econômica do período colonial*. São Paulo: Hucitec; ABPHE, 1996, p. 217-225.

Inspirados em Israel, em termos estritamente econômicos, mais produtivo do que refletir sobre os pesos relativos das tomadas de decisões no âmbito do Império português, talvez fosse pensar o papel da acumulação mercantil no âmbito do Império, onde avultava o papel carreteiro da metrópole portuguesa, cuja política de exclusivo comercial lhe permitia monopolizar o tráfico na interligação entre as diferentes partes dos seus domínios, realizando-o diretamente através de sua marinha mercante ou terceirizando-o quando lhe convinha, mas retendo sempre as linhas de comércio transoceânico de mais alta rentabilidade. De fato, os portugueses viviam do transporte das produções realizadas em espaços de colonização, direta ou não, por eles controlados: produções asiáticas, produtos brasileiros, mão de obra escrava africana, pois as produções autóctones eram escassas e, em sua grande maioria, destinando-se ao autoconsumo.[46]

Por esta via de comparação, o *Império português* teria maior similitude com o *Império holandês*, distanciando-se da experiência inglesa ou espanhola, mesmo havendo profundas diferenças entre os regimes políticos de cada Estado, monárquico em Portugal, republicano na Holanda. Proximidade maior do que aquela que se pode estabelecer com a Espanha, uma monarquia europeia amalgamada; ou com a Inglaterra, uma monarquia parlamentar, pelo menos desde meados do século XVII.

O Império português frente à moderna Teoria dos Impérios

Em suas variadas acepções, impérios negociados, compósitos, conectados, sinodais, resultam de experiências históricas forâneas ou da pura e simples mimetização historiográfica. Se forem válidas para o Império britânico ou espanhol, seriam também para o Império português? Para que a contra-argumentação não pareça um esforço estéril da

---

46 Cf. SILVA, José G. "L'auto consommation au Portugal (XIVe-XXe siécles)". *Annales – Economies, sociétés, civilización*, vol. XXIV, nº 2, mar.-abr. 1969, p. 250-288.

dita "historiografia nacionalista", deixemos falar, a propósito da especificidade do Império português, um dos artífices da desconstrução dos *Impérios Absolutistas*, Jack Greene. Para ele, enquanto a Monarquia espanhola, no transcurso dos séculos xv e xvi, compunha-se de uma grande número de reinos e províncias com diferentes graus de autonomia, politicamente distintos por conservarem os privilégios locais, formando, no limite, uma federação monárquica, *Portugal era um reino unificado*.

Entre os fins do século xv e inícios do século xvi, os reis D. João II e D. Manuel I empreenderam notáveis esforços para aumentar o poder do Estado a expensas da nobreza e das comunas, de cujos poderes tornaram-se menos dependentes em função dos recursos provenientes da expansão marítima. Condição que lhes deu folga financeira e, em consequência, permitiu reduzir significativamente o grau de dependência em relação à estrutura orgânica de poder herdada do medievo, ampliando o seu próprio poder. Os recursos gerados pela expansão marítima facultaram ainda aos monarcas a eficiente cooptação da nobreza, a compra de sua lealdade pela incorporação aos proventos do Império. Estes mecanismos "habilitaram a Coroa a alcançar um grau de consolidação que, comparado a outros monarcas europeus, era *espantoso*".[47] No século xvii, a retração da lucratividade comercial provocou o recuo do poder monárquico português pela incapacidade de fazer frente aos custos crescentes da burocracia e das muitas obrigações de Estado. Em decorrência, favoreceu a recuperação por parte das comunas e pela nobreza de parte do poder perdido na fase anterior, sobretudo esta última, beneficiada por sua participação nas atividades comerciais implementadas pelo Estado, cujo resultado final foi a recuperação de antigos direitos e considerável ampliação de mando sobre seus domínios específicos. Reflexões de Jack Greene que não deixam dúvidas sobre a especificidade do Império português e da impossibilidade de atrelá-lo a uma teoria geral dos impérios na ótica das teorias do momento.

---

47 Cf. GREENE, Jack. *Negotiated authorities… op. cit.*, p. 9. Grifo nosso.

Os recursos prodigalizados pela expansão marítima viabilizaram a centralização da Monarquia portuguesa no século XVI, reforçando sua autoridade interna e externa, territorial e colonial, enquanto a perda da soberania por conta da herança dinástica e a crise geral do século XVII contribuíram para o eclipsar de seu poder. Contudo, os caudalosos recursos provenientes da extração aurífera brasileira no século XVIII voltaram a reforçar o poder monárquico, sustentando a recentralização do mando, visível, por exemplo, no arrocho da fiscalidade nas áreas de mineração, fontes objetivas do poder real português.

Se esse era o grau de centralidade vivenciado pela Monarquia portuguesa, sua capacidade de exercitar o poder de mando no âmbito do Império era consideravelmente maior do que sua congênere espanhola, devendo as formas de poder local, realmente existentes, serem entendidas como ferramentas apropriadas ao exercício daquele poder: expressões de centralidade e não de descerebramento do Império.

Fica evidente, portanto, a relação entre império e extensão dos domínios. Entre impérios e colônias. Herdeiro das tradições românicas de império, por via do Sacro Império Romano Germânico, o Império espanhol, ao contrário do que pensa a historiografia descentralista, constituiu-se como realidade política destinada a acomodar conflitos entre reinos, principados e outras formas de particularismos políticos, visando a dar coesão e centralidade à entidade maior, única capaz de prover o aglomerado social de condições eficazes para a conquista e a defesa do território. Portanto, se do ponto de vista estritamente formal o poder imperial se apresentava como detentor do *dominus legibus solutus*, na prática, necessitava apropriar-se da maior massa possível de todos os recursos propiciados pela expansão externa. Tudo que o fisco das áreas subordinadas na Europa e o confisco do tesouro americano pudessem oferecer para a felicidade do Império. Isto é, garantir a coesão e a unidade dos Reinos agregados, entidades autônomas semissoberanas, cuja autonomia era necessário constranger a bem do Império, sendo por isso levado a *reinventar-se de fora para dentro*, exatamente no espaço em que sua condição de *advocatus ecclesiae*, de defensor da fé contra as heresias, tutor da evangelização, poderia exercer-se com ampla liberdade, agregando legitimidade e eficácia à mística do poder.

Impossibilitado de legitimar-se nos moldes do Império espanhol, cerceado pela resistência interna da grande nobreza e das municipalidades, o Reino português *reinventava-se na expansão*, amealhava riquezas, distribuía benesses, seduzia as resistências, estendia o domínio, defendia a conquista, estimulava a catequese, em suma ganhava poder, operando segundo a fórmula original *rex est imperatorin regno suo*, sem nenhuma pretensão a transformar-se num *auctocrator*, conformando-se como um Estado moderno *em si*,[48] e não como de Estado de transição. Sua experiência histórica no continente americano produziu configurações originais, arquiteturas políticas *sui generis* produzidas por experiências históricas singulares, capazes de alimentar os renovados estudos sobre a natureza dos Estados modernos, que busca se descolar dos pressupostos eurocêntricos e fundar uma teoria política do *iberismo*.[49]

Império, capitalismo comercial e sistema colonial

A noção de império, como vimos, é uma categoria em expansão, que subsume o lugar ocupado outrora por conceitos mais densos, mais fechados. Fenômeno semelhante ao conceito de imperialismo, praticamente posto em desuso pela vulgarização do conceito de globalização. O império subsumiu a colônia e, por conseguinte, o próprio sistema colonial, relegando a um plano

---

48 Sobre o conceito de *Estado em si*, cf. ARRUDA, José Jobson de Andrade. *A Grande Revolução Inglesa – 1640-1780*. São Paulo: Hucitec, 1986, p. 71.

49 Sobre a proposta de renovação dos horizontes cognitivos e imaginativos capazes de edificar linguagens e vocabulários, com potencialidade para criar uma teoria social na periferia, cf. MAIA, João M. E. *Ao sul da teoria: o pensamento social brasileiro e o debate sociológico contemporâneo*. Texto provisório. Rio de Janeiro, FGV/CPDOC, 2012. Sobre o iberismo, cf. VIANNA, Luiz J. W. *A Revolução Passiva: iberismo e americanismo no Brasil*. Rio de Janeiro: Revan, 1997; BARBOSA FILHO, Rubem. "Sentimento de democracia". *Lua Nova*, vol. 59, p. 5-29; CARVALHO, Maria A. R. *O quinto século: André Rebouças e a construção do Brasil*. Rio de Janeiro: Revan, 1998.

secundário conceitos como o de capitalismo comercial, um sistema, por articular um conjunto de estruturas interdependentes encadeadas numa determinada ordem de agregação espacial e de sucessão temporal.

Por esta razão, as redes mercantis ocuparam o lugar das relações estruturais, processo no qual as redes foram identificadas com os liames do império, suas conexões vitais, em substituição ao mundo do trabalho, das relações de produção, do substrato escravista da sociedade. De toda evidência, as redes mercantis não podem constituir, elas mesmas, o núcleo duro do sistema econômico em sua totalidade, isto é, em sua mais plena historicidade. Ao aparecerem como essências do sistema expressam a autonomização das formas face aos referentes, exatamente como a rede de tráfico se sobrepôs à escravidão no cerne do sistema. É a representação subsumindo o representado. É, em suma, pôr o tráfico e os traficantes no lugar da produção da força de trabalho e das mercadorias, da produção e reprodução ampliada do sistema.

Em suma, a noção de Império é tão complacente que lhe falta um estatuto de sustentação analítica, restando-lhe a condição de vocábulo descritivo, cujo efeito nefasto é o de remeter para os desvãos da história tudo o que se havia construído, pouco repondo em seu lugar, a exemplo do conceito de capitalismo, razão pela qual Immanuel Wallerstein concebeu o conceito de economia-mundo em oposição à de *império*, uma espécie de domínio imperial sem cabeça, que contornava o problema das excessivas despesas do poder central, revoltas e guerras impostas pelas exigências do império. "Se tal economia-mundo existiu, a harmonia naquela ordem deve ter sido criada por um sistema que tomou o lugar da autoridade religiosa e política central, cada vez mais contestada",[50] uma razão central de natureza abstrata que é a própria essência do mundo criado pela mercadoria.

---

50 MAURO, Frédéric. "Merchant Communities". In: TRACY, James D. (org.). *The rise of merchant empires: long-distance trade in the early modern world, 1350-1750*. Cambridge: Cambridge University Press, 1990, p. 286.

O IMPÉRIO TRIPOLAR:
história e historiografia

Tripolar ou bipolar?

O IMPÉRIO PORTUGUÊS, NASCIDO DO MAR, para usar a expressão consagrada pelo ancestral comum de todos os brasilianistas, Charles Boxer, realizou-se muito mais nos prolongamentos ultramarinos do que em seu próprio território. Isolados em relação ao continente europeu, voltados aos mares em sua face litorânea, acostumaram-se os lusos a viver uma espécie de insularidade, uma ilha mítica ancorada na densidade histórica das massas líquidas circundantes.[1]

Essa entrega de seus territórios e de si mesmos à História do Atlântico e dos mares lindeiros transformou o pequeno território em peça indescartável no complexo relacionamento histórico que, a partir de então, se desenvolveria com seus polos conexos: Ásia, África, América, conexões referenciadas nessas escalas continentais por localizações históricas precisas, quase todos sítios litorâneos, Goa, Macau, Luanda, Angola, Recife, Salvador.

---

1   A fonte desta imagem tem origem em LOURENÇO, Eduardo. *Mitologia da Saudade*. São Paulo: Companhia das Letras, 1999, p. 94. Para ele, a singularidade de Portugal é um paradoxo. O fato "de ter sido durante séculos uma nação que viveu e se viveu simbolicamente como ilha [...] O insólito de uma pequena nação se ter convertido num Império".

Em sua escala asiática, o Império viveu um sonho bom e breve.² Não fincou raízes profundas, com reduzidas exceções, mas alimentou o imaginário peninsular por séculos, atavicamente rendido aos olhos da Ásia, de onde tudo de bom viera: as especiarias, a arte, a ciência, as imagens oníricas. Balizado entre a conquista de Ceuta, em 1415, e a consolidação do Império asiático, simbolizado na conquista de Ormuz, em 1513, instala--se o périplo asiático com o venturoso rei D. Manuel, que pode exibir sem pudor a sua face de mercador ao praticamente dirigir o Reino a partir de seus armazéns instalados na praça do comércio, revelando aí, em sua face simbólica, a vitória da corrente mercantil que, vencedora em 1381-1385, acabara por fazer valer seus desígnios aristocráticos, a preferência pelos valores da guerra, saque, terra, glórias do sangue e da fé.³ Monarca rendido aos olhos da Ásia, com a cabeça metida nas especiarias do Oriente, na pimenta do Índico, complexo mercantil que mesmo em recesso não deixava espaço para o apoio a novos experimentos, deixando-se mesmerizar pelo lucro fácil, pois uma tonelada de pimenta valia dez vezes mais do que outra de pau-brasil, atração que, paradoxalmente, beneficiou a colonização americana, fazendo do Brasil "uma construção arrancada aos Trópicos", pois a indiferença da Coroa deu aos colonos uma "margem de manobra e de movimentação" impensável no circuito oriental.⁴

As relações mais consistentes e duradouras, portanto, estabeleceram-se na ponte transoceânica que unia o continente europeu à África e ao Brasil. Uma "rede triangular com fortes ramificações nos próprios

---

2 Sobre a evolução do Império português na Ásia, cf. SUBRAHMANYAM, Sanjay e THOMAZ, F. R. "Evolution of Empire: the portuguese in the Indian Ocean during the sixteenth century". In: TRACY, James D. (org.). *The political economy of merchant Empires: State Power and World Trade, 1350-1750*. Cambridge: Cambridge University Press, 1991, p. 298-331. E, especificamente sobre seu declínio, cf. GUERREIRO, Luís Ramalhosa. "O declínio português no Índico e a hegemonia holandesa (1596-1650)". *Clio*, Lisboa, Nova Série, vol. 10, 2004, p. 111-134.

3 FREYRE, Gilberto. *Casa-grande & senzala*. Madri: Coleção Archivos, 2002, p. 51 e segs.

4 OLIVEIRA, Aurélio. "Brasil 1500-1600. Dos 'Descaminhos' da Coroa à 'Desforra' dos Colonos". *Revista Portuguesa de História*, Coimbra, t. XXXIII, 1999, p. 267-275.

hinterlands metropolitanos",[5] e leves manifestações no espaço colonial, cartografando um mosaico sociocultural traduzido num tripé, cujos polos tornaram-se vetores basilares na arquitetura do Império, independentemente da preponderância que cada uma das polaridades pudesse exercer sobre o conjunto, em função de espessuras históricas determinadas.

Trata-se, portanto, de refletir sobre a natureza do Império português na confluência de três vertentes estratégicas: a trajetória histórica, concretamente realizada nos limites de nossa percepção alicerçada nas pesquisas existentes; as visões, produzidas pelos principais intérpretes, ancoradas em contextos específicos do processo histórico por eles pesquisados; e, finalmente, a relação entre as visões produzidas e os momentos históricos vivenciados por esses mesmos intérpretes, uma constelação interagente de elementos propriamente históricos, ideológicos e culturais.

Por colocar a questão relacional no centro de suas reflexões, por sua abrangente vocação generalizadora, a partir da bipolaridade África-Brasil, *O Trato dos Viventes*, de Luiz Filipe de Alencastro,[6] é referência quase obrigatória para iniciarmos esta discussão. A tese que lastreia sua interpretação, posta de maneira frontal e inequívoca, remete à

---

5   *Ibidem*, p. 258.
6   ALENCASTRO, Luiz Filipe de. *O Trato dos Viventes: formação do Brasil no Atlântico Sul.* São Paulo: Companhia das Letras, 2000. O subtítulo é significativo, porque remete o texto ao conjunto dos estudos de formação tão caros dos anos 1930 e 1950. Sinaliza, portanto, a predisposição em retomar grandes retratos traçados nas gerações anteriores, tivessem eles no título a palavra "formação" (*Casa-Grande & Senzala: formação da família brasileira sob o regime de economia patriarcal; Formação do Brasil contemporâneo; Formação econômica do Brasil; Formação da literatura brasileira; Os donos do poder: formação do patronato político brasileiro*), ou não (*Raízes do Brasil*). Apesar de enquadrar-se na mesma linhagem, o livro de Florestan Fernandes, *A Revolução Burguesa no Brasil*, surge apenas em meados dos anos 1970, mas não deixa de ser um notável estudo de formação. Para Otília e Paulo Arantes, formação é: "Noção a um tempo descritiva e normativa, compreende-se além do mais que o horizonte descortinado pela ideia de formação corresse na direção do ideal europeu de civilização relativamente integrada – ponto de fuga de todo espírito brasileiro bem formado" (ARANTES, Otília; ARANTES, Paulo. *Sentido da formação*. São Paulo: Paz e Terra, 1997, p. 12).

bipolaridade África-Brasil, feitorias angolanas e núcleos produtores brasileiros, a relação histórica fundamental capaz de explicitar a gestação do Brasil no Atlântico Sul, no decurso dos séculos XVI e XVII. O nascimento do Brasil, no século XVIII, resultaria desse enlace transterritorial entre os centros produtores de açúcar no Brasil e os núcleos fornecedores de escravos em Angola, tão visceralmente interligados que constituiriam um único sistema de exploração colonial.

A tese, extremamente atraente, que no essencial jazia adormecida nos escritos de Boxer, readquire visibilidade no estilo enfático, rutilante, não raro desabrido do autor que elide considerações presentes na literatura especializada e que, a nosso ver, precisam ser devidamente refletidas.[7] O complexo mão de obra escrava africana/núcleos açucareiros brasileiros não se realizaria sem o reconhecimento de um terceiro e indescartável polo relacional, o europeu, escala final do processo produtivo em que o circuito do capital se completava ao transformar a mercadoria açúcar em dinheiro, viabilizando a retomada do processo de reprodução.[8]

É inquestionável o significado histórico da massiva e a forçada migração transoceânica na caracterização do espaço atlântico, menos ainda sua contribuição decisiva na conformação sociocultural da futura identidade brasileira. Reificar essa relação, porém, nublando o papel desempenhado pelo espaço europeu, exige assumir que a polaridade afro-brasileira seria capaz de se retroalimentar, gestando um sistema atlântico autorreprodutivo, possibilidade esta que confronta os fatos. Afinal, o núcleo político decisório encontrava-se instalado na Europa, no Reino português onde se

---

7   Pensamos, especialmente, na realização externa, europeia, do circuito comercial, conforme MELLO, João Manuel Cardoso de. *O capitalismo tardio: contribuição à revisão crítica da formação e desenvolvimento da economia brasileira*. São Paulo: Brasiliense, 1982.

8   A aceleação do circuito do capital era a expressão de comando do capital mercantil. Buscava-se estreitar o circuito monetário, elevando-se os lucros pela pluralização das chances de investimento. Cf. ARRUDA, José Jobson de Andrade. "Exploração colonial e capital mercantil". In: SZMRECSÁNYI, Tamás (org.). *História Econômica do período colonial*. São Paulo: Hucitec, 1996, p. 217-223.

alojavam as elites políticas mercantis, agenciadoras dos recursos originariamente investidos no tráfico, condição essa sem a qual nenhum valor teria sido outorgado à mão de obra em longo prazo disponível no litoral africano, pela impossibilidade de conectá-la ao parque produtivo americano.

Desde o século XVI, até o final do século XVIII, a relação triangular era a forma clássica das relações mercantis na época mercantilista.[9] O sistema triangular atlântico envolvia, de um lado, os consumidores finais das mercadorias produzidas que detinham, gostemos ou não, o comando último das decisões políticas, diplomáticas, militares e financeiras do processo materializadas na monarquia e suas agências governamentais, bem como nas feitorias mercantis ali instaladas.[10]

Europa, África e América ou, em suas expressões mais singulares, Portugal, Angola e Brasil, são polos indissociáveis na configuração histórica do Império português, no fundo um Império Atlântico, Luso-Afro-Brasileiro, Império esse que, ao sabor das contingências históricas específicas numa escala de tempo trissecular, viu renovarem-se os pesos relativos de cada uma de suas polaridades, obedecendo aos fluxos e refluxos do movimento da história, transmitindo aos observadores, acantonados em momentos determinados de sua trajetória, a sensação de que aquele era o segmento dominante, a partir do qual o Império, em sua globalidade,

---

9   "O comércio brasileiro, triangular e possivelmente quadrangular, bastante complexo e perigoso, mas também extremamente lucrativo, constituía-se como um território livre de rápida acumulação de capital" (STOLS, Eddy. "Conveniências e conivências luso-flamengas na rota do açúcar brasileiro". *Ler História*, Lisboa, nº 32, 1997, p. 131).

10 "Efetivamente os privilégios dos flamengos e alemães em Lisboa datavam do começo do século XV e foram constantemente renovados e ampliados" (*ibidem*). O autor destaca também a forte concentração de comerciantes e artesãos flamengos em Lisboa e outras cidades, interessados nas Ilhas do Atlântico, na Índia Oriental e com projetos cada vez mais voltados ao Brasil (STOLS, Eddy. "A nação flamenga em Lisboa". In: EVERAERT, J.; STOLS, E. *Flandres e Portugal: na confluência de duas culturas*. Antuérpia, 1991). Sobre as feitorias comerciais, ver o estudo de MAURO, Frédéric. "Merchant communities, 1350-1750". In: TRACY, James D. *The rise of merchant empires: long-distance trade in the early modern world, 1350-1750*. Cambridge: Cambridge University Press, 1990, especialmente p. 282-284.

deveria ser entendido e pensado. Significa afirmar que, se observarmos o conjunto dessas relações, em seu nascedouro, nas primeiras décadas consecutivas ao descobrimento do Brasil, ou, mais especificamente, até a sétima década, quando já se pode falar da existência de uma indústria açucareira instalada na colônia,[11] o polo dinâmico seria, sem dúvida, o europeu, transmitindo a correta sensação de colônia receptiva, comandada de fora para dentro. Mas poderia ser outra a sensação produzida? Sem a iniciativa europeia, que finca os primeiros núcleos produtores com base em trabalho nativo, os desdobramentos ulteriores que entrelaçam Angola e Brasil teriam se constituído?

Momento açucareiro

Pensamos que não. A ação metropolitana, nesse momento, foi de tal sorte decisiva que toda arquitetura do sistema, que então se delineia, nela descansava, mesmo que nos momentos seguintes de sua trajetória tivessem que ser relativizados *vis à vis* o papel assumido pelos demais polos da relação tripartite. Tal configuração torna-se explícita a partir de 1570, quando o sistema produtivo açucareiro entra na sua fase de crescimento sustentado, visível nos volumes e valores alcançados pela exportação colonial, tendência esta que se mantém em ritmo ascensional até os anos 1670.[12] A colônia brasílica herda a hegemonia na produção açucareira no continente americano até então praticamente açambarcado pela ilha Española, que produzia, nos meados do século XVI, 80% de todo o açúcar chegado à Europa. Já em 1546,

---

11 Frédéric Mauro avalia, a partir de fontes diversas, o número de engenhos em 60, no ano de 1570. Treze anos depois, mais do que dobrou esse número, alcançando 131 unidades. Cf. MAURO, Frédéric. *Portugal, o Brasil e o Atlântico (1570-1670)*. Trad. port. Lisboa: Imprensa Universitária/Estampa, 1989, vol. I, p. 254-257.

12 O número de engenhos continuou a crescer durante o século XVII, a despeito dos problemas criados pela invasão holandesa no Nordeste. O número de engenho passou de 130, em 1610, para 528, em 1700 (MAURO, Frédéric & SOUZA, Maria de. *Le Brésil du XXe siècle à la fin du XVIIIe siècle*. Paris: Sedes, 1977, p. 60).

segundo Jorge Couto, contavam-se 23 engenhos no Brasil, seis dos quais localizados em São Vicente e Santo Amaro, um engenho a mais dos que os cinco situados em Pernambuco, que dava à porção meridional da colônia uma participação destacada na exportação açucareira.[13]

Em 1570, porém, a situação já se invertera. Dentre os 60 engenhos que operavam na costa brasileira, apenas quatro ainda produziam na Capitania de São Vicente, concentrando-se a sua grande maioria em Pernambuco, com 23 engenhos, respondendo por 33% do total da produção açucareira; vindo a Bahia em segundo lugar com 18 engenhos. A partir de então, o número de unidades produtoras e, consequentemente, o volume da produção açucareira cresce celeremente. Em apenas 15 anos, ou seja, em 1585, o número de unidades havia duplicado, alcançando 120 unidades, sendo 66 em Pernambuco e 36 na Bahia, um arranque exponencial, uma vez que a Bahia duplicara o número de seus engenhos e Pernambuco praticamente triplicara.[14]

Nem mesmo as intempéries políticas e militares representadas pela invasão e ocupação holandesa frearam o ritmo da indústria açucareira, expressa na expansão das edificações produtivas. Em 1610, havia 130 plantas industriais que, em 1700, tinham se transformado em 528.[15] Números superlativos, considerando-se o tamanho de cada unidade produtiva, muitas das quais operando com um plantel variável entre 80 e 100 escravos, capazes de produzir 140 toneladas de açúcar por ano, elevando a capacidade produtiva global da colônia em 20 mil toneladas anuais, conferindo-lhe a primazia dentre os produtores mundiais, até que se iniciasse a fulminante ascensão de Barbados, a partir de 1650, o que não impediu o Brasil de continuar a ser o fornecedor majoritário.[16]

---

13   COUTO, Jorge. *A construção do Brasil*. Lisboa: Edições Cosmos, 1995, p. 287.
14   Cf. SCHWARTZ, Stuart. "A Commonwealth within itself. The Brazilian sugar industry, 1550-1670". In: *Idem* (org.). *Tropical Babylon: sugar and the making of the Atlantic World, 1450-1680*. North Carolina: The University of North Carolina Press, 2004, p. 161.
15   Cf. MAURO, Frédéric; SOUZA, Maria de. *Op. cit.*, p. 60.
16   Cf. SCHWARTZ, Stuart. *Op. cit.*, p. 161-162.

Nesse contexto, avulta o papel das redes de redistribuição internacionais capazes de fazer chegar o produto aos consumidores no tempo certo, considerando-se sua perecividade. Isto explica a maleabilidade das autoridades portuguesas na concessão de licenças, permissões para que navios estrangeiros frequentassem os portos exportadores de açúcar, apesar das expressas restrições consolidadas do regime de monopólio colonial. O número das concessões impressiona. Stuart Schwartz registra a presença de navios originários de portos holandeses de Riga, Bremen, Copenhagen, Malmö, Ragusa, autorizados a velejar para a Bahia e carregar açúcar para a Europa, prática que se repetia em Pernambuco, cujo porto do Recife recebia anualmente, em média, três dezenas de navios, dos quais 60% procediam de Hamburgo, Antuérpia, Vergen e Lubeck, todos eles operando sob licença e controle português, o que leva Stuart a afirmar que "o açúcar brasileiro, de fato, abriu o comércio português, rompendo o controle estatal do sistema comercial que tinha crescido, no século anterior, em torno do comércio de especiarias do Oceano Índico".[17]

Ou, mais especificamente, a quebra do regime de monopólio que comprometia, ao menos conjunturalmente, a existência do próprio sistema colonial. Na verdade, os descaminhos não eram exceção à regra da comercialização do açúcar na colônia, pois, "de conluio com os colonos e oficiais de Sua Alteza, grossa parte – se não mesmo a maioria – seguia diretamente para o estrangeiro", a exemplo do que se verificava em Pernambuco, em 1591, continuamente frequentado por navios "de todas as partes da França, Flandres, Inglaterra, Hamburgo e de todas as demais partes",[18] forma de evasão fiscal que a distância do poder central facultava, cujo procedimento era sistematizado na prática contumaz dos desvios,

---

17 Cf. *Ibidem*, p. 174.
18 BRITO, Domingo de Abreu e. *Um inquérito à vida administrativa e econômica de Angola e do Brasil*. Coimbra: Imprensa da Universidade de Coimbra, 1931, p. 73-75. *Apud* OLIVEIRA, Aurélio de. "Brasil 1500-1600 Dos "Descaminhos" da Coroa à "Desforra" dos colonos". In: *Revista Portuguesa de História*, t. XXXIII, Coimbra, p. 280.

> uso e costume dos donos dos engenhos venderem os tais açúcares em segredo, fazendo concerto com os mercadores que lhes compram os açúcares e lhos dão forros de direito pelo preço ser maior, ordenando que os mercadores que tais açúcares compram os despachem em nome dos ditos donos dos engenhos, e os feitores dos ditos mercadores que os despacham como *procuradores* dos donos dos engenhos nas Alfândegas deste Reino.[19]

As brechas abertas no regime de monopólio ampliavam-se em contextos belicosos, nos quais a Monarquia portuguesa era obrigada a fazer concessões em troca de proteção. Logo após a separação do Império espanhol, em 1641, vantagens desta natureza foram outorgadas a vários países, entre eles, França, Holanda, Suécia e Dinamarca e, sobretudo, à Inglaterra que, pelo Tratado de 1654, recebia o privilégio de comerciar e traficar livremente de Portugal para o Brasil e outras partes do Império incorporado às frotas portuguesas. Privilégios estes sensivelmente ampliados pelo Tratado de Aliança de 1661, pelo qual, além de ceder a fortaleza de Tanger, o porto e ilha de Bombaim, autorizava-se o direito de comerciar nas praças de "Goa, Cochim, Diu, bem como Bahia, Pernambuco e Rio de Janeiro, com os mesmos privilégios que gozavam os portugueses", facultando-lhes ainda a instalação de "agentes comerciais britânicos nos portos da Ásia, sem limitações e nos do Rio de Janeiro, Bahia e Pernambuco, em número de quatro famílias em cada um".[20]

Quebrar o rígido monopólio circunstancialmente não significava eliminá-lo. Significava adequá-lo às necessidades momentâneas em que se exigia uma vasta rede de transporte, capaz de dar vazão à enorme produção. Não significa também que fosse irreversível. Novas conjunturas poderiam reverter a tendência liberalizante em favor de constrições monopolístico-protecionistas

---

19 *Ibidem*, p. 272.
20 SANTOS, Corcino Medeiros dos. *Relações comerciais do Rio de Janeiro com Lisboa (1763-1808)*. Rio de Janeiro: Tempo Brasileiro, 1980, p. 154.

mais rígidas, como de fato aconteceu no contexto da criação das companhias privilegiadas. Até mesmo porque o conceito de monopólio não é absoluto, variando conforme as realidades históricas específicas. "O comércio com a colônia portuguesa do Brasil não era tão regulamentado quanto com a América Espanhola", afirma Pieter Emmer,[21] deixando entrever que o conceito de monopólio no Império espanhol era muito mais rígido do que no português. De qualquer forma, o porto de Lisboa era o principal destino do açúcar brasileiro, secundado por pequenos portos, como os da cidade do Porto e Viana do Castelo, que acabaram se tornando participantes ativos do comércio internacional. Viana, de modo especial, teve participação expressiva, pois deslocava uma frota de 70 navios dedicados ao comércio brasileiro, navios médios, entre 80 e 150 toneladas, capazes de transportar de 300 e 450 caixas de açúcar.[22]

O papel destes portos lusitanos na comercialização do açúcar provindo do Brasil é absolutamente essencial, como demonstra Leonor Freire Costa, "pois a maioria dos reexportadores de produtos brasileiros para as cidades europeias, Hamburgo, portos da Normandia, eram portugueses, cristãos novos e velhos e alguns estrangeiros".[23] Completando-se nos circuitos de reexportação, atuando em rede de mercadores e armadores, transferindo capitais entre praças aparentemente concorrentes, deslocando-se de forma peregrina entre diferentes espaços portuários, os mercadores portugueses buscam a cooperação pluriportuária, agarrando-se aos negócios do Brasil. "As rotas primárias, sujeitas a uma política de 'pacto colonial', garantiram aos armadores nacionais uma capacidade de intervenção que lhes poderia ser negada caso se mantivessem abertas a unidades estrangeiras", em contrapartida, a proteção conferida ao Brasil servia indiretamente aos "transportes estrangeiros, senhores das comunicações europeias e

---

21 EMMER, Pieter. "The strugle over sugar. The Abortive Attack of the Dutch on Portugal in the South Atlantic 1600-1650". *Mare Liberum*, Lisboa, nº 13, jun. 1997, p. 60.

22 *Ibidem*, p. 175.

23 COSTA, Leonor Freire. *Império e grupos mercantis (século XVII)*. Lisboa: Livros Horizonte, 2002, p. 63.

dominadores dos circuitos de reexportação". Agregue-se o fato de que "o transporte era encomendado do exterior, por responder às solicitações da distribuição do açúcar, mais sensível à variação da procura do que da oferta", reservando-se o comércio interno do Império aos mercadores lusos. O número de viagens com intenção de regresso demonstra que a importação, no caso do açúcar, mais do que sua exportação, foi fundamental na construção das rotas brasileiras; o que não impediu que, mais tarde, "as rotas do açúcar qualificassem o vinho como produto fundamental nos circuitos de exportação". Tanto que, entre 1580 e 1663, auge da economia açucareira no Brasil, 40% das escrituras certificadas em Lisboa referiam-se ao açúcar brasileiro, índice inigualável em qualquer outro espaço colonial ultramarino contemporâneo. Esta alta especialização do comércio de importação e reexportação do açúcar fragilizou as relações africanas e, por via de consequência, os "escravos foram fugindo ao controle do reino, quando o seu destino era o Brasil", acabando por desenhar, no centro da rede mercantil do Império português, "um trajeto de extremidades tripartidas, no reino e na colônia, convergindo nas Canárias ou na Madeira".[24]

Foi exatamente esta outra face da corrente mercantil do Império que foi privilegiada por Filipe de Alencastro. Ao escapar ao controle dos mercadores lusitanos, o tráfico de escravos teria sido gradativamente capturado pelos comerciantes instalados no Brasil, de extração nativa ou não. Operando em condições logísticas absolutamente favoráveis, fosse pela proximidade, pelo regime de ventos, pelo controle de produtos cobiçados pelos africanos, especialmente cachaça e fumo, a rede de tumbeiros brasílicos disputou o monopólio da comercialização e o transporte de africanos para as lavouras e minas da colônia brasileira. De 1736 a 1770, segundo Alencastro, 85,5% dos navios atracados no porto de Luanda eram originários dos portos do Rio de Janeiro (41%), Pernambuco (22,5%) e Bahia (22%), e apenas 14,5% de Lisboa. Cogita que esta porcentagem poderia ser

---

24 Cf. COSTA, Leonor Freire. *O transporte no Atlântico e a Companhia Geral do Comércio do Brasil (1580-1663)*. Lisboa: CNCDP, 2002, p. 601-608. 2 vols.

ainda maior no porto de Benguela, repetindo-se possivelmente o mesmo com o tráfico africano dirigido à Bahia procedente da Costa dos Escravos, bem como de Moçambique. Ilações que o levam a certificar que "a bipolaridade das relações entre os mercados brasileiros e africanos possui uma dinâmica própria que verga a política portuguesa no Atlântico".[25] Verga, mas não quebra, porque é uma dinâmica atrelada, cujo ritmo é ditado pelo diapasão da tripolaridade, razão pela qual sua dinâmica própria não lhe confere autonomia.

Se verdadeiras, as evidências estatísticas mobilizadas para dar sustentação ao argumento da bipolaridade precisam ser circunstanciadas. Em primeiro lugar, porque as evidências provenientes de outras fontes, como aquelas compulsadas por Joseph Miller, demonstram que a presença dos traficantes brasileiros nos portos angolanos somente se acelera no último terço do século XVIII, crescendo nos anos 1770 e consolidando-se nos 1780;[26] e não a partir de 1736, como foi indicado por Alencastro. Segundo, porque o número de barcos operando na rota Rio-Luanda-Benguela era de 20 unidades, segundo Corcino dos Santos, e não 33, como deixam entrever os porcentuais extraídos por Alencastro das fontes por ele referidas. No fundo, as frotas mercantis que faziam a rota Rio-África e Rio-Lisboa se complementavam.

> Os escravos eram comprados por tecidos, giribita e fumo, e chegando ao Rio de Janeiro eram vendidos. Nesta praça, o produto da venda era aplicado na compra de gêneros tropicais que eram remetidos para Lisboa. Por outro lado, com o produto da venda do açúcar e outros gêneros tropicais em Lisboa, os mercadores compravam mercadorias europeias e asiáticas para serem despachadas para Angola e, principalmente, para o Rio de Janeiro.[27]

---

25 ALENCASTRO, Luiz Filipe de. *Op. cit.*, p. 324.
26 MILLER, Joseph C. *Way of death: merchant capitalism and the Angolan Slave Trade, 1730-1830*. Wisconsin: The University of Wisconsin Press, 1988, p. 482 e segs.
27 SANTOS, Corcino Medeiros dos. *Op. cit.*, p. 203.

Os mercadores portugueses foram, portanto, peças decisivas na rede de comercialização e financiamento do tráfico. Fazia parte de um sistema internacional responsável pela criação de um mercado integrado no Atlântico Sul.[28] Desde os primórdios do século XVI, aprimoraram-se na organização de um sistema interno de provimento de cativos a ele destinado.[29] O costume de "filhar gente" na costa africana levou à construção e à distribuição estratégica de fortalezas e presídios que garantiam a *produção* de escravos, redutos aprovisionados pelos próprios africanos aliciados e subvertidos pelos traficantes portugueses, que acabaram "construindo e soldando" o espaço angolano "graças à intervenção do tráfico negreiro". Chegaram mesmo ao requinte de utilizar as Ilhas Atlânticas açucareiras, São Tomé e Cabo Verde, como estágios preparatórios para o translado dos cativos a outras partes, "homens em trânsito", destinados preferencialmente ao Brasil.[30] Produção de braços e destinados à produção de açúcar, elos de uma mesma corrente transatlântica, responsável por 70% de todos os escravos entrados no Brasil, um número, portanto, acima de 2,5 milhões de almas.[31] Realidade histórica trágica e inegável, o eixo África-Brasil era um eixo da morte dado o baixíssimo percentual de chegados vivos, mas não era um eixo *em si*, que pode ser autorreferido, mas sim um eixo subsidiário atrelado a algo muito mais complexo, que era a rede mercantil luso-brasílica em ação no Atlântico Sul.

Em suma, traficantes coloniais, produtos coloniais, barcos coloniais somente poderiam reforçar a presunção de uma relação bipolar África-Brasil predominante, eixo econômico que induziu Alencastro a

---

28 SCWHARTZ, Stuart. "Escravatura e comércio de escravos no Brasil no século XVIII". In: BETHENCOURT, Francisco; CHAUDHURI, Kirti (dir.). *História da Expansão Portuguesa*. Vol. 3: *O Brasil na Balança do Império (1697-1808)*. Lisboa: Círculo de Leitores, 1998, p. 109.

29 ARRUDA, José Jobson de Andrade. "Os escravos angolanos no Brasil (Sécs. XVI-XIX)". In: MEDINA, João; HENRIQUES, Isabel Castro. *A rota dos escravos: Angola e a rede do comércio negreiro*. Lisboa: Cegia, 1996, p. 238.

30 MEDINA, João & HENRIQUES, Isabel Castro. *Op. cit.*, p. 125, 153-154.

31 Cf. KLEIN, Herbert. *The Middle Passage*. New Jersey: Princeton University Press, 1978.

desqualificar a tripolaridade em favor da supremacia da relação bipolar, transformada, a partir de então, na roda viva da história afro-brasílica,[32] pois o controle do tráfico por mercadores brasileiros teria gestado uma acumulação endógena insuspeitada e de alta relevância. Houve sim uma bipolaridade inquestionável, mas não era esta. Refiro-me à relação bipolar que se estabelece entre o núcleo açucareiro vicentino, na primeira metade do século XVI, e a metrópole, excluindo totalmente o concurso do polo africano, pois a estrutura produtiva pioneira na colônia "sustentava-se sobre o trabalho cativo gestado na terra",[33] relação bipolar que se reproduz de maneira excepcional no tráfico direto que se estabelece entre o engenho de propriedade da firma Erasmus Schetz & Filhos e a Antuérpia, sede da empresa, por conta do controle absoluto que o proprietário absenteísta exerce sobre toda cadeia produtiva, financeira e redistributiva, sendo absolutamente inquietante que, "no quadro geral do sistema colonial moderno, tenha havido lugar para uma experiência tão singular, na qual o monopólio, regra dourada da política mercantilista, fosse desfigurado",[34] senão completamente elidido numa conjuntura específica.

Mas as evidências empíricas que deram suporte à interpretação de Alencastro revelaram-se frágeis para dar sustentação a um arcabouço interpretativo de tamanha envergadura. A começar pelo volume do tráfico de escravos africanos controlados pelos portugueses que, segundo David Eltis, transportaram durante a segunda metade do século XVII cerca de 200 mil cativos para a América e, na segunda metade do século XVIII,

---

32 Cf. ALENCASTRO, Luiz Filipe de. *Op. cit.*, p. 324-325.
33 ARRUDA, José Jobson de Andrade. *São Paulo nos séculos XVI-XVII*. São Paulo: Imprensa Oficial, 2011, p. 53.
34 *Ibidem*, p. 96. Sobre a experiência holandesa no Brasil e em particular dos Schetz, cf. STOLS, Eddy. "Conveniências e convivências luso-flamengas na rota do açúcar brasileiro". *Ler História*, Lisboa, n° 32, 1997; *Idem*. "Humanistas y jesuítas em los negócios brasileños de los Schetz, banqueros de Carlos V". In: MILLÁN, Martinez *et al. Carlos V y la quiebra del humanismo político em Europa (1530-1558)*. Madri: Comemoración de los Centenários de Felipe II y Carlos V, 2001, vol. IV, p. 19-48.

próximo de 800 mil, cujo destino era quase que exclusivamente o Brasil.[35] Prosseguimos com as evidências produzidas por Maximiliano Mac Menz, baseadas nos registros comparados das alfândegas de Portugal e Angola, que o leva a concluir que, entre 1796 e 1808, a metrópole portuguesa financiava pelo menos 50% do tráfico em Angola, e que apenas parte dessas exportações foram pagas imediatamente em mercadorias. Fossem elas escravos remetidos ao Brasil; ou cera e marfim enviados para Portugal, pois o restante do débito era quitado com letras para serem sacadas contra os negociantes residentes no Brasil sobre o produto da venda de seus escravos, trocadas por ouro ou outras mercadorias, mecanismo que se diferenciava conforme a praça em que se realizasse, seja no Rio de Janeiro ou na região Norte/Nordeste.

> Na capital do Brasil, a exportação do ouro-mercadoria para Portugal saldava de uma só vez os déficits do Rio com Angola, e de Angola com o Reino. Nas regiões ao norte, eram os produtos como açúcar e algodão que geravam um superávit sobre Portugal que, no entanto, não era saldado apenas com moedas, mas também com escravos.[36]

Configuram-se, portanto, três polos essenciais, ativadores de dois triângulos, um de mercadorias e outro financeiro, acoplados. No primeiro, o Brasil recebia escravos de Angola e remetia aguardente em troca; enviava ouro e produtos coloniais diretamente para Portugal que, por sua vez, fornecia têxteis a Angola. No segundo, Portugal concedia créditos a Angola, que os repassava sob a forma de letras ao Brasil, para serem descontadas sobre o produto da venda dos escravos; por

---

35 ELTIS, David; BEHRENDT, Stephen; RICHARD, David. "A participação dos países da Europa e das Américas no tráfico de escravos: novas evidências". *Afro-Ásia*, n° 24, 2000, p. 9-50.

36 MENZ, Maximiliano Mac. "The 'geometries' of trade: metropolitan commerce and slave trade in Angola (1796-1807)". *Revista de História*, São Paulo, n° 166, jan./jun. 2012, p. 204.

seu turno, o Brasil fazia remessas líquidas para Portugal. Concluindo-se o circuito financeiro com déficit de Angola em relação a Portugal e superávit em relação ao Brasil, e déficit do Brasil em relação a Angola e Portugal, na conta de escravos, garantindo saldos expressivos para Portugal, saldos estes que, em parte, compensavam o déficit global da balança de comércio de Portugal com o Brasil. Conclusões sustentadas em sólidas evidências estatísticas que põem em xeque a tese da acumulação endógena, pois o capital "não era residente, nem autônomo, num sentido estrito".[37]

Constatação que se solidifica por outras evidências. A partir dos anos 1720-1730, as operações creditícias em Luanda eram controladas pelos portugueses arrematadores da cobrança de impostos sobre o comércio de escravos e de marfim, que eram, ao mesmo tempo, garantidores do meio circulante local e massivos importadores de mercadorias destinadas ao resgate de escravos, mecanismo operacional que transformava Lisboa na capital financeira e creditícia do Império. Como se não bastasse, Mac Menz traz à baila a questão dos fretamentos, pois é exatamente este tipo de subproduto da economia de transportes que permite entender "a discrepância entre o domínio metropolitano sobre as importações angolanas e a baixa frequência das embarcações reinóis no carregamento de escravos",[38] e que deu margem à interpretação equivocada sobre o papel desempenhado pelos portugueses em Angola, baseada exclusivamente na contabilidade da origem das embarcações operando em seus portos. É certo, porém, que os mercadores brasileiros assumiram um papel de destaque no comércio angolano a partir de 1780, agregando ao binômio aguardente/escravos uma parcela mais considerável das atividades econômicas em Angola, graças ao acesso a mercadorias destinadas ao escambo fornecido por contrabandistas ingleses, à crise do ouro brasileiro *et pour cause*, à retração dos capitais na praça de Lisboa, além, é claro, do controle sobre mercadorias brasileiras

---

37 Ibidem, p. 191.
38 Ibidem, p. 210.

estratégicas,[39] mas não antes disso, pois os elevados custos operacionais no Brasil[40] exigiram significativos aportes financeiros que somente o grupo de mercadores instalados em Portugal e sua rede internacional de relações poderia prover. Não é sem motivo, portanto, que nos Capítulos Gerais das Cortes de 1654, o Estado do Brasil é considerado "a cousa demais proveito e importância que tem este Reino, assim pela riqueza dele, como por ser toda a sustância do comércio deste Reino".[41]

Neste contexto, enquanto Leonor Freire Costa, a partir da experiência metropolitana, vê um trajeto bipolar, reino e colônia, com extremidades tripartidas, Filipe de Alencastro enxerga a primazia da bipolaridade afro-brasílica. Fluxos mercantis que, de toda evidência, não são estanques, simplesmente por não estarem solidamente lincados em um de seus vértices, pois o açúcar, produto essencial do binômio que atravessa o Atlântico Sul, é distribuído pelo segundo binômio, aquele que atravessa o oceano no sentido norte-sul, sem o qual, como já reiteramos, não haveria qualquer sentido no transporte de africanos para o Brasil. Não haveria qualquer função produtiva para as nossas babilônias tropicais.[42] Não haveria espaço para a ascensão social de um grupo nativo de mercadores dedicados ao tráfico africano. Não haveria mercado para os gêneros da terra valorizados pelo escambo de escravos e pela reexportação portuguesa. Por tudo isso, a formulação *Império tripolar* é a que melhor dá conta da realidade do Império português em sua escalada no Atlântico Sul, exatamente por enfatizar as triangulações agasalhadas pelas três polaridades fundamentais.

---

39 MILLER, Joseph C. *Op. cit.*, p. 483 e segs.
40 COSTA, Leonor Freire. "Informação e incerteza: gerindo os riscos do negócio colonial". *Ler História*, Lisboa, nº 44, 2003, p. 123.
41 Arquivo Nacional da Torre do Tombo, Cortes, 197 v. *Apud* OLIVEIRA, Aurélio de. *Op. cit.*, p. 281.
42 Referência ao belo achado de Stuart Schwartz, extraído de Antônio Vieira, que se refere ao engenho como espaço de trabalho dioturno, confuso e barulhento, simbolizado por uma Babilônia infernal. Cf. SCHWARTZ, Stuart. *Op. cit.*, p. 3.

Esta constatação, porém, não desmerece o polo africano na relação tripolar. Pelo contrário, realça o seu significado. Estruturado a partir dos fluxos externos de mão de obra, os núcleos açucareiros coloniais tornaram-se inexoravelmente dependentes do tráfico africano, especialmente se considerarmos as vicissitudes inerentes ao abastecimento realizado em escala transoceânica sujeita a todo tipo de contingência. Quando o tráfico se torna peça essencial do sistema reprodutivo, em ambas as margens do Atlântico, tem-se a enganosa impressão de que esta bipolaridade assume o papel de comando em relação à configuração tripolar do Império marítimo, em sua dimensão ocidental, nublando o papel desempenhado por sua face europeia. A excessiva ênfase no polo produtor e reprodutor de mão de obra exponencializa o papel dos traficantes e do tráfico em relação à própria escravidão como sistema. A forma tráfico autonomiza-se em relação ao seu próprio conteúdo humano e social, isto é, da escravidão enquanto nexo fundamental emergem as condições dessa autonomização, seja por seu gênero (mais homens do que mulheres), seja por sua economia (necessidade de retornos imediatos para agilizar o circuito do capital), seja por suas práticas financeiras (remuneração de empréstimos garantidos por hipotecas), seja por sua concepção humana (privilegiamento da reposição em detrimento da produção de estoques da força trabalho).[43]

Ao enfatizar a forma tráfico em detrimento do conteúdo escravidão, Filipe de Alencastro deixa escapar a relação essencial em favor da aparência, pois a forma assumida é produzida pela natureza perversa do modo de produção escravista em condições coloniais, ou seja, o tráfico, na qualidade de herdeiro da escravidão, não é um herdeiro qualquer, pois herda uma herança determinada, historicamente construída, especificidade esta que Fernando Novais não deixou escapar ao enfatizar o papel do tráfico sem perder de vista a totalidade do sistema escravista, entendido como fundamento do sistema colonial.

---

43 Aspectos para os quais já havia chamado a atenção. SCHWARTZ, Stuart. *Escravos, roceiros e rebeldes*. Bauru: Edusc, 2001, p. 137.

Contexto aurífero

O século XVIII recompõe os pesos relativos em cada um dos polos do espaço triangular. A ênfase desloca-se rumo ao Atlântico Sul, da África ao Brasil, de Angola aos entrepostos brasileiros, mas, sobretudo, ao Rio de Janeiro e suas ramificações nas Minas Gerais. A substituição do açúcar pelo ouro como principal produto de extração colonial não é de somenos importância. Sobrevaloriza-se a mão de obra escrava e, por desdobramento, o papel do tráfico. Por certo, o açúcar não deixa de ter presença marcante, todavia sua importância não é a mesma de outrora. Volumes e valores vinham em declínio desde que se instalou a competição antilhana no século anterior. Continua a ser, contudo, em termos da balança comercial, o principal produto de exportação colonial, mesmo naquele momento – meados do século XVIII – em que o ouro atinge o pico de sua produção mensurada em valor libra.[44] Porém, enquanto o açúcar realiza uma verdadeira peregrinação rumo à Europa para se converter em valores monetários, estagiando em armazéns continentais por longos períodos, o ouro representa a liquidez imediata, por sua transformação em meio circulante na forma de pó, barras ou moedas, invertendo totalmente os mecanismos econômicos até então vigentes. Constitui-se na riqueza em si, atrai mercadorias e mercadores aos seus pés, dos escoadouros litorâneos aos *loci* produtores interiorizados.

O impacto que tal inversão representa em termos de potencial de crescimento do polo colonial brasileiro é incomensurável. Se a maior parcela do metal extraído era remetida ao exterior, os custos internos de produção aliados aos descaminhos, que produtos de alto valor agregado agenciam, promovem estímulos multiplicadores nos entrepostos do Brasil, amplificando o papel relativo desse segmento no arco do Império,

---

44 Em 1760, as exportações globais mensuradas em libras esterlinas atingiam o pico de 4 milhões e oitocentos mil, dos quais 2 milhões e quatrocentos mil correspondiam às exportações de açúcar e apenas 2 milhões e duzentos ao ouro. Cf. ARRUDA, José Jobson de Andrade. *O Brasil no comércio colonial*. São Paulo: Ática, 1980, p. 610.

estimulando a produção agropecuária destinada ao abastecimento local. Se a importação de escravos sofrera uma regressão quase secular, a partir da crise geral do século XVII, vê-se agora redinamizada pelo ouro brasileiro que não tinha a mesma dependência do açúcar em relação às redes de redistribuição internacionais, reforçando a bipolaridade África-Brasil. Se as paragens metropolitanas curvaram-se diante da mesma crise, se os custos da Restauração foram elevados, era agora possível se ressarcir pelo fluxo caudaloso do ouro mineiro, goiano e mato-grossense,[45] convertido em consumo suntuário, investimentos imobiliários e, necessariamente, em déficits crescentes acumulados na balança comercial com as nações estrangeiras, sobretudo com a Inglaterra. Seus *superávits* em relação a Portugal verificados durante toda a primeira metade do século XVIII atingiram o auge no quinquênio 1756-1760, com valores acima de um milhão de esterlinos,[46] o que não significava extravasamento total da riqueza metálica oriunda do Brasil, "pois Portugal não foi um mero ponto de passagem para o ouro chegado nas frotas entradas no porto de Lisboa",[47] traduzindo-se na ampliação da massa de capital financeiro disponível na metrópole para investimento no espaço do Império.

Essa capacidade notável de exportar e reter capitais é a prova mais cabal do elevado índice de extração de excedentes produzidos na colônia

---

45 Atingindo seu ponto culminante entre os anos de 1735 e 1750, o ouro extraído em Minas Gerais foi suplementado pela produção das minas de Goiás, Mato Grosso e mesmo Bahia. O nível médio da produção nesse período ficava entre 18 e 20 toneladas anuais. Cf. PINTO, Virgilio Noya. *O ouro brasileiro e o comércio anglo-português*. São Paulo: Companhia Editora Nacional, 1979, p. 117. Os volumes e os valores aqui referidos foram reavaliados por MORINEAU, Michel. *Incroyables gazettes et fabuleux métaux: le retours des Tresors américains d'après lês gazettes hollandaises (XVIe-XVIIIe siècles)*. Paris/Cambridge: Ed. de la Maison dês Sciences de l'Homme/Cambridge University Press, 1985, p. 196-503.

46 Cf. SIDERI, Sandro. *Comércio e poder: colonialismo informal nas relações anglo-portuguesas*. Lisboa: Edições Cosmos/Livraria Martins Fontes, 1978, p. 332.

47 Cf. SOUSA, Rita Martins. *Moeda e metais preciosos no Portugal setecentista, 1688-1797*. Lisboa: Imprensa Nacional – Casa da Moeda, 2006, p. 245.

brasileira, evidência que não pode ser negligenciada em favor de nenhuma pretensa modernidade interpretativa que equalize metrópoles e colônias. Nos 96 anos que medeiam entre 1714 e 1810, excluídos os anos de 1722 a 1735, portanto, em apenas 83 anos, somente a capitania de Minas Gerais, para não falarmos de Mato Grosso e Goiás, arrecadou impostos equivalentes a 2.674,65 arrobas de ouros, das quais 620 arrobas rumaram para Lisboa, o equivalente a 23% do total, dando suporte à afirmação de que a "empresa colonial não somente se autofinanciou, como produziu lucro".[48] Tiago Kramer de Oliveira reforça esta percepção, pois demonstra que 32% do valor declarado como sendo parte dos "quintos de Cuiabá", no ano de 1727, era de fato produto do *direito das entradas*. Mecanismo que se reproduz nos dados sobre "capitação e censo", em 1739, que incidem principalmente sobre a propriedade dos escravos, onde se constata que 33% do ouro enviado por meio das minas do Cuiabá eram originárias de outras atividades produtivas, que não a extração de ouro, pois eram advindas, sobretudo, de atividades rurais, "nas quais estes escravos trabalhavam".[49] Argumentação finalizada por Rita Martins de Souza, fechando o circuito, ao confirmar que, além dos quintos e da capitação, uma parcela significativa do ouro remetido do Brasil para Portugal para os particulares e para a Coroa era proveniente das rendas geradas pela tributação sobre os fluxos comerciais e sobre a produção, destinada ao mercado interno e externo.[50]

Se o binômio ouro-escravo tem todos os ingredientes para reforçar a percepção da bipolaridade África-Brasil, visível na retração produtiva das lavras auríferas na segunda metade do século XVIII e na consequente rarefação na entrada de escravos africanos, sua retomada no último terço do século

---

48 Cf. CARRARA, Angelo Alves. "La minería de oro en Brasil: economía y fiscalidad, 1700-1808". *1º Congreso Latinoamericano de Historia Económica e 4ᵃˢ Jornadas Uruguayas de Historia Económica*, Montevidéu, dez. 2007, p. 24.

49 OLIVEIRA, Tiago Kramer de. "Decifrando hieróglifos: o capital mercantil no centro da América do Sul (1718-1750)". *Economia e Sociedade*, vol. 20, 2011, p. 664-667.

50 SOUSA, Rita Martins. "O Brasil e as emissões monetárias de ouro em Portugal". *Penélope*, nº 23, 2000, p. 89-107.

XVIII, agora direcionados tanto às Minas Novas quanto à produção agrícola, especialmente à produção de algodão, *commodity* estratégica no contexto da Revolução Industrial,[51] voltava a repor o papel da rede de comercialização europeia e, novamente, reforçava o papel da tripolaridade do processo de produção, reprodução e redistribuição, que vincara o traçado mercantil do Império português na época moderna.[52] Repõe assim a natureza intrínseca do sistema colonial, que drenava para os centros hegemônicos do comércio europeu "grande parte dos lucros da exploração colonial portuguesa e espalhava redes de crédito, que tinham no topo da cadeia os grandes credores internacionais".[53]

Relançamento agrário

Nada mais natural, nesse contexto, que o crescimento do mercado interno colonial tenha atraído à atenção dos observadores.[54] A diversificação do mercado exportador intensifica-se. A monocultura açucareira cede lugar a

---

51 Cf. ARRUDA, José Jobson de Andrade. *Uma colônia entre dois Impérios: a abertura dos portos brasileiros – 1800-1808*. Bauru: Edusc, 2008, p. 51 e segs.

52 Os déficits mais elevados na balança comercial portuguesa em relação à britânica ocorrem nos meados do século XVIII, exatamente quando a produção aurífera atinge seu auge e permite saldar os déficits com a remessa de metais, sob a forma de lingotes, moedas ou mesmo ouro em pó. A Inglaterra drenou o ouro brasileiro através do comércio legal, do contrabando e das práticas mercantis, seguros, fretes etc. Mas o metal chegou também à França, Holanda, Espanha, Mar do Norte e Báltico. Mais de 800 toneladas de ouro puro chegaram à Europa no decurso do século, ampliando o *stock* monetário em mais de um terço. Cf. FISHER, H. E. D. *The Portugal Trade: a study of anglo portuguese commerce, 1700-1770*. Londres: Methuen & Co. 1971; MINCHINTON, W. E. *The growth of Overseas English Trade in the seventeenth and eighteenth centuries*. Londres: Methuen, 1969; MAURO, Frédéric. *Études économique sur l'expansion portugaise (1500-1900)*. Paris: Fundação Gulbenkian, 1970, p. 233.

53 OLIVEIRA, Tiago Kramer de. *Desconstruindo velhos mapas, revelando espacializações: a economia colonial no centro da América do Sul (primeira metade do século XVIII)*. Tese (doutorado) – FFLCH-USP, São Paulo, 2012, p. 285.

54 Nosso estudo sobre comércio exterior brasileiro no final da época colonial transformou-se, no decurso da pesquisa, num estudo sobre o potencial de crescimento regional mensurado a partir do impacto das exportações diversificadas ocorridas no período. No fundo, um estudo sobre mercado interno que seguia, no plano teórico, as

uma grande variedade de produtos alimentícios destinados ao mercado interno e externo. A extração e produção de matérias-primas industriais crescem num ritmo incomum. As regiões brasileiras, representadas por seus portos, dinamizam-se; preços de produtos similares e relações de trabalho diferenciam-se; formas de acumulação renovam-se; centros dinâmicos internalizam-se.

Essa nova realidade econômico-social da colônia generaliza-se à medida que avançamos século XVIII adentro, mas somente se torna plenamente consolidada em sua segunda metade, muito especialmente dos anos 70 em diante. É inequívoca a metamorfose do polo brasileiro do Império, que se transforma em mercado fornecedor de matérias-primas industriais, destinadas, sobretudo, à nascente indústria portuguesa, cujas fábricas são capazes de abastecer o mercado consumidor colonial com uma grande variedade de produtos manufaturados, dividindo-o com as manufaturas importadas das demais nações estrangeiras. Para além da continuidade da exportação dos clássicos produtos tropicais – açúcar, cacau –, novos produtos alimentícios, recentemente aclimatados, revelam-se vitais para o abastecimento da população portuguesa.

Configura-se aí um novo patamar das relações entre os polos metropolitano e colonial. O sistema colonial, na forma que nascera nos meados do século XVI, apresenta-se transformado. Preserva suas traves mestras, mas a dinâmica é outra. Na verdade, instala-se um novo padrão de exploração colonial que resulta, evidentemente, em renovado padrão de acumulação. Em decorrência, o enlace tradicional entre metrópole e colônia adquire uma nova configuração. Estreitam-se as relações entre as economias e sociedades alojadas nas margens extremas do Atlântico, intensificando-se sua complementaridade. Territórios distantes, aproximados pelo oceano, da mesma forma que no século XVI os enclaves angolanos e brasileiros uniram-se pelo Atlântico "num só sistema de exploração colonial".[55]

---

formulações de Celso Furtado sobre a internalização do fluxo de renda. Cf. ARRUDA, José Jobson de Andrade. *O Brasil no comércio colonial...* op. cit.

55 "Aqui se reconhece não somente o sistema, mas sobretudo a exploração colonial". Cf. ALENCASTRO, Luiz Filipe de. *Op. cit.*, p. 9.

Longe da concepção de uma colônia decadente dos finais de século XVIII, ressurge uma colônia revitalizada no pós-crise aurífera. A internalização dos fluxos de capital dinamiza suas atividades econômicas, descolando-as em relação às conjunturas metropolitanas. Com base nessa experiência histórica, tornou-se possível a perspectiva endogenizante que privilegia o polo colonial brasileiro na relação com a metrópole, a tendência a reduzir a importância do comando externo das relações em favor da dinâmica interna. Generalizam-se, para o conjunto do sistema colonial, em seus três séculos de duração, as características por ele assumidas na parcela final do período. Stuart Schwartz já havia apontado esta contradição ao afirmar:

> Fragoso, ao invés de destacar os padrões inerentes àquele período (1790-1830), em particular como aspectos cronologicamente limitados a uma conjuntura histórica, deixa um tanto implícita sua percepção de que seriam características estruturais do Brasil colonial. Em consequência disso, ele afirma a predominância do capital mercantil e do mercado interno como realidades válidas para toda a história colonial, lendo o passado a partir dos dados referentes a 1790, como se fosse representativo também de um período anterior.[56]

Tais referências remetem aos trabalhos de pesquisa realizados por João Fragoso e Manolo Florentino, sobre a economia do Rio de Janeiro, entre 1790 e 1830, que, segundo os autores, preserva as características funcionais da economia colonial, e a partir da qual pretendiam reavalizar o conjunto da economia colonial em seus três séculos de duração.[57] A tríade acumulação endógena, mercado interno e capital mercantil residente com-

---

56 Cf. SCHWARTZ, Stuart. "Mentalidade e estruturas sociais no Brasil colonial: uma resenha coletiva". *Economia e Sociedade*, Campinas, n° 13, dez. 1999, p. 131.

57 Cf. FRAGOSO, João; FLORENTINO, Manolo. *O arcaísmo como projeto: mercado atlântico, sociedade agrária e elite mercantil no Rio de Janeiro, c. 1790-c. 1840*. Rio de Janeiro: Diadorim, 1993.

poria o novo conjunto capaz de dar "sentido" à colonização. Expressar-se-ia na "relativa autonomia do processo de reprodução da economia [...] diante das flutuações do mercado internacional"; nos "processos de acumulação endógena e a retenção da parcela do sobre trabalho gerado pela agro exportação no interior do espaço colonial", e, por fim, na crença de que "esse capital é residente, para além do excedente apropriado pelo produtor".[58] A defesa de tais hipóteses pressupõe, necessariamente, a desqualificação dos contrários, isto é, todos aqueles que, de um modo ou de outro, afirmaram a preponderância do mercado externo sobre a colônia e, no limite, o enrijecimento das posições consideradas externalistas, escoimando-as de todas e quaisquer mediações. O alvo preferencial do ataque era, evidentemente, Caio Prado Jr, e, mais imediatamente, Fernando Novais.

Mas Novais deixara bem claro em seu estudo clássico "que ao lado dessa produção essencial para o mercado europeu, organizava-se na colônia todo um setor, dependente do primeiro, da produção que visava a suprir a subsistência interna daquilo que não podia ser aprovisionado pela metrópole", abrindo-se por esta via "à economia colonial de subsistência a possibilidade de desenvolver-se autonomamente",[59] afirmação translúcida que não interessava àqueles autores registrar. Note-se que Novais é explícito sobre as possibilidades de autonomização do mercado interno: primeiro atrelado ao mercado externo; depois, por si próprio.

O que é mais próprio, tomarmos como referencial as características predominantes nos inícios do sistema como definidoras do conjunto, ou aquelas que emergem em seus estertores? É aceitável transferir-se para o corpo secular do antigo sistema colonial as feições adquiridas pela natureza da acumulação mercantil na órbita do grande mercado urbano do Rio de Janeiro, já quase chegado aos meados do século XIX? Quando Fernando Novais fala em tendência dominante da acumulação

---

58 *Ibidem*, p. 21.
59 NOVAIS, Fernando Antônio. *Portugal e Brasil na Crise do Antigo Sistema Colonial (1777-1808)*. 7ª ed. São Paulo: Hucitec, 2001, p. 96.

para fora, não quer dizer exclusiva. É evidente que alguma parcela do excedente deveria permanecer na colônia, pois, do contrário, não haveria reprodução do sistema, pois "o crescimento do mercado interno é uma decorrência do funcionamento do sistema e, ao cabo, sua dialética negadora estrutural".[60]

Descobrir o arcaísmo como projeto da sociedade portuguesa do Antigo Regime é, em primeiro lugar, superconscientizar os agentes históricos e, em segundo, arrombar portas escancaradas. Desde as considerações de Marx sobre o processo de cristalização do capitalismo mercantil dos holandeses, ou de Vitorino Magalhães Godinho sobre a estrutura da antiga sociedade portuguesa, sabe-se do caráter parasitário e pouco inovador das elites portuguesas, fossem eles mercadores enriquecidos ou fidalgos de extração agrária, inseridos por vias diretas ou indiretas nos circuitos mercantis. Assim mesmo, é preciso momentizar. Não foi sempre igual. A economia açucareira erigiria formas originais e criativas no quadro do mercantilismo europeu e, de certa forma, iniciara a "invenção" da civilização luso-brasileira. Foi somente no século XVIII, sob o impacto devastador do ouro na economia metropolitana, que o dinamismo foi substituído pela inércia, pois a aristocracia agrária e a burguesia mercantil podiam satisfazer-se plenamente com a alta rentabilidade que a nova forma de exploração possibilitava.[61] É possível falar em arcaísmo do sistema colonial face à modernização projetada pelo pombalismo e que resultou no novo padrão de colonização finissecular? O que caracteriza a colônia é a sua modernidade,

---

60 Cf. NOVAIS, Fernando Antônio. "Condições da privacidade na colônia". In: NOVAIS, Fernando (dir.). *História da vida privada no Brasil*. Vol. I: SOUZA, Laura de Mello (org.). *Cotidiano e vida privada da América Portuguesa*. São Paulo: Companhia das Letras, 1997, p. 448.

61 "A aristocracia agrária e a burguesia mercantil puderam satisfazer-se com a nova e excepcional situação de renda mineira que a dupla mutação, espacial e econômica, da expansão colonial revelara" (MARTINIÈRE, Guy. "A implantação das estruturas de Portugal na América (1620-1750)". In: SERRÃO, Joel; OLIVEIRA MARQUES, A. O. (dir.); MAURO, Frédéric (coord.). *O Império Luso-Brasileiro, 1620-1750: Nova História da Expansão Portuguesa*. Lisboa: Estampa, 1991, vol. VII, p. 251.

não seu arcaísmo.[62] A conjuminação de forças pode ser passadiça, mas sua meta é progressista, modernizante. A noção de arcaísmo é uma noção equivocada quando aplicada a este contexto histórico, pois serve tanto aos que a consideram inadequada ao processo de acumulação quanto aos que a consideram nefasta ao interromper este mesmo processo por consolidar uma sociedade avessa ao desenvolvimento capitalista, tanto que a fonte geradora da expressão é a mesma, o emérito historiador Vitorino Magalhães Godinho, no fundo, caudatário das visões críticas originárias da geração de 70, o que o levou a ressignificar a expressão ao incorporá-la ao cerne de sua interpretação de base marxista.

A extremação dessa tendência é a excessiva ênfase nos poderes locais, o corolário político da tese sobre a prevalência da acumulação endógena, através da qual se assume essas microesferas de cunho administrativo como elementos microestruturantes do Império ultramarino português, que conduz seus formuladores a uma redução consciente das interpretações que alicerçaram suas conclusões na relação contraditória entre metrópole e colônia. Enfatiza, em contraposição, a tese da complementaridade natural entre as partes por oposição à tese da dualidade contraditória,[63] das relações pacificadas ao invés dos conflitos, pouco faltando para repor a velha interpretação dos historiadores de corte salazarista que punham o fomento no lugar da exploração, pois se sob o império a colônia forma uma elite mercantil poderosa, acumula, cresce, se desenvolve, por que então se separar?

A fundamentação teórica desse pensamento origina-se dos estudos empreendidos por António Manuel Hespanha, cujo foco de reflexão é o

---

62 O diplomata português vivendo em Londres, Cypriano Ribeiro Freire, tinha plena consciência de que a preservação da independência, tanto da metrópole quanto da colônia, exigia a continuidade do esforço de modernização do conjunto metrópole-colônia. Cf. SILVA, Júlio Joaquim da Costa Rodrigues da. *Ideário político de uma elite de Estado: corpo diplomático (1777/1793)*. Lisboa: Fundação Calouste Gulbenkian, 2002, p. 1109.

63 Cf. BICALHO, Maria Fernanda Baptista. "História do Brasil, História Moderna, História do Poder e das Ideias Políticas". In: ARRUDA, José Jobson; FONSECA, Luiz Adão da (orgs.). *Brasil-Portugal: história, agenda para o milênio*. Bauru: Edusc, 2001, p. 145.

ataque frontal à concepção dominante de um poder absoluto e centralizado na Monarquia portuguesa, perfilhando leituras semelhantes do Império espanhol e britânico na América, inspirando-se na concepção de monarquia compósita pensada por John Elliott para a Espanha.[64] Trata-se de uma desmontagem devastadora. Derrete tudo que se sabia, ou se imaginava saber, sobre a natureza do Estado português na época moderna. Para ele, a monarquia seria polissinodal, desvertebrada, descerebrada, a própria antinomia do Leviatã. Tal caracterização se confirmaria na inexistência de um projeto colonizador; no multifário estatuto colonial; na pluralidade das normas jurídicas, que cediam lugar às práticas circunstanciadas pelos costumes locais; nos diferentes estilos de decidir, preservadores do direito nativo responsável pela gestação de um arquipélago de direitos autônomos e não oficiais conferidores de poderes discricionários aos tribunais locais. Um nível tão intenso de estilhaçamento do poder imperial na América que somente poderia ser fruto de uma historiografia "nacionalista", equivocada e fantasiosa.[65]

Interpretação radical do conspícuo historiador que leva a negligenciar o papel de aparatos institucionais com um amplo espectro de poder jurídico-administrativo-político, como o Tribunal da Relação, representante direto do poder monárquico na colônia, cujas prerrogativas reais eram irrecorríveis, poderes efetivos de mando que solidarizava desembargadores e elites coloniais nas decisões sobre matérias de importância vital, como revela o estudo clássico de Stuart Schwartz sobre a burocracia na sociedade colonial.[66]

---

64 ELLIOTT, John. "The Europe of composite monarchies". *Past and Present*, nº 137, 1992; Idem. *Imperios del mundo atlántico: Espāna y Gran Bretaña en América, 1492-1830*. Madri: Taurus, 2006; GREENE, Jack. *Peripheries and center: constitutional development in the extended polities of the British Empire and the United States, 1607-1788*. Athens: University of Georgia Press, 1986.

65 Cf. HESPANHA, António Manuel. "As estruturas políticas em Portugal na Época Moderna". In: TENGARRINHA, José (org.). *História de Portugal*. 2ª ed. revista e ampliada. Bauru: Edusc, 2001, p. 117-182.

66 SCHWARTZ, Stuart B. *Burocracia e sociedade no Brasil colonial: o Tribunal Superior da Bahia e seus desembargadores, 1609-1751*. São Paulo: Companhia das Letras, 2011.

O caráter assistemático, heterogêneo, descentralizado e anti-hierárquico do aparato institucional das colônias, sua multiplicidade e pluralismo, não expressariam a adequação necessária à diversidade espacial dos povos sob domínio português? A unidade do Império não se encontraria exatamente na diversidade? A forma pela qual esse universo heterogêneo poderia ser amalgamado nos procedimentos legitimadores da gestão pública, que exigia procedimentos adequados à diferenciada estratificação social ultramarina, não elide a natureza essencialmente diferente da condição colonial, isto é, a de ser um espaço de extração de riquezas para usufruto da metrópole, condição essa que nenhum dilucidamento das formas jurídicas de exercício do poder seria capaz de escamotear, e que somente faz sentido no cenário da desconstrução historiográfica atualmente em voga, tanto em Portugal quanto no Brasil.[67] Alvo dileto do descontrucionismo, Caio Prado Jr., em sua forma própria de dizer, sustenta que o sistema administrativo da colônia foi um símile da administração metropolitana, porque foi capaz de criar aqui "órgãos diferentes e adaptados a condições peculiares que não se encontravam no Reino",[68] paradoxalmente, uma formulação não muito distante daquela professada pelo próprio Hespanha, quando diz: "a máxima da administração ultramarina portuguesa traduz-se numa enorme capacidade de adaptação de instituições que já haviam sido experimentadas e também de improvisação".

Diferentes modos de governar,[69] lá e cá, não seriam exatamente a justa adequação aos diferentes modos de acumular? Acumulação dotada de sentido e que confere ao Império, no plano econômico, inequívoca centralidade, como se pode depreender do comando financeiro e creditício exercido sobre a relação tripolar. Laura de Mello e Souza observou com propriedade

---

67 Cf. ARRUDA, José Jobson de Andrade. "Prismas da História de Portugal". In: *História de Portugal, op. cit.*, p. 19.
68 Cf. PRADO JR. Caio. *Formação do Brasil contemporâneo, op. cit.*, p. 302.
69 HESPANHA, António Manuel. "Arquitetura político-administrativa de um Império oceânico". *Tempo Brasileiro*, Rio de Janeiro, nº 125, abr.-jun. 1996, p. 60.

que as interpretações de Hespanha podem funcionar bem "no estudo do seiscentos português, mas deixa a desejar quando aplicados ao contexto do Império seiscentista em geral, e das terras brasílicas em específico",[70] fragilidade agravada pelo "relativo abandono da problemática da escravidão enquanto elemento constitutivo da sociedade luso-americana do século XVIII", crítica extensiva aos autores de *O Antigo Regime nos trópicos*.[71]

A concepção do Império português como unidade caótica, administração ineficiente, "centro autoritário de colônias submissas", cedeu lugar ao exercício inteligente do poder, compartilhado com as elites locais, sem que o monarca "deixasse de ser o poder irradiador da autoridade" central. Mas que, ciente da imensidão oceânica que os separava, flexibilizou o poder de mando num procedimento controlado de autonomização, de "criação de estruturas novas que intermediavam a relação entre os poderes locais, nos territórios ultramarinos, e os poderes do centro". Equivale dizer, "a flexibilização das instituições político-administrativas, capazes de estabelecer um sistema complexo de relações horizontais e verticais, intermediário e local, que não anula a necessidade de compreender o sistema colonial como um conjunto hierarquizado de relações políticas".[72]

Mas também de relações religiosas, pois esta é exatamente a face "que melhor expressa a sua universalidade", dado que coube à Igreja oferecer "um substrato adequado à efetivação prática de um grupo de dogmas e princípios, tendo nas missões religiosas o seu principal instrumento operacional para cimentar as partes da totalidade", caucionando as ações diplomáticas, administrativas ou comerciais, "que davam legitimidade ao conjunto das ações", transformando missões e atividades de comércio nas "vias privilegiadas dos

---

70 Cf. SOUZA, Laura de Mello e. *O sol e a sombra: política e administração na América Portuguesa do século XVIII*. São Paulo: Companhia das Letras, 2006, p. 57.

71 Sobre os modos de governar, cf. BICALHO, Maria Fernanda; GOUVÊA, Maria de Fátima (orgs.). *O Antigo Regime nos trópicos: a dinâmica imperial portuguesa (séculos XVI-XVIII)*. Rio de Janeiro: Civilização Brasileira, 2001.

72 Entrevista concedida por Laura de Mello e Souza à *Revista Pesquisa Fapesp*, reproduzida no artigo "Um imenso Portugal", nº 201, nov. 2012, p. 19-21.

primeiros diálogos com as culturas em contato com o mundo ibérico, [...] um processo de tradução de parte a parte, em que a linguagem religiosa funcionava como área de mediação simbólica", na qual a prática evangelizadora realizou os "ajustes" necessários em relação às culturas não ocidentais particulares.[73] Universalismo do Império que não se surpreende apenas na especial configuração da arquitetura do poder e do exercício do mando, do mecanismo inteligente de cooptação das elites locais, da mobilização do fervor missionário em benefício da conquista e da penetração comercial. Manifesta-se também num plano absolutamente prático, o da "organização e preservação das informações escritas", da constituição de um arsenal de informações absolutamente indispensável ao exercício do poder burocrático nos Estados modernos.[74]

De toda evidência, como bem salientou Laura de Mello e Souza, a reconceitualização da natureza do Estado monárquico português no Brasil não significou o retorno puro e simples à ideia de um Estado absoluto nos termos pré-existentes, da preponderância absoluta dos fatores econômicos e sociais, das formas compulsórias de trabalho, da vertiginosa extração e drenagem de excedentes. Esta caracterização foi relativizada. Flexibilizada. Como flexível era o caráter da relação de mando da metrópole sobre a colônia. Presença discreta que poderia causar a ilusão de absenteísmo, de impotência enganadora. Não mudava a lei, mas não a exercia; detectava o erro, mas não punia. Uma cultura política do "faz de conta" administrativo, que não significa, porém, ausência de controle, mas sim o controle inteligente, o controle lasso, relaxado, molemolente, mas eficiente, como há muito apontou Gilberto Freyre, ao falar do governo da terra como fruto da obra de um rei que "quase que reina sem governar".[75]

---

73 Entrevista concedida por Adone Agnolin reproduzida no artigo "Um imenso Portugal", *op. cit.*, p. 22-23.
74 Entrevista concedida por Leila Algranti (*ibidem*, p. 24).
75 FREYRE, Gilberto. *Op. cit.*, p. 47.

Observado em seu conjunto, o Império marítimo português urdiu de forma sempre renovada as três polaridades fundamentais que o articulavam. Não foi pensado para ser assim. Simplesmente aconteceu dessa forma, obedecendo aos ditames das contingências históricas. Sua mobilidade é condição de permanência, de duração. Seria impensável que o sistema colonial pudesse durar por três séculos numa estrutura ossificada, seria anti-histórico. Suas linhas mestras, delineadas no século XVI, "grosso modo", preservam-se até o final do estágio colonial, porém, não sem mudanças significativas, como aquelas que ocorreram nos meados do século XVII sob o impacto da crise geral e, sobretudo, na segunda metade do século XVIII, quando se instala um novo padrão de acumulação, etapas que expressam, em última instância, os diferentes momentos do processo de acumulação primitiva.

Os anos 20 do século XVII são considerados marco inicial da crise que se estenderia por boa parte deste século. A partir de cerca de 1620, até 1680, uma significativa estagnação ocorreu no "volume do comércio através do Atlântico, do Pacífico, e dentro da Europa".[76] Para Eric Hobsbawm, em artigo seminal,[77] a principal consequência da crise foi a criação de uma nova forma de colonialismo, que germinou exatamente onde o velho colonialismo, prevalecente até a primeira metade do século XVII, perdeu lucratividade, mas era ainda suficientemente forte para impedir que os *late comers* se apoderassem dos metais e das especiarias. Contudo, nessas economias marítimas dinâmicas, a concentração de capital sustentou uma acumulação mais acelerada, caso da Holanda, onde o capital foi redistribuído em favor da exploração colonial, no comércio e nas finanças marítimas, em detrimento dos investimentos na agricultura e na indústria metropolitana. Torna-se assim compreensível para toda a economia europeia que o novo

---

76 PHILLIPS, Carla Rahn. "Trade in the Iberian empires, 1450-1750". In: TRACY, James D. (org.). *The rise of merchant empires: long-distance trade in the early modern world, 1350-1750*. Cambridge: Cambridge Universisty Press, 1990, p. 101.

77 Cf. HOBSBAWM, Eric. "The crisis of the seventeenth century". In: ASTON, Trevor (org.). *Crisis in Europe – 1560-1660*. Londres: Routledge & Kegan Paul, 1965, p. 51.

modelo de exploração colonial, baseado na exportação de manufaturas, o tenha substituído com vantagens duradouras.[78]

A partir de quando se pode falar em novo padrão de acumulação nos impérios coloniais? Eric Hobsbawm considera que a crise geral do século XVII é o marco divisor. No primeiro momento, entre os séculos XVI e XVII, predominam os monopólios das metrópoles em relação a suas colônias; e o monopólio da produção açucareira pelos portugueses. Mas, a partir da expulsão dos holandeses do Brasil e de sua transferência para as ilhas caribenhas, rompe-se o monopólio da produção, tendo início uma fase de competição acelerada entre as metrópoles e as próprias colônias. Cresce a importância das colônias na definição da política econômica metropolitana, ao mesmo tempo em que se acelera a internacionalização do capital mercantil, cuja meta é a busca do lucro independentemente dos limites nacionais ou imperiais. Acentua-se a expansão do sistema produtivo, responsável pela ampliação do consumo e consequente redução nos preços. Concomitantemente, as colônias se transformam em mercados consumidores de produtos metropolitanos.[79] Nesse contexto, a Revolução Inglesa, de 1640, representa o ponto de viragem na política externa britânica. Até então, satisfeita com os lucros indiretamente apropriados das minas americanas por via da pirataria e do *carrying trade*, avançava agora celeremente para o desenvolvimento das manufaturas, da agricultura e da indústria naval, configurando-se um padrão pré-industrial.

O papel dos holandeses na constituição de um novo patamar no processo de colonização da época moderna é inegável, o que levou P. C. Emmer a falar de dois Sistemas Atlânticos: o primeiro, criado pelos ibéricos, portugueses e espanhóis; e o segundo, pelos holandeses, ingleses e franceses. Diferenciavam-se,

---

78 Eric Hobsbawm afirma de modo peremptório, um tanto excessivo, que "O antigo colonialismo não se transformou num novo: entrou em colapso e foi substituído". Cf. HOBSBAWM, Eric. "A crise geral da economia europeia no século XVII". In: SANTIAGO, Theo Araújo (org.). *História, Capitalismo, Transição*. Rio de Janeiro: Eldorado, 1975, p. 94.

79 *Ibidem*, p. 107.

em termos da localização dos centros de gravidade econômica, da composição demográfica e racial, da organização do comércio e dos investimentos, bem como da estrutura social. No Segundo Sistema Atlântico, emerge um tipo de colônia de plantação original caracterizada por: elevado índice de especialização; expansão e contração dos núcleos produtivos determinados pela rentabilidade; orientação estrita pelas leis da economia de mercado; interferência reduzida do Estado; maximização dos lucros pela otimização dos fatores de produção; avanços e recuos populacionais determinados pelo mercado e pelos investimentos. Em suma, um Segundo Sistema Atlântico que se definia por sua estrita orientação para o mercado internacional.[80]

Em decorrência, o mercado português foi gradativamente transformado num *sellers' market* em suas relações com os mercados europeus, cada vez mais reforçados em sua especialização de *buyers' markets* dos efeitos coloniais. Mudança significativa, que influiu diretamente nos espaços coloniais adensados pelo povoamento; rejuvenescidos pela demanda dos compradores europeus; intensificados em seu sistema produtivo agropecuário; dinamizados em sua circulação inter e intrarregional; que levou, paradoxalmente, à amenização da exploração colonial em suas formas clássicas, arquitetadas nos primeiros tempos da colonização, pela internalização do fluxo de renda, criando condições para um processo integrado de acumulação interna de capitais com todo seu potencial transformador. Acumulação esta que não pode ser atrelada exclusivamente ao tráfico de escravos africanos operado pelos luso-brasílicos, fenômeno este que se materializa no tardio século XVIII.

Apesar de reconhecermos diferenças significativas na colonização caribenha do século XVII, elas surgem mais como diferença de grau do que de natureza. A essencialidade do sistema produtivo fundamenta-se ainda na monocultura, no latifúndio e na escravidão, com elevado grau de especialização, é

---

80 Cf. EMMER, Peter C. "The Dutch and the making of second Atlantic system". In: SWOLOW, Barbara (org.). *Slavery and the rise of the Atlantic System*. Cambridge: Cambridge University Press, 1991, p. 75-96.

certo, porém, consentâneo com as diretrizes do antigo padrão de colonização. Onde se encontraria, portanto, a diferença específica que justificaria falar de um novo estágio no antigo sistema colonial ou, se se quiser reconceituar, de um novo sistema colonial do Atlântico Sul português, no século XVIII?[81]

O diferencial está no estreitamento entre a agricultura colonial e a indústria metropolitana. Essa diferença talvez justificasse falar de um Segundo Sistema Atlântico a partir de 1780, na medida em que o novo tipo de relacionamento antecipa as formas clássicas de enlace metrópole-colônia que se tornariam dominantes na segunda metade do século XIX, entre as nações industrializadas da Europa e suas colônias afro-asiáticas. Ou talvez devêssemos chamar a este Terceiro Sistema Atlântico, se quisermos preservar a denominação Segundo Sistema cunhada por Emmer para as mudanças havidas no século XVII.

Interpretação e circunstância

Mas não foram somente as vinculações específicas dos principais intérpretes dos primeiros séculos da história brasileira que motivaram suas perspectivas para o conjunto da vida colonial. O movimento da história em que estavam inseridos e, sobretudo, as motivações culturais, ideológicas, acadêmicas e institucionais jogaram seu papel nas configurações delineadas. A geração dos anos 1930, no Brasil, produziu um conjunto notável de ensaios interpretativos que até hoje marcam indelevelmente a historiografia brasileira. Difícil é fugir de seu redil, dos paradigmas delineados para a reflexão direcionada basicamente a compor um retrato do Brasil, da busca de identidade, do saber quem somos, que somente poderia ser rastreado a partir do retorno às origens de nossa formação como entidade nacional, perscrutando nossa feição particular, adotando para tanto a forma do ensaio crítico ou da interpretação histórica.

---

81 Cf. ARRUDA, José Jobson de Andrade. "Decadence or crisis in luso-brazilian Empire: a new model of colonization in the eighteenth century". *Hispanic American Historical Review*, Duke University Press, nº 80, vol. 4, 2000, p. 865-78.

Coube a Caio Prado Jr., em seu clássico *Formação do Brasil contemporâneo,* construir a interpretação mais abrangente e claramente comprometida com um modelo alicerçado no marxismo heterodoxo, uma das linhas de pensamento em forte expansão naqueles anos. Com os olhos postos no presente, por ele vivenciado, Caio pensava nas condições possíveis para alçar o país à modernidade, para livrá-lo de suas mazelas sociais, entendidas como fruto de nossas raízes coloniais.[82] Daí ser essencial entender o sentido da colonização, nada mais que um capítulo da expansão comercial e marítima engendrada pelo capitalismo comercial, que transformou os povos das terras descobertas em produtores de artigos destinados ao consumo europeu e que fez ressurgir, em pleno Renascimento europeu, o trabalho compulsório moderno em suas formas mais vexatórias, a escravidão indígena e a africana. Existe, pois, uma clara relação entre a identidade que se busca apreender no presente e a inteligibilidade histórica que se atribui ao passado colonial. O sentido da colônia, inscrito nas tramas do capitalismo, tornaria compreensível a aventura histórica brasileira.

Por décadas, o sentido da formação do Brasil contemporâneo, pensado por Caio Prado Jr., prevaleceu como interpretação quase inexpugnável do processo histórico havido no período colonial. Seus pares de geração, Sérgio Buarque de Holanda e Gilberto Freyre, movidos pela mesma problemática, a da busca da identidade cultural do país, igualmente produtores de obras superlativas, ficaram temporariamente eclipsados, o que talvez se explique pela mais nítida relação entre as teses de Caio Prado Jr. e as mobilizações políticas e ideológicas mais ativas no tempo, que imantavam o pensar crítico. O perfil militante do autor, homem de partido, de convicções arraigadas, tornava suas ideias um todo de mais fácil assimilação no

---

82 PRADO JR., Caio. *Formação do Brasil contemporâneo: Colônia.* 6ª ed. São Paulo: Brasiliense, 1961 [1942]. "Nele se contém o passado que nos fez; alcança-se aí o instante em que os elementos constitutivos da nossa nacionalidade – instituições fundamentais e energias – organizados e acumulados desde o início da colonização, desabrocham e se completam" (p. 5).

seio da academia e da intelectualidade, além de potencialmente mais receptivas para uma parcela diferenciada da população, comprometida com os destinos da nação.

A atração pela temática dos impérios tem mais uma razão de ser nos anos 1960. O movimento irrefreável da descolonização punha em xeque o que restava dos grandes impérios erigidos por ingleses e franceses nos séculos precedentes. Os portugueses, que haviam perdido o controle da porção asiática do Império no século XVI, a joia dourada da coroa no século XIX, a duras penas retinham os enclaves africanos e insulares, restando-lhes não mais do que a alternativa de vivenciarem um Império virtual, presente na memória, na história, na cultura, na língua.[83] Em *The Portuguese Seaborne Empire*, de Charles Boxer, descortina-se um amplo painel, um tríptico, cujos traços fortes acompanham as margens litorâneas de três continentes, pontuando os nódulos carregados de maior densidade histórica, uma epopeia dos mares tocados pelos portugueses e dos quais passava a depender sua própria trajetória no continente europeu. Um Império talassocrático, tracejado em suas linhas mestras e detalhado em suas particularidades dissonantes, que lhe permite enlaçar num sobrevoo Macau, Angola e Salvador. Os espaços coloniais asiático-afro-brasileiros inscrevem-se na trama da expansão capitalista, transformando-se em extensões históricas da Europa, um quadro explicativo não muito diferente daquele delineado por Caio Prado Jr. ou Fernand Braudel, resguardadas, é claro, as diferenças de método, formação e ênfase. Fontes arquivísticas e literárias entrelaçam-se ao talante de um raciocínio arguto e inquiridor que constrói o seu argumento de forma analítica e indutiva, profundamente erudito, num estilo fluente salpicado de fina e bem-humorada ironia.[84]

---

83 Cf. LOURENÇO, Eduardo. *A Nau de Ícaro: imagem e miragem da lusofonia*. Lisboa: Gradiva, 1999.

84 BOXER, Charles R. *The Portuguese Seaborne Empire*: 1415-1825. Nova York: Alfred A. Knopf, 1969, último livro sobre a trilogia dos Impérios, antecedido que fora pelos lançamentos sucessivos de BOXER, Charles R. *The Dutch Seaborne Empire: 1600-1800*, de 1965, e PARRY, John H. *The Spanish Seaborn Empire*, de 1966, pela mesma editora.

Impérios e, sobretudo, o imperialismo, estavam na ordem do dia. Mobilizava os espíritos críticos, agitava os intelectuais e professores nas academias, reverberava intensamente entre estudantes e militâncias políticas. Mais uma vez, como já ocorrera nos anos 1930, problematizava-se a identidade da nação, agora com forte viés futurista, de busca de direção, de um projeto de modernidade que desse um *telos* às novas gerações. Entre a barbárie sinalizada pelo subdesenvolvimento capitalista e a utopia revolucionária preconizada pelo socialismo, buscava-se reconstruir compreensivamente a viagem histórica da nação que levara ao impasse. Era compreender para transformar.

Nessa batalha se empenharam muitos intelectuais. Historiador erudito, marxista refinado, membro do seleto grupo de estudiosos de Marx,[85] Fernando Novais retoma a diretriz explicativa encetada por Caio Prado Jr. nos anos 1930, conferindo-lhe uma densidade renovada, fruto, em última instância, de uma tríplice confluência: os novos problemas postos pelo tempo presente, a assunção do marxismo crítico e, por certo, o avanço da pesquisa histórica nos últimos 30 anos, que haviam colocado à disposição do historiador uma constelação de estudos até então inexistentes.

É significativo que os primeiros escritos de Novais surjam ao mesmo tempo em que é publicado o texto mais abrangente de Charles Boxer sobre o Império marítimo português. "Considerações sobre o sentido da colonização"[86] foi publicado em 1969, mesmo ano em que se editava *The Portuguese Seaborn Empire*, precedido pelo enquadramento geral da problemática que aparecera em 1968, no artigo intitulado

---

85 Cf. SCHWARZ, Roberto. "Um seminário de Marx". In: *Sequências brasileiras*. São Paulo: Companhia das Letras, 1991. Trata-se do grupo que organizou em São Paulo, a partir de 1958, na Faculdade de Filosofia da USP – que, de certa maneira, repercutia o circuito amplo de seminários sobre Marx –, "um esforço de auto-retificação da esquerda, bem como reinserção na linha de frente da aventura intelectual [...], uma crítica ao marxismo vulgar, bem como às barbaridades conceituais do PCB" e, em termos da agenda local, "a superação do atraso por meio da industrialização" (p. 88).

86 NOVAIS, Fernando Antônio. "Considerações sobre o sentido da colonização". *Revista do Instituto de Estudos Brasileiros*, São Paulo, n° 6, 1969, p. 55-56.

"O Brasil nos quadros do Antigo Sistema Colonial",[87] que teve enorme repercussão e influenciou toda uma vasta geração de historiadores. Delineava-se aí o cenário interpretativo tributário de Caio Prado Jr., voltado à compreensão do sentido da colonização via conceituação do sistema colonial – moderno para Caio, antigo para Fernando –, assumido como desdobramento da expansão colonial europeia num momento privilegiado da acumulação primitiva de capitais, que confere, para Fernando, o sentido último da colonização portuguesa na América, identificada pela monocultura exportadora, pelo regime de exclusivo e pela reinvenção do trabalho compulsório, simbolizado em sua forma mais agressiva, a escravidão africana, exemplo mais acabado do processo de valorização do capital.

Não se tratava, porém, de uma aventura isolada. Integrava a reação concatenada de uma plêiade de intelectuais de várias extrações na seara das humanidades, próximos do que se convencionou chamar a Escola Sociológica Paulista, e que tinham em comum o horror às simplificações deformadoras do marxismo rústico e seus determinismos de mais fácil assimilação pelos não iniciados.[88] Enquadra-se, portanto, num momento muito especial da produção intelectual paulista, na qual a crítica acerba aos radicalismos deturpadores era acompanhada pelo desejo de servir ao presente, retornando ao passado, com o pensamento posto no futuro. Era uma forma de combate ao agressivo imperialismo norte-americano dos anos 1960 via retorno ao estudo das formas de dominação assemelhadas, agasalhadas num tempo não muito distante: o tempo da colônia.

---

87   Idem. "O Brasil nos quadros do Antigo Sistema Colonial". In: MOTA, Carlos Guilherme (org.). *Brasil em perspectiva*. São Paulo: Perspectiva, 1968, p. 53-71.

88   Roberto Schwarz afirma: "O livro [Portugal e Brasil na Crise do Antigo Sistema Colonial], concebido nos anos do seminário e terminado muitos anos depois, *é a obra-prima do grupo*" (grifo nosso). Metodologicamente, "vai do todo à parte e vice-versa, com domínio notável sobre a matéria nos dois planos [...], Novais busca ver os âmbitos um no outro e em movimento [...], um encadeamento propriamente dialético. A exposição em vários planos, muito precisa e concatenada, é um trabalho de alta relojoaria, sem nenhum favor".

Nesse contexto, o estudo da exploração colonial do Brasil pela metrópole lusitana era um exemplo privilegiado. A ênfase explicativa recaía, portanto, sobre o comando externo da relação colonial, uma vez que o delineamento do sistema como um todo tinha por referência o momento inicial do processo colonizador, quando se dá a montagem do sistema. Em suas linhas mestras, a articulação aí definida persevera até o momento final do período, quando se instala a crise de feição preponderantemente política, na segunda metade do século XVIII. Por essa razão, a crise geral do século XVII e seus possíveis impactos transformadores não são assimilados como tal e sim incorporados como disfunções orgânicas reassimiláveis pelo sistema. Ao invés de pensar um Segundo Sistema Atlântico, a crise é vista como momento de generalização dos pressupostos que tinham sido dominantes no primeiro século da colonização, até então exclusivos dos países ibéricos, agora extensivos à Holanda, França e Inglaterra.

A escravidão africana torna-se a pedra angular do sistema de exploração arquitetado e definidor, em última instância, do processo histórico ulterior que viria a ser trilhado pela ex-colônia. Fernando Henrique Cardoso e Octávio Ianni pesquisam a mesma temática na relação capitalismo e escravidão, em busca da compreensão da natureza da sociedade brasileira contemporânea.[89] Retornava-se, portanto, à máxima de Padre Antônio Vieira: sem negros não haveria Pernambuco, sem Angola não haveria negros, isto é, sem escravos de Angola ou da Guiné inviabilizava-se a exploração colonial do Brasil. A escravidão africana tornava-se peça fundamental do processo de acumulação metropolitana porque alimentava o tráfico negreiro, ao contrário da escravidão indígena, que geraria acumulação endógena, contrariando frontalmente os pressupostos do sistema colonial, o que levou Fernando Novais à formulação aparentemente paradoxal: "é a partir do tráfico negreiro que se pode entender a escravidão africana colonial, e não o

---

[89] CARDOSO, Fernando Henrique. *Capitalismo e escravidão no Brasil Meridional*. São Paulo: Difel, 1962; IANNI, Octávio. *As metamorfoses do escravo*. São Paulo: Difel, 1962.

contrário".[90] Noutros termos, é o tráfico que explica a escravidão, e não é a escravidão que explica o tráfico. Tal formulação parece inverter os termos da verdade histórica. Mas o que está inscrito no suposto paroxismo é a ideia de que, instalado o sistema produtivo, o fluxo de escravos torna-se vital para a continuidade de sua existência. Mas, como a garantia de sua continuidade é dada pela rede de traficantes que operam o circuito, realiza-se, no passo seguinte, uma inversão, na qual o sistema de trafico, operado pelos traficantes, torna-se mais importante do que as mercadorias humanas por eles transacionadas, num evidente processo de autonomização das formas, conforme análise de Marx.[91]

Entende-se, portanto, que um livro destinado a estudar o comércio dos escravos acabe por priorizar, de fato, a vida dos traficantes, como bem observou Alberto da Costa e Silva.[92] Nessa inversão, realiza-se a

---

[90] NOVAIS, Fernando Antônio. *Portugal e Brasil na Crise do Antigo Sistema Colonial*, op. cit., p. 95. Sobre esta arquitetura histórica, Roberto Schwarz considerou: "Também aqui o marxismo rigoroso mas não dogmático punha em dificuldades as ideias feitas, dos outros e suas próprias. Entre estas, como se sabe, está a que afirma o primado da produção sobre a circulação, ou por outra, que manda fundar a compreensão histórica nas relações de produção locais. Pois bem, acompanhando a dinâmica do capitalismo mercantil, Novais chega à conclusão heterodoxa, além de contraintuitiva, de que a interpenetração da história local e global alcançada nesse livro não descreve apenas a gravitação daquele tempo, como também responde a uma intuição do nosso". *Op. cit.*, p. 96-97.

[91] Formulação inspirada na análise da mercadoria realizada por Karl Marx no item 4, "O fetichismo da mercadoria: seu segredo", do capítulo I "A mercadoria", do livro 1: *O processo de produção capitalista*, de *O Capital*. 2ª ed. Rio de Janeiro: Civilização Brasileira, 1971.

[92] No fundo o objeto principal do qual se ocupa o livro *O Trato dos Viventes*, de Luiz Filipe de Alencastro. Ressalvadas as inúmeras qualidades da obra, esta contradição entre o título e o conteúdo foi observada por Alberto da Costa e Silva, ao afirmar: "Apesar da queixa (o fato de Alencastro lamentar que os portugueses em suas vitórias não tivessem destacado o papel dos aliados africanos) [...] o africano, quer escravo na América, quer homem livre na África, não aparece em *Trato dos Viventes* como o coconstrutor, que foi, do mundo atlântico [...] Porque [...] Alencastro só teve lugar, na frente do retábulo, para missionários, militares, mercadores e funcionários do Rei de Portugal, para 'os do Brasil, os reinóis e o colonato angolano'". Cf. SILVA, Alberto Costa

objetivação máxima dos pressupostos inerentes ao sistema colonial, isto é, realizar a acumulação na circulação das mercadorias que transferia para a metrópole a parcela mais suculenta dos lucros auferidos, seja sobre a forma da revenda dos produtos tropicais, da reexportação de produtos adquiridos no mercado internacional ou de produção metropolitana, de apropriação direta ou fiscal e, sobretudo, pelo financiamento das operações de crédito no circuito tripolar. Mesmo que instalados na colônia, no caso dos traficantes baianos que operavam no comércio da Guiné, a parcela da acumulação interna era sensivelmente menor do que a transferida para o exterior, mecanismo esse levado às alturas quando intervêm traficantes portugueses, holandeses, ingleses e outros mais.[93]

O argumento básico de Fernando Novais sobre o papel preponderante do tráfico é retomado por Luiz Filipe de Alencastro, de forma remagnificientizada, em seu estudo *O Trato dos Viventes,* publicado em 2000, mas cuja arquitetura fundacional já está posta em sua tese defendida na França em 1985.[94] Nela o tráfico adquire um papel tão avassalador que o Brasil resulta uma nação construída por traficantes; uma nação que se constrói fora do Brasil. Iguala-se também a Fernando Novais ao enfatizar o comando externo da relação da metrópole-colônia, divergindo na ênfase que confere à relação bipolar. Perfilham, portanto, o mesmo lado da corrente, mas com diferentes resultados.

---

e. "O miolo negreiro do Brasil". Jornal de Resenhas, Discurso Editorial, USP/Unesp/UFMG, *Folha de São Paulo,* 9 set. 2000, p. 10.

93 "O argumento de que tráfico de escravos era um interesse nacional já vinha sendo feito no Brasil no século XVIII [...] A Companhia Holandesa das Índias Ocidentais, por conta de sua posição chave na costa da Guiné, tinha lucrado com o comércio brasileiro de ouro e tabaco para traficantes de escravos e pensado em controlar este comércio de acordo com arranjos nos tratados existentes". POSTMA, Johannes; SCHWARTZ, Stuart. "Brazil and Holland as commercial partners on the West African Coast during the eighteenth century". *Arquivos do Centro Cultural Calouste Gulbenkian,* vol. 34, 1995, p. 427. (Tradução nossa).

94 Cf. ALENCASTRO, Luiz Filipe de. *Le Commerce des Vivants: Trait d'Esclaves et "Pax Lusitana" dans l'Atlantique Sud.* Tese (doutorado) – Université de Paris X, Nanterre, 1985.

O impacto dos anos 1970, da emergência da *Nouvelle Histoire*, do descongelamento da Guerra Fria, da descolonização, do processo geral de desconstrução que atinge a história e os historiadores, a preocupação em conferir *status* à história das ex-colônias, pode ser a razão remota para a busca de uma explicação que amenizasse o papel da metrópole na relação colonial, levando estressar a bipolaridade África-Brasil, uma forma de ser diferente, de enfocar a mesma relação a partir de um polo privilegiado, mas preservando, no âmago, o cerne das explicações que, aparentemente, buscava superar.

O tema da relação comercial bipolar já estava posto na historiografia desde os anos 1950; quando Boxer publicou seu estudo sobre *Portuguese society in the tropics*,[95] referia-se, explicitamente, aos polos nodais do comercio transoceânico, representado por Salvador (Bahia) e Luanda (Angola), sendo um polo dominante e o outro dependente, exatamente como a relação entre Goa e Macau. Na década seguinte, Pierre Verger retomava a questão, fixando-se na relação direta estabelecida pelos traficantes de escravos entre o Golfo de Benin e a Bahia.[96] No mesmo contexto, José Honório Rodrigues, na contramão das celebrações henriquinas promovidas pelo salazarismo português, afirmava as ligações íntimas entre África e Brasil, a *mais africana das nações* surgidas no Novo Mundo e que, portanto, tinha mais a ver com a África do que com o próprio Portugal.[97] A exaltação desta dualidade remete à história vivida no cenário da descolonização, muito especialmente pelo agravamento das tensões entre Portugal e suas colônias africanas. Em 1961, a guerra colonial iniciada em Angola alastrou-se para a Guiné-Bissau e Moçambique, levando o Brasil a assumir a bandeira da autodeterminação dos povos colonizados, tema que calava fundo na alma da intelectualidade brasileira.

---

95 BOXER, Charles R. *Portuguese society in the tropics: the Municipal Councils of Goa, Macao, Bahia and Luanda, 1510-1800*. Wisconsin: University of Wisconsin Press, 1955.

96 VERGER, Pierre. *Flux et reflux de latraité dês nègres entre il golfe de Benin et Bahia de Todos os Santos du dix-septièmeau dix-neuvième siècle*. Paris: Mouton, 1968.

97 Cf. RODRIGUES, José Honório. *Brasil e África: outro horizonte*. Rio de Janeiro: Civilização Brasileira, 1964.

Em suma, se os historiadores dos anos 1950 e 1960 buscaram encontrar o Brasil na África, suas raízes não se tornaram ramas mortas. Continuam a germinar, sobretudo em contextos de globalização que rechaçam as identidades, mas personalidades reavivadas podem tornar-se bivaques de resistência cultural. É a eterna busca do passado sempre referido ao futuro real ou imaginário que, inevitavelmente, sobreleva a dimensão histórica e, de novo, nos arrasta ao passado rumo ao futuro. São momentos plenos de sentido, que somente a trajetória dos grandes objetos, África, Brasil, Luanda, Salvador, têm o poder de explicitar. Todas elas parte de um outrora poderoso Império, que a história reduziu praticamente à escala de sua inicialidade como nação europeia.

Foi-se o império em sua materialidade; sobreviveu o império na forma de uma comunidade imaginária. Parte integrante do projeto estético do modernismo, na reflexão culta de António Sousa Ribeiro, é o império vertido numa figura poética que persiste na esfera cultural ao exercer uma dominação mais estética do que política, de um centro sem periferia, de um imperialismo exercido por poetas, que inspira Fernando Pessoa a poetizar "sou o centro de tudo sem nada a volta". Um imperialismo carregado pelo imaginário, capaz de ultrapassar as fronteiras do tempo. De regressar ao passado para saber se ainda terá futuro, na expectativa de ressurreição de seu passado simbolicamente intacto, nos dizeres de Eduardo Lourenço. Diferenciado em relação ao imperialismo político pela habilidade em exercer a dominação a partir do inculcar de seus valores estéticos noutros povos, ferramenta de poder apropriada às pequenas nações como Portugal, capazes de converter a substância física, cultural e até mesmo afetiva de várias outras nações, a si mesmo.

FONTES E BIBLIOGRAFIA*

---
* Escolhemos integrar no mesmo corpo fontes e bibliografia porque nos estudos historiográficos a própria bibliografia opera, muitas vezes, como fonte e vice-versa.

ACOSTA, Maria E. M. *El dinero americano y la politica del imperio*. Madri: Colecciones Mapfre, 1992.

AGAMBEN, Giorgio. *A linguagem e a morte*. Belo Horizonte: Editora UFMG, 2006.

AGOSTINHO, Santo. *Confissões*. São Paulo: Abril Cultural, 1973, vol. VI, livro XI (Coleção "Os Pensadores").

AGUIAR, Pinto de. *A abertura dos portos: Cairu e os ingleses*. Salvador: Livraria Progresso Editora, 1960.

ALENCASTRO, Luiz Filipe de. *Le Commerce des Vivants: Trait d'Esclaves et "Pax Lusitana dans l'Atlantique Sud*. Tese (doutorado) – Université de Paris X, Nanterre, 1985.

_____. *O Trato dos Viventes: formação do Brasil no Atlântico Sul*. São Paulo: Companhia das Letras, 2000.

ALEXANDRE, Valentim. *Os sentidos do Império*. Lisboa: Afrontamento, 1993.

ALMEIDA, Marco Antônio. "Elementar, meu caro Durkheim! Reflexões sobre a sociologia e o romance policial". *Revista de Ciências Sociais*, Fortaleza, vol. 22, nos 1-2, 1991.

_____. *Narrativa policial e modernidade: imaginários urbano, sociabilidade e formas culturais*. Dissertação (mestrado) – FFLCH-USP, São Paulo, 1995.

ALMODOVAR, António; CARDOSO, José Luís. *History of portuguese economic thought*. Londres/Nova York: Routledge, 2001.

AMELANG, James S. "Prólogo da edição espanhola". In: SCHWARTZ, Stuart. *Cada uno em su ley: salvación y tolerância religiosa em El Atlántico Ibérico*. Madri: Akal, 2010.

AMZALAK, Moses Bensabat. "Economistas Brasileiros – José da Silva Lisboa, Visconde de Cairu". *Revista Brasília*, Instituto de Estudos Brasileiros da Faculdade de Letras da Universidade de Coimbra, vol. II, 1943.

ANDRÉS-GALLEGO, José (dir.). *New History, Nouvelle Histoire: hacia uma Nueva Historia*. Madri: Editorial Actas, 1993.

APARICIO, Concepción Lopezosa (org.). *El oro y la plata de las Indiasen la época de los Austrias*. Madri: Fundación ICO, 1999.

ARANTES, Otília; ARANTES, Paulo. *Sentido da formação*. São Paulo: Paz e Terra, 1997.

ARÓSTEGUI, Julio. *A pesquisa histórica: teoria e método*. Bauru: Edusc, 2001.

ARRUDA, José Jobson de A. "Decadência ou crise do Império luso-brasileiro: o novo padrão de colonização do século XVIII". In: *Actas dos IV Cursos Internacionais de Verão de Cascais*. Vol. 3: *Mito e símbolo na História de Portugal e do Brasil*, 1997, p. 213-238.

_____. "Mercado nacional e mundial entre o Estado e a Nação: o Brasil, da Colônia ao Império". In: *Actas dos III Cursos Internacionais de Verão de Cascais*. Vol. 3: *Estados e sociedades ibéricas*, 1997, p. 195-206.

_____. *O Brasil no comércio colonial*. São Paulo: Ática, 1980.

_____. "Decadence or crisis in luso-brazilian Empire: a new model of colonization in the eighteenth century". *Hispanic American Historical Review*, Duke University Press, nº 80, vol. 4, 2000, p. 865-78.

_____. "Exploração colonial e capital mercantil". In: SZMRECSÁNYI, Tamás (org.). *História Econômica do período colonial*. São Paulo: Hucitec, 1996.

_____. "O Império da História". *Revista Portuguesa de História*, Coimbra, t. XXXIII, 1999.

_____. "O Mediterrâneo de Braudel", in Anais do Museu Paulista, t. XXIII, São Paulo, 1984.

_____. "Historiografia: a História da História do Brasil (1945-2005)". *Clio*, Revista do Centro de História da Universidade de Lisboa, Lisboa, nova série, vol. 14-15, 2006, p. 15-32.

_____. "Os escravos angolanos no Brasil (Sécs. XVI-XIX)". In: MEDINA, João; HENRIQUES, Isabel Castro. *A rota dos escravos: Angola e a rede do comércio negreiro*. Lisboa: Cegia, 1996.

_____. *A Grande Revolução Inglesa – 1640-1780*. São Paulo: Hucitec, 1986.

_____. *São Paulo nos séculos XVI-XVII*. São Paulo: Imprensa Oficial, 2011, p. 53.

_____. *Uma colônia entre dois Impérios: a abertura dos portos brasileiros – 1800-1808*. Bauru: Edusc, 2008.

_____; FONSECA, Luiz Adão da (orgs.). *Brasil-Portugal: história, agenda para o milênio*. Bauru: Edusc, 2001.

ARRUDA, Maria Arminda do Nascimento. *Mitologia da Mineiridade*. São Paulo: Brasiliense, 1990.

_____. "Prismas da memória: emigração e desenraizamento". *Revista do* CEPFAM, Faculdade de Letras da Universidade do Porto, vol. 4, 1998.

ASTON, Trevor (org.). *Crisis in Europe – 1560-1660*. Londres: Routledge & Kegan Paul, 1965.

ATAS do Concurso de História da Civilização Americana, Faculdade de Filosofia, Ciências e Letras, 17 ago. 1946.

AYLMER, G. E. "Review". *The English Historical Review*, 1966.

AYMARD, Maurice *et al* (orgs.). *Lire Braudel*. Paris: La Découverte, 1988.

BAKHTIN, Michael. *La poétique de Dostoievski*. Paris: Seuil, 1970.

_____. *Marxismo e filosofia da linguagem*. 3ª ed. São Paulo: Hucitec, 1987 [1929].

BARBIER, Jacques; KLEIN, Herbert S. "Las prioridades de um monarca ilustrado: el gasto público bajo el reinado de Carlos III". *Revista de Historia Económica*, ano III, nº 3, outono 1985.

BARBOSA FILHO, Rubem. "Sentimento de democracia". *Lua Nova*. vol. 59, p. 5-29.

BARRET, Ward. "World Bullion Flows, 1450-1800". In: TRACY, James D. (org.). *The rise of merchant empires: long-distance trade in the early modern world, 1350-150*. Cambridge: Cambridge University Press, 1990.

BARROS, José d'Assunção. "A historiografia pós-moderna". *Ler História*, Lisboa, nº 61, 2011.

BEER, Samuel H. "Christopher Hill. Some reminiscences". In: PENNINGTON, Donald; THOMAS, Keith (orgs.). *Puritans and revolutionaries: essays in seventeenth-century presented to Christopher Hill*. Oxford: Clarendon Press, 1978.

BENJAMIN, Walter. "Sobre o conceito de História". In: *Magia e técnica, arte e política*. 2ª ed. São Paulo: Brasiliense, 1986.

BENVENUTI, Stefano; RIZZONI, Gianni; LEBRUN, Michel. *Le roman criminel*. Nantes: L'Atalante Éditeur, 1982 [1ª ed. Arnoldo Montadori Editore, 1979].

BERGSON, H. *Cartas, conferências e outros escritos*. São Paulo: Abril Cultural, 1974.

BETHENCOURT, Francisco; CHAUDHURI, Kirti (dir.). *História da Expansão Portuguesa*. Vol. 3: *O Brasil na Balança do Império (1697-1808)*. Lisboa: Círculo de Leitores, 1998.

BICALHO, Maria Fernanda; GOUVÊA, Maria de Fátima (orgs.). *O Antigo Regime nos trópicos: a dinâmica imperial portuguesa (séculos XVI-XVIII)*. Rio de Janeiro: Civilização Brasileira, 2001.

BLAY, Eva A.; LANG, Alice B. "A Universidade de São Paulo e a profissionalização das mulheres". In: *Anais do Seminário Internacional Mercado de Trabalho e Gênero: comparações Brasil-França*. São Paulo/Rio de Janeiro, 9-12 abr. 2007.

_____; _____. *Mulheres na USP: horizontes que se abrem*. São Paulo: Humanitas, 2004.

BODEI, Remo. *A História tem um sentido?* Bauru: Edusc, 2001.

BORGES, Jorge Luis. *Cinco visões pessoais*. Brasilia: Editora UnB, 1985.

BOUTANG, Pierre. *Les temps: essai sur l'origine*. Paris: Hatier, 1993.

BOWRA, B. M. *La imaginación romantica*. Madri: s/n, 1972.

BOXER, Charles R. *Portuguese society in the tropics: the Municipal Councils of Goa, Macao, Bahia and Luanda, 1510-1800*. Wisconsin: University of Wisconsin Press, 1955.

_____. *The Dutch Seaborne Empire*. Nova York: Alfred A. Knopf, 1970.

_____. *The Portuguese Seaborne Empire: 1415-1825*. Nova York: Alfred A. Knopf, 1969.

BRAUDEL, Fernand. *Civilização material e capitalismo: séculos XV-XVIII*. Vol. 1: *As estruturas do cotidiano*. São Paulo: Martins Fontes, 1995 [1979].

_____. "Du Potosi à Buenos Aires: une route clandestine de l'argent". *Annales – Économies, Sociétés, Civilisations*, Paris, ano III, n° 4, 1948.

_____. *O Mediterrâneo e o mundo mediterrânico na época de Felipe II*. São Paulo: Martins Fontes, 1983 [1949]. 2 vols.

BRENOT, Anne-Marie. "Du centre et de la périphérie". In: MARTINIÈRE, Guy (coord.). *Le Portugal et L'Europe Atlantique, le Brésil et L'Amérique*

Latine. Mélanges offerts à Frédéric Mauro, vol. XXXIV. Lisboa/Paris: Centro Cultural Calouste Gulbenkian, 1995.

BRITO, Domingo de Abreu e. *Um inquérito à vida administrativa e econômica de Angola e do Brasil*. Coimbra: Imprensa da Universidade de Coimbra, 1931, p. 73-75. *Apud* OLIVEIRA, Aurélio de. "Brasil 1500-1600 Dos "Descaminhos" da Coroa à "Desforra" dos colonos". In: *Revista Portuguesa de História*, t. XXXIII, Coimbra, p. 280.

BROWN, Vivienne. "Textuality and the History of Economics: intention and meaning". In: SAMUELS, Warren J.; BIDDLE, Jeff E; DAVIS, John B. (orgs.). *A companion to the History of Economic thought*. Malden: Blackwell, 2008.

BURROW, John. *A history of histories: epics, chronicles, romances and inquiries from Herodotus and Thycydides to the twentieth century*. Nova York: Vingate Books, 2008.

CABRAL, Alfredo do Valle. "Vida e escriptos de José da Silva Lisboa". In: MORAES, E. Vilhena de. *Perfil de Cairu*. Rio de Janeiro: Editora do Arquivo Nacional, 1958.

CALINESCU, Matei. *Five faces os modernity*. Durham: Duke University Press, 1987.

CANABRAVA, Alice P. *História econômica: estudos e pesquisas*. São Paulo: Hucitec/Editora da Unesp, 2004.

_____. "Minhas reminiscências". *Economia aplicada*, vol. 1, n° 1, jan.-mar. 1997, p. 157-163.

_____. *O desenvolvimento da cultura do algodão na Província de São Paulo – 1861-1875*. São Paulo: Indústria Gráfica Siqueira, 1951.

_____; TORRES, Maria C. T. Mendes. "A região de Piracicaba". *Revista do Arquivo Municipal*, São Paulo, vol. 45, 1938, p. 275-339.

_____. "A Grande Lavoura". In: HOLANDA, Sérgio Buarque de; CAMPOS, Pedro Moacyr (dir.). *História geral da civilização brasileira*. T. II: O

Brasil Monárquico. Vol. 4: *Declínio e Queda do Império*. São Paulo: Difusão Europeia do Livro, 1971.

_____. *A indústria do açúcar no mar das Antilhas – 1697-1755*. São Paulo: S.C.P., 1946.

_____. "A repartição da terra na Capitania de São Paulo, 1818". *Estudos Econômicos*, São Paulo, Instituto de Pesquisas Econômicas, vol. II, n° 6, 1972, p. 77-130.

_____. "Decadência e Riqueza". *Revista de História*, São Paulo, vol. 50, n° 100, 1974, p. 335-366.

_____. *O comércio português no Rio da Prata – 1580-1640*. São Paulo: FFCL, 1944

_____. "Uma economia de decadência: os níveis de riqueza na Capitania de São Paulo – 1765-1767". *Revista Brasileira de Economia*, Rio de Janeiro, vol. XXVI, n° 4, 1972, p. 193-221.

CAPELATO, Maria Helena Rolim; FERLINI, Vera Lúcia Amaral; GLEZER, Raquel. "Escola uspiana de História". *Estudos Avançados – 60 anos de USP: ciências básicas e humanidades; origens e linhas de pesquisa, perfis de mestres*, São Paulo, vol. 8, n° 22, set./dez. 1994, p. 349-358.

CARDOSO, Fernando Henrique. *Capitalismo e escravidão no Brasil Meridional*. São Paulo: Difel, 1962.

_____. *Pensadores que inventaram o Brasil*. São Paulo: Companhia das Letras, 2013.

CARDOSO, Irene R. *A universidade da comunhão paulista*. São Paulo: Cortez, 1982.

_____. "A comemoração possível". *Tempo Social – Revista de Sociologia da USP*, vol. 10, n° 2, out. 1998.

CARDOSO, José Luís. "1808: o ano zero da autonomia econômica do Brasil". In: COUTO, Jorge (dir.). *Rio de Janeiro Capital do Império Português (1808-1821)*. Rio de Janeiro: Fundação Calouste Gulbenkian-Tribuna, 2010.

_____. "A abertura dos portos do Brasil em 1808: dos factos à doutrina". *Ler História*, n° 54, 2008.

_____. *O pensamento económico em Portugal nos finais do século XVIII – 1780-1808*. Lisboa: Editorial Estampa, 1989.

CARRARA, Angelo Alves. "La minería de oro en Brasil: economía y fiscalidad, 1700-1808". *1° Congreso Latinoamericano de Historia Económica e 4ªˢ Jornadas Uruguayas de Historia Económica*, Montevidéu, dez. 2007.

CARVALHO, Darcy. *Desenvolvimento e livre comércio: as ideias econômicas e sociais do Visconde de Cairu – um estudo de história do pensamento econômico brasileiro*. São Paulo: IPE-USP, 1985.

CARVALHO, Maria A. R. *O quinto século: André Rebouças e a construção do Brasil*. Rio de Janeiro: Revan, 1998.

CASTELLS, Manuel. *A sociedade em rede. Vol. 1: A era da informação: economia, sociedade e cultura*. Rio de Janeiro: Paz e Terra, 2003.

CATROGA, Fernando. "A historiologia de Sílvio Lima". In: POLÓNIA, Amélia; RIBEIRO, Jorge Martins; RAMOS, Luís António de Oliveira (coord.). *Estudos em homenagem a João Francisco Marques*. Porto: FLUP, 2001.

CERVANTES, Miguel de. *Dom Quixote*. Porto Alegre: L&P Editores, 2005.

CHAPMAN, B; POTTER, A. (orgs.). *W. J. M. M. political questions: essays in honour of W. J. M. Mackenzie*. Manchester: Manchester University Press, 1975.

CHARTIER, Roger. *L'Histoire aujourd'hui: doutes, defies, propositions*. Valência: Episteme, 1994.

CHENEAUX, Jean. "L'axe passé/present/avenir. Cet obscur objet de l'histoire". *Espaces-Temps*, Centre Nationale de la Recherche Scientifique (CNRS), Paris, n° 117, 1985.

CHENET, François. *Les temps, temps cosmique, temps vécu*. Paris: Armand Colin, 2000.

CHERNOW, Ron. *Alexander Hamilton*. Nova York: Penguin Books, 2005.

CHESNEAUX, Jean. *Du passe faisons table rase*. Paris: Maspero, 1976.

COATES, Timothy J. "The early modern portuguese Empire: a commentary on recent studies". *The Sixteenth Century Journal*, vol. 37, n° 1, primavera 2006.

COHN, David L. *The Life and Times of King Cotton*. Nova York: Oxford University Press, 1956.

CONTREIRAS, Cintia F. et al. *Retrato da USP aos cinquenta anos*. Vol. I. São Paulo: Centro de Estudos Rurais e Urbanos, 1986.

COORNAERT, Émile; BRAUDEL, Fernand. "Aux origines du Brésil du Nord et du Centre". *Annales – Économies, Sociétés, Civilisations*, Paris, ano III, n° 4, 1948, p. 528-530.

CORBIN, Alain. *Le monde retrouvé de Louis-François Pinagot: sur les traces dun inconnu (1798-1876)*. Paris: Flamarion, 1998.

COSTA, Emília Viotti. "Introdução ao estudo da emancipação política". In: MOTA, Carlos Guilherme (org.). *Brasil em perspectiva*. São Paulo: Difel, 1969, p. 64-125.

COSTA, João Severiano Maciel da. "Memória sobre a necessidade de abolir a introdução dos escravos africanos no Brasil". In: COSTA, João Severiano Maciel *et al. Memória sobre a escravidão*. Introdução de Graça Salgado. Rio de Janeiro/Brasília: Arquivo Nacional/Fundação Petrônio Portela, 1988.

COSTA, Leonor Freire. "Informação e incerteza: gerindo os riscos do negócio colonial". *Ler História*, Lisboa, n° 44, 2003.

_____. *Império e grupos mercantis (século XVII)*. Lisboa: Livros Horizonte, 2002.

_____. *O transporte no Atlântico e a Companhia Geral do Comércio do Brasil (1580-1663)*. Lisboa: CNCDP, 2002.

COUTAU-BÉGARIE, Hervé. *Le Phenomene "Nouvelle Historie"*. Paris: Economica, 1983.

COUTINHO, J. J. da Cunha Azeredo. *Análise sobre a justiça do comércio do resgate dos escravos da Costa da África*. Lisboa, 1808.

COUTO, Jorge. *A construção do Brasil*. Lisboa: Edições Cosmos, 1995.

DANIELS, Christine; KENNEDY, Michael V. (orgs.). *Negotiated empires: centers and peripheries in the America, 1500-1820*. Nova York/Londres: Routledge, 2002.

DATTEL, Gene. *Cotton and race in the making of America: the human costs of economic power*. Chicago: Ivan R. Dee, 2009.

DAVIS, Natalie. *O retorno de Martin Guerre*. São Paulo: Paz e Terra, 1987.

DÉLOYE, Yves. *Sociologia histórica do político*. Bauru: Edusc, 1999.

DELUMEAU, Jean. *Guetter l'aurore: un christianisme pour demain*. Paris: Bernard Grasset, 2003.

DEUTSCHER, Isaac. *A revolução inacabada*. São Paulo: Civilização Brasileira, 1968.

DIHEL, Astor Antônio. *Cultura historiográfica: memória, identidade, representação*. Bauru: Edusc, 2002.

DINIZ SILVA, Andrée Mansuy. *Portrait d'um homme d'État: D. Rodrigo de Souza Coutinho, Comte de Linhares 1755-1812*. Vol. II. Paris: Centre Culturel Calouste Gulbenkian, s/d.

DOSSE, François. "Les heritiers divisé". In: AYMARD, Maurice *et al* (orgs.). *Lire Braudel*. Paris: La Découverte, 1988.

_____. *Histoires en miettes*. Paris: La Découvert, 1987.

_____. "L'histoire et la guerre des mémoires". *Saeculum – Revista de História*, vol. 16, jan./jul. 2007, p. 11-24.

_____. "L'histoire sociale 'à la française' à son apogée: Labrousse/ Braudel". In: DELACROIX, Christian; DOSSE, François; GARCIA, Patrick. *Les courants historique en France*. Paris: Armand Colin, 1999.

_____. "Mémoire et oubli. Lire avec Ricouer". In: DELACROIX, Christian; DOSSE, François; GARCIA, Patrick. *Paul Ricoeur et les science humaines*. Paris: La Decouverte, 2007.

_____. *A História*. Bauru: Edusc, 2003.

_____. *Gilles Deleuze Félix Guattari. Biographie Croisée*. Paris: La Découverte, 2007.

_____. *História do estruturalismo*. Bauru: Edusc, 2007. 2 vols.

_____. *L'histoire ou le temps réflechi*. Paris: Hatier, 1999.

_____. *La marche des idées: histoire des intellectuels-histoire intellectuelle*. Paris: La Découverte, 2003.

_____. *Le Pari biographique: écrire une vie*. Paris: La Découverte, 2005.

_____. *Le sens d'une vie*. Paris: La Découverte, 1977.

_____. *Michel de Certeau: le marcheur blessé*. Paris: La Découverte, 2002.

_____. *O Império do sentido*. Bauru: Edusc, 2003.

_____. *Paul Ricoeur, Michel de Certeau. L'Histoire: entre le dire e le faire*. Paris: Éditions de l'Herne, 2006.

DOYLE, Conan. *Um estudo em vermelho*. São Paulo: Ática, 1996 [1887].

DUBY, George. *Magazine Littéraire*, nº 248, 1987.

DUMONT, Louis. *Homo Aequalis*. Bauru: Edusc, 2000.

DUTRA, José Soares. "Cairu, o Polígrafo". *Revista A Ordem*, Rio de Janeiro, Centro D. Vital, nº 2, vol. LIII, mar. 1955.

ECO, Umberto; SEBEOK, T. A. (orgs.). *O Signo de Três: Dupin, Holmes e Poiroit*. São Paulo: Perspectiva, 1991.

ELEY, Geoff & HUNT, William (orgs.). *Reviving the English Revolution: refletions & elaborations on the work of Christopher Hill*. Londres: Verso, 1988.

ELIAS, Norbert. *A sociedade de Corte*. Rio de Janeiro: Zahar, 2001.

ELLIOT, John H. "A question of coexistence". *The New York Review of Books*, vol. 56, n° 13, 13 ago. 2009.

_____. *Imperial Spain, 1469-1716*. Londres: Penguim Books, 1970 [1ª ed. Edward Arnold, 1963].

_____. *Imperios del mundo atlántico: Espãna y Gran Bretaña en América, 1492-1830*. Madri: Taurus, 2006.

_____. "A Europe of composite monarchies". *Past and Present*. n° 137, nov. 1992.

_____. "Revolution and continuity in early modern Europe". *Past & Present*, vol. 42, 1969.

ELTIS, David; BEHRENDT, Stephen; RICHARD, David. "A participação dos países da Europa e das Américas no tráfico de escravos: novas evidências". *Afro-Ásia*, n° 24, 2000.

ELTIS, David. *Economic growth and ending of transatlantic slave trade*. Nova York, 1987.

EMMER, Pieter. "The strugle over sugar. The Abortive Attack of the Dutch on Portugal in the South Atlantic 1600-1650". *Mare Liberum*, Lisboa, n° 13, jun. 1997.

EVERAERT, J.; STOLS, E. *Flandres e Portugal: na confluência de duas culturas*. Antuérpia, 1991.

FARIA JÚNIOR, Carlos. *O pensamento econômico de José da Silva Lisboa, Visconde de Cairu*. 2 vols. Tese (doutorado) – FFLCH-USP, São Paulo, 2008.

FAYE, Emmanuel. *Heidegger*. Yale: Yale University Press, 2009.

FENELON, Déa Ribeiro. *Cairu e Hamilton, um estudo comparativo*. Tese (doutorado) – UFMG, Belo Horizonte, 1973.

FERNANDES, Florestan. *A Revolução Burguesa no Brasil*. Rio de Janeiro: Zahar, 1970.

FERNÁNDEZ-ARNESTO, Felipe. "Epilogue". In: CANNADINE, David (org.). *What is history now?*. Londres: Palgrave Macmillan, 2002.

FISHER, F. J. (org.). *Essays in the economic and social history of Tudor and Stuart England in Honour of R. H. Tawney*. Cambridge: Cambridge University Press, 1961.

FISHER, H. E. D. *The Portugal Trade: a study of anglo portuguese commerce, 1700-1770*. Londres: Methuen & Co., 1971.

FITE, Gilbert C. *Cotton fields no more: southern agriculture, 1865-1980*. Lexington, Kentucky: The University Press, 1984.

FLETCHER, A. J.; HILL, C. "Debate: Parliament and people in seventeenth-century England". *Past & Present*, vol. 98, fev. 1983, p. 151-158.

FONTANA, Josep. *História: análise do passado e projeto social*. Bauru: Edusc, 1999.

FOUCAULT, Michel. *As palavras e as coisas*. São Paulo: Martins Fontes, 2000.

FOURQUET, François. "Um nouvel espace-temps". In: AYMARD, Maurice et al (orgs.). *Lire Braudel*. Paris: La Découverte, 1988.

FRAGOSO, João L. R. *Homens de grossa aventura: acumulação e hierarquia na praça mercantil do Rio de Janeiro (1790-1830)*. Rio de Janeiro: Arquivo Nacional, 1992.

_____; FLORENTINO, Manolo. *O arcaísmo como projeto: mercado atlântico, sociedade agrária e elite mercantil no Rio de Janeiro, c. 1790-c. 1840*. Rio de Janeiro: Diadorim, 1993.

_____. "Modelos explicativos da chamada *economia colonial* e a ideia de Monarquia Pluricontinental: notas de um ensaio". *História*, São Paulo, vol. 31, nº 2, jul/dez. 2012.

FRANÇA, Eduardo D. "Eduardo D'Oliveira França: um professor de História. Entrevista". *Revista Estudos Avançados*, vol. 8, nº 22, 1994.

_____. *O Poder Real em Portugal e as origens do absolutismo*. Bauru: Edusc, 2013.

FREYRE, Gilberto. *Casa-grande & senzala*. Madri: Coleção Archivos, 2002.

FURTADO, Celso. *Formação econômica do Brasil*. 5ª ed. Rio de Janeiro: Fundo de Cultura, 1963 [1959].

GEORGE, C. H. "Puritanism as History and Historiography". *Past & Present*, vol. 41, dez. 1968, p. 100-103.

_____. *Christopher Hill: a profile reviving the English Revolution. Reflections and elaboration on the work of Christopher Hill*. Londres: Verso, 1988.

GILBERT, F. "Revolution". In: WIENER, P. (org.). *Dictionary of the History of Ideas*. Nova York, 1973.

GODINHO, Vitorino Magalhães. "Le commerce anglais et l'Amérique espagnole au XIIIe siécle". *Annales: Économies, Sociétés, Civilisations*, Paris, vol. 3, nº 4, 1948, p. 551-4.

_____. "Le problème des découvertes". *Annales: Économies, Sociétés, Civilisations*, Paris, vol. 3, nº 4, 1948, p. 522-4.

_____. "Le travail forcé dans le mexiquecoloniale". *Annales: Économies, Sociétés, Civilisations*, Paris, vol. 3, nº 4, 1948, p. 488-90.

_____. "Sur le sucre des Antilles". *Annales: Économies, Sociétés, Civilisations*. Paris, vol. 3, nº 4, 1948, p. 541-5.

GOLDMANN, Lucien. *Ciências Humanas e Filosofia*. São Paulo: Difel, 1967.

_____. *Dialética e Cultura*. 3ª ed. São Paulo: Paz e Terra, 1979.

GONNARD, Rene. *História de las doctrinas económicas*. Trad. esp. Madri: Aguilar, 1968.

GOULEMOT, Jean-Marie; WALTER, Eric. "Les Centenaires de Voltaire et de Rousseau". In: NORA, Pierre et al. *Les Lieux de Mémoire*. Vol. 1: *La República*. Paris: Gallimard, 1984.

GOUREVITH, A. Y. "Le temps comme problème d'histoire culturelle". In: RICOEUR, Paul. *Les cultures et le temps*. Paris: Unesco/Payot, 1975.

GRAFE, Regina; IRIGOIN, Maria A. "The Spanish Empire and its legacy: fiscal redistribution and political conflict in colonial and post-colonial Spanish America". *Journal of Global History*, vol. 1, n° 2, 2006.

GREAVES, R. L. (org.). *Biographical dictionary of british radicals in the seventeenth century*. Sussex: The Harvester Press, 1982.

GREENE, Jack P. *Negotiated authorities: essays in colonial political and constitutional history*. Charlottesville; Londres: University of Virginia, 1994.

_____. *Peripheries and center: constitutional development in the extended polities of the British Empire and the United States, 1607-1788*. Athens: University of Georgia Press, 1986.

GREENGRASS, Mark. *Conquest and coalescence: the shaping of the State in the early modern Europe*. Londres: Edward Arnold, 1991.

GUERREAU, Alain. *O Feudalismo: um horizonte teórico*. Lisboa: Edições 70, s/d.

GUERREIRO, Luís Ramalhosa. "O declínio português no Índico e a hegemonia holandesa (1596-1650)". *Clio*, Lisboa, Nova Série, vol. 10, 2004, p. 111-134.

HALBWACHS, Maurice. *Les cadres sociaux de la memóire*. Paris: Albin Michel, 1994.

HALLER, William. *Liberty and Reformation in the Puritan Revolution*. Nova York: Columbia University Press, 1955.

_____. *The Rise of Puritanism*. Nova York: Columbia University Press, 1939.

HAMILTON, Earl J. *American Treasure and the Price Revolution in Spain, 1501-1650*. Massachussets: Cambridge University Press, 1934.

HAMILTON, L. (org.) *Gerrard Winstanley: selection from his Works*. Londres: Cresset Press, 1944.

HARLEY, L. P. *The go between*. Londres: H. Hamilton, 1953.

HARTOG, François. "Situações postas à história". *Revista de História*, São Paulo, nº 166, 2012.

_____. *Régimes d'historicité: presentisme et expériences du temps*. Paris: Éditions du Seuil, 2003.

HEIDEGGER, Martin. *El concepto de tiempo*. Madri: Trotta, 1999. p. 28-29 (Conferência publicada na Alemanha em 1926).

HEILBRONER, Robert L. *O futuro como história*. Rio de Janeiro: Zahar, 1963.

HENDERSON, W. O. *The Lancashire Cotton Famine, 1861-1865*. Manchester: Manchester University Press, 1934.

HESPANHA, António M. *Às vésperas do Leviathan*. Coimbra: Livraria Almedina, 1994.

_____. "Arquitetura político-administrativa de um Império oceânico". *Tempo Brasileiro*, Rio de Janeiro, nº 125, abr.-jun. 1996.

HEXTER, J. H. *Reappraisals in History*. Chicago: University of Chicago Press, 1979.

_____. *Times Literary Supplement*, 24 out. 1975.

HILL, Christopher et al. "Past and Present: origins and early years". *Past & Present*, nº 100, ago. 1983.

HILL, Christopher (org.). *The Law of Freedom and other writings*. S/l: Harmondsworth/Penguin Books, 1973.

_____; PENNINGTON, Donald. "Science and society and Cromwell". *Sussex Tapes*, record H 3, 1971.

_____; AYLMER, G. E. *The Interregnum: the quest for Settlement, 1646-1660*. Hamden: Archon Books, 1972, p. 1052-1055.

_____; HILL, Irene Bridget. "Catherine Macaulay and the seventeenth century". *Welsh Historical Review*, vol. III, 1967, p. 381-402.

_____; _____. "The republican virago: the life and times of Catherine Macauley". In: *Servants: english domestics in eighteenth century England*, 1996.

_____; HILTON, R. "XIth International Congress of Historical Sciences". *Past & Present*, vol. 18, p. 4-5.

_____; HOBSBAWM, Eric; THRISK, Joan. "Communication: on the Anglo-Russian Conference, 1963". *Past & Present*, vol. 26, 1963.

_____; PENNINGTON, D. "Seventeenth century England: change and revolution". *Audio Learning Ltds., cassete: English History*, n° 4, 1974.

_____; REAY, B; LAMONT, W. *The World of the Muggletonians*. Londres: Temple Smith, 1983.

_____; SHEPERD, Michael. "The case of Arise Evans: a historical-psychiatric study". *Psychological Medicine*, vol. VI, 1976, p. 351-358.

_____. "'Reason' and 'reasonableness' in seventeenth-century England". *British Journal of Sociology*, vol. XX, 1969, p. 235-252.

_____. "History and Denominational History". *Baptist Quarterly*, new series, vol. XXII, 1967, p. 65-71.

_____. "Milton the Radical". *Times Literary Supplement*, 29 nov. 1974, p. 1330-1332.

_____. Letter: "Milton the Radical". *Times Literary Supplement*, 24 jan. 1975.

_____. "Puritans and Poor". *Past & Present*, vol. 2, 1952, p. 32-50.

_____. "Republicanism after the Restoration". *New Left Review*, vol. III, 1960, p. 46-51.

_____. "The English Civil War intepreted by Marx and Engels". *Science and Society*, vol. XII, 1949, p. 130-156.

_____. "The many-headed monster in Late Tudor and early Stuart political thinking". In: CARTER, C. H. (org.). *From the Renaissance to the Counter-Reformation: essays in honour of Garret Mattingly*. Jonathan Cape, 1960.

_____. *A turbulent, seditious, and factious people: John Bunyan and his Church*. Oxford: Clarendon Press, 1988.

_____. *The Century of Revolution, 1603-1714*. Edimburgo: Nelson, 1961.

_____. "A Bourgeois Revolution?". In: POCOCK, J. G. A. (org.). *Three British Revolutions: 1641, 1688, 1776*. Nova Jérsei: Princeton University Press, 1980.

_____. "A Propos d'um Article Récent sur Crowell" (por H. R. Trevor-Roper). *Annales E. S. C.*, vol. XI, p. 490-492.

_____. "A Whig Historian (H. A. L. Fisher)". *Modern Quarterly*, vol. I, 1938, p. 91-94.

_____. "A. B. Rodger". *Balliol Collection Record*, 1969, p. 35-37.

_____. "Alexander Dunlop Lindsay". In: WILLIAM, E. T.; PALMER; H. M. (orgs.). *Dictionary of National Biography: 1951-1960*. Oxford: Oxford University Press, p. 621-64.

_____. "Clarendon and the Civil War". *History Today*, vol. III, 1953, p. 692-703.

_____. "Clarissa Harlowe and her times". *Essays in Criticism*, vol. V, 1955, p. 315-394,

_____. "Colonel John Hutchinson, 1615-1664: a tercentnery tribute". *Transactions Thoroton Society*, vol. LXIX, 1965, p. 79-87.

_____. "Communication: on Anglo-Dutch Historical Conferences". *Past & Present*, 1969, p. 23-84.

_____. "Covenant theology and the concept of a 'public person'". In: KONTOS, A. (org.). *Powers, possessions and freedoms: essays in honour of C. B. Macpherson*. Toronto, 1979.

_____. "Die Gesellschaftlichen un ökonomischen Folgen der Reformation in England's". In: KLEIN, F. *et al* (orgs.). *Beiträge zum neuem Geschichtsbild*. Berlim: Rutten and Loening, 1956.

_____. "El protestantismo y el desarollo del capitalismo". In: LANDES, David *et al*. *Estudios sobre el nacimiento y desarrollo del capitalismo*. Trad. esp. Madri, 1978.

_____. "England's Democratic Army". *Communist Review*, jun. 1947, p. 171-178.

_____. "Forerunners of socialism in the seventeenth-century English Revolution". *Marxism Today*, vol. XXI, 1978, p. 270-276.

_____. "From Lollards to Levellers". In: CONFORTH, M. (org.). *Rebels and their causes: essays in honour of A. L. Morton*. Londres: Lawrence and Wishart, 1978.

_____. "Historians on the rise of British capitalism". *Science and Society*, vol. XIV, 1950.

_____. "Hobbes and the english political thought". In: SELLARS, R. W. *et al* (orgs.). *Philosophy of the future: the quest of modern materialism*. Nova York: Macmillan, 1949.

_____. "Inglaterra: puritanos en familia". *Historia*, vol. XVI, 1978, p. 105-115.

_____. "Intellectual origins of English Revolution". *Listener*, maio-jul. 1969 (subdividido em 6 partes).

_____. "John Buynan and the English Revolution". *Marxist Perspectives*, vol. II, 1979, p. 8-26.

_____. "John Mason and the end of the world". *History Today*, vol. VII, 1957, p. 776-780.

_____. "John Morris". *Past & Present*, vol. LXXV, 1978, p. 3-4.

_____. "La Revolución Inglesa". *Historia*, vol. XVI, 1976, p. 100-109.

_____. "La Révolution Anglaise du XVIIᵉ siècle (essai d'interprétation)". *Revue Historique*, vol. CCXXI, 1959, p. 5-32.

_____. "Land in the English Revolution". *Science and Society*, vol. XIII, 1949, p. 22-49.

_____. "Lenin – Theoretician of Revolution". *Communist Review*, fev. 1947, p. 59-64.

_____. "Marx's Virtues", *Listener*, 10 ago. 1967, p. 172-173.

_____. "Marxism and History". *Modern Quarterly*, new series, vol. III, 1948.

_____. "Ocasional conformity". In: KNOX, R. B. (org.). *Reformation, conformity and dissent: essays in honour of Geoffrey Nuttall*. Epworth, 1977.

_____. "Parliament and people in seventeenth century England". *Past & Present*, n° 98, fev. 1983, p. 153-158.

_____. "Parliament and people in seventeenth-century England". *Past & Present*, vol. 92, 1981, p. 100-124.

_____. "Partial Historians and Total History". *Times Literally Supplement*, 24 nov. 1972, p. 1431-1432.

_____. "Plebian irreligion in in 17th century England". In: KOSSOK, M. (org.). *Studien über die Revolution*. Berlin: s/e, 1969.

_____. "Political discourse in early seventeenth-century". In: JONES, Collins; NEWITT, Malyn; ROBERTS, Stephen (orgs.). *Politics and people in revolutionary England: essay in honour of Ivan Roots*. Oxford: Basil Blackwell, 1986.

_____. "Pottage for Breeborn Englishmen: attitude to wage labour in the sixteenth and seventeenth centuries". In: FEINSTEIN, C. H. (org.).

Socialism capitalism and economic growth: essays presented to Maurice Dobb. Cambridge: Cambridge University Press, 1967.

_____. "Professor Lavrosvsky's study of a seventeenth-century Manor". *Economic History Review*, vol. XVI, 1946, p. 125-129.

_____. "Propagating the Gospel". In: BELL, H. E.; OLLARD, R. L. (orgs.). *Historical Essays, 1600-1750, presented to David Ogg*. Black, 1963, p. 35-39.

_____. "Puritanism, capitalism and the scientific revolution" (debate). *Past & Present*, vol. XXIX, 1964, p. 88-97.

_____. "Puritans and 'the dark Corners of the Land'". *Transactions of the Royal Historical Society*, 5th series, vol. XIII, 1963, p. 77-102.

_____. "Puritans and the Poor". *Past & Present*, vol. III, p. 53-54.

_____. "Recent interpretation of the Civil War". *History*, new series, vol. XLI, p. 67-68.

_____. "Robinson Crusoe". *History Workshop*, vol. X, 1980, p. 6-24.

_____. "Science, religion and society in the sexteenth and seventeenth centuries" (debate). *Past & Present*, vol. XXXI, 1965, p. 110-112.

_____. "Seventeenth-century english society and sabatarianism". In: BROMLEY, J. S.; KOSSMANN, E. H. (orgs.). *Britain and the Netherlands II*. Groningen: J. B. Wolters, 1964.

_____. "Sex, marriage, and the family in England". *Economic History Review*, vol. XXXI, 1978, p. 452-463.

_____. "Sir Isaac Newton and his society". *Texas Quarterly*, vol. X, 1967, p. 30-51.

_____. "Society and Andrew Marvell". *Modern Quarterly*, new series, vol. I, 1946, p. 6-31.

_____. "Some reflections of V. H. Galbaraith", In: *Kings and Chroniclers: essays in English medieval history. Memoria to Late Regious Professor of History of the University of Oxford*. Winchester: The Hambledon Press, 1982.

_____. "Soviet interpretation of the English interregnum". *The Economic History Review*, vol. VIII, n° 2, maio 1938.

_____. "Stalin and the Science of History". *Modern Quarterly*, new series, vol. VIII, 1953, p. 198-212.

_____. "Storm over gentry". *Encounter*, vol. XI, 1958.

_____. "*Studies in the development of capitalism*". *Revue Historique*, vol. CCV, 1951, p. 174-177.

_____. "The Barebones Parliament: a Revaluation". *Listener*, 23 jul. 1953.

_____. "The English Revolution and the Brotherhood of Man". *Rekishigakukenkyu* (*The Journal of Historical Studies*), vol. CLXV, 1953 [traduzido e publicado em *Science and Society*, vol. XVIII, 1953, p. 289-309].

_____. "The English Revolution and the State". *Modern Quarterly*, new series, vol. IV, n° 2, 1949, p. 110-128.

_____. "The fight for an independent foreing policy". *Communist Review*, fev. 1949, p. 46-52.

_____. "The intellectual origins of the Royal Society – London or Oxford?". *Royal Society Notes and Records*, vol. XXIII, 1968, p. 144-156.

_____. "The Levellers". In: RUBINSTEIN, D. (org.). *People for the People*. Ithaca Pres, 1972.

_____. "The Mad Hatter". *History Today*, vol. VII, 1957, p. 672-675.

_____. "The materialist conception of History". *University*, vol. I, 1951, p. 110-114.

_____. "The myth of western civilization". *Modern Quarterly*, new series, vol. V, p. 172-174.

_____. "The Norman Yoke". In: SAVILLE, J. (org.). *Democracy and the Labour Movement: essays in honour of Dona Torr*. Londres: Lawrence and Wishart, 1954, p. 11-66.

_____. "The Politics of John Milton". *Listener*, 12 set. 1963, p. 383-385.

_____. "The radical critics of Oxford and Cambridge in the 1650's". In: BALDWIN, W; GOLDTHWAITE, R. (orgs.). *University in Politics*. Baltimore: John Hopkins University Press, 1972.

_____. "The Religion of Gerrard Winstanley: a re-joinder". *Past & Present*, vol. LXXXIX, 1980, p. 147-151.

_____. "The Restoration Spirit". *New Theatre*, vol. IV, 1947, p. 16-17.

_____. "The star of a great myth: The Restoration of Charles II". *Guardian*, 25 maio 1960.

_____. "The Theory of Revolutions". In: HOROWITZ, David (org.). *Isaac Deutcher: the man and his work*. Londres, 1971, p. 57-87.

_____. "The transition from Feudalism to Capitalism". *Science & Society*, vol. XVII, 1953, p. 348-351.

_____. "University of Moscow, II: The Teaching of History". *Universities Quarterly*, vol. IX, 1955, p. 332-341.

_____. "William Harvey (no parliamentarian, no heretic) and the idea of Monarchy". *Past & Present*, vol. XXXI, 1965, p. 97-103.

_____. "Willian Harvey and the idea of Monarchy". *Past & Present*, vol. XXVII, 1964, p. 54-72.

_____ & DELL, Edmond (orgs.). *The Good Old Cause: the English Revolution of 1640-1660. Its causes, course and consequences*. Londres: Lawrence and Wishart, 1949 [2ª ed. Londres: Frank Cass, 1969].

_____. *A nation of change and novelty: radical, politics, religion and literature in seventeenth-century England*. Londres/Nova York: Routledge, 1990.

_____. *Antichrist in seventeenth century England*. Oxford: Oxford University Press, 1971.

_____. *Change and continuity in seventeenth-century England*. Londres: Weidenfeld and Nicolson, 1974.

_____. "Christopher Hill and Lawrence Stone discuss with Peter Burke the English Revolution of the 17th Century". *Listener*, 4 out. 1973, p. 448-451.

_____. "Civilization matérielle et capitalisme". *History and Theory*, n° 2, 1969, p. 301-303.

_____. *Collected essays: People and ideas in 17th century England*. Sussex: The Harvester Press, 1986.

_____. *Collected essays: Religion and politics in 17th century England*. Sussex: The Harvester Press, 1986.

_____. *Collected essays: Writings and Revolutions in 17th century England*. Sussex: The Harvester Press, 1985.

_____. *Economic problems of the Church: from Archbishop Whitgift to the Long Parliament*. Oxford: Oxford University Press, 1956.

_____. "John Pym". *Encyclopaedia Britannica: Macropaedia*, vol. XV, 1974, p. 312-313.

_____. "The Agraria Legislation of the Revolution". *English Historical Review*, vol. LV, 1940, p. 222-250.

_____. *God's Englishman: Oliver Cromwell and the English Revolution*. Londres: Weidenfeld and Nicolson, 1970.

_____. *History and Present*. Introduction by Mary Fulbrook. Londres: Conway Hall Humanist Centre, 1988.

_____. *Intellectual origins of the English Revolution*. Oxford: Clarendon Press, 1965.

_____. *Irreligion in the "Puritan" Revolution*. Londres: The Barnett Shine Foundation Lecture, Queen Mary College, Depto of Economics, 1974.

_____. *Lenin and the Russian Revolution*. Londres: English University Press, 1947.

_____. Letter: "On desease and the New World". *New York Review*, 17 fev. 1977.

_____. *Liberty against the law: some 17th century controversies*. Londres: Penguin, 1996.

_____. *Milton and The English Revolution*. Londres: Faber, 1978.

_____. *Oliver Cromwell 1658*. Londres: Historical Association Pamphlet, G 38, 1958.

_____; CADOGAN, P.; MACEWEN, M. "Minority Report of the Comission on Inner Party Democracy". Apresentado ao *25º Congresso do Partido Comunista*, abr. 1957.

_____. *Puritanism and Revolution: studies in interpretations of the English Revolution of the 17th century*. Londres: Martin Secker & Warburg, 1958.

_____. *Reformation to Industrial Revolution: a social and economic history of Britain, 1530-1780*. Londres: Weidenfeld and Nicolson, 1969.

_____. "Review: A. Toynbee". *Modern Quartely*, new series, vol. II, p. 290-307.

_____. "Review: M. Dobb". *Modern Quartely*, new series, vol. II, p. 268-272.

_____. *Society & Puritanism in Pre-revolutionary England*. Londres: Secker and Warburg, 1964.

_____. *Some intellectual consequences of the English Revolution*. Londres: Weidenfeld and Nicolson, 1980.

_____. *The English Bible and the 17th century Revolution*. 1ª ed. Londres: Kirkus Associated, 1993 [2ª ed. – Penguin, 1995]

_____. *The English Revolution, 1640: an essay*. 3ª ed. Londres: Lawrence & Wishart, 1951.

_____. *The Experience of Defeat, Milton and some contemporaries*. Londres: Faber and Faber, 1984.

_____. Comentário em *Times Literary Supplement*, 7 nov. 1975.

_____. *Two Commonwealths: the soviets and ourselves*. Londres: Harrap. 1945.

HOBSBAWM, Eric. "A crise geral da economia europeia no século XVII". In: SANTIAGO, Theo Araújo (org.). *História, Capitalismo, Transição*. Rio de Janeiro: Eldorado, 1975.

HOLANDA, Sérgio Buarque de. *Raízes do Brasil*. 9ª ed. Prefácio de Antonio Candido. Rio de Janeiro: Livraria José Olympio Editora, 1976.

IANNI, Octávio. *As metamorfoses do escravo*. São Paulo: Difel, 1962.

INSTITUTO ANTONIO HOUAISS. *Dicionário Houaiss da Língua Portuguesa*. Rio de Janeiro: Objetiva, 2001.

ISAACSON, Walter. *Benjamin Franklin*. Nova York: Simon & Schuster, 2004.

ISRAEL, Jonathan. *The Dutch Republic: its rise, greatness, and fall, 1477-1806*. Londres: Oxford University Press, 1998.

JAMESON, Frederic. *A lógica cultural do capitalismo tardio*. São Paulo: Ática, 2006.

JAYNES, Gerald D. *Branches without roots: genesis of the black working class in the American South, 1862-1882*. Nova York: Oxford University Press, 1986.

JOHNSON, Harold; SILVA, Maria B. N. (orgs.). *O Império Luso-Brasileiro, 1500-1620*. Lisboa: Estampa, 1992 (SERRÃO, Joel; MARQUES, António O. (dir.). *Nova História da Expansão Portuguesa*, vol. VI).

JORDAN, W. K. "Review". *The American Historical Review*, vol. LXII, n° 3, 1957.

KANTAROWICZ, Ernest. H. *Os dois corpos do Rei: um estudo sobre a teologia política medieval*. São Paulo: Companhia das Letras, 1998.

KAYE, Harvey J. *The British Marxist Historians*: Nova York: Polity Press, 1984.

KOSELLECK, Reinhardt. *Futuro passado: contribuição à semântica dos tempos históricos*. Rio de Janeiro: Contraponto/Editora PUC Rio, 2006 [1ª ed. 1979].

KOSIK, Karel. *A dialétida do concreto*. Rio de Janeiro: Paz e Terra, 2002.

KULA, Witold. *Problemas y métodos de la historia económica*. Barcelona: Ediciones Península, 1973.

KUPER, Adam. *Cultura: a visão dos antropólogos*. Bauru: Edusc, 2002.

LACAYE, Alexis. *Marx & Sherlock Holmes*. Paris: Fayard/Noir, 1981.

LAMPÉRIÈRE, Annick. *Entre Dieu e le Roi, La République. Mexico, XVIe-XIXe esiècles*. Paris: Les Belles Letres, 2004.

LANDES, David S. *A riqueza e a pobreza das nações*. Rio de Janeiro: Campus, 1998.

LANGLOIS, Charles-Victor; SEIGNOBOS, Charles. *Introduction aux études historiques*. Paris: Kimé, 1992 [1ª ed. – Hachette, 1898].

LASKY, M. "The birth of a metaphor on the origins of Utopia and Revolution". *Encouter*, vol. XXXIV, 1970.

LE GOFF, Jacques; CHARTIER, Roger; REVEL, Jacques (dir.). *Dicionaire de La Nouvelle Histoire*. Paris: Éditions Retz, 1978.

_____; NORA, Pierre (dir.). *Faire de l'histoire*. Paris: Gallimard, 1974. 3 vols.

_____. *História e Memória*. Campinas: Editora da Unicamp, 1996.

_____. *Para um novo conceito de Idade Média: tempo, trabalho e cultura no Ocidente*. Lisboa: Editorial Estampa, 1980.

LE ROY LADURIE, Emmanuel. *Histoire du climat depuis l'an mil*. Paris: Flammarion, 1967.

_____. *Histoire humaine et comparée du climat: Canicules et glaciers XIIIe--XVIIIe siècles*. Paris: Fayard, 2004.

_____. *Montaillou: cátaros e católicos numa aldeia occitana, 1294-1324*. Lisboa: Edições 70, 2000 [1975].

LEITE, Miriam L. M. "Memória da Faculdade de Filosofia (1934-1994)". *Estudos Avançados*, vol. 8, nº 22, 1994.

LEMONT, William. "Review". *The English Historical Review*, vol. XCIII, 1978.

LIBBY, Douglas C. "Proto-industrialization in a slave society: the case of Minas Gerais". *Journal of Latin American Studies*, Great Britain, 23, s/d., p. 1-35.

_____. *Transformação e trabalho em uma economia escravista*. São Paulo: Brasiliense, 1988.

LISBOA, José da Silva. *Estudos do bem comum e economia política*. Rio de Janeiro: Ipea/Inpes, 1975 [1ª ed. – Rio de Janeiro: Imprensa Régia, 1819-1820].

_____. *Memória dos benefícios políticos de El-Rei Nosso Senhor D. João VI*. Edição fac-similar. Rio de Janeiro: Comissão Brasileira dos Centenários de Portugal, Arquivo Nacional, 1940 [1ª ed. – Rio de Janeiro: Imprensa Régia, 1818).

_____. *Observações sobre a franqueza da indústria, e estabelecimento de fábricas no Brazil*. Rio de Janeiro: Imprensa Régia, 1810.

_____. *Observações sobre o comércio franco do Brasil*. Rio de Janeiro: Imprensa Régia, 1808.

_____. *Princípios de economia política*. Rio de Janeiro: Ed. Irmãos Pongetti, 1956. Edição comentada e anotada por Nogueira de Paula, com introdução de Alceu Amoroso Lima, comemorativa do bicentenário do nascimento de Cairu, 1756-1956 [1ª ed. – Lisboa: Imprensa Régia, Lisboa, 1804].

LISS, Peggy K. "Review". *International History Review*, n° 6, 1984, p. 507-680.

_____. *Atlantic Empire: the Networks of Trade and Revolution, 1713-1826*. Baltimore: The John Hopkins University Press, 1983.

LOUREIRO, Fernando Pinto. "Vida e ideias econômicas de José Acúrcio das Neves". *Revista do Centro de Estudos Econômicos*, Lisboa, n°s 16 e 17, 1957.

LOURENÇO, Eduardo. *A Nau de Ícaro: imagem e miragem da lusofonia*. Lisboa: Gradiva, 1999.

_____. *Mitologia da saudade*. São Paulo: Companhia das Letras, 1999.

MADUREIRA, Nuno Luís. *Mercado e privilégios: a indústria portuguesa entre 1750 e 1834*. Lisboa: Estampa, 1997.

MAHIERIE, K. *Agenor no mundo: um estudo psicossocial da identidade*. Florianópolis: Letras Contemporâneas, 1994.

MAIA, João M. E. *Ao sul da teoria: o pensamento social brasileiro e o debate sociológico contemporâneo*. Texto provisório. Rio de Janeiro, FGV/CPDOC, 2012.

MANDEL, Ernest. *Delicias do crime: história social do romance policial*. São Paulo: Busca Vida, 1988.

MANNHEIN, Karl. *Ideologia e utopia*. Rio de Janeiro: Zahar, 1968 [1929].

_____; MERTON, Robert King; MILLS, C. Wright. *Sociologia do Conhecimento*. Rio de Janeiro: Zahar, 1967.

MARCOCCI, Giuseppe. *A consciência de um Império: Portugal e o seu mundo (sécs. XV-XVII)*. Coimbra: Imprensa da Universidade de Coimbra, 2012.

MARICHAL, Carlos. "Benefícios y costes fiscales del colonialismo: remesas americanas a España, 1760-1814". *Revista de Historia Económica*, vol. 15, n° 3, 1997.

MARTINS, Roberto Borges. "A indústria têxtil doméstica de Minas Gerais no século XIX". *Separata Cedeplar*, Belo Horizonte, s.d.

MARTINS, Wilson. *História da inteligência brasileira*. Vol. II: 1794-1855. São Paulo: Cultrix, 1979.

MARX, Karl. *Introducción general a la crítica de la economia política*. Mexico: Siglo XXI, 1982.

_____. *O 18 Brumário de Luís Bonaparte*. São Paulo: Escriba, 1968.

_____. *O Capital*. Trad. port. 2ª ed. Rio de Janeiro: Civilização Brasileira, 1971.

MATTOS, Walter. *"A Real Junta do Commercio, Agricultura, Fábricas e Navegação deste Estado do Brazil e seus Dominios Ultramarinos"*: um tribunal de Antigo Regime na Corte de Dom João (1808-1821). Tese (doutorado) – UFF, Niterói, 2009.

MATTOSO, José. "A escrita da História". In: TENGARRINHA, José Manuel (coord.). *A historiografia portuguesa hoje*. São Paulo: Hucitec, 1999.

MAURO, Frédéric & SOUZA, Maria de. *Le Brésil du XXe siècle à la fin du XVIIIe siècle*. Paris: Sedes, 1977.

MAURO, Frédéric. *Études économique sur l'expansion portugaise (1500-1900)*. Paris: Fundação Gulbenkian, 1970.

_____. *Portugal, o Brasil e o Atlântico (1570-1670)*. Trad. port. Lisboa: Imprensa Universitária/Estampa, 1989, vol. I.

MAXWELL, Kenneth R. "Portuguese America". *International History Review*, nº 6, 1984, p. 529-550.

_____. "The Atlantic in the eighteenth century: a southern perspective on the need to return to the 'BIG PICTURE'", *Transactions of the Royal Historical Society*, Londres, 6th series, vol. 3, 1993.

MEDINA, João & HENRIQUES, Isabel Castro. *A rota dos escravos: Angola e a rede do comércio negreiro*. Lisboa: Cegia, 1996.

MELLO, João Manuel Cardoso de. *O capitalismo tardio: contribuição à revisão crítica da formação e desenvolvimento da economia brasileira*. São Paulo: Brasiliense, 1982.

MELLO, Maria R. C. *A industrialização do algodão em São Paulo*. São Paulo: Perspectiva, 1983.

MELLO, Zélia Maria Cardoso de; SAES, Flávio Azevedo Marques de; NOZOE, Nelson Hideiki. "Três pesquisas pioneiras em história econômica (as teses universitárias de Alice Piffer Canabrava)". *Estudos Econômicos*, vol. 15, nº especial, 1985, p. 169-179.

MENZ, Maximiliano Mac. "The 'geometries' of trade: metropolitan commerce and slave trade in Angola (1796-1807)". *Revista de História*, São Paulo, nº 166, jan./jun. 2012.

MERLEAU-PONTY, Maurice. *Le visible et l'invisible: suivi de notes de travail*. Paris: Gallimard, 2004.

MICELI, Sergio. "Condicionantes do desenvolvimento das Ciências Sociais". In: MICELI, Sergio (org.). *História das Ciências Sociais no Brasil*. São Paulo: Vértice/Revista dos Tribunais/Idesp, 1989, p. 14.

MILLÁN, Martinez et al. *Carlos V y la quiebra del humanismo político em Europa (1530-1558)*. Madri: Comemoración de los centenários de Felipe II y Carlos V, 2001.

MILLER, John. Comentário em *T.H.E.S.*, 7 mar. 1975.

MILLER, Joseph C. *Way of death: merchant capitalism and the Angolan Slave Trade, 1730-1830*. Wisconsin: The University of Wisconsin Press, 1988.

MINCHINTON, W. E. *The growth of Overseas English Trade in the seventeenth and eighteenth centuries*. Londres: Methuen, 1969.

MIRANDA, Orlando P. "O mistério dos mistérios (esboço de uma tipologia sociológica da literatura policial)". *Cadernos de Sociologia* – Série Textos, FFLCH-USP, São Paulo, nº 3, 1994, p. 1-44.

MORAES, Rubens Borba de; BERRIEN, William. *Manual bibliográfico de estudos brasileiros*. Rio de Janeiro: Souza, 1949.

MORATO, Francisco M. Trigoso de Aragão. *Coleção de Legislação Portuguesa Impressa e Manuscrita*. Academia Real de Sciencias de Lisboa, vol. 27.

MORINEAU, Michel. "Um grand dessein: civilisation matérielle, économie e capitalisme (XVe-XVIIIe siècle)". In: AYMARD, Maurice et al (orgs.). *Lire Braudel*. Paris: La Découverte, 1988.

_____. *Incroyables gazettes et fabuleux métaux: le retours des Tresors américains d'après lês gazettes hollandaises (xvie-xviiie siècles)*. Paris/ Cambridge: Ed. de la Maison dês Sciences de l'Homme/Cambridge University Press, 1985.

MORRIL, John. "Review". *The English Historical Review*, vol. XCVII, 1982.

MORTON, A. L. (org.). *Freedom in arms: a selection of Levelers writings*. Lawrence and Wishart, 1974.

MOTA, Carlos Guilherme (org.). *Brasil em perspectiva*. São Paulo: Perspectiva, 1968.

MOYA, Carlos. *Imagem crítica da sociologia*. Trad. port. São Paulo: Cultrix, 1977.

NIETZSCHE, Friedrich W. *A gaia ciência*. São Paulo: Companhia das Letras, 2001.

NOGUEIRA, Oracy. "José Albertino Rosário Rodrigues". *Tempo Social*, São Paulo, vol. 4, n⁰ˢ 1-2, 1992, p. 199-203.

NORA, Pierre. "Entre história e memória: a problemática dos lugares". *Revista Projeto História*, São Paulo, vol. 10, 1993, p. 7-28.

NOVAIS, Fernando (dir.). *História da vida privada no Brasil*. Vol. I: SOUZA, Laura de Mello (org.). *Cotidiano e vida privada da América Portuguesa*. São Paulo: Companhia das Letras, 1997.

_____; ARRUDA, José Jobson de Andrade. "Prometheus e Atlantes na forja da Nação". In: LISBOA, José da Silva. *Observações sobre a franqueza da indústria, e estabelecimento de fábricas no Brasil*. Brasília: Senado Federal, 1999, p. 9-32 (Coleção Biblioteca Básica Brasileira do Senado Federal).

_____. *Aproximações: ensaio de história e historiografia*. São Paulo: Cosac Naify, 2005.

_____. "Braudel e a 'missão francesa': depoimento". *Estudos Avançados*, vol. 8, n⁰ 22, 1994.

_____. "Condições da privacidade na Colônia". In: NOVAIS, Fernando (dir.). *História da vida privada no Brasil*. Vol. I: SOUZA, Laura de Mello (org.). *Cotidiano e vida privada da América Portuguesa*. São Paulo: Companhia das Letras, 1997.

_____. "Introdução". In: NOVAIS, F. Antônio & FORASTIERI, F. da Silva (orgs.). *Nova História em perspectiva*. Vol. 1: *Propostas e Desdobramentos*. São Paulo: Cosac Naify, 2011.

_____. "A proibição das manufaturas no Brasil e a política econômica portuguesa do fim do século XVIII". *Revista de História*, São Paulo, nº 67, 1966, p. 145-166.

_____. "Considerações sobre o sentido da colonização". *Revista do Instituto de Estudos Brasileiros*, São Paulo, nº 6, 1969.

_____. "O Reformismo ilustrado luso-brasileiro: alguns aspectos". *Revista Brasileira de História*, São Paulo, 1984.

_____. *Portugal e Brasil na Crise do Antigo Sistema Colonial (1777-1808)*. São Paulo: Hucitec, 1979.

OLIVEIRA, Aurélio. "Brasil 1500-1600. Dos "Descaminhos" da Coroa à "Desforra" dos Colonos". *Revista Portuguesa de História*, Coimbra, t. XXXIII, 1999.

OLIVEIRA, Tiago Kramer de. "Decifrando hieróglifos: o capital mercantil no centro da América do Sul (1718-1750)". *Economia e Sociedade*, vol. 20, 2011, p. 664-667.

_____. *Desconstruindo velhos mapas, revelando espacializações: a economia colonial no centro da América do Sul (primeira metade do século XVIII)*. Tese (doutorado) – FFLCH-USP, São Paulo, 2012.

OWSLEY JR., Frank L. *King Cotton Diplomacy: foreign relations of the Confederate States of America*. Chicago: Chicago University Press, 1959.

PAIM, Antônio. *Cairu e o liberalismo econômico*. Rio de Janeiro: Tempo Brasileiro, 1968.

PARKER, Geoffrey; SMITH, Lesley M. (orgs.). *The general crisis of the seventeenth century*. Londres: Routledge and Kegan Paul, 1978.

PARRY, John H. *The Spanish Seaborne Empire*. Nova York: Alfred-A-Knopf, 1971.

PARTRIDES, C. A.; WADDINGTON, Raymond B. (orgs.). *The Age of Milton: backgrounds to seventeenth century literature*. Manchester: Manchester University Press, 1980.

PASCAL, Blaise. "Artigo II, Miséria do homem sem Deus, Fragmento 71 – Desproporção do homem". In: *Pensamentos*. Coleção os Pensadores. São Paulo: Abril, 1973.

PEDREIRA, Jorge. *Estrutura industrial e mercado colonial: Portugal e Brasil (1780-1830)*. S.l.: Linda-a-Velha, 1994.

PELLING, H. *The British Communist Party: a historical profile*. Londres: Black, 1958.

PENNINGTON, D. H. "Review". *History*, vol. XLII, n° 146, 1957.

PEREIRA, José Flávio. *Cairu revisitado: uma contribuição ao estudo do reformismo liberal*. Tese (doutorado) – FFLCH-USP, São Paulo, 1994.

PERROT, J. C. "Le Présent e la Durée dans l'Oeuvre de Fernand Braudel". *Annales*, n° 1, 1981, p. 3-15.

PIETRE, Bernard. *Filosofia e Ciência do Tempo*. Bauru: Edusc, 1997.

PINHO, Diva B. "O Departamento de Ciências Econômicas". In: CANABRAVA, Alice P. (coord.). *História da Faculdade de Economia e Administração da Universidade de São Paulo (1946-1981)*. São Paulo: FEA-USP, 1984.

PINTO, Virgilio Noya. *O ouro brasileiro e o comércio anglo-português*. São Paulo: Companhia Editora Nacional, 1979.

POLONI-SIMARD, Jacques. "Fernand Braudel". In: *Les historiens*. Paris: Armand Colin, 2003.

POMIAN, Krzysztof. "L'histoire de la science et l'histoire de l'histoire". *Annales*, set./out., 1975, p. 932-35.

_____. "Temporalité historique/temps". In: LE GOFF, Jacques; CHARTIER, Roger; REVEL, Jacques (dir.). *La Nouvelle Histoire*. Paris: Retz, 1978.

_____. *Sur l'histoire*. Paris: Gallimard, 1999.

PONTES, Heloísa. *Intérpretes da Metrópole: história social e relações de gênero no teatro e no campo intelectual, 1940-1968*. São Paulo: Edusp, 2010.

POSTMA, Johannes; SCHWARTZ, Stuart. "Brazil and Holland as commercial partners on the West African Coast during the eighteenth century". *Arquivos do Centro Cultural Calouste Gulbenkian*, vol. 34, 1995.

PRADO JR., Caio. *Formação do Brasil contemporâneo: Colônia*. 6ª ed. São Paulo: Brasiliense, 1961 [1942].

_____. "O fator geográfico na formação e desenvolvimento da cidade de São Paulo". *Geografia*, São Paulo, ano I, nº 3, 1935, p. 239-262.

PUNTONI, Pedro. "O Estado do Brasil: estruturas políticas e colonização". Trabalho apresentado no *2º Ciclo de Conferências: O Atlântico Ibero-Americano (séculos XVI-XVIII): perspectivas historiográficas recentes*, organizado pelo Centro de História do Além Mar da Universidade Nova de Lisboa, Lisboa, 6 de novembro de 2007.

QUINTELA, Paulo. *Obras completas*. Vol. II. Lisboa: Fundação Calouste Gulbekian, 1997.

RIBEIRO, Maria de Lourdes. *As relações econômicas entre Portugal e Brasil segundo as "Balanças do Comércio"*. Lisboa, 1971.

RICHARDSON, R. C. *The debate on the English Revolution*. Londres: Methuen & Co., 1977.

RICOEUR, Paul. *Du texte à l'action.* Paris: Seuil, 1986.

_____. *La Memóire, l'Histoire, l'Oubli.* Paris: Seuil, 2000.

_____. *Temps et Récit.* Paris: Seuil, 1985.

RIOUX, Jean-Pierre. "La mémoire collective". In: RIOUX, Jean-Pierre; SIRINELLI, Jean-François. *Por une Histoire Culturelle.* Paris: Seuil, 1997.

ROCHA, Antonio Penalves (coordenação e introdução). *Visconde de Cairu.* São Paulo: Editora 34, 2001.

_____. *A economia política na sociedade escravista.* São Paulo: Hucitec/Departamento de História da USP, 1996.

RODRIGUES, José Honório. *Brasil e África: outro horizonte.* Rio de Janeiro: Civilização Brasileira, 1964.

_____. *História da História do Brasil.* São Paulo: Companhia Editora Nacional, 1979, vol. II.

ROUSSO, H.; CONAN, V. *Vichy, um passé que ne passé pas.* Paris: Fayard, 1994.

SAES, Flavio Azevedo Marques. "Introdução". In: CANABRAVA, Alice P. *História econômica: estudos e pesquisas.* São Paulo: Hucitec/Editora da Unesp, 2004.

SAHLINS, Marshal. *Culture and practical reason.* Chicago: University of Chicago Press, 1976.

SANTOS, Corcino Medeiros dos. *Relações comerciais do Rio de Janeiro com Lisboa (1763-1808).* Rio de Janeiro: Tempo Brasileiro, 1980.

SARTRE, Jean-Paul. *Crítica da razão dialética: precedido por Questões de método.* Trad. Guilherme João de Freitas Teixeira. Rio de Janeiro: DP&A, 2002.

_____. *L'Être et le Néant.* Paris: Gallimard, 1943.

SCHWARTZ, Stuart B. *Burocracia e sociedade no Brasil colonial: o Tribunal Superior da Bahia e seus desembargadores, 1609-1751.* São Paulo: Companhia das Letras, 2011.

_____. *Cada um na sua lei: tolerância religiosa e salvação no mundo atlântico ibérico*. São Paulo: Edusc/Companhia das Letras, 2009.

_____. *Segredos internos: engenhos e escravos na sociedade colonial, 1550-1835*. São Paulo: Companhia das Letras, 1988.

_____. *Sovereignty and society in colonial Brazil: the High Court of Bahia and its judges, 1609-1751*. Los Angeles/Londres: University of California Press, 1973.

_____. *The Relação da Bahia: a study of Hapsburg Brasil, 1609-1626*. Tese (PhD) – Columbia University, 1969.

_____. "Mentalidade e estruturas sociais no Brasil colonial: uma resenha coletiva". *Economia e Sociedade*, Campinas, nº 13, dez. 1999.

_____ (org.). *Tropical Babylon: sugar and the making of the Atlantic World, 1450-1680*. North Carolina: The University of North Carolina Press, 2004.

_____. *Escravos, roceiros e rebeldes*. Bauru: Edusc, 2001.

SCHWARZ, Roberto. *Ao vencedor as batatas*. São Paulo: Livraria Duas Cidades, 1977.

_____. *Sequências brasileiras*. São Paulo: Companhia das Letras, 1999.

SERRÃO, Joel; OLIVEIRA MARQUES, A. O. (dir.); MAURO, Frédéric (coord.). *O Império Luso-Brasileiro 1620-1750: Nova História da Expansão Portuguesa*. Lisboa: Estampa, 1991.

SEWELL JR., William H. *Logics of History*. Chicago/Londres: University of Chicago Press, 2005.

SHILS, Edward. *The logic of personal knowledge: essays in honour of Michael Polanyi*. Londres: Routledge; Kegan Paul, 1961.

SIDERI, Sandro. *Comércio e poder: colonialismo informal nas relações anglo-portuguesas*. Lisboa: Edições Cosmos/Livraria Martins Fontes, 1978.

SILVA, Alberto Costa e. "O miolo negreiro do Brasil". Jornal de Resenhas, Discurso Editorial, USP/Unesp/UFMG, *Folha de São Paulo*, 9 set. 2000, p. 10.

SILVA, Franklin Leopoldo e. "Tempo: experiência e pensamento". *Revista USP*, Tempo II, São Paulo, mar./abr./maio 2009.

SILVA, Hélio Schlittler. "Tendências e características gerais do comércio exterior no século XIX". *Revista de História da Economia Brasileira*, ano I, nº 1, jun. 1953.

SILVA, José G. "L'auto consommation au Portugal (XIVe-XXe siécles)". *Annales – Economies, sociétés, civilización*, vol. XXIV, nº 2, mar.-abr. 1969.

SILVA, Júlio Joaquim da Costa Rodrigues da. *Ideário político de uma elite de Estado: corpo diplomático (1777/1793)*. Lisboa: Fundação Calouste Gulbenkian, 2002.

SILVA, Rogério Forastieri da. *História da historiografia: capítulos para uma história das histórias da historiografia*. Bauru: Edusc, 2001.

SIMPSON, A. "Review". *Journal on History*, vol. XXIX, 1957.

SKINER, Quentin. "Review: Christopher Hill". *The English Historical Review*, 1966.

SKOCPOL, Theda. *States and social revolutions: a comparative analysis of France, Russia and China*. Cambridge: Cambridge University Press, 1979.

SMITH, C. Wayne; COTHREN, J. Tom. (orgs.). *Cotton: origin, history, technology and production*. Nova York: John Wiley & Sons, 1999.

SOUSA, Rita Martins. "O Brasil e as emissões monetárias de ouro em Portugal". *Penélope*, nº 23, 2000, p. 89-107.

_____. *Moeda e metais preciosos no Portugal setecentista, 1688-1797*. Lisboa: Imprensa Nacional – Casa da Moeda, 2006.

souza, Antonio Candido de Mello e. Entrevista sobre Alice Piffer Canabrava concedida ao autor, 15 de maio de 2010.

souza, Laura de Mello e. "Um imenso Portugal". *Revista Pesquisa Fapesp*, nº 201, nov. 2012, p. 19-21.

_____. *O sol e a sombra: política e administração na América Portuguesa do século XVIII*. São Paulo: Companhia das Letras, 2006.

stols, Eddy. "Conveniências e conivências luso-flamengas na rota do açúcar brasileiro". *Ler História*, Lisboa, nº 32, 1997.

stone, Lawrence. "Review". *The Economic History Review*, vol. XI, nº 3, 1959, p. 518.

_____. "The Bourgeois Revolution of 17th century England revisited". *Past & Present*, vol. CIX, 1985.

subrahmanyam, Sanjay. "Connected histories: notes towards a reconfiguration or early modern History". *Modern Asian Studies*, vol. 31, nº 3, 1997.

swolow, Barbara (org.). *Slavery and the rise of the Atlantic System*. Cambridge: Cambridge University Press, 1991.

szmrecsányi, Tamás (org.). *História econômica do período colonial*. São Paulo: Hucitec/ABPHE, 1996.

talmon, J. L. *Romantismo e revolta: Europa (1815-1848)*. Lisboa, 1967.

taunay, Afonso D'Escrangnolle. "Os princípios gerais da moderna crítica histórica". *Revista do Instituto Histórico e Geográfico de São Paulo*, São Paulo, vol. 16, 1914, p. 323-344.

teixeira, Ana Lúcia. *Álvaro de Campos, ele mesmo*. Bauru: Edusc/Fapesp, 2007.

tengarrinha, José (org.). *História de Portugal*. 2ª ed. revista e ampliada. Bauru: Edusc, 2001.

_____. "Verbete LISBOA, José da Silva". In: SERRÃO, Joel (dir.). *Dicionário de História de Portugal*. Lisboa: Iniciativas Editoriais, 1965, vol. II, p. 784.

_____. "Verbete José Acúrsio das Neves (1766-1834)". In: SERRÃO, Joel (dir.). *Dicionário de História de Portugal*. Lisboa: Iniciativas Editoriais, 1965.

_____ (coord.). *A historiografia portuguesa hoje*. São Paulo: Hucitec, 1999. p. 31.

THUILLER, Guy; TULARD, Jean. *Les écoles historique*. Paris: PUF, 1995.

TODOROV, Tzevetan. *As estruturas narrativas*. São Paulo: Perspectiva, 1979.

TRACY, James D. (org.). *The political economy of merchant Empires: State power and World Trade, 1350-1750*. Cambridge: Cambridge University Press, 1991.

_____ (org.). *The rise of merchant empires: long-distance trade in the early modern world, 1350-1750*. Cambridge: Cambridge University Press, 1990.

TREVO-ROPER, H. R. "Review". *History and Theory*, vol. V, 1960.

TRIGO, Maria H. B. *Espaços e tempos vividos: estudos sobre os códigos de sociabilidade e relações de gênero na Faculdade de Filosofia da USP (1934-1970)*. Tese (doutorado) – FFLCH-USP, São Paulo, 1971.

UNDERDOWN, David. *Revel, riot and rebellion: popular politics and culture in England, 1603-1660*. Oxford: Clarendon University Press, 1985.

_____. "Puritanism, Revolution and Christopher Hill". In: ELEY, Geoff & HUNT, William (orgs.). *Reviving the English Revolution: refletions & elaborations on the work of Christopher Hill*. Londres: Verso, 1988.

_____. "What was the English Revolution". *History Today*, vol. 34, mar. 1984.

VERGER, Pierre. *Flux et reflux de latraité dês nègres entre il golfe de Benin et Bahia de Todos os Santos du dix-septièmeau dix-neuvième siècle*. Paris: Mouton, 1968.

VERLINDEN, Charles. *Les origines de la Civilisation Atlantique: de la Renaissance à l'Age des Lumières.* Paris: Neuchatel, 1966.

VIANA, Hélio. *Contribuição à História da Imprensa no Brasil (1812-1869).* Rio de Janeiro: Instituto Nacional do Livro/Imprensa Nacional, 1945.

VIANNA, Luiz J. W. *A Revolução Passiva: iberismo e americanismo no Brasil.* Rio de Janeiro: Revan, 1997.

VIDOCQ, François Eugène. *Les Mèmoire de Vidocq.* Paris: Prodifu, 1979.

VILAR, Pierre. "Histoire marxiste, histoire em construction". In: LE GOFF, Jacques; NORA, Pierre (dir.). *Faire de l'histoire.* Paris: Gallimard, 1974, vol. 1, p. 169-209.

_____. *Oro y Moneda en la Historia, 1450-1920.* Barcelona: Ariel, 1969.

WALLERSTEIN, Immanuel. "L'homme de la conjoncture". In: AYMARD, Maurice *et al* (orgs.). *Lire Braudel.* Paris: La Découverte, 1988.

_____. *The Modern World-System.* 3 vols. Nova York: Academic Press, 1974-1980.

WALZER, Michael. *The Rise of the Saints: a study in the Origins of Radical Politics.* Londres: Weidenfeld, 1966.

WEBER, Max. *A "objetividade" do conhecimento nas Ciências Sociais.* São Paulo: Ática, 2006.

WESTON, C. C; GREENBERG, J. R. *Subjects and sovereigns: the grand controversy over legal sovereignty in Stuart England.* Cambridge: Cambridge University Press, 1981.

WIKE, Terry. *Manchester cottons and anti-slavery.* Disponível em: <http://www.revealinghistories.org.uk/the-american-civil-war-and-the-lancashire-cotton-famine/articles/manchester-cotton-and-anti-slavery.html>. Acesso em: 17 jan. 2014.

WOODMAN, Harold D. *King Cotton and his retainers: financing and marketing the Cotton Crop of the South, 1800-1925*. Columbia: University of South Carolina Press, 1990.

ZAGORIN, Perez. "Prolegomena to Comparative History of Revolution in Early Modern Europe". *Comparative Studies in Society and History*, vol. XVIII, n° 2, abr. 1976.

ZEQUINI, Anicleide. *O quintal da fábrica: a industrialização pioneira do interior paulista. Salto-SP, séculos XIX e XX*. São Paulo: Annablume, 2004.

Esta obra foi impressa em São Bernardo do Campo pela Assahi Gráfica & Editora na primavera de 2014. No texto foi utilizada a fonte Minion Pro, em corpo 11,3 e entrelinha de 17 pontos.